杜威选集

主编 刘放桐 陈亚军

民主之为自由

杜威政治哲学与法哲学

张国清 编

华东师范大学出版社

图书在版编目(CIP)数据

民主之为自由:杜威政治哲学与法哲学/张国清主编.
—上海:华东师范大学出版社,2017
(杜威选集. 刘放桐,陈亚军主编)
ISBN 978-7-5675-7222-5

Ⅰ.①民… Ⅱ.①张… Ⅲ.①杜威(Dewey,John 1859-
1952)-政治哲学-文集②杜威(Dewey,John 1859-1952)-
法哲学-文集 Ⅳ.①B712.51-53

中国版本图书馆 CIP 数据核字(2017)第 279212 号

杜威选集

民主之为自由——杜威政治哲学与法哲学

主　　编　刘放桐　陈亚军
编　　者　张国清
项目编辑　朱华华
审读编辑　吴飞燕
装帧设计　高　山

出版发行　华东师范大学出版社
社　　址　上海市中山北路 3663 号　邮编 200062
网　　址　www.ecnupress.com.cn
电　　话　021-60821666　行政传真 021-62572105
客服电话　021-62865537　门市(邮购)电话 021-62869887
地　　址　上海市中山北路 3663 号华东师范大学校内先锋路口
网　　店　http://hdsdcbs.tmall.com

印　刷　者　上海中华商务联合印刷有限公司
开　　本　787×1092　16 开
印　　张　28.25
字　　数　474 千字
版　　次　2017 年 12 月第 1 版
印　　次　2017 年 12 月第 1 次
书　　号　ISBN 978-7-5675-7222-5/B·1102
定　　价　138.00 元

出版人　王　焰

目　录

主编序

在实用主义家族中，杜威是一位祭酒式的人物。他不仅最系统、全面地阐发了实用主义哲学的基本主张，而且从实用主义出发，在政治学、伦理学、心理学、教育学、美学、宗教学、逻辑学、历史学、法学、社会学等一系列领域，提出了许多极具影响力的观点。是杜威而不是皮尔士、詹姆斯，使实用主义不再只是扶手椅中的哲学而成为穿越学院高墙、塑造美国社会的文化思潮。今天，这股原本产自美国的思潮，早已成为西方思想学术舞台上的重要角色。杜威的思想不仅受到他的本国后裔，而且也受到欧洲乃至世界思想学术界的高度关注。

对于国人来说，杜威这个名字毫无疑问处于西方哲学家名册的显赫位置。这当然首先是由于他个人与中国的特殊因缘，但更值得一提的恐怕还是他的实用主义哲学与中国传统哲学、马克思主义哲学之间的诸多交叉重叠。杜威哲学与中国儒家哲学、马克思主义哲学之间的同异，早已为很多学者所关注。研究杜威哲学，有助于促进中国哲学、马克思主义哲学的当代发展。

本选集是在《杜威全集》(38 卷)中文版的基础上完成的。《杜威全集》中文版的问世，在海内外学术界引起很好的反响，但对大多数读者来说，一是体量太大，从购买到收藏，都极为不便；二是内容太杂，从浩如烟海的著述中把握杜威的思想，也殊为不易。正是为了帮助读者解决这些困难，我们编纂了这部《杜威选集》(6 卷)，分别涵盖了哲学、教育学/心理学、价值论/伦理学、政治哲学/法哲学、宗教学/美学。鉴于杜威与中国的特殊关系，我们专门增加了《中国心灵的转化——杜威论中国》卷。

基于篇幅的考虑，有些文献虽然重要但难以收录，我们只选取了其中的相关部分,单行本和教材的内容则尽量不选或少选。另外,杜威的探究逻辑是他思想的重要组成部分,但这一部分放在"逻辑学"名下,恐会导致一些误解或争议,鉴于杜威的探究逻辑在很大程度上可以归于他的哲学方法论范畴,因此,我们将这部分内容统一纳入"哲学卷"。

我们力求在体例上保持一致,但并不强求一律。由于"哲学卷"的涵盖面更广,内容更加博杂,用主题分类的方式加以编纂具有难度,因此分卷主编用现在的年代划分方式对其加以整理。另外,"杜威论中国卷"也不适宜主题分类的方式,我们同样尊重分卷主编的意见,采用了目前的编纂方式。各卷主编都是相关领域的专家学者,为选集的选编付出了很多心血。我们对此深表感谢。

华东师大出版社历来重视杜威著作的翻译出版工作,为《杜威选集》(6卷)的问世提供了大力支持,责任编辑朱华华女士做了大量的繁琐工作。我们对此也深表感谢。

刘放桐　陈亚军

2017 年 7 月 31 日

编者序

一

"像所有民主主义者一样,实用主义者不仅致力于政治民主,而且致力于社会民主、自由民主和多元民主。"①约翰·杜威正是这样一位实用主义者。他尝试打通理论和实践、科学和信仰、民主和自由的隔阂,认为除了民主生活,现代人找不到另一种更加美好的社会生活。杜威关注人的当下实践及其后果,用民主政治观取代独断政治观,提升人们对现代民主生活的整体期望。杜威认为,哲学、科学和民主相融。他的实用主义政治和法哲学,既是对现代民主观念的合理论证,也是对它的真实描述。

二

杜威感兴趣的问题,不是古老的本体论问题,而是"实践问题、生活问题、道德问题和社会问题"②。杜威认为,"哲学必须成为道德、政治的诊断和预判方法;世界处于生成之中,我们须为它助一臂之力。"③他试图把所有问题都用一套连贯的语言来表述,用一个统一的方法来解答。他最终把它落实为一种心理学观点,抛弃了旧的本体论,发展了作为哲学方法的心理学。正如科学、哲学和心理学具有内在

---

① Ruth Anna Putnam, "Democracy and Value Inquiry", in *A Companion to Pragmatism*, John R. Shook, Joseph Margolis (Eds.) (Malden, MA: Blackwell Publishing, 2006), p. 278.
② Frank Thilly, *A History of Philosophy* (New York: Henry Holt and Co., 1914), p. 571.
③ Frank Thilly, *A History of Philosophy*, p. 572.

协调性或一致性一样，它们总体上是相通的。杜威把政治哲学视为他的哲学和科学观的自然延伸，是他的哲学方法在社会和政治领域的具体应用。

"民主共同体"是杜威设计的理想社会，是"在自我意识中对这种世界的再造"。① 它是一个有机体，各个部分相互联通，不仅表现为物理的连续性与有效沟通，而且体现为"意志统一体"。② 个体与共同体共享文化精神或价值观念，有着休戚与共的共同感。共同体为个体的全面发展提供条件与环境，个性的意义在共同体中得到体现。个体与共同体的二元对立被消解。个体不再作为异化的身份存在，而是在共同体内部享有自由民主的生活。与此同时，个体承担着共同体义务，通过履行义务，个体既成就了自我，又促成了共同体。

杜威的"民主共同体"设想，相似于罗尔斯的"良序社会"（well-ordered society）设计。自由民主不是良序社会的必要要素，罗尔斯表示，良序社会是"（1）每个人都接受，也知道别人接受同样的正义原则；（2）基本的社会制度普遍地满足，也普遍为人所知地满足这些原则。在这种情况下，尽管人们可能相互提出过分的要求，他们总还承认一种共同的观点，他们的要求可以按这种观点来裁定。如果说人们对自己的利益的爱好使他们必然相互提防，那么他们共同的正义感又使他们牢固的合作成为可能。在目标互异的个人中间，一种共有的正义观建立起公民友谊的纽带，对正义的普遍欲望限制着对其他目标的追逐。我们可以认为，一种公共的正义观构成了一个良序的人类联合体的基本宪章。"③罗尔斯设计的良序社会有五个要素。它们依次是："在社会基本制度层面确立作为社会目标的公平正义，在人民层面树立人民对社会基本制度的普遍信任，在基层社区层面建立稳定、体面的社会共同体，在公共政策层面建立向社会低层倾斜的公共利益调节机制，在哲学、宗教和道德观念领域建立友善、宽容而仁慈的价值冲突和解机制。"④相比之下，杜威则珍视自由、公正与博爱等传统自由主义价值观念，把民主提升为普通民众的生活方式。今天的美国人民仍然在享受着杜威民主思想的红利。

杜威试图给所有人类活动都打上民主的烙印，与许多人把民主政治和信仰自

---

① 杜威，《杜威全集·早期著作》，第三卷，吴新文、邵强进译，华东师范大学出版社，2010 年，第 293 页。
② 杜威，《杜威全集·早期著作》，第一卷，张国清、朱进东、王大林译，华东师范大学出版社，2010 年，第 183 页。
③ 罗尔斯，《正义论》[修订版]，何怀宏、何包刚、廖申白译，中国社会科学出版社，2009 年，第 4 页。
④ 张国清，《罗尔斯良序社会理论及其批判》，《复旦学报》，2014 年第 4 期。

由严格区分的做法不同,杜威主张两者的兼容性,甚至把民主理念贯彻到宗教领域,努力打通宗教信仰、哲学研究与民主生活的关节点,完成宗教和教会的政治化、世俗化转型,使宗教及其教会成为他构想的民主理想国的延伸地带。正如罗蒂评价的那样:"杜威关于'理想和实在统一'的主要象征是,以惠特曼对待美国的方式来对待美国:作为向尚未被梦想到的、更丰富多彩的人类幸福形式的可能性开放的象征。"①杜威尽管不像罗蒂认为的那样简单地抛弃了基督教,而是在更广泛意义上实践着基督教义,但是他的确努力实现罗蒂所谓的"基督教的社会希望"。在现代民主政治中融入自由信仰是杜威政治和法哲学的重要贡献之一。

杜威是积极的社会活动家,足迹遍布世界各地,他的政治和法哲学蕴含着世界大同主义的理想。他曾在五四运动期间来到中国讲学并逗留两年之久。杜威对中国,同情多于批评,建议多于苛责。杜威的中国之行,直接成为起动中国现代化的一个重要因素。然而,当年在中国传播的杜威思想,由于"问题"和"主义"之争而受到了误解。杜威似乎成为只求解决"问题"而不管求索"主义"的哲学家。这是简单化处理思想启蒙的信仰维度的必要结果。现在回过头来看,在杜威的实用主义政治哲学体系中,民主、信仰和社会进步,构成一个内在相关联的整体。有信仰而没有民主,只能是专制独裁;有民主而无信仰,只能是民粹盲动。

三

政治关乎每个人的切身利益,政治哲学是对人们分享社会基本资源方式的理想化探讨。科学、民主和公民教育构成杜威政治哲学的三大论题。科学处理人与自然的关系,以发现真理或积累知识,改造自然,造福人类,推进科技进步,全面提高人类生活能力和生活质量为目标。民主处理人与人的关系,主要依靠一套渗透到社会公共生活细节的民主程序,协调和解决公共利益与个人利益的碰撞、摩擦和冲突。公民教育处理人与自身的关系,同时也成为解决科学和民主问题的条件。杜威认为,"大社会"(Great Society)和"大共同体"(Great Community)的根本差别在于民主在其中扮演着不同角色。他的政治哲学的主要任务,就在于论证从多元的价值冲突的"大社会"向和谐的价值同构的"大共同体"转变的可能性。确切地说,民主及其实现途径,是杜威政治哲学的基本议题。学校、科研机构、社会和政府

---

① 罗蒂,《文化政治哲学》,张国清译,北京大学出版社,2011年,第46页。

分别是解决科学、民主和公民教育问题的重要场所。杜威尤其推崇学校在其中扮演的核心角色。杜威打破了学校和社会的隔离状态，把学校完全融入社会之中，把学校作为实现民主的重要场所，社会则是放大了的学校。民主贯穿于所有这些社会实践领域。

1927 年出版的《公众及其问题》是杜威最全面研究民主问题的著作，集中体现了杜威的政治哲学思想。杜威写作这个著作的背景是一战之后的美国社会政治局面。当时美国社会弥漫着对民主的不信任，民众深刻怀疑民主的可能性。美国人起初一边倒地支持一战，后来则全盘反对一战。美国也有过战后红色恐怖(Red Scare)，政府很快颁布禁止条例。1925 年 3 月 23 日美国田纳西州颁布一项反智法令，禁止在课堂上讲授进化论。当年 6 月，一位名叫约翰·斯科普斯(John Scopes)的物理教师以身试法，制造了轰动美国的猴子案件(Monkey Trial)。这个案件的焦点是科学和宗教的关系。斯科普斯最终被判有罪，受罚 100 美元。在当时，欧洲法西斯运动发展迅速，民主的前景暗淡。有人表示，"民主解决不了复杂的现代生活问题。"[①]

针对当时的美国政治社会局势和反民主倾向，杜威发表了《公众及其问题》，反驳民主已经失败的论调，表示美国需要更充分更丰富的民主。杜威的基本假定是，公共事务必须高于个人事务，或者，公共事务必须重要于个人事务，个人事务不得妨碍公共事务。因此，公共利益必须高于个人利益，个人利益不得妨碍公共利益。政府正是为了完成公共事务而成立的机构，它是为全体民众服务的，而不是为某些特殊个体服务的。由于公共事务和个人事务必定发生碰撞，公共利益和个人利益必定发生摩擦。杜威试图找到一条路径来解决那些碰撞和摩擦。他明确地把保护公共利益放在首位。

因此，杜威主张国家应当发挥积极的作用。不同于个人主义的自由主义者，杜威主张，国家要介入民众的生活，介入重要社会资源的分配。"国家是这样一种公共组织，它通过官员保护其成员分享的利益来发挥作用。"[②]杜威表示国家有四个特点。第一，国家必须超越狭隘的社区性或地方性的空间，保护这些空间不受侵占或侵害是国家的责任。存在任何一个有限的社区无法穷尽的公共空间。这些无主

---

① Jim Garrison (ed.), *Reconstructing Democracy，Recontextualizing Dewey：Pragmatism and Interactive Constructivism in the Twenty first Century*，New York：State University of New York Press，2008，p. 20.

② John Dwey，*The Public and its Problem*，Pennsylvania State University Press，2012，p. 256.

领地或公地属于国家。第二，存在着由国家或政府提供的社会生活环境和公共安全保障。它们包括食品安全、道路交通安全和各种公共服务。第三，存在着需要国家或政府给予专门保护的民众，保障他们的生活与生产安全是国家和政府的责任。保护弱者免受社会或强者的伤害尤其是国家的责任。他们可以是暂时性弱者，比如儿童，也可以是永久性弱者，比如残疾人。杜威表示，"当相关各方所处地位不平等时，他们的关系就会偏向于某一方，另一方利益就会受到损害。"[1]在这个时候，作为国家代理人，政府就应当是弱者的保护人。杜威从进化论观点来看待政府职能的变化。第一，政府职能的大小以完成公共事务作为衡量标准。第二，美国民主发展有一个历史过程。民主政府不是生来就有的，而是随着历史发展而发展的。美国民主政府和国家"诞生于对现有政府形式与国家形式的反叛"。[2] 美国人民天生对政府有着防备心理，想尽办法要把政府的恶减到最低水平。于是，民主成为预防政府之政治过失的最佳选择。美国民主政治正因此而发展起来。

四

在这个选集中，编者筛选了杜威讨论政治和法哲学的近 50 篇论著，分别由"政治和法哲学及相关议题"、"个体、社会与国家"、"权力和正义"、"自由"、"民主"、"自由主义"六个专题组成。编者先从《杜威全集》初选出约 100 万字文稿，通过精读，再选出约 50 万字选集。本选集选编策略是，尽量不选可以独立发行的单行本或教材，尽量不选读者较为熟悉的论著。故此，编者割舍了一些重要篇目，还请读者谅解。

感谢《杜威全集》中文版主编刘放桐教授，全体译者、校者和编辑付出的艰辛劳动，感谢《杜威选集》主编刘放桐教授和陈亚军教授的鼎力支持。我们对《杜威全集》两位副主编汪堂家教授和俞吾金教授的英年早逝深表惋惜，谨以本选集作为对他们的深深纪念。

张国清

2016 年 9 月 1 日于杭州

---

[1] John Dwey，*The Public and its Problem*，p. 274.
[2] John Dwey，*The Public and its Problem*，p. 288.

一、政治和法哲学及相关议题

法律中的自然和理性 *①

在波洛克(Pollock)的《普通法通论》(*Expansion of the Common Law*)一书中，我们可以看到下面引自 16 世纪初圣·杰曼(St. German)所写的一段有趣的话：

> 他们还不习惯在英国法律中学到的方法，即对什么是或者什么不是被自然法所支配和禁止的东西进行论证，但所有的论证都是在这种方法的引导下进行的。当他们认为任何事物都是建立在自然法基础之上的时候，他们说，这是理性要求做到的；凡是被自然法所禁止的，就是违反理性的，或者是理性所不能容忍的。②

这种把理性和自然等同起来，又把它们与道德权利等同起来的做法，是不同历史时期进行重大法律改革的一个源头，这对学法律史的学生来说是很平常的。庞德(Pound)教授最近指明了法律发展的这样一个阶段，它既贯彻同时又纠正了衡平法或自然法这一严格法律本身所存在的许多弊端。他这样说道：

> 衡平法或自然法这个阶段的主要观念，是把法律与道德等同起来；它的责

---

* 此文选自《杜威全集·中期著作》第 7 卷，第 41—46 页。

① 首次发表于《国际伦理学杂志》(*International Journal of Ethics*)，第 25 卷(1914 年)，第 25—32 页；再版于《人物与事件》，约瑟夫·拉特纳(Joseph Ratner)编(亨利·霍尔特出版公司，1929 年)，第 2 卷，第 790—797 页。

② 波洛克，《普通法通论》，第 109 页。

任观念,它把道德责任变成法律责任的尝试,都依赖于理性而不是武断的规则以避免随意性,并消除审判工作中的个人因素。①

除了引入衡平法,废除那些阻碍而不是促进正义的法律条款,采用更加合理的习惯法法庭(courts of usages)以摈除那些保存在陈旧法律中的东西,主张让政府服从于社会的利益,促进人类世界之间的关系。这些服务性事业的变化,都是由于把自然等同于理性而带来的。回顾过去,考虑到当时的理智倾向和基本素养,我们很难发现还有什么别的理智工具能够完成像 17 世纪和 18 世纪的自然理性概念所能够做到的事情。鉴于波洛克将自然法称为"文明人的集体理性的生动体现",②对于一个训练有素而不愿把自然当作一种规范的哲学家而言,也就不会显得不合适了;即使自然理性在政治哲学中不具有反社会的含义,哲学家还是意识到了它表面上的个人主义倾向。但是,即使在洛克(Locke)那里,经过仔细的分析,可以看到,对政府行为进行限制以保护先在的自然权利更多的是一种声明,即政府行为必须服务于理性或道德的目的。对此含义,需要深入的阅读。从道德角度,也就是从理性的角度来限制政府的行为,这是洛克主要关注的东西。

不幸的是,自然和理性是意思含糊的术语;因此,把它们当作道德目标的同义语来使用,就会带来不同的解释。自然也意味着存在,意味着给予,意味着先在的事物状态;或者,意味着现存的事物状态,只要这种状态是与受到因果规律支配的先在状态相联系的。因此,诉诸自然,也许预示着最终会走向愿望的反面;它也许表示了一种尝试,即参照一种先在的因而是确定不变的规则来处理理想问题。

在某个时候或者对某些人来说,或者对现在的某些人来说,自然正义意味着要服从最有经验者的最佳判断或人类的集体常识,它与继承下来的法律原则中习惯的和法律的正义形成了对立;在有些时候,自然正义意味着对利益分配不公的既定现实的接受。比如在赫伯特·斯宾塞(Herbert Spencer)那里,我们可以发现这样一种典型的自然正义观。可以说,这类哲学被我们后来称之为"个人主义"的哲学并与"集体主义的和社会主义的"哲学相对立,是纯属意外的。它的一个基本观点认为,不管个人还是集体,人类都要服从既成的和物理的规定。自由放任主义的基

---

① 《27 哈佛法律评论》(*27 Harvard Law Review*),第 213 页。
② 同上书,第 128 页。

本主张认为,人类的理性应该揭示以前就存在的先在的不公正制度,揭示已经存在着的资源和障碍,使我们的行为严格地遵守这套既定的制度。它是对人类智力的放弃,而仅仅是做一个既成事实的报告者,并将它们作为一种必须服从的权力。它是一种政治学中认识论的现实主义。不管这一原则的信奉者多么仁慈,它将不可避免地走向维护幸运的占有者(Beati Possidentes)①的方向。

这种解释方式既影响了理性(Reason)②的观念,也影响了自然(Nature)的观念。这不仅仅因为在司法哲学里,理性和自然在历史上被视作相同的概念,而且还应该有其他特别的原因。在受到牛顿科学影响的世纪里,自然更多地是指理性而不是人类自身的理性。人类的理性只是作为一种能力去追究体现在自然中的智慧、和谐、统一和规律,即物理世界中的理性。洛克和自然神论者把理性等同于上帝,把上帝看作世上万物仁慈的决定者和安排者,这一观念影响了当时最为自由的思想。那些自认为不害怕上帝的人同样赋予了自然乐观主义的仁慈心,这是自然宗教的上帝所具有的仁慈心。为了在行动中真正做到有理性和有道德,也就是说,为了得到更好的结果,人们必须在理智上做到不偏离正道,顺从自然和理性,履行自然和谐和仁慈的计划。在理性和自然面前,个人主义的观点是无关紧要和从属性的;真正要紧的事情,是要放弃人类理智具有独特功能的观念。正是自然而不是人类的思想,决定了意志的活动。

为了证明这种哲学观念对法官心智的影响,我要描述一下法庭在判决尽职尽责和玩忽职守案件过程中类似的做法,这多少是可以说明问题的。在我看来,它们在逻辑思维上显然是对等的;另外,也许还存在某些对这种思维方式的间接影响。理性被当作行动的一种标准。一个人是否有责任心,就要看他运用理性进行判断达到什么程度。那么,用什么来衡量这种理性行为呢?显然,平常的谨小慎微是一个模糊的和相对的事情——正如法庭指出的,它的相对性是因为要随着环境的变化而变化。正是这种模糊性和变化性的存在,更加需要一些原则来发现理性在一些特定情形下的意义。显而易见,即使是那些很理智、很小心的人在相似情形下的所作所为,也有着我们所说的这种含糊性。它可能意味着其行为是理性的,在相似

---

① 英文原版书中用斜体表示强调,在中文版中处理为楷体。——译者
② 杜威经常大写那些他希望人们当作概念对待的词汇,如此使它们在意义上区分于相同词汇的非大写形式。——译者

情形下会得到满意的结果；它可能意味着其行为事实上只是按照惯例行事，而这种惯例的做法最终会带来令人遗憾的结果。

这种含糊性不只是一种理论上的可能性，这一点已经被上半个世纪关于雇员职守的法庭判决所证实了。在某些情形下，法庭的立场是把理性和先见之明等同起来，然而，很久以来通行的做法是把理性的审慎等同于行业的普遍惯例。当我们从它们导致的一些结果来看的时候，就会发现这些惯例是多么不合理。长时间以来，最高法院一直坚持说：

> 一个铁路公司的惯常管理，不仅要考虑在公司与雇员之间的铁路财产管理者应有的尽职程度，而且要顾及一些急需的特殊工作，这是应当得到合理遵守的……例如，公司由细心审慎的人来管理，他们就应该在任何情况下都做到谨慎、小心和深谋远虑。

法庭不能同意这样的裁决原则，例如"仅仅考虑通常认可的，或是由平常的实践和运用所认可的尽职程度"。① 相反，以下引自联邦法庭的一段话可以清楚地表明，对企业的良好管理有着不同的解释，它要考虑公司对社会公众以及雇员所应承担的义务：

> 关于乘坐蒸汽火车旅行方面的问题，许多法院坚持认为，火车运输公司必须不断提高安全性能。但是，这条规定是一个例外，它是根据公共政策而建立起来的，是为了保护人的生命安全。它从来没有被应用到雇主和雇员的关系之上。②

当我们从雇员的角度来考虑这一契约的意义，正如法庭考虑到危险的存在而将其发展了一样，我们会发现这件事情的另外一面。在赋予人一种固有的理性能力方面，没有一个康德主义哲学家走得比法庭更远了，法庭赋予劳动者在工作中应该具备的先见之明；在断定这种先天具有的理性能力产生有效的行动方面，也没有

---

① Wabash Ry. Co. v. McDaniels, 107 U. S. 454,460.
② Ennis v. The Maharajah, 40 Fed. 785。

一个先验哲学家比法庭走得更远了。就工人而言,法庭忠于这样一条唯心主义的假设:头脑可以移山。在它的应用中,这句话意味着:工人在履行其平常责任的时候所遇到的风险,事实上是他有意而为之的。从实际效果看,这个关于风险的假设是在用目的的或理性的术语表示一种无情的自然环境。

总之,作为实体而不是形式的理性或“自然”是先天的东西,它是一种可以达到的惯常的状态,而不是用智力去纠正错误和带来更好结果的实施过程。从雇主方面来说,理性意味着幸运的占有者,对他而言,这是他将会得到的;从雇员方面来说,理性意味着不幸的失败者,对他而言,这是他无法摆脱的命运。

在对无错责任原则的否认中,我们可以发现同样的逻辑。在一定的条件下,这个原则无疑是合理的,因为理性即意味着对于结果的先见之明。在其他的条件下,在工业活动所产生的不同结果面前,在纯粹偶然的意外事故中,这个原则体现的理性就是咎由自取。当它变成了一种教条,它就故意把理性等同于物理存在,并且固执地拒绝使用智力来改善因不利条件而带来的影响。

幸运的是,这篇论文所涉及的许多具体事件现在已经变成了一种历史的回忆。但正是出于这个理由,它们也许可以更好地说明这篇论文的主题。为了使法律条款能够在实践中得到满意的结果,就要接受自然法和正义的原则。但是,我们也发现,在政治和司法的实践中,自然观念一个主要的功能就是把现存的状态神圣化。它不管现实是否分配不公、贫富不均,它将自然的东西理想化、合理化和道德化——因为从哲学的观点看,习惯就是自然状态的一个组成部分。在这篇论文的字里行间,我们发现,各种道德哲学应用到法律上所出现的主要的理解差别在于,它们中有些寻找一种赖以作出决定的先天原则;另外一些则主张考虑由不同处理方式所产生的具体结果,应该把先在的东西和原则作为理智分析的指导,而不是作为决定的规范来使用。

我的观点实际上已经表明,但还需要总结一下。对于近来试图把自然权利的原则与意识的本质联系起来以求恢复自然权利地位的做法,我看不出有什么新东西。[①] 问题还是同样的,不管我们使用旧词“理性”还是新词“意识”。意识是不是一种拥有的东西呢?是不是在有些人身上是被给定的而在有些人身上又相对缺乏呢?我们仍然坚持一种自然的道德观——在名义上崇拜意识或理智,但在事实上

---

① 沃纳·菲特(Warner Fite),《个人主义》(*Individualism*),朗曼出版社,1911 年。

却否定和拒绝它，因为已经存在的东西被视作行为的准则，而不管理智对自然所做的事情。但是，如果我们用"意识"来表示对理想结果的兴趣，如果我们相信一个人身上的知觉对其他人也是同样的（一个人只要看不到这一点，他就是一个愚笨的或无意识的人），那么，我们就会面对这样一种境况，即个人主义的观念是完全不相关的和错误的。① 重要的是需要运用理智来促成情况的变化，以便能够更好地发展我们的理智——这是我完全赞同的一种自然法观念。

我认为，雇主（根据风险承担原则）利用智力低下的雇员的道德权利问题，为我们清除这种含糊性提供了一个绝好的机会；这种含糊性仍然影响着自然权利的原则，这在菲特所写的《个人主义》第四章里就有表现。在对其他观点展开批评的过程中，作者似乎把理智作为一个自然事实来依靠，即作为一个给定的东西来依靠。但是，当他急于表明他的理论是"全面性"的时候，就像另外一个学派急于表明其观点是"社会性"的一样，他的观点好像有了变化，即把理智等同于对结果有着公正、全面的先见之明。如果他强调的是后者，那么，他的观点与其他人所说的理智的社会观的差别只是口头上的；如果他说的是前者，那么，这种差别事实上就是完全不可逾越的。我要重申一下：当我们听到太多关于理智的讨论时，任何把理智等同于给予物而非对好坏的先见之明的理论，都是对于理智作用的否定。

（刘　娟译　欧阳谦校）

---

① 如果现在有一个生理学家把"个体"体内的食物消化和所有的循环说成是一种启发性和解释性的事实时，我们会怎么认为呢？将意识等同于公正全面的远见，并坚持说"意识是个体性的"，这在某种程度上限制或否定了这些先验观念的自然含义，这似乎与这个生理学家所做的一样。他告诉我们循环是一个具体的事实以后，想要通过把这一事实绑缚在"个体"身上来增加或改变某些事情。菲特教授所描述的个体，要么是有理智的，要么是某种现成的和未被分析过的非理智的东西。

德国的道德哲学和政治哲学[*]

对于那些不熟悉康德哲学的人来说,要从康德的著作里挑选出他们能够理解的句子,往往是很困难的,除非对它们逐字地进行加注。就展现德国的彻底性(*Gründ lichkeit*)而言,他的著作是一个极好的知识领域(*terrain*)。不过,我还是要冒昧引用一句话,好让大家立刻回想到前一讲的主要内容,然后再转到这一讲的主题上来。

> 即使是在自然观的感觉王国与自由观的超感觉王国之间,固定着一条深不可测的巨大鸿沟,以至于我们不可能从第一个王国进入到第二个王国(这至少需要凭借理性的理论的发挥),仿佛它们是两个分开的世界。第一个王国不能影响第二个王国——然而,第二个王国意味着可以影响第一个王国。自由观意味着,要在感觉的世界里实现由自由法则所提出来的目标……

这就是说,自然因果律支配的时空世界与自由和责任支配的道德世界之间的关系是不对称的,前者不能闯入后者的领地。但是,道德立法的根本就是要去影响感觉的世界,其目标是在感觉世界中达到自由的理性行动。这个事实决定了康德的道德哲学和国家哲学。

康德的崇拜者宣称,是康德首先肯定了人格原则的真实性和无限性。一方面,每个人都是独特的人(*homo phenomenon*)——就像受到自然法则支配的石头和植

---

* 此文选自《杜威全集·中期著作》第 8 卷,第 124—143 页。

物一样,也是自然系统的一个组成部分。但是,由于人在超感觉的法则和目的的王国里享有的公民权,使得他达到了真正的普遍性。他不再是一个纯粹发生的事件。他是一个大写的人——一个人类为之追求的典范。在英美著作里,主观和主观主义这两个词通常带有轻蔑的色彩。但是,在德国文献中恰恰相反。这就使得主观主义的时代与个人主义的时代形成鲜明的对照,与之前屈从于外部权威的时代形成鲜明的对照,大体说来,主观主义时代的开端是与康德思想的影响同时发生的。个人主义意味着孤立,它表明了人与人以及人与世界的外在关系;它用数量化和整体与部分的方式来看待世界。主观主义是对自由人格原则的肯定:创造性的自我并不关心一个受制于外部力量的外部世界,而是要通过自我意识在自己的内部发现一个世界;他在自身中发现普遍性的东西,努力在曾经的外部世界中间重新创造一个自我,并通过自己在工业、艺术、政治领域的创造扩张,把原本有缺陷的材料变成自己的作品。尽管康德没有使用这种主观主义特有的感伤、神秘和浪漫的辞藻,但我们在思考他的伦理学说的时候,还是不要忘了主观主义。人格意味着人是一个理性的存在,他不接受那种由外部形成其行动法则的结果——不论这个外部是自然、国家还是上帝,但他接受那种由他自身的自我来形成行动法则的结果。道德是自主的;人和人性就是目的本身。服从自我强加的法则,这将把感觉世界(其中的一切社会的联系都源于自然的本能或者欲望)转变成一种适合普遍理性的形式。我们可以这样来解释上面那段引自康德的话。

责任的准则具有一种振奋人心的光环。人们很容易把责任描述成一切道德原理中最高尚和最崇高的。将自私的欲望和个人的偏好就范于严格而高尚的责任的命令,还有什么比这种意志更符合人性呢?还有什么比这种意志更能把人和动物区分开来呢?如果说命令的观念(不可避免地与责任观念相伴随)不幸地暗示了法律权威、痛苦、惩罚、屈从于下达命令的外部权威,康德似乎已经提供了最终的矫正之法:他坚持责任是自愿承担的。道德命令由高级的、超自然的自我强加给低级的经验自我,由理性的自我强加给具有激情和偏好的自我。德国哲学喜欢对立,但对立通过更高的综合得到调和。康德的责任原则就是自由与权威这两个看似矛盾的观念得到调和的鲜明例证。

然而不幸的是,这种平衡在实践中无法保持。康德信奉的逻辑使得他强调说责任的概念是空洞的和形式的。它告诉人们,尽义务是自己最高的行动法则,可是一谈到人的责任具体是什么便不做声了。康德还坚持认为,就像他在逻辑上必须如此一样,衡量责任的动机完全是内在的,纯粹是内在意识的问题。如果承认在具体情况下决定什么是责任的时候可以考虑结果,那么,这无异于向经验的感觉世界让步,这个让步对于康德理论来说是致命的。人的行为完全发生在外部的和经验的领域,在这样一个世界里面,把纯粹的内在性和纯粹的形式主义这两种特征结合起来,将会导致严重的后果。

通过一段引文,也许可以理解这些后果的危险性。这种理解虽说是间接的,但却是最为恰当的。

> 法国人民揭竿而起,向精神与世俗的暴政进行猛烈的反抗,砸碎了身上的锁链,宣布了自己的权利;与此同时,普鲁士却在进行另一场完全不同的革命——即责任的革命。追求个人权利最终将导致个人不负责任,导致国家的倒台。批判哲学的创始人伊曼努尔·康德在反对个人权利观时,宣讲了道德责任的准则,而沙恩霍斯特抓住了普遍兵役的观念,他号召每一个人为了社会利益而牺牲财产和生命,从而最清楚地表达了他们的国家观念,创造了一个个人权利可以依赖的牢固基础。[①]

仅仅通过一个逗号,从道德责任的准则突然跳到普遍兵役,这对于一个美国读者所产生的冲击远不及其中的逻辑。当然,我的意思并不是说康德的学说导致普鲁士建立了普遍兵役制度,并使个人幸福和行动自由完全服从于国家这个被大写化的实体。我的意思实际上是说,现实的政治情形需要普遍兵役,以维持并扩大现在的国家;这时,缺乏内容的责任准则自然有助于圣化和美化现行国家秩序可能规定的那些具体责任。责任观念必须在某个地方找到其内容,或者是主观主义恢复到无政府主义的或者浪漫主义的个人主义(它决不会服从权威的法则),否则,其相称的内容就在于听从上级的命令。具体说来,国家的命令的东西就是对一个纯粹内在的责任观念的令人愉快的外在填充物。至少迄今为止,还没有听说腓特烈大帝和忠实贯彻其政策的霍亨索伦王朝实施过专制暴政,这是一种开明的专制,因此比较容易达到内外的统一。从古至今,在一些重要的时代,个人往往为了国家的利益而牺牲了他们的生命。在德国,无论在战争年代还是在和平时期,一种内在的神

---

① 伯恩哈迪,《德国与下一场战争》,第63—64页。

秘的责任观念把人升华到了普世与永恒的高度,从而系统地强化了这种牺牲的意义。

总之,高尚的责任准则是有其缺陷的。跳出神学的和康德的道德传统,人们一般都同意责任是相对于目的而言的。道德的原则是通过履行责任来实现某种目的或者某种利益,而不是为了什么义务。理性的事业是要确保人们为之奋斗的目标和利益是合理的——也就是说,在情况允许的情况下,其结果应该是广泛而公平的。基于善恶结果考量的道德,不仅承认而且迫切要求运用心智去区别对待各种情况。责任的准则与经验的目的和结果相分离,往往容易阻塞心智。为了确定责任来源于一种内在的意识,它取代了在广泛分布的行为结果中所呈现出来的理性作用;其实,这种意识空洞无物,而且还用合理的形式来掩饰现存社会权威的种种需要。如果一种意识不以人的福祉为基础,不去考量检查实际的结果,从社会的角度说,就是一种不负责任的意识,它只是带有理性的标签而已。

倭铿教授所代表的这种唯心主义哲学,对于不折不扣的康德信徒来说,是完全不能接受的。不过,只有在康德重要思想流行的地方,这种伦理观念才会欣欣向荣:

> 当正义仅仅被看作是获取人类福利的一种手段的时候——无论这个福利是个人的还是全社会的,并无本质的区别——正义便完全失去了它所有吸引人的东西。它不能再驱使我们从正义的立场去看待生活;不能改变事物的现有状态;不能用一种原始的激情力量来左右我们的心,并且与那种不可抗拒的精神冲动的种种想法相抵触。结果,正义退化为温顺的功利的仆人;它要适应功利的需要,并在这种适应中遭致精神上的毁灭。只有作为我们人类世界精神生活的唯一启示而出现的时候,只有作为一个超越了一切利益考量的高尚存在而出现的时候,正义才能保持其自身的存在。[①]

这样的文字能够在许多人的心中唤起感情的共鸣。不过,这样的情感一旦放任自流,便会扼杀心智,削弱心智在促进现实生活福利中的责任。如果把正义视为实现全社会福利之手段(手段前面加上"唯一"更有说服力),正义便失去了自己的

[①] 倭铿,《生活的意义和价值》(*The Meaning and Value of Life*),吉本译,第 104 页。

一切特征,那么,正义就根本没有客观的和可靠的标准可言了。一种正义,无论其是否能决定社会的福利,如果宣称自己是一种具有原始激情的不可抗拒的精神冲动,那么,它不过是一种披着精神外衣的原始激情;之所以披着这件衣服,是为了免受自圆其说之苦。在事物的发展过程中,它只被当作一种情感的放纵;在重要的历史关头,它表现为心智向激情的投降。

前面(从伯恩哈迪)引用的一段话,用德国的责任原则去反对法国的权利原则。德国的思想界喜欢这种对比。杰里米·边沁(Jeremy Bentham)之辈还发现,在法国大革命中诞生的"人权"流于空谈,对暴政有利,于自由无益。这些权利就像责任一样,是先天的原则,来自假设的人性或者人的本质,而不是作为权宜之计来采纳,以便进一步通向进步和幸福的体验。不过,人的权利至少还是互惠的,而责任的观念却是单向的,体现的是命令和服从。权利具有社会性,讨人喜欢,符合法国哲学的精神。如果采用比法国大革命的理论更具体的理论来解释,这些权利是可以讨论和权衡的,也多少允许妥协和调整。这也是英国思想在道德方面的独特贡献——即主张明智的利己主义。这并不是终极的观念,但这种观念至少使人在脑海里呈现出商人讨价还价的图画,而绝对命令却使人想到出操的军士。伦理的讨价还价要人们放弃一些想要的东西,才能得到另一些东西。这不是最崇高的一种道德,但从社会的角度来看,至少是负责任的。"给予才能回报",这至少比较容易把人们聚集到一起。这种道德促进人们达成一致。这种道德要求思考,要求讨论,但却是来自上级权威的声音所不能容忍的,这是一个不可饶恕的罪状。

讨价还价、互通有无、皆大欢喜的道德规范,在某个遥远的未来可能会寿终正寝,但迄今为止,这些道德规范在生活中发挥了巨大的作用。德国伦理学打着纯洁的道德唯心主义的旗号,大肆嘲笑注重实际动机的理论,在我看来,这有点奇怪。置身一个具有高度审美情趣的民族,才可能理解这种明目张胆的轻蔑。但是,如果一个咄咄逼人的商业国家完全从服从天职的动机出发来进行商务和战争,人们就会被唤醒,就会感到不安,就会怀疑这是一种被压抑了的"心理综合征"。当尼采说"人类并不渴望快乐;只有英国人才这样"的时候,我们对这个彬彬有礼的批判置之一笑。但是,如果一个人宣称把不在乎幸福当作对行动的一种检验,那么,他履行原则的方式便是不幸的了,因为这种方式会造成他人的不幸。那些人宣称不在乎自身幸福,对其诚意的彻底性,我心存疑虑。但是,如果轮到是我的幸福这个问题的时候,对于他们的诚意,我应该非常肯定。

康德道德哲学中的一种观念，势必引导着一种社会的和国家的哲学。莱布尼茨是德国启蒙运动哲学的重要创始者。和谐是这种哲学的主要思想，表现为自然与自身的和谐、自然与智慧的和谐、自然与人类道德目标的和谐。尽管康德是启蒙运动真正的儿子，但是他关于理性立法的彻底二元性的学说却终结了德国启蒙运动沾沾自喜的乐观精神。康德认为，道德绝不是自然作用的产物，而是人类自觉的理性征服自然的成就。最终和谐的理想还在，但这个理想必须通过与人类的自然力量进行斗争才能赢得。他与启蒙运动决裂最显著的表现，就是他否认了人性的本善。正好相反，人的本性是恶的——这是原罪教义在他的哲学中的体现。他并不是说激情、爱好、感觉本身就是恶，而是说它们夺取了责任的主权，而责任是人类行动的驱动力。于是，道德就是一场无休无止的战斗，它要把人的一切自然欲望转化为完全受理性的法则和目的支配的意愿。

即便人类遵循其友好的和社交的本能，由此而找到道德规范和组织有序的社会基础，但这样的本能也还是受到康德的谴责。作为一种自然的欲望，这种本能总是想非法控制人的动机。它们是人的自爱心的部分表现：一种企图把幸福变成支配行动目的的非法倾向。人与人的自然关系是一种非社会的社交性关系。一方面，自然的联系迫使人走到一起。个体只有在社会关系中，才能培养自己的能力。另一方面，他们刚走到一起，分裂的倾向就出现了。与人联合刺激了人们的虚荣与贪婪，也刺激了人们去获取超过别人的权力；可是，一旦把个体隔离起来，这些特征便不可能出现。然而，较之友好和社交的本能，这种相互的对立却能更有力地促使人类从野蛮走向文明。

> 如果没有这些导致人类彼此冲突的令人讨厌的特性，个人就可以凭借其所有潜在的和有待发展的特殊能力，生活在完全的和谐之中，生活在满足和互爱之中。

总之，人类就会一直生活在卢梭所描写的那种自然状态的天堂之中：

> 当卢梭说他宁要野蛮状态而不要文明状态的时候，也许他是对的。前提是如果我们不要去描述人类注定要达到的最后一个文明阶段。

可是,既然文明环境只是自然状态与真正的或者理性的道德状态之间的一个中间状态,而人类注定要上升到道德状态,那卢梭便错了。

然而,我们应该感谢自然所带来的非社会性、虚荣心的恶意竞争,以及对于权力和财富的贪得无厌的欲望。

这些话摘自康德题为《作为一种普遍历史的观念》(Idea for a Universal History)的论文,这对于我们理解后来德国思想中最典型的两个特征特别重要,也就是关于社会与国家、文明与文化之间的区别。最近,人们在使用文化(*Kultur*)这个词的时候遇到很多麻烦,但是,如果我们认识到,德语的 *Kultur* 与英语的 culture 除了发音相近之外,其实并没有多少共同之处,那么,这样的麻烦便迎刃而解了。*Kultur* 在意思上与 civilization(文明)形成了鲜明的对照。文明是一种自然的、无意识的或者不由自主的发展过程,也就是说,文明是在人们共同生活中伴随需求而出现的副产品。总之,文明是外在的。另一方面,文化则是刻意的和自觉的。文化不是人的自然动机的结果,而是经过内在精神改变之后的自然动机的结果。当康德说卢梭宁要野蛮状态不要文明状态并没有错时,他已作出区别。因为文明仅仅指的是社交上的体面、优雅及外在的礼节,而道德作为达到理性目标的准则,对于文化则是必不可少的。康德补充说,文化涉及内心生活的教化,而这种教化要经过漫长的艰苦历练;要掌握文化,个人必须依靠个人所属社会的长期努力。这时,"文化"这个词的真正涵义就变得愈发明显了。文化首先不是一种个人的特质或者财富,而是社会通过个人奉献"责任"来实现的。

在近来的德国文献中,从字面上看,文化与文明的区别更加明显了;这种区别更加强调文化的集体性或者民族性。文明是外在的和不受自我意识目的支配的。文明包括这样一些东西,比如在自发性口头表达中的语言、贸易、习惯的举止或者礼节、政府维持治安的活动等。文化包括用于更高的文学目的的语言,作为改善国民生活环境而不是使个体致富之手段来追求的商务、艺术、哲学〔特别是无法翻译的那个东西,即世界观(*Weltanschauung*)〕、科学、宗教,以及国家在培养和增加其他形式的国民天才方面所开展的活动,也就是国家在教育和军队方面的所作所为。俾斯麦参照罗马天主教通例而进行的立法被不恰当地称为文化斗争(*Kulturkampf*),因为人们认为,这个立法体现了两种格格不入的生活哲学的斗争,一方面是罗马的或者意大利的,另一方面是纯粹德意志的。而这个立法不单单是政治权宜之计的一个措施。于是,类似胶州湾这样的贸易站和军事据点就被堂而皇之地称为"条顿文化的丰碑"。眼下打得正酣的这场战争被视为一场伟大的精神斗争的外在体现,在这场斗争中,岌岌可危的是德国人在哲学、科学和一般社会问题上所信奉的最高价值,即"德国人特有的那些感觉和思维的习惯"。

在区分社会与国家时起作用的也是这些动机,它们在德国思想中几乎是司空见惯的。英美著作总是用国家来指社会更加组织有序的方面,也可以与政府划等号,即作为一个特殊的机构,为了相互关联的人们的集体利益而运转。可是,在德国文献中,"社会"是一个技术层面的术语,指的是经验的东西,也就是说,是外部的东西;国家就算没有公然承认是神秘的和先验的东西,至少也是一个道德的实体,是自觉的理性活动的创造,它代表着国民的精神和理想的追求。国家的功能是文化的和教育的。即便是在介入物质利益的时候,如在规范法律诉讼、弥补法律漏洞和保护性关税等方面,国家的行动最终具有一种伦理意义,其目的是推进一种理想的社会。谈到战争的时候,如国家之间的战争而不仅仅是王朝更迭或者偶然的战争,情况亦是如此。

社会是人的利己本性的一种表示;人的本性是追求个人的好处和利益,它的典型表现就是竞争性的经济斗争,以及为了荣誉和社会声望而进行的斗争。这些斗争是自然发生的;但是,国家的责任就是对这些斗争实施干预,以便使这些斗争有利于普遍理想的实现。这样,国家的力量或者权力就显得十分重要了。与其他形式的力量不同,国家的力量有着神圣的意味,因为它代表了一种奉献的力量,即为维护传播精神的、道德的、理性的至善而奉献力量。唯有通过反对人的个人的目标,才能维护这些绝对目标。通过冲突来消除纷争,这是放之四海而皆准的道德法则。

这种政治哲学在康德的著作里只是初见端倪,他依然受到18世纪个人主义的掣肘。在他看来,一切法律和政治的东西都是外在的,因此处在内在动机之严格的道德王国之外。然而,他并不满足于把国家及其法律完全作为非道德的问题而弃之不顾。按照康德的观点(显然,他遵循了霍布斯的思想),人的自然动机是热爱权力、热爱财富、热爱荣耀。这些动机是利己的,它们总是出现在争斗之中——处在一切人反对一切人的战争之中。尽管这种争斗状态无法也不可能侵入责任的内在王国和道德动机的王国,但却代表了一种政治体制;在这种体制之下,不能用理性法则来征服感觉世界。因此,凡具备他所说的理性或者普遍能力的人,都渴望一种和谐的外部秩序,这样才能至少使理性自由所要求的行为站住脚。这种外部秩序就是国家。国家的职责不在于直接促进道德自由,因为这一点唯有道德意志才能做到。国家的职责是防止那些阻碍自由的力量的出现:建立一个外部秩序的社会环境,让真正的道德行为逐渐演化为一个人性的王国。这样一来,尽管国家并不直接诉诸道德行动(因为对动机施压在道德上是荒唐可笑的),但是有一个道德的基础和一个基本的道德功能。

迫使人类建立国家的正是"神圣不可侵犯的"理性法则,而不是什么自然的合群需要,更不是权宜之计的考量。国家对于人类实现自身道德的目的是必需的,道德的目的并不是进行革命。推翻并处决君王(康德脑子里显然想到了法国大革命和路易十六)"与神学家说的那种反对圣灵的罪行一样,是一种永世的、万劫不复的罪行,今生与来世均不得赦免"。

康德不愧是 18 世纪的产物,在感情上,他是一个世界主义者,而不是一个民族主义者。因为人类作为一个整体,其普遍性完全对应于理性的普遍性,他高举的是一个最终的共和联邦的国家理想。他是最早宣布有可能根据这种人类的联盟在国家之间建立起永久和平的人之一。

然而,在法兰西共和国发起战争之后,拿破仑统治对欧洲形成的威胁宣告了世界主义的结束。德国是这些战争的最大受害者,它的软弱无力主要是因为它的四分五裂、小国林立、缺乏统一。显而易见,正是在被分为若干小国家的德国,唯有普鲁士这个强大的中央集权力量能够使德国免于亡国灭种,因此随后德国的政治哲学便立足康德留下的、有些含糊的道德立场来挽救国家的观念。国家是一种道德上绝对必要的东西,但国家的行动却缺乏内在的道德品质,既然这是一种反常的现象,这个学说便需要一种理论将国家变成最高的道德实体。

费希特标志着这种转变的开始;在他的著述里,很容易看到 1806 年前后关于民族主义国家的不同看法。1806 年的耶拿战役,德国一败涂地,颇为丢脸。自费希特的时代起,德国这种国家哲学便与历史哲学糅合在一起,这样看来,我把后面这个题目留到下一节有些武断。因此,我将尽量不严格按照原来的划分方式进行阐述。

我已经提到这样一个事实,康德放宽了自由道德王国与自然感觉王国之间的界限,这足以使我们断言前者是用来影响并最终克制后者的。通过在自然中引入这样一个小小的缝隙，费希特改写了康德哲学。首先要把感觉世界看作是自由的、理性的和道德的自我所创造的物质，自我创造物质是为了充分实现自己的意志。费希特渴望一种不再折磨康德的绝对统一，除了提到过的那种让步之外，让康德纠结的就是两种理性立法活动的完全分隔。费希特还是一个极端强调行动的人，这种秉性使他确信理论知识从属于道德行动。

由于篇幅有限，很难像论述康德那样对费希特的哲学作一个充分的勾勒。对他而言，理性是意志的表达，而不是（像康德那样说）意志对行动来说是一种理性的应用。"*Im Anfang war die Tat*"（起初是行动），这是一个合适的费希特主义的表达。康德继续延用理性这个词通常的意义（只按照他那个世纪的唯理主义流行的方式作了修改），但费希特开启了一种转变，最终形成了后来的德国的唯心主义。如果说自然界和人类关系社会是理性的表达，理性就必须是这么一种东西，就必须具备这么一些特性，否则便无法解释这个世界，无论这个理性观念怎样使我们远离"理性"一词的寻常意义。对于费希特而言，有一个公式最恰当地描述了他所感兴趣的这个世界及其生活的这些方面，这个公式就是努力通过战胜困难、克服对立来达到自我实现。这样一来，他的理性公式就是一个意志；意志先"设定"自身，然后按照顺序"设定"自己的对立面，再通过进一步的行动使得对立面屈服，并最终达到自己的自由。

这种行动和责任优先的信条来自康德，它相信通过道德的自主可以对抗各种阻碍（终究还是这些阻碍在促进这种道德自主）从而获得自由，这种说法或多或少有些道理。我们还可以看到，这种信条能够得到传播是因为利用了高尚的道德热情，这种热情又与四分五裂和惨遭践踏的德国的困难以及需要联系起来。费希特把自己当作是路德和康德事业的继承者。他最后的"知识学"把德国人民从世界各族人民之中提升出来，单单让其拥有绝对自由的观念和理想。这就是德国学者和德国国家的独特命运。为人类的精神解放事业贡献力量，这是德国的科学与哲学的责任与使命。康德指出，人的行为应该逐渐受到一种理性精神的感染，最终应该达到一种内在思想自由与外在行动自由的平衡。费希特的学说要求加快这个进程。业已达到绝对自由和自主活动意识的人，一定渴望在自己的周围看到同样自由的人们。一个真正的学者，不仅是知道什么而且要弄清知识的本质，即知识作为一种显示上帝的地位和作用。于是，在一种独特的意义上，他就是上帝在尘世中的直接显现——真正的牧师。他的牧师作用，体现在让别人认识到道德自由的创造性。这是教育的尊贵之处,它受那些具有真正哲学洞察力的人的指导。

费希特把这种观念具体应用到他自己的国家和时代。究其原因,当时德国备受屈辱的状况是因为利己主义、自私自利和排他主义横行,事实是人们把自己降低到了靠感官生活的层面。德国人的这种堕落更为恶劣,因为无论是通过自然的方式还是历史的方式,德国人比别的民族更能认识到理想和精神原则以及自由原则是万物的基础。德国政治复兴的关键,在于通过教育来实现道德与精神的复兴。面对政治分裂,要在道德统一中去寻求政治统一的关键。本着这种精神,费希特宣传他的《对德意志民族的演讲》(*Addresses to the German Nation*)。本着这种精神,他与人联合创办了柏林大学,并积极推进由施泰因和洪堡引入普鲁士生活的种种教育改革。

国家是一个承担着重要道德职能的根本性的道德存在,这种思想就很接近费希特的这些观点。教育是促进人类实现自身完美性的特定手段。教育正是国家的职责所在。这个三段论自成一体。但是,国家为了贯彻其教育及道德使命,不仅必须拥有组织机构和最高权力,而且必须控制环境,这些环境保障为那些构成国家的个体所提供的机会。借用亚里士多德的话来说,人首先要活命,然后才能高尚地生活。有保障生活的首要条件,是要保证每个人都能够通过自己的劳动得以活命。无此,则使道德自主成为笑柄。除了教育使命,国家的职责是关心财产,而这个职责意味着要确保财产受保护、人人有财产。此外,财产并非仅仅是物质财产。这是具有深刻的道德意义的,因为这意味着让物质从属于意志。这是实现道德人格的必然要求:用自我来征服非我。既然财产不仅指的是拨给财产,而且是一种由社会来承认和批准的权利,那么,财产便有了一个社会的基础和目标。财产所表达的不是个体的利己主义而是普遍的意志。这样一来,财产观念和国家观念的根本便在于:所有的社会成员都有拥有财产的相同机会。因此,国家的责任就是要确保每一个成员都有工作的权利和从工作中得到回报的权利。

正如他在题为《封闭的工业国家》(The Closed Industrial State)的一文中所表达的那样,结果是诞生了立足于道德和理想而非经济考量的国家社会主义。为了让人们能够真正得到发展自身道德人格的机会,必须保障他们的工作权利和通过劳动换取温饱生活的权利。这在一个竞争性的社会中,是不可能实现的。工业必须完全由国家来管理,作为实现道德意志手段的这些必需的劳动权利和得到舒适安全生活的权利才能得到保障。但是,一个实施自由对外贸易的国家,将会使自己的劳动者任由外国合约条件摆布。因此,出于保障自身公民的需要,国家必须控制甚而废除对外商务。终极的目标是建立一个符合人性的普遍国家,一个人人皆可自由行动的国家。没有国家保障的权利,也就没有国家强加的义务。但是,在这个世界主义和哲学上的无政府主义出现之前,我们必须经过一个民族主义的封闭国家的阶段。于是,在费希特和康德之间出现了一个不可逾越的鸿沟,后者的道德个人主义变成了一种伦理社会主义。唯有在自我或者人格的范围里,唯有在这个范围里面,人才能获得道德理性和自由这一康德视为人的与生俱来的权利。唯有通过国家的教育活动,唯有让国家完全控制国民的工业活动,个体潜在的道德自由才能变成确定的现实。

如果说我用了大量的篇幅来谈费希特,原因并不是因为他对现实甚而对思想产生了直接的影响。他并没有创立什么学派。他的哲学体系不仅太个人化而且太形式化。不过,他所表达的观念从其体系的特殊语境被抽出来,融入到了有教养的德国人的思想之中。海涅在谈到各种思想体系流行的情况时,意味深长地说道:"国家对于履行其使命的要求有一种本能的预感。"

费希特的思想通过许多裂缝渗透进去了,比如社会主义者罗德贝尔图斯和拉萨尔就深受他的影响。拉萨尔因为《工人纲领》(*The Working Man's Programme*)受到刑事起诉时,他向控方回答说:他的纲领是一种独具特色的哲学言辞,因此受到宪法关于科学及其传授的自由条款的保护。下面就是他提出的国家哲学:

> 国家是在一个道德整体中个体的统一与合作……因此,国家基本的和内在的目标就是推进积极的方面,促进人类生活的进步和发展。国家的职能是制定出人类真正的目标,也就是说,使得人性能够在文化上得到充分的实现。

他用赞同的态度引用了下面这段话:

> 国家的概念必须加以扩大,以便使国家有所作为,从而保证人类的一切美德都可以得到充分的实现。

如果说他与费希特有什么不同,就在于他主张既然劳动阶级是道德完善最直接诉诸的对象,那么,劳动者在国家这个现实功能的发展过程中间就必须占据一个带头的位置。

泛神论是哲学的一个绰号,应该慎重地使用;一元论的说法也是如此。将费希特的体系称作伦理的泛神论和一元论,并没有说出多少有启蒙意义的东西。可是,经过随意的解释,对照 19 世纪上半叶德意志的精神特征,这样的称呼可能具有极其重大的意义。这是因为,它为预感德意志在履行自己的使命时需要什么提供了一把钥匙。

凡是研究德国的历史学家都知道,德意志统一并发展成为一个外部强大和内部繁荣的伟大国家,与其他国家的不同之处在于,这种统一和发展是由里向外而形成的。借用朗格的话说,"我们国家的发展是从最理想的东西开始的,然后是越来越接近现实"。黑格尔和海涅都认为,与法国大革命和拿破仑的成功同时出现的,是德国的一场哲学革命和建立起来的知识帝国。你们可以回想一下,当拿破仑最终走向失败而欧洲被瓜分的时候,在人们的眼中,德国不过是一个幻象的王国。然而,这个无足轻重和软弱可欺的王国变成了一个强大的国家。经过普鲁士政治家们的努力,再加上德国学者们的支持,这个王国被建造在一个坚实的土地之上。精神的和理想的德意志与现实的和务实的普鲁士合为一体。正如撰写《德意志帝国的缔造》(*The Founding of the German Empire*)的历史学家冯·济贝尔所说:

> 德国被自己的四分五裂毁于一旦,而且把普鲁士也拖入了分裂的深渊。众所周知,征服者曾疯狂地想要彻底消灭普鲁士;如果此事真的发生,那么,易北河由西往东,不仅是政治上的独立,而且德国的精神、德国的语言和习俗、德国的艺术和学问等——都将被外国人所消灭。正当人人都在敬仰康德和席勒的时候,在崇拜歌德那包罗万象的杰作《浮士德》(*Faust*)的时候,在承认亚历山大·冯·洪堡的宇宙论研究和尼布尔的《罗马史》(*Roman History*)开创了欧洲科学知识新纪元的时候,有人看到了这个致命的危险。在这种知识的成就面前,德国人感觉到自己要比征服者拿破仑及其伟大民族更高一等;因此,普鲁士的政治利益与拯救德意志民族的行动是完全吻合的。施莱尔马赫的爱国布道,费希特对德国大众发表的激动人心的演讲,洪堡光荣地缔造起来的柏林大学,这一切都加强了普鲁士的国家力量;与此同时,沙恩霍斯特招募的军人和民兵也投入到捍卫德意志荣誉和习俗的战斗之中。每个人都感到,如果普鲁士不采取行动,德意志这个民族便不复存在;如果整个德国不能够独立,

普鲁士也不会有安全的保障。

　　就像在中世纪一样,把德意志所有地区最富有活力的一群人聚集到这个古老的殖民地上,这是多么不同凡响的远见卓识啊! 因为无论是施泰因,还是他的追随者哈登贝格,还是沙恩霍斯特将军、布吕歇尔将军、格奈森瑙将军,还是尼布尔、费希特、艾希霍恩等作家,还有许多可能被提到的其他人,他们都不是在普鲁士出生的;然而,由于他们的思想都以德意志为中心,他们变成了忠诚的普鲁士人。德意志这个名字曾经被人从欧洲的政治版图上抹掉,但一想到自己是一个德国人,从未见过如此多的人那么激动过。

　　于是,在德意志生活最靠东的边境上,在似乎毫无希望的困境之中,德国统一的思想,经过多少世纪的沉睡,现在终于焕发出新生。起初,这个思想专属那些时代的伟人,而且一直是有教养阶级的无价之宝;但是,它开始在年轻的一代当中广泛传播……然而,打败强大的拿破仑比把二元论和个人主义的德国情感变为国家统一的精神更加容易一些。

要打赢这场更为艰难的战役,我称之为费希特的伦理泛神论和一元论唯心主义(几乎到本世纪中叶前,这种哲学一直占支配地位,始终未受到挑战)的东西就是一种有效的武器。布兰代斯在《德国浪漫主义学派》(*The Romantic School in Germany*)一书中引用了霍夫曼 1809 年日记里的一段话:

　　　　在 6 日参加的一次舞会上,我被一个奇怪的幻想控制着。我想象自己正通过一个万花筒看着我自己的自我。所有在我周围移动的形式都是自我,让我烦恼的是,这些自我只是在移动而什么也没有发生。

我忍不住企图从这段引文当中寻找当时的德国哲学和德国气质的象征。德国在外部的失败以及在行动世界中的软弱,产生了一种备感烦恼的内省心理。正如冯·济贝尔所指出的,这种外部的软弱与德国在艺术、科学、历史、语言学、哲学上的繁荣同时出现,这使得德意志的自我变成了当时最崇高的思考对象;然而,这个自我的周遭都是其他国家的自我,这些自我通过其行动和态度来冒犯这个自我。爱国主义、国家感情、国家意识都是一些平常得不能再平常的事实了。但是,在 19世纪早期,世界上唯有德国通过刻意的培养,把这些情感和冲动转变成了神秘的狂热。这是人民意志(*Volks-seele*)、人民精神(*Volks-geist*)的观念出现的时代;而且,这个观念不失时机地变为事实。受其影响的,不仅是诗歌,而且有语言学、历史学和法学。所谓历史学派,还是从它衍生出来的。社会心理学这门科学一下子从它派生出来。然而,灵魂总要有一个躯壳;于是,这个观念(非常符合德国唯心主义)为自己形成了一个躯壳——作为一个大一统帝国的德意志国家。

最早出现的是唯心主义,但重要的是必须记住:这是哪一种唯心主义。在这一点上,泛神论的暗示变得重要起来。这里所说的唯心主义,不是另一个世界的唯心主义,而是这个世界的唯心主义,特别是德意志的国家唯心主义。现实的自然界和人类社会都是神圣的绝对的意志与理想的体现。尤其是人的自我,它得到授权而成为绝对目的的创造者。德国哲学的重要性在于使人们认识到,人类的本质和命运直接而积极地体现了绝对的和创造性的目的。

我这里再次引用海涅的话,因为他一方面对专门性的哲学表示轻蔑,另一方面对这种哲学所包涵的人类意义有着深刻的认识。1833年,正当德国的泛神论唯心主义如日中天之际,他在论述这种哲学时说道:

> 上帝就等同于世界……他在人的身上得到了极其荣耀的显现,因为人有感觉和思考的能力,能够把自己的独立存在与客观的自然区分开来,人的心智能够用观念将呈现在他面前的现象世界进行整理。在人的身上,上帝达到了自我意识;作为自我意识的上帝,又通过人来显示自身。但这种显示并不是在个体人的身上,也不是通过个体的人来实现的,而是通过全体人类来实现的……人类在观念和现实中理解并描述了上帝的宇宙……如果认为这种宗教会把人们引向麻木,这将是一个错误。相反,对于上帝的意识将会激励人类满腔热情地去追求神性,正是从此刻起,真正的英雄主义的高尚成就才会光耀大地。

其实,海涅不是一个真正的预言家。他曾以为,这种哲学最终会有利于德国的激进党、共和党和革命党。德国自由主义的历史是一个很复杂的问题。可以这么说,自由主义者所酿出的蜂蜜最后被执政党吞下去了。海涅曾保证说这些观念在某一个时刻一定会发挥作用,他说得非常正确。他的文章是以激动人心的言辞来结尾的,我这里从中摘引一段:

在我看来，像我们这样一个井井有条的民族，必须从改革入手，必须专注于哲学体系的建立；只有哲学体系完成之后，才能进行政治革命……于是就有了康德信徒，无论在观念世界中还是在行为世界中，他们都丢弃了虔诚之心，冷酷无情地用剑与斧来翻转我们欧洲人生活的这片土壤，根绝过去的那些遗迹。接着登场的是全副武装的费希特信徒，他们那狂热的意志既不受恐惧的遏制，也不受私利的阻挡，因为他们就生活在精神之中……让绝大多数人感到害怕的，是那些主动搅和进来的自然哲学家①……尽管有康德信徒出手给以有力而准确的一击，尽管有费希特信徒的英勇无敌，因为对费希特而言，现实中是不存在危险的——自然哲学家之所以可怕，是因为他与自然的原始力量结成同盟，是因为他能够施行魔法让古老的德意志泛神论的妖魔鬼怪各显其灵；然后唤起古代日耳曼人那种好勇斗狠和以兵为乐的渴望……不要以为我是痴人说梦而嘲笑我的判断……思想先于行动，就如同闪电先于雷霆……这个时刻将要来临。伴着竞技场的脚步声，各国将聚集到德国的周围，以见证这场可怕的战争。

我沉醉于海涅，似乎有些远离了当下的话题，即唯心主义哲学与德国民族国家的发展和组织之间的关系。不过，费希特思想的一个固有部分，就是强调有组织的国家对于维护人类道德利益的必要性。乍一看，国家是什么，这是一个无关紧要的问题。事实上，他更多地站在法国和共和国这一边。在到耶拿之前，他曾经这样写道：

> 对于一个真正的有教养的欧洲基督徒来说，国家代表着什么呢？一般而言，国家就代表着欧洲本身。具体地说，任何时候，国家都在引领着文明……有了这种世界主义的意识，在历史的变迁和灾难面前，我们才能做到心静如水。

在1807年，他还写道：

---

① 他指的是谢林的追随者，但实际上，他们并不流行。但是，不能错误地把海涅的这个话拿来指自然主义学派。自然主义学派对德意志的思想产生了影响。

> 普鲁士与德国其他地方的差别是外在的、人为的和偶然的。德国与欧洲其他地方的区别,则是本质上的。

这两种观念之间似乎存在的鸿沟轻而易举地弥合了。他在《现时代的基本特征的演讲集》(*Addresses on the Fundamental Features of the Present Age*)中提出,人类在地球上的目标是建立一个王国,其中人类的一切关系都由自由或者理性来决定——这个理性是根据费希特的公式构想出来的。在《对德意志民族的演讲》(1807—1808)中,他认为,德国建立这个王国的唯一使命是出于争取民族统一和推翻征服者的动机。德国人是唯一承认精神自由原则、承认按照理性自由行动原则的民族。忠于这个使命,将"把德意志这个名字提升到各国之中最荣耀的位置,使这个民族成为世界的复兴者和重建者"。他让祖先复活并对他们说:"在这个时代,我们把德意志从罗马世界帝国手里拯救出来了。"但是,"你们的时代是一个更加幸运的时代。你们可以建立起一个一劳永逸的精神的和理性的王国,把那些统治世界的物质力量化为泡影"。在德国人的想象中,将德意志原则与罗马帝国原则进行对照是司空见惯的。对于德国人来说,德国的取胜绝不是一种自私自利的收获,而对所有国家都是有好处的。"在地球上建立一个真正的理性和真理的王国,这样一个伟大的承诺不应该变成一种自负的和空洞的幻想;眼下的衰颓时代,不过是通向更美好时代的一个过渡阶段。"于是,他总结道:"没有中间道路,如果你们要败落下去,那么,人类连同你们都将毫无希望地沉沦下去。"

这个历史三段论的前提是显而易见的。首先,德国人路德用精神自由原则来挽救人类,以抵抗罗马天主教的形式主义;接着,康德和费希特把这个原则最终锻造成了一个科学的、道德的、国家的哲学;最后,德意志民族被组织起来,好让世界认识到这个原则,并且据此在全人类中间建立起自由和科学的原则。德国人很有耐心,他们的记忆力也非常好。在德国变成一个拥有强大军事力量的统一国家之后,在德国变成一个在工业和商业发展方面都不输任何其他民族的国家之后,德国处于四分五裂时创造出来的观念被保存和珍藏起来。粗略地说来,德国人并不认为强权可以制造真理。但是,有许多哲学家都曾教导过德国人,要实现理想的正义就必须聚集力量,从而让理想成为现实。国家通过实际的权势来证明,它是这种理想的法制和正义的化身。军队就是这种道德化身的一个组成部分。让多愁善感的人们去唱响那种没有任何实际行动的理想的颂歌吧!普鲁士人信奉的是现实,信奉的是用人力去推行这个理想,因此这种理想具有更加实际的特征。过去的历史记录了这个德意志国家逐渐实现这一神圣观念的历程,同样,未来的历史必将捍卫和扩大业已取得的成就。外交以实现这种理想的名义,用半遮半掩的方式显示了穿着权力外衣的法律,而战争则以赤裸裸的方式来展现。有战争就有牺牲,这证明了这一观念深刻的道德性,只不过更具有说服力罢了。战争是上帝为在地球上建立理想王国而进行扩张的最终标志。

这种哲学与一种绝对的观念同生共死。一种关于绝对的哲学在理论上是否站得住脚,这并不是我目前关心的问题。但是,哲学上的绝对主义在实践中可能是危险的,正如历史的事实证明政治上的绝对主义是危险的一样。现实的情况缓解了两种理论一直在争论的问题,一种理论坚持在历史之外和经验背后存在着一个绝对,另一种理论则坚持经验的立场。任何一种哲学一旦与经验相矛盾,不论它怎么伪装,都只有去与绝对做交易。在德国人的政治哲学中,这种交易连伪装都不需要了。

（何克勇 译　欧阳谦 校）

霍布斯政治哲学的动机 *①

这篇文章的目的是把霍布斯（Hobbes）的政治哲学置于其自身的历史背景中。思想史奇异地显现着一种视界上的错觉。早先的学说，如果可能的话，总是被胡乱塞入与我们自己更为接近的那个年代。我们熟悉我们自己时代的理智争论，也有兴趣投入这类争论，于是就很自然地把较早的思想看作是这个同样的运动的一部分，或者是这种运动的先导。我们忘了，这个早先时期有它自己的特定问题，我们只是把它讨论的东西按我们现在的兴趣加以吸收。霍布斯尤其遭到了这种时间错置。一个多世纪来，社会哲学的主要问题集中在个人自由和公共的制度化控制之间产生的冲突上。霍布斯思想中对君权理论所持的那种中性立场，使他的政治理论很容易按这类争论的词汇进行翻译。他那个时代真正尖锐的话题——教会和国家的冲突——至少对当今英国和美国的读者来说，其实是缺少现实性的。

I

要对霍布斯时代的中心话题这样的陈述作一证明，所需的文字恐怕要超出本文限定的篇幅。大体而言，我将仅限于涉及 17 世纪纷纷扬扬的政治讨论，以及英国内战时期那段众所周知的历史。具体地说，我要提到菲吉斯先生（J. N. Figgis）令人叹服的研究。② 它们足以使我的陈述不至于被指责为夸张之词。这样，我就

---

* 此文选自《杜威全集·中期著作》第 11 卷，第 16—35 页。

① 首次发表于《观念史研究》（*Studies in the History of Ideas*），哥伦比亚大学哲学系编（哥伦比亚大学出版社，1918 年），第 1 卷，第 88—115 页。

② 《国王的神圣权利》（*The Divine of Kings*）和《从热尔松到格劳秀斯》（*From Gerson to Grotius*）。

援引菲吉斯先生的某些话进入讨论了。他指出，围绕君主神圣权力的论战是在那种时日里发生的：人们普遍同意政治是神学的一个部门。他们说："所有人都要求任何有关政府的理论须赋有某种神圣权威的形式……直到 17 世纪末，民众权利鼓吹者们的情绪和君主神圣权利的拥护者们一样，都带有神学的气息。"[①]又说："在17 世纪，政治思想的普遍特征莫过于那种对权威不抵抗的观念。'使民众顺服'是所有学派有识之士的目的。人们如果鼓吹抵抗，那么，这是针对被视为下层属僚的某种权威形式的抵抗。以个人一己的兴致和判断作出抵抗也是不能容许的，抵抗只能作为一种顺服的形式，只能用来求得贯彻某个至上的终极权威——上帝、教皇或者法律的旨意。"[②]

换言之，每个人要照着至上权威这个假设行事，照着为这个权威颁授的法律和必须服从的义务这样的假设行事。不是这些概念，而是被这些概念赋予的特殊内容，为我们勾画着霍布斯。当然，有些党派反对霍布斯为之辩护的那类集权主张，但相反的主张并非以个人的名义，而是出自"人民"（people）这个十分不同的名义。

就我能够发现的情况来看，"人民"这个词仍借助 *Populus* 一词的传统含义获得了它的确定内涵——这种内涵与 *plebs* 或法语词 *peuple* 的内涵相当不同。这个构想，如西塞罗所说，作为已被定义了的东西，在"平民"和那些受过学院哲学训练的人们中耳熟能详。用西塞罗的话说，人民"不是人们的各种集结，以随便什么方式聚合在一起，而是通过一种共同的正义感和共同利益组织起来的大众"。它是全人类（*universitas*），不是同伴（*societas*），不仅仅是个体的总和。那些支持民众反对国王统治的人，他们诉诸这个有组织的团体的权威，下议院常常（但并不总是）被认为就是这个团体的代表。劳森先生（G. Lawson）的《对霍布斯先生（利维坦）之政治部分的考察（1657）》[An *Examination of the Political Part of Mr. Hobbes, his leviathan*（1657）]一书中有段话值得在这里征引："英国人以昂贵的血的代价为之奋斗换来的自由是……以国家宪法的形式：大宪章、习惯法和权利请愿书赋予我们的。它是国民的自由，不是君主的自由；他说他无所不能，但我们自己不愿去当奴隶，或把国王当作绝对的君主来服从……亚里士多德说，自由意味着每个国民在自

---

① 《国王的神圣权利》，第 11 页。

② 同上书，第 221—222 页。纯粹从技术上看，这里的讨论集中在法的本质上。人们经常指出法的歧义性，它一方面意味着命令和法规，另一方面又表示正当。法作为一个兼具两面性的观念而存在，这时它并不带有多少歧义性。法首先是权威，其次自然就是仰赖这个权威的权威化。

由的国家中都拥有的那种特权……在这样的国家里,人们注意到,每个作为国民的人都是一样的,一个维持治安的人充其量可以享有一份君主的权力。然而,他不是作为单个的人,而是作为一个与全体休戚相关的人或至少代表着大多数的人而享有这份权力。"(第 67—68 页)这互相关联的三件事:人民、一个通过法律特别是基本法或宪法组成的社会、自由,与洛克有关个人天赋的自然权利或权威的概念大相径庭。我以为,说洛克是从霍布斯那里,而非从霍布斯的受民众追捧的对手那里,获得了属于个人的自然权利的概念,这不是什么不可能的事。

值得注意的是坎伯兰(R. Cumberland)这个一再对霍布斯发起挑战的主要对手,他基于理性主义的立场,反对后者的政治哲学,因为"霍布斯的原则推翻了所有政府的基础"——这些原则不会因为任何踏入公民社会的人而遭受损害;这些原则鼓动国民去造反。简言之,不是霍布斯那种持有异议的君权理论,而是他的心理和道德上的个人主义,才是要加以反对的东西。同样的情形也可以在一个不那么言之有物的作家但尼森(T. Tenison)的《检视霍布斯先生的信条》(*Creed of Mr. Hobbes Examined*)一书(1671)中得到印证。他说,霍布斯把自然法等同于有关个人利益的决策,"你的政策的基本原则是些一文不值的干草及残余枝条,宁愿把这些东西统统烧掉,也不要去支持政府"(第 156 页);再有,"假设这样的信条是真的,并广泛传播开来,这对世上的王孙公子们是个悲哀;如大多数人相信这一套,那王子……就永远处在为了满足他们的野心和认准的利益而挥舞起的长矛钩枪的威胁之下"。霍布斯的原则,由于其诉诸个人利益,正是"叛乱的种子"(第 170—171 页)。事实上,霍布斯自己也意识到,除非政府关心共同的福利,它不会保有足够的力量使民众顺服,这一认识将出现在他后来的书中——虽说他当然从不曾把这层意思明确地传达出来。

我们再来听听菲吉斯是怎么说的。"真实的情况是,霍布斯可能是个例外,一直到 17 世纪末,其他所有的政治理论家不是把宗教作为他们体系的基础,就是把捍卫或认同某种至上形式的信念当作他们的宗旨。"[①]于是,霍布斯恰好成了证明这一规则的例外。他的动机和背景带有神学性质,这正含有这层意思,即他是故意与神学作对的。从他独有的关乎自我利益的学说往下看,是他那君权的世俗基础

---

① 《国王的神圣权利》,第 219 页。

理论而非至上权威的信条,造成了他不光彩的名声。① 他的无神论者的称呼为人熟知,甚至那些本着纯粹政治上的理由对他的支持表示欢迎的保王党人,想来也会发现有必要舍弃他。对照一下出自同时期一封信的如下一段话:"所有诚实的君主制的爱护者都很高兴,国王终于把无神论者之父霍布斯先生逐出了他的宫廷。人们说,他使女王陛下的所有朝臣和约克公爵府上的好多人都成了无神论者。"②在复辟后的 1662 年,在就他的《哲学的七个问题》(*Seven Philosophical Problems*)一书对国王表白歉意的献辞中,霍布斯为防范自己免遭此类指控,说他的《利维坦》(*Leviathan*)"其中不含有反英国国教的东西。所以,我无法想象是什么原因使任何教会中的人都这么来说我,就像我听到某些人所说的那样,说我是个无神论者。没有信仰的人,除非它的意思是指,要使教会的权威完全仰赖王室的权力"。在我用楷体字③标明的这段话中,霍布斯表明了他冒犯的理由。

II

这里,我们把霍布斯的重要见解,即他打算把道德和政治世俗化的问题暂搁一边,我要对他本人涉及他的政治著作的直接起因之说法作一点讨论。克鲁姆·罗宾逊(Crom Roberson)和托尼耶(F. Toennies)已清楚地表明,他的首批著述④可溯自 1640 年,其内容大体就是我们在他的《人的本性》(*Human Nature*)和《论政治物体》(*De Corpore Politico*)两本书中看到的东西。在他的《T. 霍布斯对于声誉的考虑》(Considerations upon the Reputation of T. Hobbes)(1662)一文中,霍布斯说这篇小文"宣示和证明了所说的权力和权利不可分离地统归于君权"。文章喋喋不休地说道,如国王不解散国会,他的生命早就危在旦夕了,虽说该文后来并未付印。⑤无疑,这里没有提到他在围绕王室权力引发的争论中持有什么样的观点,但他的《巨兽或长期国会》(Behemoth or the long Parliament)一文解开了这个悬念。在该文中,他说,1640 年的国会"渴望整个和绝对的主权……因为这是长老会牧师们的

---

① 《国王的神圣权利》第 388—389 页所述保王党人作家福克纳和费尔默的论点。
② 引自托尼耶,见《哲学史档案》(*Archiv fuer Geschichte der philosophie*),第 3 卷,第 223 页。
③ 原文为斜体,中文版体现为楷体。本书它处同。
④ 已由托尼耶(根据手稿)出版,题为《自然的和政治的法要义》(*The Elements of Law,Natural and Politic*),伦敦,1889 年。
⑤ 莫尔斯沃思(Moles worth),《霍布斯的英文著作》(*English Works of Hobbes*),第 4 卷,第 414 页。

意图,他们认为自己因其神圣的权力成了英国教会唯一合法的统治者。他们也竭力要把这样的政府形式引入公民社会,此类教会法既然由他们的教会会议制定,那么,下院就是制定民法的场所"。① 在该篇短论的开头,在说明可能引发内战的民众堕落的缘由时,他首先提到了长老会信徒,其次是天主教徒,再就是那些独立派教徒。②

在上述《考虑》(Considerations)那篇文章中,他说,他"写就并发表了他的《论公民》(De Cive)一书,说到底,所有听到你和你的国民誓约派分子在英国所作所为的国家都会唾弃你"。他于1641年从巴黎写给德文郡伯爵的一封信也值得回味,他在信中谈到,"要说我的意见,那么,牧师应当去执行牧师的职务,而不是去统治。至少,所有的教会组织都要依赖国家和英国政府,没有这一点,就谈不上你们教会的统一。爵爷大人可能认为,这不过是一种哲学妄见,但我确信,这方面的经验会教给我们很多东西(这里的"经验"一词,可按各人的偏好和重要程度加以察识)。与其他任何事情相比,教会和公民的权力之争到头来更能说明内战的起因"。③ 关于《利维坦》一书,他说:"我写作这本书,缘于我这样的思考,那就是牧师们在内战前后通过他们的布道和著述到底干了些什么。"④也许要指出,《利维坦》显然用了将近一半的篇幅讨论了宗教和经文解释事务中关联到的政治问题,因为它们触及了教会和公民权力之间的关系。

在他与"牛津大学古怪的数学教授们"的论战中,他对《论公民》进行了评论:"你们知道,其中教导的学说已被普遍接受,教士们除外,他们会想到他们的切身利益从此从属于公民的权力了。"⑤他再次表达了他的惊讶,甚至有些圣公会的牧师也在攻击他。他认为,这只能被解释为"天主教之权势的遗风犹存,它隐伏在争夺教会或公民的权力的那些煽动性的派别和言论中"。⑥ 或许,最有意义的是他在《哲学入门》(Philosophical Rudiments)一书前言中所作的评论,其中谈到,他不是要"争论上帝的地位,除非这些观点剥夺了上帝的那些顺从的子民,动摇了公民政

---

① 我引用的是托尼耶的版本,第75页;另见第63、57、49、95、172页等。
② 同上书,第2—3页。
③ 引自托尼耶,见《哲学史档案》,第17卷,第302页;另见莫尔斯沃思,前引文献,第4卷,第407页。
④ 莫尔斯沃思,前引文献,第7卷,第335页。
⑤ 同上书,第333页。
⑥ 莫尔斯沃思,前引文献,第4卷,第432页。

府的基础"。他接着说:"这些我发现人们竭力反对的东西是指:我过于扩大了公民的权力,但只有教士一类的人才会这么认为。或者说,我把良心的自由给彻底取消了,这只是教派分子的口舌。或者说,我把王子置于法律之上,这是那些律师们的说辞。"①这份批评清单上对他的教义提出的指控无过于他提到了绝对君权的原则,他用他的君权学说去反对的无非是那种分割的主权——即是说,被教会和世俗权力分割的君权。洛克有关被那些拥有天赋自然权利的主体所限制的君权学说,既不构成一种挑衅,也未得到证明。只是到1688年的革命后,人们才要求对它作出某种理论上的解释。

当然,人们很难认为霍布斯不怀偏见地看待了他的学说被接受的方式。但是,伊查德(J. Eachard)的《霍布斯先生思考的自然状态》(*Mr. Hobbes's State of Nature Considered*)(1696)一书(一本妙趣横生的著作),以确凿的证据表明,并非君权学说引起了人们的异议,因为他一再指出,这是旧东西的新包装。"你的这本叫《统治权》(*Dominion*)的书,主要包含的是那类说了数千年的事儿。"还有,"很容易看出,所有余下的部分如何(只要它不失其为真实的话)与老旧平凡的邓斯塔布式的题材异曲同工,它们常常被用来处理那些准则和美德之类的事儿。"除了对霍布斯自我利益的学说中谈到的人之本性的见解进行诽谤外,伊查德反感的是霍布斯那种"矫情的说话样子、刻板的数学方法、新奇怪异的伪饰外表"。②《哲学入门》中的一个注解,显示出惯常地回旋在霍布斯头脑中那个分割的君权之恶的观念:"国民会受到某些学说的影响,他们深信,城市应当拒绝服从。他们有权要去,或者说应当去反对、抗击作为最高统治者的王子和那些权贵人物。"他们是这样一帮人,或是直截了当,或是半遮半掩,总之要求他们身外的他人表示服从,至上的权威要对他们尽这份义务。我否认的是对权力的这种考虑,许多在其他政体下生活的人会把这种权力归于罗马教会的首领;也因为我想到,在其他地方,在教会之外,主教们要求把主教的东西还给他们;最后,我认为,这种底层市民的宗教伪装式的自由对他们自己构成了挑战。"基督教世界曾经发生的内战,不正是肇端于这样的根

---

① 莫尔斯沃思,前引文献,第2卷,第22—23页。

② 与此相反,哈林顿这个真正的民主主义作家,一个具有现代感并对经济和世俗事务感兴趣的人,他在君主统治和民众统治各自的优点问题上与霍布斯持截然不同的观点。然而,他却说:"至于说到霍布斯先生其他最令我信服的地方,那就是在将来,他会被视为我们这个时代中最好的作家。"

苗,或者由它滋生出来的吗?"①

　　作为他自己那个时代的一个针对人的论证(argumentum ad hominem),他的论据的力量无论多么高估都不为过。新教徒们团结在一起,对罗马教会干涉世俗事务的权利进行抨击。然而,圣公会的一些主教们宣称,就宗教活动而言,如仪礼、任免、职事等,教会代表着上帝而不代表人,它拥有要求服从的优先权。长老会教友一般承认权威和服从的双重理论。可所有这些传教的教会机构一致斥责第五君主国派的那些人、再洗礼派教徒、平等派成员等。后者声称,他们那为内心显示的圣灵所启示的个人良知是获得有关神圣法律知识的最终来源,因而是有关服从准则的最终来源。路德、加尔文、英国的主教和苏格兰长老同样都把这种教义视为逾矩和邪恶之举而加以抨击。这样一来,霍布斯指出,所有教会都处在同等程度的无政府状态中,因为他们诉诸的是某种与公开制定并颁授的法律不同的东西。

　　说到各种教派分子,有意思的,是要指出他们明确呼唤"源于亚当的自然权利和正当的理性"。按照这一看法,"所有人生来就是亚当的儿子,从他那里获得了一种自然的行为规范(性质)、权利和自由⋯⋯就自然的出身而论,所有人生来就同等地喜爱财产、自主和自由;由于我们是经上帝通过自然之手送到这个世界,每个人都被赋予一种自然而天生的自由和行为规范。只要我们活着,每个人便同等地享有与生俱来的权利和利益"。② 平等派的这个无政府主义的主张,被洛克加工成了适度保守的辉格党人学说的一种稳固基础,该主张佐证了他那有所改变了的背景和观点。并无迹象表明霍布斯受到了这个主张的影响,但霍布斯能够形成如此相似的有关自然权利的观念,把它看作是一切人对一切人的战争起源,是要求绝对君权的基础,这不只是一种巧合。如果在他对自然状态的景象所作的思考中含有上述观念,这难免对他的构想是一种辛辣的讽刺,对他那种一再申说的主张也是一种讽刺,即教派分子诉诸个人判断的法庭同天主教徒、长老会教友的教义以及那些圣公会教士的教义,这中间并不存在原则上的区别。此处所指的那类圣公会教士,他们并不承认圣公会的权威是经最高当政者的恩准而非由神权所赐的观点。

　　劳森是一位王室主权的反对者,他性情温和、老成持重。作为英国教会的教区

---

① 莫尔斯沃思,前引文献,第 2 卷,第 79 页注释部分。
② 引自里奇的《自然权利》(Natural Rights),第 9 页。他从弗思为《克拉克文集》(Clarke Papers)所作的序言中摘引了这段文字。

司铎,他却明显地对克伦威尔抱以同情。他认识到,君权终究是一种民法,因而包含"某种真理";但却声称,最高立法者"是臣服于更高的上帝意志的"——自然,这正是霍布斯本人的学说。"所有那些制定法律、行使审判等君主的权力皆源自上帝……人们可以对由这样一个人或一种私人团体加以支配的事实给予其认可,但权力源自上帝,不是来自他们"。从这个教义出发,他很快作出了这样的陈述:真正的信仰上帝者,"他本人是会,而且甚至必须去信奉法律,只要这些法律作为一种规则要他去遵从、求助,去检核、决定这些法律是在为善还是为恶。否则的话,他哪怕是对至善,也只是采取一种盲目服从的态度;如果他依从了非正义,那么,他就服从了人而违抗了上帝"(《罗马书》第 12 卷,第 14—15 页)。随后他又说:"这个教义没有造成对公民权力的任何偏见,也没有怂恿任何人去违反和破坏民法,如果它们果真如它们应当的那样是正义和良善的话;国民不仅是自由的,他们还被要求去检核他们君主的法律,由他们自己并为了他们自己而去判断它们是否与上帝的律法相悖。"①可是,劳森也参与了对平等派成员众口一词的讨伐。更何况,劳森对他那个时代的混乱和派别林立的现象感到悲伤。"我们的政府体制被那些普通律师、平民百姓和神学家们的不同意见搅得一团糟。这些神学家们彼此间容不下不同的意见,即使在自己派别的内部也是如此"。就连英国历史追求的,好像也不是一个仲裁人的角色—— 如许多国家曾追求的那样,因为如劳森所说,按头脑最为清醒的时候来理解,它表明的"事实上也只是说怎样能在某些时候由国王、某些时候由贵族、某些时候由平民来占据统治地位,握有权势"。他的结论是:"就所有这些情况来看,一个拥有正义、智慧和善良人物的自由国会应当对所有这些现象加以纠正,将不幸被分割了的最高权力统一起来去应付国家的危难。"②这位作者看到,绝对需要拥有统一的权威和主权,然而他争辩说,他支持对法律持个人判断的原则,而这种支持正是造成他谴责的那种形势的一大因素。面对这样的形势,霍布斯几乎是在自陈其词。

III

现在再来对霍布斯所竭力主张的统一的君权的另一个主题说几句话。他这方

---

① 劳森,《对霍布斯先生(利维坦)之政治部分的考察(1657)》,第 96、123、127 页。当人们注意到这种有关个人判断之责任的观念已蔚然成风,他们几乎会倾向和霍布斯一道去批判这个被奥古斯特·孔德略而不谈的新教教条。

② 劳森,《对霍布斯先生(利维坦)之政治部分的考察》,第 133—134 页。

面的学说不是针对教会要求顺服的权利,而是针对律师们提出的有关法律权威的主张。要充分展开这一话题,也许需要概述一下英国国会史始于伊丽莎白时代而到詹姆斯王朝统治期间酿成激烈论战的某些时段,一方是律师和法官们,另一方是提出成文法的立法机构和提出衡平法的大法官的主张。那时国王已在很大程度上控制了国会,这使得反对国会的律师团体实质上成了后来论战中广受欢迎的团体。在早先的亚里士多德的话语中和后来马萨诸塞宪法的话语中,它们都宣告政府"是法治的政府,不是人治的政府"。①

例如,考虑一下约翰·弥尔顿(John Milton)这样的陈述,他在与萨尔马苏争辩时说道:"于是,人民就以这样的方式把权力授予国王,他要用他的权威去照管赋予他的东西,使法律不至于受到任何东西的冒犯。他维护我们的法律,而不是把他自己的法律强加给我们。这样,不存在王室的权力,只存在王国法庭的权力,通过它来行使权力。"哈林顿(J. Harrington)不变的论点是:只有在一个共和国中才能建立法治的政府,因为法律必须出于意愿,而意愿为利益驱动;只有在共和国里,所有的意愿、所有的利益才能得到伸张。在君主政体或寡头政治中,法律为了少数人的利益被制定出来,所以存在的是一个人治的政府。然而,哈林顿是一个通过立法机构而不是法院制定法律的发明者。"律师大人们,建议你们使你们的政府去适应其法律,不要再让你们的泰勒来操心,他渴望把你们的身体束进他的紧身衣"——这是表明哈林顿和霍布斯互相抱有同感的又一个观点。

在此,律师们的法律通常意味着法庭的法律,而不是立法的法律。正如菲吉斯所言,说到这个广受欢迎的团体通过法律建树起来的对政府的那种信任,"这种法律不是人们想见的那种成文法;而是习惯法,它……散发着一帖神秘处方的圣洁气息,没有一个立法者能够炮制出这样的处方。习惯法被描绘成仿佛被一道尊严的光环所罩,它异乎寻常地体现着深湛的原则,是对人的理性以及上帝置入人心的那种自然法的最高表达。可是,人们并不清楚国会的法案可以比声称的习惯法办更多的事"。② 正是铭记这样的学理,霍布斯一向坚持认为,君主免受所有法律的惩

---

① 正如霍布斯看到的,这个信条既是对君权的否定,在实践上(如在该国相当大的程度上实行的那样)也可以通过将法官置于君权的庇护下得以奉行——一个"律师的政府,而不是人治的政府",这是对一种古老说法的释义。洛克似已接近这样的法律立场,历史地看,他分别接近了霍布斯之君权地位的立场和卢梭将君权唯一归诸立法机关的立场。

② 《国王的神圣权利》,第228—229页。见他为说明正文所作的附注。

罚,道德之法除外——我们将在后面看到,霍布斯认为后者源于追求享乐引出的启示。比他更早的培根已指出了习惯法的许多欠妥之处,所以需加以法典化,并作出系统的修正。对立法机构活动的要求不断增长,长期国会实际上重申了习惯法。衡平法院已按要求展开了广泛的活动,并非无关紧要的是:大法官的法庭本质上是个王室法庭,它也在追随"理性"之法、"自然"之法、良心和上帝之法。霍布斯本质上的理性主义使他对于把任何东西都叫作法律这一点感到震惊,在形如习惯法这样的法律中得到表达的仅仅是些惯例和判例。①

霍布斯一下子除去了所称的成文法和不成文法之间的任何区别。所有法律都具有成文的形式,因为成文意味着公布。作为已公布的东西,它是要经某个拥有权威——拥有要求服从的权力的他(或他们)过眼的。无疑,这就是君主。"惯例本身不会造就法律,然而判官以他们的自然理性一旦做出了一条判决……它就会获得了一种法律的效力……因为可以设想,君主为了正义而默认了这样的判决……同样可以得知,那些以审时度势的回应为名义的法律、律师们的意见,于是并非因为它们是审时度势的回应,而是因为它们得到了君主的认可,才成了法律。"②

但霍布斯是在一本题为《哲学家和英国习惯法学者的对话》(*A Dialogue between a Philosipher and a Student of the Common Laws of England*)的著作中最为明确地阐述了这个问题,这本书很少被哲学史家们引用。③ 这一对话企图公开证明,正是君主的理性,构成了甚至是那种习惯法的灵魂。他引述科克(E. Coke)的说法(我们回想起,科克是站在律师一边反对詹姆斯国王的),法律就是理性,尽管这是一种人为的理性,要经由长期的研究和观察;然而,这是这样一项理性的成就,"如果说所有这些已散落在众多个人中的理性被合而为一,他却仍然不能用这样的法来造成英国之法,这是因为经过多年的延续,它已被无数死去的人和精通法律的同行们纯化复又精致化了。"为了反对这种观点,霍布斯此处插入了他惯有的解释:并非律师或法官们的前后接续形成了法律,而是创设法官、作出决断的历代国王制定了法律。"国王的理性,当它公开征求建议,并经深思熟虑地宣布,它便赋有立法的灵气,便是理性大全,便……是称之为整个英国之法的那种公正的裁

---

① 莫尔斯沃思,前引文献,第3卷,第194—195页。
② 莫尔斯沃思,前引文献,第4卷,第227页;另见第6卷,第194—195页。
③ 莫尔斯沃思,前引文献,第6卷。

判。"他甚而再次强调："除了某个握有君权的人的理性外，无论在哪个民族中都不存在人们对某种普遍理性的一致同意的东西，虽说他的理性只是某个人的理性，然而它却被树立起来以填补普遍理性的位置，后者是我们福音书上的救主向我们作了解释的东西；就此而论，对我们来说，国王既是成文法的立法者，又是习惯法的立法者。"①后来他又暗示，习惯法及服膺它的律师是因"习惯法之判决的花样繁多和矛盾抵触"而导致过量诉讼的主要根源，因为"律师们并不从其心胸中，而是从先前判决的例子中去寻求其判词"，还因为他们握有对文字术语作出匆忙取舍的自由。② 再后来，他对一味参照习俗和判例的嫌恶变得更为明显，他甚至说，如不从名称而从原则上看，所有法庭都是衡平法庭③——很难找到比这样的信条使律师们更感到不快的东西了——所有这些，都有助于我们搞清他那本书的开头一段话：对法律的研究不如对数学的研究那样讲究理性，以及对类似科克这样作家的说法很可能暗含些微嘲讽之意。这些作家声称，国王的理性应作为习惯法之最高合理性的源泉。

IV

当我初次察觉到霍布斯政治哲学这些特定的经验来源时，我倾向于假设他把政治哲学当作一个演绎系统的必要组成部分来思考，这源于哲学家们对形式系统那种无尽的爱。《利维坦》结尾的话似能证实这个印象，他好像用一种舒展了的语气说，他行将结束"为眼下的动荡局势所触发"的有关公民政府和教会统治的讨论，如今他又能自由地"重返我那被中断了的对自然物体的思索中去了"。克罗姆·罗伯逊在诘问霍布斯时所作的判断也不错，他说："他的整个政治学说……呈现出的很少是经对他的哲学根本原则进行思考后的面貌。虽然它与有关人性的明确学说相联系，却无疑有其选定的大致轮廓。这时，他还只是一名人和自然的观察者，还不是一个机械论哲学家。换句话说，他的政治理论应当从他的个人性情、他的胆怯

---

① 莫尔斯沃思，前引文献，第 4 卷，第 14、15 页和第 22 页。在《利维坦》(*Leviathan*)（第 3 卷，第 256 页）中，他基于这样的理由批评了科克的这个定义，即除非基本原则为真并经人们认同，长期的研究只会增加谬误。
② 同上书，第 45 页。
③ 同上书，第 63 页。

和世故经验，从同情于他那个时代展示的所有抱负的方面求得解释。"①

可是，进一步的研究使我有了一个不同的立场；这个立场说，霍布斯感到满足（尽管他的许多想法出自他本人的经验），他赋予了政治理论一个严密科学的或者说理性的形式。这一点在有关他的传记中，只是一个记载而已，并非惊人之事。我想，它的根本重要性还在于这样一个主题：霍布斯的伟大著作使道德和政治学永远摆脱了对神学的卑下态度，使它们成了自然科学的一个部门。这样看来，我就不用怀着歉意在此提出霍布斯本人对他的政治学之科学地位抱以确信的证据了。

首先让我们来看一下他的《哲学入门》（《论公民》的内容来自这本书）一书的序言中的这段话。"我为了我的心灵需要研究哲学，我已把它的各种原始要素收集好了，并按不同的等级把它们分为三个部分。我已想好了怎样把它写出来，所以在第一部分，我要写的是物体……；第二部分是人……；第三部分是公民政府和国民的义务……内战爆发前有那么几年，这期间我的国家被民众引发的服从和统治权问题的争论搞得异常热闹；所有其他的事情都要给它让道，这是使我的第三部分的果实成熟起来而可加以采撷的原因。"②在 1646 年写给梅森（M. Mersenne）的一封信中，在谈到他没有如期完成第一部分，也就是论物体部分的写作时，他说，懒散是部分原因，主要还是因为自己对有关感觉活动的那部分叙述仍不够满意，并说，"对那些我希望我已在道德学说里讲过的东西，我仍急切地想在第一哲学和物理学中加以探究"。③

如果再具体点说，我们看到了他为他的《论公民》发出的声音（甚至在他意识到他已蒙上了受极坏的虚荣心驱使的罪名后，他仍在继续传播这类喊声），这是首篇将道德和政治置于科学基础之上的文章。莫尔斯沃思（Molesworth）从未及发表的《论光学》（*Optics*）的手稿中，摘引了如下一段结束语："如果它被认为是真正的学说，我就应拥有首次为两种科学奠定了基础的荣誉：一种是极不寻常的光学，另一种是自然的正义。我已把对后者的研究写进了我的《论公民》一书，与其他类似的书相比，这本书最能使人获益。"在题献给他的《哲学要义》（*Elements of Philosophy*）——该书完成了他把他的全部哲学加以系统化编排的计划——的一篇书信体文章中，

---

① 罗伯逊，《霍布斯》（*Hobbes*），伦敦，1886 年，第 57 页。

② 莫尔斯沃思，前引文献，第 2 卷，第 19—20 页；另见第 22 页，他在此处说，整本书只有一点没有被证明过，即，君主制无与伦比的适宜性质；因为我们必会记得，霍布斯总想运用数学求证的方法。

③ 托尼耶，《哲学史档案》，第 3 卷，第 69 页。

他说:几何学来自古代,自然哲学来自伽利略,而"公民哲学要年轻得多,不会比我本人的书《论公民》年长些(我说的话惹人恼怒,那些贬损我的人当会知道,他们的谤言对我实在是无伤大雅)"。①

这类事不仅在于它作为个人经历的重要性,让我们回想一下霍布斯关于科学或论证的知识的概念,以及由他加诸科学的那种重要意义。科学是从原因到结果的推理,因而具有普遍性和确定性;经验的知识,或者说明断的智慧,是从结果反溯原因的理性,它是或然的、假设性的。科学的目的或目标是力量、控制。如果我们知道了事物的发生或者原因,我们就能由此形成一种左右它们的力量。于是,有关道德和政治科学特征的问题,也就是使社会安宁祥和——"和平"成为持存可能的问题。如果人们还未获致第一原理,借此任何人都能如数学推理般地作出结论,那么,政治所涉的仍是纷纭的意见,仍是不确定之事、公开争吵之事,简言之,就是战争之事。即此而言,我们就能理解他的论断了。几何学、物理学和道德原本是一种科学,正如"不列颠海域、大西洋和印度洋共同形成了一个大洋"。② 另外,严格说来,自然哲学不能算是科学,因为在此,我们必定是从结果去推断原因,所以达到的仅是"或许"的东西。"每一种和主体有关的科学都源于对同一的原因、生成和构造的那种预知;于是,只要原因已知,就存在论证的可能……所以,几何学是论证性的,因为我们进行推理的线条和图形由我们自己得来并给予描述;公民哲学是论证性的,因为是我们自己在创造政治实体。"③

况且,无论其是否具有正当理由,霍布斯为时势铸成的信念不会仅仅是学院的舶来品。我们已看到了霍布斯所达到的那种识见:私人变化无常的意见是使国家蒙难的病灶。要使这个麻烦不断的意见王国不再延续下去,唯一的解决方案就是科学论证。霍布斯认为,一切秩序都应从君主的毋可置疑的权威而来,而君权要成为永久的稳定的制度,本身还有赖于对他宣称的那种道德和政治的科学真理的认识。他的这个观点,好像有点似是而非。他与瓦利斯(J. Wallis)和沃德(N. Ward)的辩论,无疑使他出言不逊地对大学进行了攻击。不用怀疑这样的事实,即他们都

---

① 莫尔斯沃思,前引文献,第 1 卷,第 9 页。
② 莫尔斯沃思,前引文献,第 2 卷,第 4 页。
③ 莫尔斯沃思,前引文献,第 7 卷,第 184 页。我想,霍布斯的看法不免使人依稀想起洛克的论点:道德和数学是两种论证的学问。我们"自我成就"的东西和作为"知性作品"的一般观念,就其自身的原始意象来看,彼此间毕竟相隔不远。

真诚地受到这个念头的鼓动:大学里讲授的那些道德和政治学说,在很大程度上要为时代的罪恶负责。它们对英国来说,正像那匹木马和特洛伊城的关系,是叛逆的核心、与人类和平大唱反调的源头、教士的店铺和闹剧、世俗的道德教义的人造喷泉。① 霍布斯同样真诚地相信,应当在大学里讲授道德和政治的新科学,这样的谆谆教导,是社会长久安宁的征兆。② 如果说这个民族"不久前还无法无天,是一群乌合之众,任由每个人以他自己的道理或刻印的内心之光去行事",③那么,治疗的重要方案要通过未来的世俗权威传授的那种控制方式才能找到。"因为各种意见由教育中得来,在时间的浸淫中变成了习性,它们是不能靠强力或骤然一击革除的;所以说,它们也要靠时间和教育来清洗。"于是,他又一如往常指责起大学里充斥着讹误意见的散播者,并认为,他们如能对那些"心灵像一张白纸一样"的年轻人讲授政治物体和法律物体的真正学说,比之现在教授的错误学说,能更谨慎、周全地去开导民众。④ 正是置于这一背景,我们不能不提起霍布斯这一有名的论点:人们更能在苦于缺少道德科学而不是受其惠益时,发现道德科学的那种实践效用。还有他的这一申论:他是第一个在道德中,"把那些教义还原成理性的某些规则和绝对有效性"的人。⑤

V

霍布斯的政治哲学的终极价值,就在于它尝试把研究的对象世俗化和科学化。作出这样思考的某些根据正在于:激发他兴趣的,不只是公民权力和教会权力之争这类外部事务,而更是理智的目的和方法。我们不会领略到霍布斯的君权概念的充分力量。直至我们认识到,在霍布斯看来,逻辑上的抉择正确立起个人的私人意见和个人的团体性意见的公共行为的规则——这是一种逻辑上不协调的方法,而以分裂和战争作为其实践中的补充。

---

① 莫尔斯沃思,前引文献,第 6 卷,第 213 页;第 6 卷,第 236 页;第 3 卷,第 330 页;第 7 卷,第 345 页;第 3 卷,第 713 页;另见第 4 卷第 204 页。

② 他为在大学里讲授他的学说而向克伦威尔提出建议一事,见前引文献,第 3 卷,第 713 页;为此建议所作的辩护,见第 7 卷,第 343—352 页。

③ 莫尔斯沃思,前引文献,第 4 卷,第 287 页。

④ 同上书,第 219 页。

⑤ 他于 1640 年致纽卡斯尔伯爵的献辞中提到,人们出于对理性的信赖而对数学能取得一致意见,相形之下,他们屈从于炽情而为政治和正义的问题争论不休、互相对立。

确实,霍布斯身上存在着互相矛盾之处。一方面,我们有关于君主之专断的责任、权利和过失的学说;另一方面,我们还可以看到他那有关道德和政治具备严格科学特征的学说。从这种看似矛盾的观点出发,无怪乎他的反对者——显要人物卡德沃思(R. Cudworth)及其学派——对后一个特点不加理会,声称霍布斯的整个论辩就在于声言所有道德类别的那种纯粹任意的特征。然而,卡德沃思的观点是十分片面的。霍布斯的狡黠的对手是坎伯兰,而不是卡德沃思。在坎伯兰的《论自然法》(De Legibus Naturae)一书中,我们发现其中存在着用他自己的趣味来迎合霍布斯的企图,这表现在它揭示出霍布斯将道德作为自然科学的一个分支来看待造成的积极影响。在谈到柏拉图信奉者们的自然之光和先天观念时,他轻蔑地评论道:"要我从这样的捷径去领会自然法,我不会感到有多么庆幸。"他为道德律中那种逻辑优先的次序申辩,认为这是源于自然科学中的运动律的类推。他断然指出,其他作家们[如格劳秀斯(H. Grotius)和他的追随者]在推究已认可的情感以及人类共同一致的情形时,只是从结果去推断原因。在他自己对自然法的研究中,他接受的实质上是霍布斯的概念,即自然法是"所有有关道德和公民的知识的基础",这就是说,在这里,人们必须运用演绎的方法。他根本不认为这些基本的公理是某种实体,但同意把道德的形式视为是一门科学。他"弃置"神学的问题,因为他将证明自然法仅仅来自理性和经验。他相信"虔敬和道德哲学的基础不会动摇,只会被(它们所依赖的)数学和自然哲学所加强"。在善行或全体幸福的问题上,他的基本原则不是只顾个人快乐的唯我论,由这个事实也许可以看到霍布斯的影响:他同样从权力出发,但他辩称,会给人自己带来幸福的那种个人的有效的权力,其限度体现在它还要给他人带来幸福。霍布斯既然已认为对纯粹的个人利益的渴望会在行动时造成自我矛盾,那么,把霍布斯关于自爱的力量基础的公理转化为善行也并非是什么难事。

VI

然而,这并不意味着霍布斯摆脱了上述悖谬。相反,当他有意凭借对于君主权威的数学思考,从关于善和恶的那种理性的普遍公理出发,一古脑儿地解决关于对和错、公正和伤害等所有问题,他的立场恰好造成了矛盾。他处置这种矛盾的方法,把我们引向由他赋予自然法的那种意义、他关于目的和意图的概念,或是君权的"职分"。这件事的正反两方面都值得一提,因为它们揭示出某种彻底的功利主义。

霍布斯的众多批评者认为,霍布斯把道德等同于君主的命令,因为他将正义和非正义、对和错说成有赖于君主的鉴定。这个误解源于忽略了霍布斯在善与正确、意向与行动——或者内部法庭(forum internum)和外部法庭(forum externum)之间作出的基本区分。霍布斯认为,简单说来,善就是使人高兴的事,使人欣然同意的事——于是,这类事又意味着"它是无论何人之欲望或渴求的对象"。自然,接着发生的情况是:由于人们彼此间素质和处境不同,继而就会造成冲突和战争状态;从素质的差异上看,一个人称为善的东西,另一个人会说它是恶;从处境上看,当两个人发现了同样的好东西,却常常不能被共同分享或互相拥有;除了由瞬间的渴望直接决定的热情之善或者饥渴之欲外,无论如何,这里总还存在着理性的善,或者说合理之善。霍布斯认为,当然,从其方式或性质上说,合理之善与可感觉到的善没有什么不同,它所产生的愉悦与欲望之善产生的一样多。可是,它的不同之处在于:它不是一种能片刻间作出估价的对象,而是某种包含着时间的评估对象。由于在当下的欲望中找到的善会把一个人带入与另一个人的冲突,这种善会使人的生命和财产受到侵害;在追求当下的快乐时,他将自己显示为将来之恶,"就严格的结局而论,这个将来之恶是附着在当下之善中的",它甚而会毁灭生命。于是,如一个人能够"头脑冷静",他就会看到当下的热情之善是一种恶,并能想见他的真正的善取决于同他人协调或者和睦相处的状况——处于一种能够保护他的身体并创设保证财产安全无虞的和平状态。"因而,他们就不会同意去关心当前的善,而愿意去关心将来的善;这实际上就是理性的事了,因为当前的事显然与感觉有关,还未发生的事仅与我们的理性相关。"[1]

于是,道德律[2]或自然法便起着审慎的建议或规诫的作用,即是说,它们是涉及那种适当手段的判断,以便获得将来那种满载幸福的结果。善和恶的规范是一种手续,只要不被当下的炽情扰乱,任何人都会想用它来促成自己将来的幸福。我

---

[1] 莫尔斯沃思,前引文献,第2卷,第44、47—48页。以此与《利维坦》的下述话语作一比较:"因为所有人生来就拥有一副显眼的放大镜,这就是他们的炽情和自爱,于是每一种小付出都显得是一种大委屈;他们又缺少一副望远镜,即道德和民政的科学,以便能看到远处那笼罩在他们头上的种种苦难,没有这样的付出就无从避开这些苦难。"见第3卷,第170页。

[2] 它们只是隐喻性地被称为法律,因为只有某种命令才构成法律。但是,理性的官能乃上帝所赐,上帝可以说在命令我们理性地行动。在这一意义上,它们又是真正的法律或命令。

们要记住,对霍布斯来说,所有的理性(无论是自然的或是道德的理性)本就是指向对先后顺序进行调适的那一目的的思想次序。所以,霍布斯确实相信,道德律(或至少是各种建议)其本源与君主的命令全然无关。他把当时学究式地赞美自然法的所有颂扬性谓词拿来堆砌在这个道德律上:它们是永恒的、不变的、神圣的等。正确的理性是"推理的行为,即它是那些关涉每个人会对他的邻人带来伤害或益处的行为的真实而又独特的推论……我称它是真实的,因为它依据被正确制定出来的真实原则,因为对自然法的全部违反正在于那种错误的推理,或者不如说是那些蠢人的行为,他们竟看不到为了自我保护,他们必然要对他人履行的那些责任"。①

要对霍布斯所有虔敬表白中的那种诚意作一估计不太容易。然而,我想还是可以放心地来作一设想,无论他是否信仰一个神学的上帝,他的确相信,理性是神圣的。在他将理性的条规视为神圣这一点上,他对理性怀有诚挚虔敬之心;由此,他又带有几分真实的感觉相信上帝就是理性。下面这段述说调和之意的话听起来自有一种弦外之音:"最后,任何自然理性的法律都不能与神圣的律法抗衡;因为全能的上帝已将理性授予了人,用一束光来点亮他。我希望这样的想法没有不恭之处,全能的上帝会在审判日那天要求一种严格的说明,譬如就我们在我们的这类泛论中遵奉的教导作出说明,尽管现今的超自然信仰者对合理的道德的言谈充满了敌对和轻蔑之意。"②

由这类事关未来的安乐和自保的推论中得出的一个必要结论是:任何个体以道德律——实际上就是说,不做任何不希望他人对自己做的事——来行事便无安全可言,直到他获得某种保证,即他方也能按道德律行事。一个如此行动的人,本身会受到他人恶行的毁伤。于是,甚至当人们有意去考虑他人的幸福时,总免不了出现怀疑和不信任。这里不存在用那类将来的惩罚对种种邪念进行震慑的权力和权威,使之作出一种担保:只要邪念及其行为发生,此类惩罚必会降临。这样,一种健全的推理法则便引入了公民国家,或构成了一种拥有以恶制恶之权力的君主的

---

① 莫尔斯沃思,前引文献,第 2 卷,第 16 页注释。在霍布斯本人的年代,他合乎常理地受益于这样的事实,即所有作家都在他们的著述中把"自我保存"规定为自然法的第一条款。对霍布斯来说,道德律是"永恒的",恰如永恒的几何命题一样。它们从那种原始定义中流溢而出,在该定义中,主词包括其谓词,以至于要否定后者,在某种意义上就不能不落入形式上的自我矛盾。主体所承担的绝对"义务",不能从他据以成为国家成员的契约中撤销;订立这份契约,是某种与他自身之基本设定不至于构成矛盾的义务。

② 莫尔斯沃思,前引文献,第 4 卷,第 116 页。

权威,它足以对作恶者的行为产生影响。①

霍布斯接着认为,正像任何流行理论的拥护者们所一心向往的,国家的目的和意图也是"共同之善"。但是,他坚持这种善相关于对某种庇护性权力之命令的含蓄服从。任何对获得共同善的行为所确立的个人判断,都会削弱庇护性的权力,由此导致不安全、彼此恐吓和失和——导致对获得幸福这个构建国家的理由的全盘否定。不管君主的行为有多么专断任性,国家总比那种以个人判断来达成善的统治(即是说被当下的欲望和炽情所统治)的无政府状态要好。

但是,还存在着另一种考量。君主本人也受到自然法的约束:就是说,他要经过"效用的认可"。作为一个推理的动物,他要想到他作为君主的利益是与臣民的富足一致的。"君主的利益和臣民的收益总是结合在一起的。"②霍布斯无例外地制定了某些规范,用以约束君主的良心。在他的《利维坦》中,他详尽构想了"君主的职分"。它们包括征税的平等、向大众袒露的仁爱之心、防止怠惰、规定个人费用的律例、真理面前的人人平等,以及谨言慎行。在他早先的著述中,他对所有这些事项均提到过,同时强调这个国民的权威有义务去培植农牧业、渔业、航海术和机械工艺。③ 在他有关国家掌管教育的需要的讨论中,他清楚地认识到,要对那种以诉诸恐惧的绝对命令来控制行为的权力本身施加某些限制。对国家的效忠,这不能是一种绝对命令,它乃事关道德的责任。"民法将严禁造反(这类造反展示着同君权的实质性法定权力的所有对抗),这并非说民法造成了任何义务,而只是由于民法在性质上正是那种禁止违背信念的自然法。"于是,人们就要对这一做法的来由谨慎而又真实地予以讲解;这种做法,不能"靠任何民法或者法定惩罚造成的恐怖来维系"。④

此外,还存在着对君主之权力运作的自然的或功利主义的考量。首先,它不能

① 霍布斯从不曾赋予君主以可见的无限权力,而只是一种威胁和强化威胁的权力,它造成的恐惧足以对人们的外部行为产生影响。就道德和法律的关系而言,他的整个立场与康德极为相似,而两人有关道德的概念又极不相同。
② 莫尔斯沃思,前引文献,第4卷,第162页。
③ 莫尔斯沃思,前引文献,第3卷,《利维坦》,第2部分,第30章;第2卷,第13章:"关于那些承担了统治职责的人们的责任";另见第4卷,《论政治物体》(De Corpore Polittco),第9章,其中以这样的命题展开陈述:"这就是君主们的一般法则,他们要不遗余力地把民众的事办妥。"
④ 莫尔斯沃思,前引文献,第3卷,第323—324页。霍布斯有句话表露出同样的意思,"造反不是对民法的冒犯,而是对道德或自然法的冒犯,因为它们违背了要对所有先于民法的东西依顺服帖的义务——因为民法的制定端赖于此",见第2卷,第200—201页。

去影响(除了通过教育),也不打算去影响内在的意向和愿望,而只是影响到行动——这是外部之事。在正义之人和正义之行动中,总是可以看到一种分别;前者表示一个遵守法律或以合理行为对待他人的人,纵使因力量单薄或处境的缘故,他没有这么去做。更有意义的,是就这个单纯事实而对君权之专断行为的考量:所有的行动都不能是出于命令。"这里必定存在着无数既非由命令支使也非被禁止的事例,每个人按他对自己的估测,对这些事可做可不做……正如被堤岸挡住了好多流向的河水,它静止不动,犹如一潭死水;而一旦遏制不再,它就会汹涌奔流,流程越长,河流便越呈其不羁泛滥之势。所以说,国民如未得到法律的命令便无从办事,他们就会变得呆头呆脑、手足无措;如无法律即能办所有的事,他们就会趋于分散,法律待定的地方越多,他们越感到可恣意放任。这两种极端都是错误的。法律不是发明出来为了消除人的行动,而是用以指导人的行动;即如自然要叫堤岸做的事,不是使河流止住,而是对它加以引导。"[1]君主想过多地依仗命令,这只会激起反抗。

这个概要的说明清楚地展现了霍布斯从他的理性主义或功利主义的前提出发,对需要、目的以及君主权力的限制进行的演绎。无疑,君主行为一定程度上的主观任意是可能的,它是酬劳的一部分,是为了可想见的那种无穷尽的善的更大回报而偿付的代价。正确与否取决于君主的命令,但这些命令乃是获得善的不可或缺的手段,它具有一种道德的或合理的约束和目标。用霍布斯自己的话说:"要经由其相关于全体国民的理由和有用性,才能对一切被认作是善或恶的行动和习惯作出概括。"[2]再也找不到比这句话更坦率、更彻底的社会功利主义的言词了。

当我们寻找霍布斯天然的历史同伴时,我们不应当去寻找那些政治上拥护专制政体的人,而应当寻找杰里米·边沁。他们都反对把私人意见、直觉和武断之言作为道德行为规则的来源;他们是那种热切地想把道德和政治置于某种科学基础之上的人;他们强调通过关涉未来的共同之善而对当下的个人之善加以控制,强调用这两种善互相感到悦然的方式来理解善本身。他们的不同之处,源于他们的思想由以产生的殊异的历史背景。对霍布斯来说,敌对的东西就是传教士们的利益,就是各行其是的效忠的原由、以关于私人判断的正确性的设定来反对对与错的公

① 莫尔斯沃思,前引文献,第 2 卷,第 178 页。比较《利维坦》,第 3 卷,第 335 页。
② 莫尔斯沃思,前引文献,第 6 卷,第 220 页。

共法则的原由。他的疗法是一个以集权制管理公共事务的国家。边沁找到的敌人则是那种经济上获取的利益,它们将个人或阶级的幸福置于普遍善之上,并出于一己私利,对国家机器进行操纵。他的补救办法是通过其中众多个体的参与而实现的政府的民主化,伴之以在对最大可能程度的幸福的选择和追求中个人创造力的拓宽。然而,对这两个人来说,道德科学是政治科学的门类之一,它不是某种理论的奢侈品,而是反映着社会的需要。两人都承受着为虚假的心理学、为有关人性的不充分概念所苦的共同命运。他俩又是一门人性科学的倡导者,该科学通过代表共同善的那种社会控制的技艺而发生作用。在他们两人以外取得的那些进展,并非出自对这些概念所采取的敌对态度,而是已经改进了的有关人性的知识。

（马　迅译）

法人人格^{*①}

I.

这篇文章所进行的考察指向就法律的目的而言,"人"的概念是一个法律概念;大致来说,"人"指称法律赋予它的含义。如果这一结论此前没有争议,如果现在它已经被普遍地接受,如果即使当它基本上被接受而没有因为被用来为某些推理或结论作辩护的非法律概念的使用所复杂化,那么就不会有特别的理由来写这篇文章。因为在那种情况下,作为一个法律概念,它是一个由法学家而不是外行讨论的概念。相应地,一个外行冒险涉足这一领域的正当理由恰恰是下面的事实,即就"人"这个概念而言,已经影响了法律实践的讨论和理论引入并依赖大量法律以外的考虑:大众的、历史的、政治的、道德的、哲学的和形而上学的考虑,以及和后者相关的神学的考虑。② 因此,许多这样的外部影响获得了哲学的表述,而且从那时起

---

* 此文选自《杜威全集·晚期著作》第 2 卷,第 17—33 页。

① 首次发表于《耶鲁法律杂志》(*Yale Law Journal*),第 35 期(1926 年 4 月),第 655—673 页。

② 因此,吉尔达特(Geldart),一个"真实人格"学说的拥护者,他说:"说到底,问题不是法律和法律概念在此有唯一的或最终的发言权,而是法学和其他学科,比如政治学、伦理学、心理学和形而上学所共有的问题。"见吉尔达特《法人人格》[Legal Personality,1911 年,《法律季评》(*Legal Quart Review*),第 27 卷,第 90—94 页]。他在下一页继续声称:"因为实际上是法律赋予它实存而说所有的法人人格——不管是所谓的自然人,还是法人——都同样真实,以及因为只有法律赋予它实存而说所有的法人人格同样是人造的或虚构的,实际上混淆了人格和潜能(capacity)。"但是,他没有试图表明它们之间的区别,也没有说明两者的"混淆"对法律造成什么危害。"人造的"和"虚构的"含义不同。梅琴(Machen)在《法人人格》[1910 年,《哈佛法律评论》(*Harv Legal Review*),第 24 期,第 253—257 页]中,阐明了这一点:"'人造的'就是真实的,而不是想象的;一个人造的湖不是一个想象的湖。"(转下页)

持续地影响着法律学说，以至于学哲学的学生不用跨出他自己的领域太远就能讨论它们。

我们可以把马他伦（Maitland）爵士以下的主张作为出发点，他已经做了如此多的工作，使公司法人人格的性质这一问题引起了英国读者的注意："公司（请原谅用这一复合的形容词）是一个权利-义务的承载单位（right-and-duty bearing unit）。并非所有对人来说是真的法律命题，对公司也是真的。例如，它既不能结婚，也不能被赋予婚姻关系；但在绝大多数的情况下，你可以作出关于 x 和 y 的法律声明，不管这些符号代表两个人或两个公司，或者代表一个公司和一个人，这个声明都同样成立。"①说在法律上，"人"可以指法律赋予它的任何含义时，我试图表达的是"人"可以仅仅用作承载权利-义务单位的同义词。任何这样的单位都会是人；这样的表达，将是不容置疑的同义反复。因此，除了说这个单位具有法庭发现它具有的那些权利和义务以外，这样的陈述不会传递任何意义。在大众话语，或者在心理学、哲学或伦理学中，"人"指称什么将是无足轻重的。用一个言过其实的比喻说，就像争辩说因为一种葡萄酒被称为"干的"，它就具有干燥的、固体的特性；或者因为它没有那些特性，所以葡萄酒不可能是"干的"。显然，应用于具体葡萄酒的"干"，具有那种，而且只具有那种当它应用于那类一般的饮料时的含义。法律中使用的"人"，为什么不应该同样如此呢？

举一个更接近我们主题的例子。当普通法拒绝承认一个非法生育的儿子的任何亲子关系，并且说他是个私生子时，这不会被理解为在否认生理上的生育的事实；它是在宣布这样的孩子不享有属于婚生子（filius）的具体权利，暗示了婚姻是一种法律制度。婚生子指称一种特定的继承，暗示法律准予一个男人和一个女人先前的结合，这很好地例示了一个术语指称权利和义务体系赋予它的含义。再举

（接上页）他又说道："一个公司不能同时既是国家创立的，又是虚构的。如果一个公司被'创立了'，它就是真实的，因此就不可能是一个除了在法律的想象中存在而没有任何实存的纯粹虚构的实体。"波洛克也持有大致相同的观点，他说，"人造的"是指"与艺术规则相符合、像律师那样的司法的"，"虚构"应该从创造或制作意义上的指向中引申出来，而不是伪造，见《习惯法已经吸纳了法人的虚构理论吗？》[Has The Common Law Received The Fiction Theory of Corporation?，1911 年，《法律季评》，第 27 卷，第 219—220 页；重印于《法律论文集》（Essays in The Law），1922 年，第 153 页]。吉尔达特在"因为只有法律"这个短语中，引入了"只有"这个词，就好像在说一辆机车"只有"人赋予它实存一样。

① 马他伦，《三篇文选》（3 Collected Papers），1911 年，第 307 页。贯穿这篇文章，"公司"这个词在广义上被使用。就此而言，一个商业公司只是一个类别，而且包含了技术上不包含在内的实体。

一个仍然更加接近我们话题的例子。假设一些已婚女性在普通法之下无力缔结契约，但已经组建了一个公司。这种联合只不过是它的个体成员的总和，甚至这一理论最热心的追随者是否会推断这个公司不能缔结契约——尽管可能已经否认了这些女性可以组建一个公司——也可能会被质疑。然而，承认公司的实存，承认缔结契约的权利会被局限在新的关系上；正因为如此，该公司的成员将享有一种特定的权利。以类似的方式，"自然人"是一个毫不含糊的术语，即使这一点是真的，正如这不是真的一样，在法律的意义上称"自然人"为人就是赋予他一种新的、附加的和独特的含义；就"自然人"而言的一个特有的（*sui generis*）含义。

如果在某些具体的和困难的争议中为一个具体的裁决辩护时，法庭通过援引此前与法律无关的"自然人"的某些优先特性来支持自己，那么，这可能有助于这一具体的裁决；但它或者包含了依赖法律以外的理论，或者扩展了"自然人"这一法律概念，或者两者兼有。这一陈述一分为二。一方面，它表明，近来关于公司实体的真实人格的许多讨论所面临的大部分困难越出了严格的法律的领域，以至于法律问题和其他理论与以前的科学知识状况交织在一起了；另一方面，它表明，在关键时刻以及处理关键问题时，法律发现，除了借用当代法律以外的概念和学说以外，以任何其他的方式成长都很困难。正如法律通过将此前不具有法律地位的实践引入自身获得成长那样，它也通过吸纳来自心理学或哲学或它以外的任何理论和思想观念，获得了成长。但正如对前者而言，持续的成长要求法律在进一步的实践中再次发生重大的变化。具体地说，正如商法的采用不会提供足以应对当今复杂的商业关系的法律一样，曾经用作推动法律规范的古老的法律之外的学说，今天可能起阻碍作用，这一点甚至更加显著地是真的。当问题的解决方案取决于祛除陈旧的思想观念，用与当前的思想观念和知识状态更符合的概念取而代之时，我们经常继续使用古老的思想观念来讨论问题。当前关于"自然的"和联合的实体之争的根本困难也许是：虽然我们可能用其中之一反对另一个，或者我们试图发现它们两者的某种结合，但真正需要做的是详细地考察构成它们两者之基础的人格学说。

换言之，这篇文章的目的是指出找到进入所谓自然人和法人人格的讨论之路径的一些法律以外的因素，并且指明赋予这些外部因素效力的原初条件。已经不知不觉地导致关于人的大众的和哲学的观念与法律观念融合的假定，是任何事物成为法人之前必须内在地拥有的某些特性；这些特性的存在，是任何事物构成人所必要的。如果这些内在和本质属性性质的理解还保持不变，把这样一种观念置于法律理念之下，或许就不会产生任何危害；法律学说至少会和人格席位的性质一样，保持不变。但后一种观念在西方文化史上呈现出变色龙一样的改变；而且，这种改变从来都不是后来的理念完全取代了较早的理念。几乎所有的概念都在一种错综复杂的交织中并肩持存着。因此，它们对法律学说的影响，必然会产生混乱和冲突。

我们可以援引马他伦爵士的论述来表明这一点。上面从其上下文中抽离出来的引用，看起来像是在中立的意义上使用"人"，仅仅用于指称承载权利-义务的单位。但实际上，他的讨论依赖于这样的假定，即有些特性是任何一个单位为了成为承载权利-义务的单位所必须事先和内在地具有的。它们在他对祁克（Gierke）观点的总结中被表达出来，尽管这些陈述是在别的书中被发现的。一个"法人（或公司实体）……是一个活生生的有机体，而且是真实的人，有身体、成员以及自己的意志。它自己能意愿，能行动……它是一个群体-人，它的意志是群体-意志"。① 我不是意在暗示马他伦爵士和祁克曾经把所有和"有机体"的极端类比都引入他的公司单位，但为了成为一个法人，他确定无疑地预设了一个"意志"。简言之，隐含了某些一般的或哲学的人格概念，亦即某些表达了人格内在特征的概念。这里有一般理论问题的空间，也有撰写许多著作的空间，以阐明法律单位确实具有或确实不具有这一概念要求的特性，以及"意志"指的是这个或者那个或者另外的事物。

另一个例子或许会使这层含义更加清晰。米修德（Michoud）先生说："对法学来说，人的概念是而且应该一直是纯粹的法律上的概念。这个词指称的仅仅是一个权利-义务的主体（*sujet de droit*）、一个能够具有恰当地属于他的主观权利的存在者。"② 这听起来颇像在说，"人"指的是在实际分配权利和义务时，法律赋予它的含义——尽管权利前的前缀"主观的"一词可能会让一个熟悉哲学文献的人心生警惕。但米修德先生随即继续说："要知道某种存在者是否符合这一定义，不需要问这些存在者是否构成了在这一语词的哲学意义上的人。只要问它们是否具有这样的性质，以至于可以把主观的权利赋予它们"就够了。这里，法律之外的考虑，在名义上已经被排除了；但实际上，在有必要独立于和先于义务-权利的归属来研究主

---

① 马他伦，《祁克的〈中世纪的政治理论〉（*Political Theories of the Middle Age*）导言》，1900 年，第 xxvi 页。

② 米修德，《道德人格的概念》（La Notion de Personnalité Morale），1899 年，载于《公共权利评论》（*Revue De Droit*），第 11 卷，第 5—8 页。

体性质的幌子下又被引入了。"主体"这个词在法律理论中,可能被用来仅仅作为一个描述性的术语,指称任何承载权利-义务的单位。但实际上,它没有被如此使用:首先定义什么使得任何事物恰当地成为主体,作为具有权利-义务的一个前提条件,已经被视为是必不可少的——尤其是在已经泛滥的德语理论中。关于"主体性"的德语理论,本身就是一个卷帙浩繁的主题。那么,这里的某事物在任何拥有权利和义务的事物那里,必定是一样的。最方便的出发点是单个人;因此,就有必要发现某种既属于单个人又属于法人实体的性质或本质。如果一个人否认他可以发现这样一个共同的本质,他就是认为当被应用于法人实体时,"人"只是一个单纯的虚构。但是,如果他否认法人实体的虚构的特征,那么就一定能发现:所有承载权利-义务的单位都有一些在本质上相同或与"主体性"有关的人格,从单个人(包括婴儿、已出生的和未出生的、精神不正常的,等等)到国家,连同居于两者之间的所有其他类型的法人实体,诸如"基金会"、"社团"和经济学意义上的公司。[①] 显然,这不是一项轻而易举的任务;完成这一任务如此艰难,以至于成了关于司法人格,或者如法国作家泛泛指出的,"道德人"(*Les Personne Morales*)的大陆文献卷帙浩繁的主要原因。然而,这还不是故事的全部。"主体"和"主体性"在现代德国哲学(这直接地以及通过有关法理学的著作,已经对拉丁国家和英国造成了巨大的和引人瞩目的影响)中,占据了"实体"和逻辑意义上的判断的"主词"在古代形而上学中占据的地位。因此,寻找共同的本质已经受到关于"主体"的哲学理论如此多的影响,以至于如果没有德国哲学的专业知识,尤其是关于康德的知识,完全认识为这一问题而提出的各种不同解决方案的效率是极端困难的。

然而,有人会反对说,除了关于"本质"或"性质"以及"主体"的所有这些哲学理论以外,任何承载权利-义务的单位都应该具有一个自己的特征。据此,它可以拥有权利-义务,这只是一个常识;必定有一个这些法律关系所属的或它们固有的或在任何情况下它们被归因的主体。否则,为什么原子,或树,或桌子,不像单个人和法人实体那样,是法律属性的合适候选项呢?这样的反对,看起来是严肃的。但是,要先考虑一个从个人情感出发的论证,或一个特别设想出来的论证。关于法律

————————————

[①] 这些术语中的第一个在大陆法而非英美法中,有其学理上的重要性。后者中的信托制度,覆盖了大部分地区。"结社"理论的大部分观点,过去源自关于宗教聚会法律地位的争议。在此之上,现在还附加上了工会的合法地位。

主体的性质没有共识;法庭和立法者做他们的工作时没有这样的一致意见,有时甚至完全没有关于其性质的任何概念或理论;从而可以表明,诉诸某些理论,不止一次地阻碍而非推动了关于权利或义务的特殊问题的判决。而且,英国法理学通过"信托",取得了大陆法学通过其他手段取得的同样多的成就。那么,人们可能有理由采纳一种法律不可知论的观点,认为即使有这样一个外在的如此这般的主体,也和法律无关;因为法庭可以不考虑它的性质而做工作,而且不必解决它的问题。

然而,可能会有人反驳说,这样的态度没有成为法理学。在法庭的程序中暗含了某些理论,法学理论的任务就是使暗含的东西变得清晰,尤其因为错误的理论造成了实践上的危害;与此同时,由于理念缺少智识上的共识,助长了司法上的经验主义,因此在具体的裁决上引起了混乱、冲突和不确定性。这一反驳,把我们引向更深的层次。有两个截然不同的定义:第一个是从反映了事物性质的明确的形而上学观念的希腊逻辑继承下来的定义,该定义根据一个本质的和普遍的固有性质展开;另一个定义是根据其后果展开的。简言之,对后者来说,一个事物是——被定义为——它所做之事。"它所做之事",根据在其他事物中从外部引起的具体效果得以表述。这一逻辑方法首先由皮尔士陈述出来,作为实用主义的规则:"考虑一下,我们设想,我们的观念的对象会有什么效果(这些效果可能会具有实践影响)。然后,我们关于这些效果的概念就是关于对象的概念的全部。"[1]然而,定义的方式本质上不依赖于作为一种哲学的实用主义。那些因为被称为实用主义者而感到震惊的作家,基于对数学和物理学的分析而陈述和采纳它。这么表达,是众所周知的"抽延"原则。采取这种形式,"……对科学而言,真正重要的不是对象的内在性质,而是它们的相互联系。任何有恰当的相互联系的一组术语,将和有同样类型相互联系的其他一组术语一样,较好地满足所有的科学目的"。[2]

从这一视角看,承载权利-义务的单位或主体指称有着具体类型的后果的任何东西。因此,分子或树不是司法"主体"的原因就很清楚了;它们没有表现出特定的后果。这样,定义一个法律主体,就是一件正当的并且可以设想在实践上重要的事

---

[1] 莫里斯·R·科恩(Morris R. Cohen)编,《运气、爱和逻辑》(*Chance, Love and Logic*),1923年,第45页。文章最初刊登在《通俗科学月刊》,1978年1月。

[2] 布罗德,《科学的思想》(*Scientific Thought*),1923年,第39页。他从怀特海那里借用了这一理念和名称。这是一个比皮尔士的陈述更加普遍的陈述,因为它适用于诸如"点"这样的数学概念,它的"后果"不是物理效果。然而,在具体事务中,发挥作用的"相互联系"具有效果的性质。

情。然而,它是一件分析事实而非寻求固有本质的事情。这里的事实源自承载权利-义务的单位不管什么样的具体后果。这种分析是要由精通法学的人而非外行来做的事情。但即使外行,也能指出这一探索置身的领域。这些后果在特征上,一定是社会的,一定是如此社会性的后果,以至于受到作为权利和义务、特权和豁免的载体控制和修正。分子和树当然有社会后果;不管它们是否有权利和责任,都会有这些后果。不管是否把权利和责任归因给它们,分子和树都会像它们所做的那样,继续如此地呈现自身;无论如何,它们的后果都会那样。但有些事物,不管是单个实体,还是法人实体,依据它们拥有的权利和责任,而且根据它们所拥有的具体权利以及赋予它们的义务,显然会表现不同,而且会产生不同的后果。如果假定了逻辑原则,确定什么实体具有可以列举的后果以及这些后果是什么,那么就是事实性事务;而我们是否把它们都称作"人",或者是否称它们中一些而非其他的为"人"——或者我们是否完全放弃使用这个词语,这是语言上的事情。①

援引米修德先生的话,可以使关于所要求的定义类型的一般陈述更加具体。他主要在"利益"中发现了他正在寻找的东西。现在看来,虽然他曾声称有必要确定作为"人"的存在者是否"具有可以赋予它主观权利的性质",但他得出利益是主要的这一结论,改变了逻辑基础。因为不管它们是或不是其他什么,"利益"都落在后果而非"存在者"的范围以内。某些利益受到慈善基金会的权利和义务的保护,但这些利益是在这件事上没有权利的那些接受者的利益。拥有意志的存在者和管理者作为利益机构,是必要的。他的第二个标志或标准,可以说引入了一种内在的因素,即"意志"的因素。但我们先前的逻辑问题又出现了:"意志"是按照某种内在的东西或根据列举的后果来设想或定义的吗?如果是前者,那么,我们立刻会卷入心理学或哲学中发现的有关意志性质的所有争论——没有什么比人们在意志的性

---

① 英国成文法由于一般化了"人"这一术语,因此在某些方面非常接近后者的做法。在(1833 年)3&4Wm. IV, C. 74 中,它规定:"除了个体以外,'人'这个词应该扩展至政治实体、法人实体或大学实体。"在 1889 年《解释法案》52&53Vict. c. 63, sec. 19 中这么规定:"在这个法案以及任何在这一法案实施后通过的法案中,除非出现了相反的意图,'人'这一表达应该包括任何人格实体,不管是法人,还是非法人。"

　　关于这一点,我要归功于引用马他伦爵士的论述,前引文献,第 401 页注释 2。他解释说,把"非法人实体"包含进来,可能是因为想要把一些地方政府机构,例如卫生局,纳入他们相关法规的管辖之下。他补充说:"1889 年的法案上引部分自此之后,可能会发挥一些作用,这不是不可以设想的;但是,我还没听说至今它发挥了什么作用。"这个陈述表明,声称"人"这一术语的一般化可能等同于放弃使用这一术语,放弃具体法规以及与具体事务相关的司法裁决所发挥的作用。

质这一问题上达成的共识更少了。① 如果持"常识"观点的人反驳说,"远离这些形而上学的精巧;每个人都很清楚一个有意志的存在者和一个无意志的存在者之间的区别",那么,他的反驳在大部分情况下可能是对的;但这包含了比"常识"通常愿意承认的更多的东西,即"意志"指示某种经验上可以识别或列举的后果,而不是一种力量或实体,不管是心理学的,还是形而上学的。换言之,我们通过在具体后果之间作区分来确定"意图"的存在与否以及意图的类型,恰如我们确定"忽视"那样,它从定义上讲,不是一种独特的固有力量。当然,通过人格化,忽视也可以被转变为积极的和内在的力量,但这类似从"漫不经心"中制造出积极的存在实体的学校教师所遵循的程序。如果我们援引通过"抽延"形成概念的逻辑方法,那么,"意志"像"利益"那样,指示一种功能而非一种内在力量或结构。②

II.

前面一节没有试图在承载权利-义务的单位的意义上定义成为"人"意味着什么。它旨在表明,应该采用什么样的逻辑方法来得出这个定义;而且第二,旨在表明因为采纳错误的逻辑方法,因为从不加批判的大众信仰,从心理学以及从根本上源自神学的形而上学中,引入不相干的概念到法律讨论(而且经常引入法律实践)中,问题因此变得相当复杂了。然而,它不是意在指出,这些外部的考虑,历史地看已经不重要了;也不是指出,它们出现在法律中的原因,对于法律史不重要了。恰

---

① 一个本身微不足道但具有重要象征意义的例子是:"意志"理论的追随者发现,他们有必要把 volitions 和 volonte 区别开来,前者可能源自一个团体中的单个成员;后者属于如此这般的团体。见萨莱(Saleilles),《法人人格的来源》(*De La Personnalité Juridique*),1910 年,第 565 页。

② 仅仅列举和描述一个或另一个时期人们持有的影响法律学说的各种意志理论,需要一篇比目前这篇文章更长的文章。提到其中一个就够了。庞德教授多次表明,"意志"概念在有关法律事务的罗马法律思想中是如何地举足轻重,以及它怎样影响了 19 世纪关于契约和相关主题的理论。康德的意志理论影响了整个后康德时代德国人对真实人格的理解。实际上,这一运动和另一个在特征上大相径庭的运动交织在一起,使意志"自由"成了为发现政治自由的普遍基础的核心事务——像卢梭那样。随后,德国思想和法国思想交汇在一起,这一交汇受到了经济自由观念的影响;它在居支配地位的意志理论的掩盖下,很容易合理化自身。毋庸置疑,这一理念有助于推动对社会有用的运动。举个例子,亨德森(Henderson)已经表明它在放开对外国公司的限制方面所发挥的作用。根据"特许权理论",做到这一点很不容易。参见亨德森《美国宪法中外国公司的地位》,1918 年,第 5 页。我的同事施耐德(H. W. Schneider)教授引起我对有关意志的"能动性"、"责任"和"罪恶"的传统关系对法人团体"真实"的法律人格的理论所产生的影响的关注。我略去了对这一点的讨论,因为它的重要性要求另辟专门的一篇文章来进行论述。我将会提出:把这些思想观念放在一起分类,是一件具有历史意义的事情,但从当代思想的角度来看,却是不必要的。

恰相反。对于研究人类文化的学生,而不仅仅对于学历史的学生而言,它们即使有些复杂,也可算作是非常吸引人的探究领域;法律制度的历史以及当前的地位,也卷入了这一对人类文化的研究。仅仅"意图"和"邪恶的"意图概念的来源、发展和影响,就会揭示出整个宗教、道德和心理学史上一个引人深思的横断面。对于我们的特定主题具有更加直接意义的,是潜在的争议,以及它们引入法律理论和实际的法律关系,表现了经济上和政治上具有重大社会意义的斗争和运动这一事实。像我们一直在做的这种形式的或逻辑的分析,实际上是初步的。这些在逻辑上是外在的因素背后是什么?导致它们和法律的定义问题如此彻底地交织在一起的关键问题又是什么?要回答这些问题,必须致力于考察中世纪教会和帝国之间的冲突;考察方兴未艾的民族国家和中世纪罗马帝国之间的冲突;考察王政和民众代议制政府之间的斗争;考察教会和农业的封建制度与工业革命和民族国家的发展引起的经济需要之间的冲突;考察"无产阶级"和雇主及资本家阶级之间的斗争;考察民族主义和国际主义或国家间关系的斗争。这里只列举出一些具有典型意义的案例。[①] 这些冲突在性质上主要是政治的和经济的,但它们中没有一种冲突不对法律产生深远的影响,尤其是对司法人格的性质和席位的学说产生影响。讨论和概念在形式上可能一直是知识上的,调用了整个辩证法的武器库;它们在事实上一直是对斗争某一方的观点和主张进行"合理化",只要它们在那里有一些重要性。正是这一事实,赋予司法人格学说史异乎寻常的重要性。一个附加的事实是:西欧的思想史和科学史在"人"和"人格"含义变化着的命运中反映出来。这是一部已经影响社会斗争和被社会斗争所影响的历史。有关司法人格学说的重要性和复杂性足够明显了。

例如,有关法人实体或集合物的(*universitates*)人格的虚构理论,即使不是由

[①] 因为我们不会进一步关注上面所说的主题,因此可以稍作阐释。近来,一股强劲的动机坚持社会群体或公司实体独立于国家的真实"人格",这与声称国家是唯一的或公平的最高人格的主张相对立。后一种观念反映出民族国家日渐增加的重要性。从我们所暗示的一方出发的反对,是因为这些国家至上人格的学说在战争中找到了它们合适的表现这一事实。而且,战争授予国家太多超越其公民之上的、不加限制的权力,还令人不快地影响了因现代工商业方法而交织在一起的经济相互依存。在写于战前的一篇文章中,林德赛(lindsay)恰当地引用了诺曼·安吉尔(Norman Angell)的论述,视其为"最新的政治信条"中的一个因素,这一信条是"对国家是人格这一学说的公开宣战"。这一攻击不是由"对个体孤立的信仰"激发的,而是被"个体的合作及它们彼此之间共同的依赖延伸到国家的界限之外这样一种理解"所激发的。见林德赛《新近政治理论中的国家》,1914 年,第 1 页,载于《政治季刊》(*Political Quarterly*),第 128 期,第 130—132 页。

诺森四世(Pope Innocent IV，1243－1254 年；圣托马斯·阿奎那死于 1274 年)提出的，也是由他传播开来的。教皇诺森四世是精神权力具有超越世俗权力的至高无上性的最强烈的支持者之一。他在教皇帝国最伟大的政治权力时代之后成为教皇，这几乎不能算是巧合。① 从外在形式上看，法人实体是虚构的人格的学说指向教会实体。这一学说被陈述为：为什么一个教会团体或聚合物或头目，或者不能被逐出教会，或者不会被指控不法行为。这是因为，它们既没有身体，也没有意志。一个分会仅仅是一个名称和一个无实体的事物罢了。其他圣典学者宣称，因为法人实体既没有灵魂，也没有身体，所以不能被处罚或逐出教会。而且，他们把唯名论推得如此之远，以至于说它们只是抽象的存在者，就像相对于"men"来说的"man"一样。然而，这一学说并没有暗示逐出教会没有影响；相反，它指出，为了让一个惩罚或逐出教会的命令不至于缺乏影响，它要适用于全部。即使教皇诺森四世没有把教会团体(按照他的理论，我们不能称它们为实体)一同算进来，我们也可以确信，这是适用宗教组织的，更适用民事组织。被视为一个实体的全体教士大会或民众尤其不会遭到驱逐；而当禁令落在一个人身上时，情况则完全不同。② 这一学说中的知识因素把我们带向如下的事实，即由于占支配地位的人的概念而否认这些团体是"人"。托马斯·阿奎那的定义，表达了当前的理念。它可以追溯至亚里士多德的形而上学讨论。事实上，对中世纪的哲学家而言，"个体的"存在者的性质问题甚至比"实体"的性质更是一个问题，后者已经被亚里士多德一劳永逸地解决了。③ 把"理性的个体化的实体"纳入"人"的概念中，它的影响在创造出它的形而上学和神学如果没有被遗忘也已黯然失色很久以后依然持续着。甚至最近把"人"赋予法人的和单个的单位的讨论中的大部分困难，都归因于它们。

---

① 关于一个不太遥远的前辈，据说，"一个足够丰富的教会理论在实际教会权力的鼎盛时期，可以在教皇诺森三世(1198—1216 年在位)的著作中发现"，见邓宁(Dunning)《古代和中世纪的政治理论》(A Historg of Political Theory, Ancient and Mediaeval)，1902 年，第 162，163 页。

② 我参考了祁克的《德意志团体法》(Das Deutsche Genossenschaftsrecht)，第 3 卷，第 279—285 页。他说，教皇诺森四世是"目前仍在发挥作用的法人纯粹虚构的和知识的特征这一教条的发起者"。即使这一表达实际上是不正确的，但由于马他伦爵士使这一讨论和祁克的思想流传开来，由于马他伦爵士对拉斯基的影响，参考它是非常重要的。拉斯基是组织团体拥有独立于且在许多情况下优先于国家行为的人格这一学说最主要的现代倡导者。

③ 我们离开拉丁语的"persona"一词已经很远了。当这个词用在具体的人上时，几乎不可能意指比单独的物理实体更多的东西。含义的改变，无疑有其神学上的根源。术语"persona"已经被教父们用在"三位一体"的根本原理上。

关于法人的"特许权"理论，尽管经常和"虚构理论"混为一谈，但两者有着不同的起源，而且有着相当不同的利益冲突。从根本上说，它是民族国家兴起的产物，伴随着集权化的趋势。当时，有着封建起源的宗教教堂和宗教组织是声称有完整主权的民族国家的竞争对手。使这一主张成立的捷径，就是把所有微不足道的组织全部视为"魔咒"和同谋，除非它们的权力源自一个最高权力，即国家的公开承认。某些阶层就像教皇诺森三世热衷于夸大教皇的权威和权力一样，热衷于夸大成文法所规定的政府和法规的权力。选择"特许权"这个词，很可能受到罗马法的影响。①

我应该给出引文来代替关于特许权理论的实践动机的进一步讨论。"在教会实体和基金会、行会、市政当局、贸易公司或商业组织等各种形式中，法人总是表现出同样的问题，即如何抑制团体行为削弱个体自由或与国家政治权力相竞争的趋势。""不受法规或皇家许可制裁的公民组织是非法的"这一中世纪后期多少有些模糊的理论，至少从 15 世纪起就被在圣典论者的影响下发展起来的专业学说所补充，即没有积极的授权法人，实体就没有行动能力。授予这种权威在英国依然是皇室特权的标志。几乎不可能高估法人存在取决于作为公共和立法政策中一个因素的积极制裁这个理论。很自然，应该让宪章或公司法成为限制或约束的工具，它们可能不容易施加在出于它们自己的动机行事的自然人身上，立法的历史进程证明了这一点。"②

很明显，虚构理论和特许权理论之间在本质上没有什么共同之处，尽管它们都致力于相同的一般后果，即限制法人实体的权力。虚构理论是这样一种哲学理论，即坚持认为法人实体只是一个名称、一个智力上的事物。特许权理论或许完全漠视

---

① 盖尤斯(Gaius)，《法律汇编》(*Digest*)，第 3 卷，第 4 部分，第 1 页。所有的事件都表明，盖尤斯是在帝国处于集权化过程中(161A. D.)提出那一主张的。然而，应该指出的是：他不是明确地指称任何他称为人的东西。他的要点是：作为一个 universitas 或 collegium，就是依赖于法规；sensatus consulta 是和帝国宪法有关的事情。而且有趣的是，这与努力地把罗马思想引入整个争论有关。马他伦爵士公开说："必须承认，没有任何文本直接称 universitas 为 a persona，把它称为 persona ficta 就更加少了。"见祁克(马他伦作序)，前引文献，第 xviii 页，注释 3。

② 弗罗因德(Freund)，《美国立法的标准》(*Standards of American Legislation*)，1917 年，第 39 页。引用部分后面继续表明，施加在银行和保险公司、铁路和快递公司之上的限制，从历史上看，至少对商业公司的限制性态度在下面的事实中找到了解释和正当理由，即它们数量不多且成就斐然，通常是巨大的贸易公司，实际上而且名义上也是垄断者，它们的"权利"是特权和豁免权。就像经常发生的那样，语词连同和它相关的思想和情绪在公司成为寻常的事物，而且常常在成为开展业务的寻常手段后继续存在。在已经提到的著作中，亨德森表明了，早期的公司拥有超乎寻常的特权在制造对它们的恐惧时的效果，以及这种恐惧影响法庭裁决的程度，例如《美国银行诉迪维尤克斯案》(*The Bank of the United States v. Deveaux*)，前引文献，注释 10，第 19,55,56 页上的例了。

法人实体的现实这一问题,坚持它的法律权力是派生的。在某些方面,特许权理论对于扩展法人的权力更加受人青睐;具有广泛权力的分会可能会得到承认,而且法庭可以自由地解释它的条款。它所推动的同化为单个的人,甚至在一个法人已经被称为"人造的"时扩大它的权利,即特权和豁免权。在一个"个人主义的"时代,也就是说,一个只关心私有财产和契约权利的时代,这么做是确定无疑的。例如,考虑如下法庭裁决,一个商业公司是第十四修正案所包含的意义上的"人",以及这一裁决的后果。另一方面,认为公司没有灵魂,因此不能被指控非法行为的虚构理论赋予公司极大的空间去斡旋。因此,没有时间和空间上的限制,我们可以说,在限制法人权力的方向上,这两种理论没有一种是行之有效的。

尽管这两种理论在历史和逻辑上有所不同,但它们还是交汇在一起了。它们的汇合及其汇合的结果,表现在美国法官的很多判决中。在实践上,这一结合的关键在于刚刚指出的对一个"个人主义的"时代的影射中;在这种结合中,虚构理论整体上好于特许权理论。当很难对据称是唯一"真实的"人的个人下手时,对一个虚构之物下手就很方便了。至于它的财产,虚构的实体作为实体,也有一个名字;至于在它的财产和契约之外的责任和负担,它的观点没有那么清晰;它的虚构特征可以被援引来为它免除某些通常被视为道德上的,然而却像对单个人那样在法律上可以实施的义务。教皇诺森四世不会面临这样的困难。逐出教会可以触及教会整体的每一个部分;触及构成了"仅仅是集体的教会"的摇摆不定的"真实的"人。在一个股份制公司中的股票持有人,尤其当他们是"寡妇和孤儿"时,就没有这么容易了。在很大程度上,当法人被视为不过是一个集合物或一群真实的人的名称时,法人就会"忽左忽右了"。充分展开这一事实以及导致它的原因,需要涉及 18 世纪和19 世纪"单个人"这一概念所发生的变化,这一概念如今已经成为羽翼丰满的个体了。这里不可能涉及它。个人作为"真实的"人,已经不再或者是物理实体或者是理性实体了,仅仅说出这一点就足够了。这两个含义都继续存在,但它们披上了源自如此这般的个体固有的自然权利理论。"自然的"人和"人造的"人的对比在下面的事实中找到了意义,即"自然的"暗含拥有固有的和不可侵犯的权利。在社会事实的压力之下,法庭的辩证法相当于宣称:尽管法人是人造的和虚构的,但仍然享有个体的人所拥有的所有自然权利,因为它们毕竟是法人。

或许读者会推断说,前文就等于为法人实体呼吁"真实的"人格。但回想一下导论部分的评论,应该能够消除这样的印象。如果说历史的考察暗示了呼吁任何东西的话,那么,它就是呼吁要把具体问题和争论从关于人格的任何概念的纠缠中分离出来。它不同于再次重申诸如此类的权利和责任、利益和负担,以诸如此类的方式,在诸如此类的情况下产生,而且以此得以保持和进行分配。

III.

实际情况是:没有贯穿不同理论的清晰明确的在逻辑或实践上的统一,为了"自然人"或联合起来的人的"真实的"人格,这些理论已经被提出来了,或者仍然在被提出。每种理论被用来服务于相同的目的;而且,每种理论已经被用来服务于相反的目的。关于国家的人格的学说已经被提出来了,它基于除了上帝之外,它没有要为其负责的更高的人这样的理由而把国家置于法律责任之上;代表了国家以及官员对法律的责任的学说;因为作为人,就要享有法律权力和承担责任。已经有人提出,国家的人格既和"自然的"单个人的人格,也和团体的人格相对立。在后一种关系中,人们采纳它,既用于使国家成为一个等级中最高的和终极的人格,也用于使它降至只是许多人格之一。有时比其他人格更重要,有时却不这么重要。这些是政治的而非法律的考虑,但它们已经影响了法律。在真正的法律学说中,人们为了同样的目的而支持所有的理论,但每种理论却是为了不同的目的。法人团体比国家更少地拥有归于它们的真实人格,既是为了让它们更适于承担责任,如在工会的例子中那样;也是为了提升它们反对外来控制的尊严和实质性的权力。出于相似的理由,它们被否认具有人格;它们已经被肢解为仅仅是分离的人的集合,以便保护其他劳工免受伤害。就像在集体议价中那样,让它们在工会的辩论中的联合行动更加困难,并使工会的财产逃避责任,处于分离状态的联合起来的个体没有可以征收的财产。人们主张,团体的人格的理论既是对被视为无政府主义和毁灭性的个人主义的限制,为了建立某种比单个的人更加持久和更有价值的东西,也是为了提升单个人相对于和超越于国家的权力和尊严。即使主张真实的人格只存在于"自然人"的学说中,也是在相反的方向上被提出来的。它最初赋予教会和国家削弱个体的人的权力,后来受到自然权利意义上的"自然的"一词的影响。它已经以牺牲公共利益为代价而提升了私人利益。

不幸的是,人类的心智倾向于融合而非区分,结果就是一团混乱了。我在这里详细地引用近来一位作者的话:"祁克和马他伦爵士持有一种在关于国家的生物学理论和心理学理论中的观点,诸如菲吉斯、拉斯基(Laski)和狄骥(Léon Duguit)这样的作家,分享了他们的观点。这一观点的奠基人是德国法学家约翰尼斯·阿尔图休斯(Johannes Althusius)······他关于国家作为构成它的团体的等级理论,被当代的阐释者祁克在其《合作的基础》(*Genossenschafts Lehre*)中加以扩展,后者又得到杰出的英国历史学家和法学家马他伦爵士的倡导和澄清。简言之,这一学说即国家不是由一群个体组成的,而是团体的集合物。这些团体相应地,并不是个体的复数,而是设计出来实现具体目标的、由个体组成的组织。作为有目的的团体,它们是精神性的有机体,拥有不是虚幻的而是真实的心理人格······有关团体的地位和重要性的学说的倡导者,在对国家的地位和重要性的阐释上,涵盖了从支持亚里士多德-黑格尔主义对国家的称赞的作家恩斯特·巴克(Ernst Barker),直到完全消除国家的极端多元论者和工团主义者。"①

　　作者是从政治的视角而非法律的视角来写作的;最后一句为国家地位的观点差异留下了余地。但是,这段论述给人一种如果不是政治结论,那么它的前提是一致的同一学派的印象。因此,对这一解释的分析就不仅仅是为了让巴恩斯先生相信这里有错误,更是为了揭示任何概念,由于忽视了语境和目的,试图在事实展现出极大差异的地方,将统一引向其中的命运。这里生硬地把人凑在一起。像阿尔图休斯一样,拉斯基有政治上的兴趣。阿尔图休斯的政治兴趣是为民众政府提供基础,而拉斯基的兴趣则在于为国家理念提供道德辩护,以便攻击不负责任的主权,并且在詹姆斯多元主义哲学的影响下,利用那一时期的社会学所假定的团体的重要性,以便详细地阐述团体利益的有效性和自主。另一方面,阿尔图休斯认为,后者在把他们自己收缩进国家的同时,失去了相对于国家的自主的立场。② 菲吉

---

① 哈利·埃尔默·巴恩斯(Harry Elmer Barnes),《社会学和政治理论》(*Sociology and Political Theory*),1924 年,第 29—30 页。

② 拉斯基通过引入下面的话,结束了他的文章《社团的人格》(Personality of Associations):"如果我们在这里一直极力主张的是正确的,那么,它非常强有力地反对我们关于国家的理论。迄今大部分情况下,我们试图寻找它们的统一。我们已经使它在自身中不能容忍结社——对霍布斯来说,结社看起来,仅仅可以比作'自然人内脏中的蠕虫'。结果,我们以黑格尔主义的方式,使国家沾染上了神秘的污名。它是有绝对主权的和毋庸置疑的······但如果国家内部的团体本身是自治的,那么,国家就不再是主权了。我们也不能怀疑这种多头政治。我们随时随处都会发现在国家内部挑战甚至上性的团体。或许它们和国家有联系,是国家的一部分,但却不是和它并列的。它们拒绝被还原为统一体。用詹姆斯的话说,我们发现,国家是分散的而非集体的。"见《主权的根基》(*Foundations of Sovereignty*),1921 年,第 168—169 页,最初刊印于《哈佛法律评论》,1916 年,第 29 期,第 404 页。从历史学、社会学和伦理学上看,上面关于团体和国家关系的陈述可能是正确的,但只有基于国家同样是一个有人格的统一的意志这一理论,它们才能作为这些社团具有意志人格的论据。导(转下页)

斯对团体人格的兴趣,看起来完全基于他自己渴望维护教会组织的自主,尤其是维护英国教会的自主。[①]

祁克的兴趣主要在法律上。在他写作的时代,有影响力的德国作家可能还没有考虑贬低国家的人格,那被视为理所当然的。在德语专家和罗马法学家之间的争论中,可以发现实践上的问题;伟大的罗马法学家萨维尼(Savigny)曾为法人实体站了出来。祁克作为德语专家,写文章反对他;这种争论在德国的民法典起草的事实中,找到了它对实践的影响。马他伦爵士主要是作为法制史专家著述的,虽然他的政治兴趣足以让他作出"如果没有其他团体可以拥有它们自己的意志,那么,国家拥有真实的意志就是不安全的"这样的评论。[②] 尽管他偏向真实人格的理论,但不如说他更感兴趣于比较德国和英国的理论与实践,而不是对任何理论更感兴趣;而且任何对否认这一理论感兴趣的人,都可以在马他伦爵士提供的丰富的资源库中找到资料。[③] 狄骥作为一名法学家,他的政治兴趣在于让"国家"和政府所有的官员在法律上负有责任。他既否认了国家,也否认了所有其他团体拥有意志和人格。"由于超出了法学家想象的后者没有真实的存在,所以(错误)不能归因于集

(接上页)致夸大国家的,不是霍布斯主义的理论,也不是任何类似的理论;新的民族国家集权化的趋势,导致了这一理论的出现。类似地,和以前的国家理论观相比,社团日益呈现出来的社会的、经济的和政治的重要性,正在产生关于它们的形而上学的人格的理论。对于像狄骥的理论那样的理论,人们可以得到相同的实践后果。这种理论不但否认国家和团体的人格,而且否认自然人的人格作为权利-责任的基础。"正如私法不再基于个体权利或个体意志的自主,而是基于一种关于施加在每个人身上的社会职能的理念一样,公法也变成客观的了。"见狄骥,《现代国家的法律》(*Law in the Modern State*),1919 年,拉斯基翻译,第 49 页。再者,"在私法中,人类意志的自主正处在消失的过程中;个体的意志自身没有能力创造一种法律情境。"见狄骥,前引文献,第 243 页。

① 作为大部分英国理论特殊的和"实用主义的"起源的一个例子,指出下面几个案例所发挥的重要作用是非常有趣的,即 1904 年的《苏格兰自由教会诉欧沃顿主教案》(*Free Church of Scotland v. Overtoun*);A. C. 515 中 1901 年的《塔弗维尔案》(*Taff Vale Case*);A. C. 426 中工会的裁决,以及 1910 年的《奥斯本案》(*Osborne Case*);A. C. 87。参见维诺格拉多夫(Vinogradoff),《法人》(*Juridical Persons*),1924 年,第 24 期,第 594 页及第 597—599 页。见拉斯基,前引文献,第 165—166 页,注释 19。这里有一些关于后面两个案例的评论。"真实群体人格"学派的推理中,暗含了一种奇怪的逻辑,即在人格的虚构理论的掩盖下作出了许多不明智的裁决;为了作出正确的裁决,就有必要采纳"真实人格"理论。无疑,这里省略了不仅仅一种替代的可能性。

② 祁克(马他伦爵士作序),前引文献,第 xlii 页,注释 3。

③ 因此,他对信托的整个讨论,表明已经取得了许多成绩,避免了德国法律所面临的一些困难,"而没有给国家制造承认或否认神秘的人格恩惠的麻烦"。见《三篇文选》,第 283 页。"在道德上拥有最多人格的地方,在法律上则拥有最少的人格,这一点总是让我吃惊。"他的这一评论是一把双刃剑。家庭是最亲密的情感和意志单元,但它不是法人。这一事实,为真实人格理论的信徒带来了许多困难。

体。"[1]至于恩斯特·巴克,实际上,他强烈地支持国家的人格,但他的目的却和狄骥相同,后者恰恰否定了巴克的主张:"需要的首先是国家或公众作为法律上负责的人的观念;其次是把能动性的理念以这样的方式应用到这个人身上,以至于它应该为他的公仆为了它所采取的行动承担责任。"[2]具体来说,他想要某种行政院和法院,在其中,国家可以通过他的代理人而负有责任,尽管不是法国那种行政法。最后,援引"心理的有机体"既没有必要,又相当误导人。就它们确实坚持国家的人格而言,这些作家们所关心的不是心理人格,而是道德人格,那是包含"意志"的有组织的行为的统一。心理人格的理念,是从社会心理学和社会学的著作那里读来的。

我作这些考察,并不是意在表明巴恩斯先生比其他人犯下更大的错误。正如已经说过的,当人们假定有关于单个人的或联合的人的某种单一的和连贯的人格和意志理论时,一系列的授权和玩忽职守是必然会发生的事情。除了辨明一位作者的兴趣和目的,以及他的问题和议题的历史语境以外,没有什么准确的或清晰易懂的话可以说了。因此,我们将用开始时的话作为结束:关于人格的全部讨论,不管个人人格还是法人人格,毫无必要被大量陈旧的学说和陈旧问题的残余所困扰。从拥护法人实体真实人格学说而写作的马他伦爵士开始,几乎每一个英国作家都感到有义务引用戴西(Dicey)下面的一段话:"当二十个或两千个或二十万个人结合在一起,为了某种共同的目标,以一种特定的方式行动时,他们创造了一个实体。这个实体不是通过法律的虚构,而是因事物的性质本身不同于组成它的个体。"这是千真万确的。但是,为什么应该把这样一个事实视为与人格问题有任何关系呢? 这仅仅是因为,在已经提及的"个人主义的"哲学的影响之下,人格的虚构理论已经被用来否认在法人行为的背后或行为中有任何的社会实在。因此,声称里面有某种社会实在这个简单的事实,就和一个不同于虚构人格的真实人格的观念交织在了一起。在我看来,在其中所包含的具体事实和关系基于自身让人看到和表达出来之前,例子已经足够引人注目了,以便提升了消除关于人格理念的价值。因此,保留这一语词将不会造成重大的危害。

(王巧贞 译)

---

[1] 见狄骥,前引文献,第 205—206 页。

[2] 巴克,《法治》(*Rule of Law*),《政治季刊》,第 117 期,第 123 页。关于这一事情的全部讨论,参见博查德(Borchard),《政府在侵权行为中的责任》(*Government Liability in Tort*),1924—1925 年,载于《耶鲁法律杂志》,第 34 期,第 129、229 页。

政治和文化 *①

如果我能对这个问题中暗含的哲学基础作一下讨论,我会提出这样一个令人极为困惑且争论不休的问题。我指的是条件、环境和人的智力以及审美发展的相互关系问题。有些人认为,政治是外面的事,而观念的东西能够不考虑外部环境自由发展出来。与此相类似,也有一些人主张,企图在没有改变人的信仰、人的欲望和志向之前,就从事任何形式的政治变革或经济体制改革,这是本末倒置。概言之,他们认为,要是你改变了人们的信念、期望、信仰和欲求,那么社会变化就会不请自来。他们把社会变化本身看作外部的事情,并不会对人的心灵、思想构成,或感情潜流的性质——简言之,也就是对我所称的文化的东西真正产生什么影响。相反的观点则认为,我们称为文化的那种心灵、思想和精神活动对广大民众来说,本质上受到他们生活于其中的那种社会环境的制约;文化的发展要是脱离这种环境,只会使它徒劳无益地去求助不存在的东西。

然而,我并不是为了泛泛地讨论这个问题,而要提出这样一个特定而有限的问题。

显而易见,存在两种我们可用来对任何社会制度加以检验和衡量的手段。其中之一,涉及对身体和物质状况的评估。

既定的制度为我们安适自在的生活做了些什么呢?它用什么来维护我们的安

* 此文选自《杜威全集·晚期著作》第 6 卷,第 34—40 页。
① 首次发表于《现代思想家》(*Modern Thinker*),第 1 期(1935 年 5 月),第 168—174、238 页。本文选自杜威在兰德社会科学院所作的讲演,纽约市,1932 年 3 月 14 日。

全和体面生活的标准？如今我们似无需争辩说，如果应用这种特别的检验手段来测评一下，我们的现存社会制度是不太够格的。另一种衡量手段是社会制度与那种我暂且称之为文化的发展和保持之间存在的关系。

"文化"这一习语含有的一层意思，是指知识和观念从容自在、甚为有效的播撒分布。在我看来，这种知识和观念的大量传播意味着：这里不仅是说不存在审查官，不仅是说不存在对新观念和新知识的蓄意压制，而这些知识观念是与某一处于政治控制下的特定团体抱有的信仰不谐和的东西。自然，设置这些屏障十分重要。在观念的这种自由传播中，还存在比之对其传播纯然缺少法律管束更多的东西，存在着不知不觉、不易触摸，在许多方面更见成效的管束。人们会单纯因为他们的时代和能力造成的先入之见，挡住自由接近各种观念的通道。他们忙于受纳其他的东西，已经没有理智的力量、精力和时间随时准备去吸收"观念"了。

自由传播的缺失也会单单出于人为设置的阶级屏障，出于某一限定的少数人团体对整个知识和观念范围拥有的实质控制权。换句话说，交流不是单靠去除审查官和压制的法律屏障就能自动发生的事情。它要求对共同经验享有的共同背景，以及对造成这种知识的自由分布持有的共同愿望。

所有既存社会的成员或多或少都讲着不同的语言。可以想见每一个美国人都在说着合乎文法的英语，可是在这个国家里，也有人说不同的语言。一个训练有素的技术专家说的语言与一般外行人不同。教会人士、上教堂做礼拜的公民所操的语言，也有别于那些持有不同道德或宗教传统和背景的人。

在人们用同样的说话方式向外界输出的丰富多彩的语言中，含有思想的养料；而正是它们，形成了所有种类的观念和知识自由传播的屏障。人们或许可借文学批评来说明这一点。文学的功能就是运用潜在地能被理解的、可向大众传达的语言。从这一观点来看，也许我们正要通过这一结论认识到当今本国文学遇到的麻烦和困难。

文化的另一个方面，体现在对诗歌、文学、戏剧、音乐、艺术一般感到的乐趣；推而广之，这种享受能力又及于欣赏自然的美，以及欣赏诸如园林、我们房间的家具陈设、我们使用的器皿等这些东西。要是我们只用一个前缀词"美的"来说明艺术，那么就会在辨别文化的美感方面（aesthetic phase）丧失很多东西。美感享受要是并非基于、得自环境，它就是浮浅的。我们总是通过日常生活的接触，体会到多种多样玲珑可爱的物件带来的安宁愉悦之感。文化的第三方面，表现为我已提到的上述两方面体现的积极意义。真正的文化会对想象、心灵和思想的创造力起到激励作用,它不会仅仅满足于随意接纳现存的心灵和趣味之类的东西,还要把它们建设性地生产出来。这样,知识和观念之泉才能真正保持新鲜和活泛。

我对文化这些主要的要素所作的粗略考察,目的在于提出这样一个问题,即运用这种价值的测量法,我们自己的文明、美国人的生活、我们的社会制度如何来经受其检验。比起我们经受的较为直接的身体和物质上的检验,难道说我们在这方面得到的结果同样糟糕或者更加糟糕吗?

你们对这个问题的看法可能大不相同。有些人似乎会职业性地迷恋于对本国的一切大加赞叹,疾呼这是个最为神奇的国家,拥有这个世界上最为出色的制度。另有一些人会认为,本国的许多东西已呈衰败之象,快要垮掉了。

我想没有人会否认,通过一些确定的途径,我们国家总体上提供了有助于文化发展的外部手段。我们拥有从幼儿园一直到大学的学校体制。我们拥有免费的图书馆和博物馆,出版大量书籍、杂志,等等。我们拥有十分广泛的用以促进知识传播分布的机制。另一方面,没有人会声称,我们已充分利用了这些机制,或者我们的学校已充分实现了这种机制的可能性。它们是潜在的资产,还不能说是得到了利用的资源。

大多数人要是扪心自问,他们会同意,我们牺牲了质量以求数量,我们为我们提供的实物规划和行政手段感到沾沾自喜,以为事情本身会自动运行起来,全然不顾它们背后人心的作用。就较高级的科学和艺术的文化形式而论,我们仍没有达到某些欧洲国家的水平,甚至没有达到很少拥有像我们这样的外部设施的那些国家的水平。

对这种批评的一种回答是:美国人过于热衷征服新土地,把它置于人的控制之下,而不是花时间去追求高级的东西;当我们完成了生活中满足身体、物质需要的一面,我们就会创造文化。

有些人给出的另一种理由是:若就其高级形式而言,文化本质上是少数人圈子享有的东西,所以高级文化和贵族制实际上密不可分。他们断言,想把文化推广到普罗大众,就会把它冲淡;这种稀释,会达到使它失去所有造成其鲜明特性东西的程度。

从历史上看,对这种观点确实有太多的话要说。作为通例,属于有权有闲阶级中的一小撮人是艺术的保护人。从古希腊时代一直到18世纪,情况都是这样——

英国文学大家那些作品中的题辞甚至也能证明这一点。文人学士惯于求得某些贵族的庇护和承认。这是唯一确保他们生计无虞的途径。

在沙皇时期，尽管俄国的政治进步缓慢，其音乐、戏剧和小说却臻于欧洲任何国家取得的那种成就的极致。这一事实似乎给出了一种证据，说明在获得普遍性的成就方面，民主主义文化的水平远未达到过去贵族文化标明的那种极高水准。

这里，我想冒昧将上述问题先岔开一下，从我已讲过的三种思路出发，就文化的发展来考虑一下社会秩序中经济方面的问题。我想提出这样的问题：是否这种广泛分布的文化的有限性真的要归为人性本身的有限性，这种有限性随着文化的散播以精确的比例减弱，变得稀松，于是文化的强度便与分享者的数量呈现一种反比例的关系？

首先，比起广大民众固有的精神或心理缺陷，我们经济制度的商业化性质不可能造成更大的限制力量吗？

有关一般民主主义文化可能性的相反观点提到了收音机、电影和大众戏剧，认为它们同样是基于智力和美感方面很低的标准。是否可以说为这些事物所定的低标准（我认为我们大家都同意，它们远没有达到其应该达到的那种标准），可能最终归结为经济的原因？

那些操控现存体制的人，也就是说，那些掌握着这类文化产品营销渠道的人，他们发现，要通过简捷的途径把他们追逐的金钱搞到手，就要维持很低的标准。我们或许要回复说，除非他们给予民众的是后者欲求的东西，否则不可能从民众身上赚钱。所以他们用智力和美感上的低档货来赚钱这一事实，还是证明了民众无力欣赏美好的东西。我认为，这一证据正是报纸上为了证明其满足了民众欲求给出的证据。首先，他们创造了追求某类事物的欲望，一旦他们让民众去追求这类东西，便以此为凭，说他们只是把民众想要的东西送给了民众。不是民众最终造成了这种需求，而是需求的提供者决定着供应的水准。不能不考虑用千百种窍门以图进行操控的金钱的动机，假如不涉入金钱利润的因素，我们获得的那类事物不太会保持现存的这种水准。

我从来就不是某些人所称的"纯粹"科学的坚定信奉者，因为这意味着人们无须对科学加以利用。存在着很多种应用的方式。我们可以应用生理学以增进健康，消除疾病；可以应用物理学来赚钱；可以应用化学来生产毒气和在战争中使用的高性能炸药。这么说来，美国的科学发展仍然相对落后，是否原因仅在于对实际应用感兴趣这种情况呢？或者说，是否某种存在的经济制度为了赚取金钱利润而将应用作为强调的重点了呢？是否说这要归因于智力活动的偏差，而所以会造成这种偏差，是因为我们的经济制度恰好不是对科学应用，而是对支配着这种应用的商业和金钱目的给予了巨大的犒赏？文人学士经常对美国的文化和社会进行批评，却不涉及作为其基础的经济制度。在我看来，他们所谈的只是结果，而不是原因。

我想把一般的应用和着眼于狭隘的商业赚钱目的的那种应用明确地区分开来。我从未听说过有这样的事：为什么一位研究科学的人不太在乎科学上的发现，原来他怕有人会应用这些发现去提升人类生活的水准。有些人抱有极其纯粹的研究动机，他们无需念及其他任何事情，但就大多数研究者对真理和发现持有的兴趣来看，其中也含有对此类发现作出有益应用的意识。

巴斯德(Louis Pasteur)的研究引发了现代医学革命。我从未听说过，巴斯德的研究少了些科学特性，因为他还将民众的痛苦牵挂于心，要用他的科学研究来消除疾病。

再举一个例子：我不认为一个很多人居住的贫民窟会存在多么高级的大众艺术标准。他们的当下环境，或者说他们整天与之打交道的东西，使他们对丑陋、下贱的东西习以为常。这样的一群人不可能获得富有艺术气息的文化，他们不能免费去听音乐会，到大都会博物馆去看画展，到公共图书馆去看书。在这样的环境中，也许会有少数人拥有真正的美学欣赏能力。从经济上看，即使是这类最有可能向往高级文化的人，也会对人类现存环境中那些丑陋的东西变得熟视无睹。比如，对建筑家们批评的那些分布在公园大街以及其他街区的贫民窟熟视无睹，比起那些供出租用的高档公寓，这些街区中出于利润目的建造的箱式房子使房产商获利更多，但它不太会是能够提升美学艺术标准的那种类型的房子。

在古希腊的自由人那里存在很高的民众美学欣赏的标准，因为作用于他们感官的整个环境为他们提供了有欣赏价值的对称和美的东西，使他们能够敏锐地知觉到对凝聚着美学成就的那种完美形式的任何偏离。

我们有某些适当理由为我们自由教育的一般体系感到骄傲，但是，即使撇开所有质量方面的问题不谈，仅从它达到的人口普及化的观点来看，我们的成就宁可说也是初步的。当然，我们的学校比 40 年前要多得多，但仍有过半的在校生在 12 岁、14 岁、15 岁时便离开了学校。

要是我们来仔细考虑一下现代生活的复杂性,以及要靠科学知识来应付这种复杂性的情况;再来仔细想一想有多少平均年龄只有 14 岁或 15 岁的青少年中止学业的情况,我们就能看到,若非为人们提供更多的机会,他们的心智会受到限制。即使从数量上来看,我们仍远不能说已实现了一般教育的理想。至于说到质量评价的问题,那么这里要说的东西更是不胜枚举。

那么,当我们谈到一种真正的民主主义文化可能性的时候,把批评的矛头指向大部分民众那种固有的愚昧无知的假定情况,这样的指向是否正确呢?这不是一个有确定答案的问题。可以想见,在一种尽可能好的经济制度中,也会遗存相当部分因内在的无能而持有很低的智力和艺术水准的人口。所以,我说这样的情况是可能的。但我也会说,正因为它是一种想见的情况,到底真实情况如何,我们对此实在一无所知。为这种观点提供的证据不会比相反观点能够引证的东西更多,何况出于一种简单的理由。我们从来就没有系统地作出努力,以便找到民众身上那种体现真正人性的东西。有一种观点说,尽管我们有公立学校的体制,大多数民众测得的智商仍然很低,如把这种说法引为上述观点的证据,它也是无力的。要使这个肯定的证据具备任何分量,我们就不能不知道校外和校内的所有情况,就不能不去对社会、经济、政治,以及对这些没有获得测试高分的人施加的所有间接影响的状况先作一番了解。

有些古希腊哲学家认为,有必要维持一个广大的、智力上未开化的阶级,为的是供养少数人,使这些人能有闲暇去享受那种自由思考、高度开发智力的生活。在古代世界生产有限的状况下,也许他们的想法是对的。伴随现代出现的机器和发明创造,伴随现在人们对原材料和技能运用能力的增长,这种贵族阶级少数人享有文化和广大民众欠缺文化的分隔状况再也不应存在下去。

还有一类文学批评家对机器和机器对人所做的事感到困扰不安,他们认为机器的本性就是残酷的,他们认为,要是有人不与他们站到一起对机器加以谴责,就表明此人拥有的是那种坚硬、不具美感的心灵。

我倒是同意另一些人的看法,他们认为,把我们变得粗俗不堪的不是机器,而是机器的拥有者,这些拥有者为了赚取金钱利润,使机器飞快运转,迫使工人长时间在有损身心健康的环境中干活,并使工人无法接触到工业的智力方面,比如管理等方面。

如果我们略为回想一下,显而易见,机器是一个伟大的解放者,它不仅解放了人的手足气力，而且解放了人的心灵。它使人利用的时间增多、休闲时间增多，它消除了纯粹体力劳动这种不必要的精力付出，由此增加了文化发展的机会。

看来有一个结论是清楚的，除了当今经济秩序的坚定捍卫者之外，没有人会对它有所质疑。我们从未尝试去进行一场实验，创造一种遍及整个社会的广泛分布的文化。相反，文化已成了极小部分人私下享有的东西。为了开展这场实验，我们必须改革经济制度，从而为心灵、想象力和情感的自由运行提供可靠的基础。我们必须除去当今妨碍知识和观念自由传播的所有屏障。我们必须改变赖以施展人类活力的那种动机，使之不至于以现在这样的规模被转移掉，转入对他人滥施权力的方向。

本国人的很大一部分心智能力、敏锐思想、创造发明等等，都花费在做生意之类的事情上了。也有一部分花费在工业上，但更多的是花费在操纵他人需要的事情上，以便从他人身上赚取金钱利润。文化方方面面的不景气都沉重地反映出经济萧条和压制的实情。我们必须把我们独创的民主观念运用于文化和政治，而没有经济上的变革，就不可能实现这一目的。

如果我们不能创造一种民主主义文化，那么，一个在我们的制度、我们的民主环境中出生成长的人就成了一个失败的人。这一点毫无疑问，这甚至不是面包和穿衣之类的问题；比这个问题更重要的，是直接在本国文化生活中推广民主观念的可能性问题。

（马　迅译）

政治还有希望吗？ *①

　　近来，我们政治生活中最带标志性的特点就是对政治日趋冷漠。这种冷漠表现为对政治的漠不关心、冷嘲热讽和蔑视。劝人去投票站投票十分困难，这足以表明人们对政治失去了兴趣；两个可能的选民中，只有一个行使了选举权。上一次总统选举利用了宗教和个人饮酒趣味问题来吸引外人的兴趣，但也没有把投票率提高多少。世界上没有哪个国家为政治游说之类的事花费那么多钱，也没有哪个国家的公民对参加选举如此无动于衷。除了政治冷漠之外，还要加上冷嘲热讽和蔑视。人们之所以对政治冷眼相向，是因为潜在的投票人觉得通过投票得不到什么特别的东西；支持这个党而不是那个党，其结果对民众不会产生什么意义。但是，对这一感受的分享无疑会对政治家们造成大不敬，这会令人产生一种信念：政治本身是无甚价值且卑陋低下的事务。本国使用的"政客"一词，始终传递着一种轻蔑的意味。近年来，这种意味愈益浓烈以致变成了一种确信，即政客们占据权位主要就是为了谋取个人私利。保住权位成了最主要的事情，如果这份活儿在其被正式理解的范围之外没有成为谋取个人利益的来源，公众就应被认为是交了好运。政治被认为是如此不堪的行当，以至于即使腐败事件被曝光出来，也很难激起民众的愤怒了。"你还能指望怎样呢？"这就是众多公民说出口或没有说出口的评论。

　　彼此不同的兴趣的快速增长，是造成冷漠的一大原因。对政府兴趣的低落与宗教热情的衰减，其中有着相同的原因：有太多其他令人感兴趣的事情可以去做、

---

*　此文选自《杜威全集·晚期著作》第 6 卷，第 152—157 页。

①　首次发表于《斯克里布纳杂志》(*Scribner's Magazine*)，第 89 期(1931 年 5 月)，第 483—487 页。

去享受。当人们聚在一起聊天,所谈的内容可能会有一种涉及政府事务,但却有一百种是有关汽车和远足的。政治可能会占据报纸的头版或社论版,但体育占据的版面要多得多;而普通读者阅读这些版面的专注神情,与阅读政治新闻、扫视一眼编辑评论时表现出来的漫不经心恰成对照。在选举时节,政治演说把千百万人的注意力吸引到收音机旁,而舞曲音乐和《阿莫斯和安迪》①的嬉笑声却在整个一年中四处响彻。我敢说,在本国的家庭中,议论阿莫斯和安迪的命运要比讨论任何一个政治议题的对话多得多。但所有这一切都忽略了一个事实,即所有的男人和女人都要为他们自己的事业和家务事操心,与以往相比,这类事更显复杂,处理起来要费心得多。

除了与从前相比相互竞争的利益日益增多且更具吸引力这个事实以外,还存在这样的情况,即政府处理的实际事务比从前更具技术性。它们是留给专家解决的问题,而专家为数不多。养羊业者会关心关税法案中有关羊毛的税率,染料生产商会关心法案中有关化工产品的税率。然而关税作为一个整体又是如此复杂,它对每一个普通公民产生的影响并不那么直截明了,于是他只能绝望地双手一摊,不再关注整件事情。这个事实对涉及国家或州政府、市政当局的每一个议题和问题都带有象征意义。就连城市也变得如此庞大,其中产生的公众利益如此头绪纷繁,以致一个普通市民即使有心介入此类问题,也未必知道怎样运用理智的兴趣来解决这些问题。这样的情况使得特殊利益集团大行其道。因为人们知道自己想要的东西,知道怎样得到这些东西,结果就使市民增加了对整个政治事务的厌恶感和不信任感。

属于同一类型的还有无法回避的整个有关禁酒的问题。只要男人女人聚在一块儿,他们的大量谈话就集中在这个话题上。这个话题既涉及政治,又不涉及政治。说它不是政治问题,因为它所涉及的主要是个人兴趣和道德准则;说它在党派意义上没有构成政治问题,因为到目前为止,两大党要么正式回避这个问题,要么对禁令作些修正并对《沃尔斯特德法案》(*Volstead Act*)②名义上给予认可。说它是政治问题,因为它要求立法者和行政当局采取行动。这个问题现在变得越来越政

①《阿莫斯和安迪》(*Amos'n' Andy*)是美国 20 世纪 30 年代一出极为轰动的广播连续剧,以喜剧形式表现两个黑人的生活经历。50 年代初,该剧成为轰动一时的电视连续剧,后因民权团体抗议该剧千篇一律地歪曲黑人形象而停播。——译者
②《沃尔斯特德法案》,即《禁酒法案》,1919 年由美国国会批准,1933 年予以废除。——译者

治化,因为现在它不但成了一个无休止的讨论话题,还连带产生了候选人是否赞同禁酒的问题。

这个问题产生的净效果如此模糊,以致扭曲了一般政治利益。禁酒问题横在所有其他议题前面,挡住了人们的视线。处理这个问题的原则,并没有与处理其他事务的任何一套连贯原则和政策确定无疑地协调起来。南方的民主党主张禁酒,在北部和西部那些在大城市和工业中心活动的民主党倾向不禁酒。从总体上看,西部的共和党主张禁酒,而东部的共和党则反对禁酒。如果比方说参议院和众议院中两党的反叛分子运动能够基于共同主张的积极原则联合起来,并去征得公众的支持,不论其属于哪个党、哪个派,则这一运动将面对进步人士对禁酒这一话题发表的各种不同意见。这些不同意见很可能会构成用进步主义的原则对有组织的团体进行考验的依据。有些人在其政治生涯中显然以保守主义者自居,有些反动分子则在炫耀自己自由主义者的身份,因为他们反对政府对个人的饮食趣味进行干预;这些人把自由主义等同于老式的"个人主义"的政治政策,于是利用他们的"自由主义"去支持和推行所谓自由放任政策,这种政策纵容大公司我行我素,不接受法律和行政当局的监管。那些最为活跃地倡导宽泛意义上可归在"进步"名目下的自由主义原则的人,总的来说,他们个人都支持禁酒。因此,禁酒与政治问题无关,不太能指望对于禁酒问题的兴趣会引发对一般政治生活广泛而更具理智的兴趣。事实上,我认为,这种兴趣会把我们引向另一个方向。

政治是否还存在任何希望?是否还能指望使政治成为那些对政府工作已失去兴趣的公众严肃关切的事务?这些问题并不是学术问题,更不是可被随便谈谈或强迫讨论的问题。它们是一个,比方说,明显关系到民主的衰退和对其效能日趋绝望的问题。有关政治民主的理论取决于这样一种设定:伴随选举权的扩大,会使人们在政府与民众生活发生接触的各个地点场合表现出来的警觉、关切之心和开展的活动,更为有效地得到扩展和深化。但是,情况在很大程度上与此相反。政府的影响越是扩展,其派生的结果变得越是间接和隐蔽。我经常提到的那些人,也就是普通公民不再去关心政府部门的事,正如他放弃了去理解爱因斯坦(Albert Einstein)的宇宙理论——普通公民也生活在这个宇宙当中——的愿景一样。就爱因斯坦这个例子来说,人们会把对观念和原理的关注转而变成去了解某类人格具有的被夸张了的不相干的兴趣。就算一般民众的智力水平如此之低,就像有人设想的那样,他们只能随口说说笨蛋白痴之类的话;只要形势足够单纯明了,那么,只具有 11 岁孩子智力水平的人也许仍能有效地开展活动。但当今社会面临的问题，它所涉及的范围和包含的复杂性却足以把一个拥有出众才智的人搞得晕头转向、惊恐不已。

　　建立一个新的政党是否会带来希望？这个问题提得颇为中肯。我谈到的漠不关心在相当程度上要归为那种感觉，即两党之间不存在什么重要差别，所以，投票给一个党或另一个党意义不大。眼光敏锐的观察家告诉我们：还在坚持投票的选民中，有一半选民主要是为了某事或某人投票，而不是为了那种积极的信念和期望去投票。10年前断言两党是一丘之貉还让人觉得新奇，时至今日，这几乎成了老生常谈，成了大家认可的常识。哪怕是在最出人意外的地方发现这样的观念也已经被接受，那些狂热的党徒出于一以贯之的惰性定期去投票。尽管共和党稳定地把持着联邦政府，独立性的增长也已到了让老牌政客们深感沮丧的地步。让我列举三个事实方面的证据。第一种情况是名义上属于某一党派的个人反叛。对哈定、柯立芝（Calvin Coolidge）和胡佛的政策予以有力批评的人，大多出自共和党内部。后两位总统推出的最重要措施在共和党内被抨击得体无完肤，相反的政策之所以没有成为法律，只是由于行使了总统否决权。第二种情况是在共和党赢得全国大选胜利的那些州里，民主党人却当选了州长。第三种要考虑的情况是如今各大报纸在编辑政治新闻和政治评论栏目的那种处理方式。党派倾向并没有消失，但由于竭力要吸引有读报习惯的选民，报纸不能不表现出20年前还看不到的某种不偏不倚的态度。

　　日益增长的独立性由于许多地方（虽然不是每一个地方）妇女获得的选举权而呈加速之势，不过，这并不能保证孕育出新的政治兴趣，也不能保证会形成一个新的政党。在把分散的无组织的民众表露的厌恶之感予以具体定位方面，我们还要做许多事情，还要走很长的一段路。然而，情况确实表明，一个新的政党的成功创建，也许会成功地恢复人们对于政治行动的信任，恢复人们对通过参与政治生活所产生某种有意义的东西抱有的期待。事情就是这么直截明了：对政治的冷漠，正是对老的政党的诚意失去信任的结果。人们所以对它们不抱任何希望，是因为他们觉得，两党是同一个控制着铁路、银行和股份制企业的那股势力的帮佣。对政治的厌恶，对腐败的佯装不见，皆源于这个事实：政府在各个城市、各个州以至全国范围内，与"大企业"结成的隐蔽且心照不宣的联盟被认作是造成政治上藏垢纳污的主要原因。人们对90年代和本世纪初的腐败政客普遍怀有怨恨。由此产生的愤怒导致了一系列政治上的门户清理运动，这类运动取得了程度不同的成功。如今，人们广泛认识到这一事实，即政客的罪责不能最终归为政党的罪责。政治骗局是更根本的经济骗局的症状。如果无法应对后者，就不要过于兴奋来应对前者，免得浪费时间和精力。

然而，这种情况并没有令新的政党的降生变得稍稍容易些。的确，建党之路荆棘遍布。我们生活于其中的这种经济体系的辐射力和影响力无孔不入，以至于它们使人对任何有意义的变革的可能性普遍产生怯懦无力之感。门肯[①]及其追随者对任何有关真正改善公共社会事务的想法均抱以公开的嘲笑，这得到了"倦怠的自由主义者"有气无力的附和。他们可能也想做点事情，但他们不知道怎么去做、从何入手，以致整个局面变得无法收拾。

可是，我却不能不指出，对于政治生活及其产生有意义的结果重新抱以理智的期待，这与创建一个新的政党的事业是一回事。从这种联系中，可以得出某些实践上的结论。其一就是据以组建新的政党的那种原则具备的基本特性。这一原则必须从这样的事实出发，即今日所有有生命力的政治问题皆起于某种经济缘由，它们从实业与金融两方面对那些待在商店、家庭和办公室的人们发挥影响。在制定含有新的政治思想旨趣的那些原则和政策时，我们不必害怕借用并详述许多染有社会主义污名的那类措施，这些措施因其政治上的关系，已让人过于把它们认作一个实际上毫无作为的社会主义政党拥有的专利。必须让公众不断地意识到，政府在多大程度上成了经济特权势力的工具，并要求废除一小撮人凭借自身优势实施的这种控制。一味的否定和反对有时会把当下蕴藏的巨大情感力量暂时激发起来，但这股情感及产生的效果转瞬即逝。

我不打算写出一份政纲，这份政纲将依据实业、商业和金融的现实，而不是依据一段长长的沉闷历史中提出的虚伪议题来阐明政治行动的条件。但我仍想指出某些事，以便对这一政纲的立意有所阐释，使之具体可察。现代商业是借助货币和信贷运行起来的。那些能对信贷予取予夺的人就控制了国家，而不管国家名义上由谁在控制。政府必须恢复对信贷的实际控制。对个人毫无节制地占有土地及其出产物，也就是矿藏、石油、木材和水力——它在今日也就是指电力——等自然资

---

① 门肯（Henry Louis Mencken，1880—1956），美国评论家、新闻记者。他长期在《巴尔的摩太阳报》工作，主编《美国信使》月刊，著有语言名著《美国语言》及其补编、评论杂文集《偏见》（6 卷本）等。
　——译者

源，必须课以高额赋税。这一征税的理由是：土地的价值是社会创造的，它必定要服务于社会健康发展的需要。对那些倾向于形成自然垄断的行业的经营，如对铁路运输、公用设施、通讯设施的经营，必须接受政府监管；监管的完备程度应使人觉得它们就像被公众拥有的行业一样。必须认识到，公民权利、言论集会和出版自由并非仅仅是个人的权利，它们对社会的福祉和健康发展是必不可少的东西。类似这些观点至少说明了据以创建一个新的政党的那些原则的性质，同时也证明了我们必须作出的政治思考那种带有根本意义的激进的特征。

这样的情况也揭露了一个对我们制定相关策略很重要的事实，即这种策略必须是长期的，而且首先要注重教育方面的策略。如果新的政党能在 1932 年或 1936 年执政，我不认为它能够做成什么事情。昔日的第三政党运动都毫无建树，因为它们汲汲于当下的成功，因为它们未能事先针对人们的思想、学习和预习工作展开训练，使他们能够携带新的观念去从事立法和行政工作。对某些人来说，我的主张也许会被看成延续着那种令自由主义事实上不起作用的策略。"教育活动"也许会被理解为从行动的场所中隐退，是单单"诉诸理性"的一种观念。但是，这样的过程不是教育，最多不过是教育的准备，还有可能是一种更为无益的事情。如果观念和知识没有转化为情感、兴趣和意愿，就不存在什么教育。教育的实践必须不断地伴以组织化，用有组织的行动为其提供指导。"观念"必须与实际情况相联系，无论实际情况显得多么糟糕。

我所陈述的这种运动哪怕被经常重复，它可能只会感染少数人、开始时相对而言的一小部分人。但我对这件事不感到担心泄气，首先，大众已对政治产生了不满与不安，这些人需要组织与指导，而如今已存在着可对他们加以组织和指导的东西。政治上的漠不关心在很大程度上要归于这一事实，人们以原则方式提供的不是什么基本的东西，并不带有充分的激进性质。其次，历史上每一种重要运动总是少数人的事业。反动分子为了推行符合他们利益的政策，到处散布大众智力低下的说法，但我不同意这种说法。成年人比青年人更善于学习，但要对他们灌输勇气和信念，最初也只能由极少数人来担当这一任务。对政治抱有希望并勇于为之奋斗的问题，最终成了这样一个问题：少数人是否拥有了必备的勇气、信念和乐观其成的心态，以便去从事这项充满奉献精神的工作？

（薛　平　译）

我的法哲学[*][①]

如果根据不同学派以及它们之间的争论来考察法律的性质问题，就会发现这一问题至少可以分为三个不同但相关的问题，即法律的来源、目的和运用，最后一个问题还包括使得或能够使得法律有效的方法问题。

法律讨论中牵扯的哲学问题似乎来源于对一些用于证明或批评现存法律条文和实践的原则的需要。这种需要和动机最明显地体现在这些哲学中：它们明确区分所谓积极法和自然法，后者是前者必须实现的目的和恪守的标准。这种观点目前只在那些对中世纪时期形成的一般观念仍然信服的学派中流行，它们从 17 世纪开始持续影响着欧洲大陆的法学家。但是，区分特定时期中存在的事物和可能或应该存在的事物，并且需要后者提供一种组织、证明或反对和改革前者的原则，似乎落后于法哲学领域发生的所有运动。

从这个角度看，关于法律来源和目的的讨论可以合并为一个话题，即衡量现有法律条文和实践的标准是什么。法律是什么的问题也可以归结为法律条文和实践应该是什么的问题。根据影响广泛的传统观点，对目的和标准的规定与对终极来源的规定密切相关，比如上帝的理性或意志，或者最高的自然法，被认为是法律的来源。把来源和目的、标准等同起来，其深层次原因是相信，除非找到比经验更高级更确定的来源，否则没有确凿证据来对现存法律进行真正的哲学评价。这种对

* 此文选自《杜威全集·晚期著作》第 14 卷，第 86—90 页。

① 首次发表于《我的法哲学：16 位美国学者的信条》(*My Philosophy of Law：Credos of Sixteen American Scholars*)，朱利叶斯·罗森塔尔基金会(the Julius Rosenthal Foundation)，法律图书出版公司，1941 年，第 73—85 页。

源泉的诉诸不同于在时间上追溯起源,因为最后一个过程把事情和经验联系起来,把事情和传统认为属于经验的所有缺陷联系起来。

这些预备性的说明有两方面目的。一方面,它们显示,在"法律哲学"的讨论中涉及真实而重要的问题,即能够对现实法律(包括法律条文、立法工作、法庭判决、行政实践)进行合理有效的评价的基础问题。另一方面,法律哲学实际上反映了而且必将继续反映它们所处的时代运动,因此不能和这些运动所代表的事物分开。

这后一个声明很笼统。对很多人来说,它似乎将法律哲学关注的所有重要问题一网打尽。不过,从旧体系的角度看,它意味着,要理解这些体系,必须把它们放在与当时文化社会运动的联系之中。这个声明还认为,当法律哲学体现了付诸实践的努力,它们具有更大的意义。因为纯粹从理论角度看,不同的法律哲学相互冲突,似乎暗示它们在尝试不可能的任务。实际上,它们和它们所反映的运动具有同样的重要性,它们之间的冲突反倒证明了一种至关重要的真实性。同样的,如果这本书中的学者立场不能相容,那是因为,针对应该做什么、怎么做最好这样的实践问题表达了不同的看法。不管在哪里,我必须说的都是以这种精神提出来的。其基本原则是:在行动中检验行动,而不是依据纯粹理论判断某物(这种判断超出对事实和逻辑一致性的断定)。

我的立场是:法律完全是一种社会现象,在来源、目的和运用上都具有社会性。人们当然知道"社会"和"社会的"歧义迭出,充满矛盾;所以他们可能反对我的立场,理由是以一个更模糊的"社会"概念来解释法律的本质,后者已经够模糊了。但是,就目前的主题而言,只需要说明"社会的"包含两层意思。我们假定,不管其他什么意义,首先,它应用在人类活动中;其次,它应用到作为行为形式、作为互动的活动中去。说社会事实或现象是活动,从否定方面来看,是说它们并非那种已经做完、已经实现、已经结束的事实;从肯定方面来看,则说它们是正在进行的过程。在要考虑社会事实的时候(即使是过去的社会事实),重要的也是认识到它们代表了具有延伸度的某段时间,往前可以涵盖初始条件,往后可以涵盖结果阶段,后者本身又是正在进行的过程。就法律而言,这个立场意味着法律不仅自身是一个社会过程,而且处于和其他活动过程的复杂交织中,而不是完成了的或者在某一时间中发生的事情。"社会的",首先与人类活动关联,这意味着不能把法律看作一个孤立的存在实体,而必须根据法律产生和发挥实质作用的社会条件来讨论它。正是这个事实,使得"法律"作为一个单数的全称术语使用相当危险,必须说明它是一个概括用法,包括法律条文、立法和管理活动(只要后者对人类活动过程有影响)、法院判决等等。

"社会的"第二层意思说明,所谓的法律运用,不是发生在法律条文或规定确立之后,而是后者的必要部分——非常必要。事实上,我们只能通过观察法律如何运作、它对正在进行的人类活动有什么影响来确定法律是什么。出于特殊目的,"运用"的意思可能受到很多技术限定,但从哲学角度看,它的意思必须宽泛。一个既有的法律安排就是它在修正和维持正在进行的人类活动方面所做的事情。没有运用,只有碎片的条文和空泛之谈,谈不上法律。

看上去,"社会的"一词已经包含刚刚所说的社会活动是互动(inter-activities)这样的意思,因为"社会的"也意味着联合。我之所以特别强调这一点,是想表明,实际上(尽管不必然是原则上或道义上的),所有社会行为都是互惠互利的。行为不是由此及彼的单向路径,而是双向过程;既有作用,也有反作用。尽管把一些人作为行为主体,另一些人作为行为受体很方便,但这种区分完全是相对意义上的。没有哪个接受者同时不是一个反作用者,没有哪个主体同时不是一个接受者。不同的政治、法律哲学一致强调共识、合约或协议,这实际上等于承认社会现象的这个特点,只不过对它的表述过于理念化。

社会过程拥有稳定持续的条件,它们不像构成社会过程的特殊行为那样短暂多样。人们的某些确定行为成为习惯,习惯体现在互动行为中,就变成习俗。根据这样的观点,这些习俗是法律的来源。我们可以用河谷、河流、河床来作个比喻。处于与周围村庄相联系中的河谷,或者所谓"地理走势",是首要事实。河流可用来和社会过程相比较,它的各种各样的波浪漩涡类似构成这个社会过程的特别行为。河床是稳定的持久的条件,它约束并规定着河流的方向,类似于习俗。但是,河床的稳固只是相对于湍急的河流而言的,它并不是绝对静止的。考虑到地理走势,河流从高处向低处奔流不息,长此以往(在时间和空间上),其力量可以形成和改变自己的河床。社会习俗包括传统和制度等,与具体的行动和对形成过程的行动的系列安排相比更为稳定,但这只是相对意义上的。作为社会习俗的沉淀,法律规定也具有这种特点。它们迟早,或慢或快,要与进行中的社会过程发生摩擦。尽管它们规定了社会过程的结构,但它们本身也是在这个过程中产生和形成的,而不是外在的强加。

习惯和风俗为人类活动的构成引入了一些因素,早期自称自己是经验主义者的哲学家们对这些因素没有注意到,而现在,它们深刻地改变了在时间外寻找法律起源的要求,改变了对超越或独立于经验的法律标准或规范的要求。关于第一点,早期经验主义哲学家在反对自称永恒不变、超越批评的普遍性原则时,常常损害了经验,把经验中所有普遍持久的因素全部还原到普遍性名下。但是,每个习惯和风俗都具有某种限度的普遍性。它产生于环境条件和人类需要兴趣的互动之中,前者变化缓慢;后者虽然稳定,但时间一长,也会有细微的变化。空间限制并不足以说明习惯和法律规则之间的关系特性。不过,有一点很清楚,将某个习俗设立为法律——不管是怎么设立的,强化和延伸了习俗相对持久稳定的特性,从而改变了它的普遍特性。

作为社会活动的结构性条件,习俗和法律的普遍性对法律哲学争议性问题的影响或许还不明朗。关键是,承认社会现象的这个特点,使人们不再需要在实践活动的基础上求助于一个外在的起源。从纯粹形而上学的理论出发,一个人可能还会轻视时间或受时间性条件的影响;但是从实践的角度看,承认社会活动中某些构成成分的缓慢变化,我们才能完成每一项有益的、能满足现实需要的任务。这些任务在过去,在别的文化环境中,曾构成下述事物的外在起源:中世纪理论中或格劳修斯及其追随者所说的上帝的意志或理性、自然法、卢梭的公意、康德的实践理性。

上面所述不能应用到法律起源的主权说。主权指代的事物至少具有社会事实的性质,在社会活动和关系中存在。如果我没记错,这个曾经深受政治法律学者追捧的观点如今风光不再。这个事实暗示,为什么关于它,一句简要的说明足矣。因为这个观点已经太陈旧了,以至于很难想象它曾经如此流行。不过,仔细地审视,它的流行有两个原因:其一,使法律摆脱外在的形而上来源,转而依赖能被经验证明的条件和活动;其二,主权是一个政治术语,主权说的流行正好吻合了在传统"政治"领域爆发的大量的立法活动。关于法律起源的奥斯汀理论,可以说,理性地认可了把法律的规则和安排带入审慎的目的性活动中这一过程(它牺牲了在司法决定中被解释为相对来说比较散漫的习俗)。不过,这个理论已经失去了它最初的吸引力,因为历史学、人类学、社会学和心理学等社会科学的发展常常使主权成为一种众多社会力量的合力表达,这是最好的解释;最坏的结果是,主权成为一个纯粹抽象的概念。法律起源的主权说表明,人们从接受外在于社会行为的起源转而接受内在起源,但这种转向只关注一个社会要素,而且把它孤立起来。当人们发现被称为"君主"的特殊人群也要在社会习俗——在某种程度上,也是社会利益——面前俯首听耳时,主权说衰落了。人们越来越倾向于在解释政治活动时,把它们和在同一个方向起作用的经济因素联系起来加以考虑。

到目前为止,还没有讨论目的和标准问题。需要指出的是:如果接受关于法律的经验来源的论述,只会巩固法律目的和标准外在于现实社会活动的观点。因为人们会这样说,这种或那种习俗和法律的存在事实并不表明它们应该存在,也不证明它们的价值。总之,我们这里碰到的是"价值和事实"的重大关系问题,许多人认为二者截然分离,衡量存在事物的价值标准一定超越所有的经验领域。

在这个问题上,承认社会事实是持续性活动至关重要。如果认为社会事实是封闭的、已经完全结束的活动,则很有理论依据支持下述观点:衡量这些事实的标准外在于现实经验世界。但是,如果它们持续进行,就会产生结果;对结果的考量,将决定下一阶段活动是维持原状还是接受改变。

如果社会的事实不被看作连续性的,外在的目的和标准就是必需的。当我们说这个观点在理论上有很多有道理的地方时,这并不意味着偏爱这件事很有道理,即把这些标准应用到在定义上与它们没有什么关系的社会实际条件上。毋庸置疑,过去,人们在不同的时间地点使用不同乃至冲突的标准。冲突本身足以证明它们不是来源于一个先在的绝对标准。否认可以从现实社会活动中提取标准,实际上,是否认绝对标准具有任何作用或效果(即使存在的话)。因为有什么理由认为,源于非经验的绝对目的的标准比那些过去提出的标准命运更好呢?

解决这类困难的通常做法是:承认必须区分绝对的形式和历史相对的内容。这对绝对目的学说所要满足的所有条件来说,都至关重要。因为根据这种区分,所有具体评价必须以被承认是经验性、暂时性的事物为基础。

而根据我的观点,标准在结果中,在正在进行的社会活动的功能中。如果这个观点被普遍接受,那么可以肯定,对法律制度的具体评价将引入大量的理性因素。因为它要求使用理智、运用最好的科学方法和可用的一切材料,根据实际情况探究法律规定、法律决定、立法行为所产生的结果。目前的趋势是:在讨论法律问题时,把它们置于具体的社会环境内,而不是从相对空疏的彼此关系入手。这个趋势虽然还在初始阶段,但一定会得到系统的法律理论的支持。而且,当人们在实践中认识到社会事实是持续性活动,法律问题居于其中,那么,就有可能获得一种新知识,而这种新知识会影响永无止境的对判断标准的改进。

(马　荣　王今一　译)

二、个体、社会与国家

社会组织与个体[*]

这一部分和本章的目的——道德的历史呈现出一种双重运动,一方面,它不断显露出对个体智识和情感所施加的压力。从习俗道德到反思道德的转变,乃是从"做我们的亲属、阶级或全体市民常做的那些事情"到"成为具有某些欲望和审慎习惯的人"。另一方面,这个民族的道德历史也常常揭示出对个人偏好关注的对象和目的的社会特性日益增加的强调。虽然行为者知道,他的个人态度决定了其行为;他也知道,绝对私人的态度,即无需社会评价和判断的态度,在一定范围内是不存在的。理论分析和历史一样,给人们同样的教益。它告诉我们,道德品质存在于行为者的习惯素质里,并且包含在这些素质的趋势中:即保护(或阻碍)社会共同的和可能共有的价值。

在第一部分,我们勾画了这一发展的历史进程;在第二部分,我们跟进其理论分析。此处和结尾部分,旨在对道德独特的社会层面进行考量。我们将思考社会习俗和倾向如何赋予个体活动以价值、如何利用其意愿和目标的构成和实施条件,特别是如何创生出当代道德生活中尤为急迫的问题。眼下的这一章将接管这一普遍的——就社会组织之于个体生活的关系而言——问题。

§1. 通过社会组织个性化的发展

从某种意义上说,历史发展代表着从僵化的社会控制中所获得的个体力量的日益解放。约翰·卢伯克(John Lubbock)爵士说道:"没有一个野蛮人是自由的。

---

[*] 此文选自《杜威全集·中期著作》第 5 卷,首次发表于 1908 年,为《伦理学》一书第 20 章。

无论在何方,他的日常生活都为一套复杂的而且显然是最困扰的风俗(与法律一样具有强制性)、离奇古怪的禁律和特权所支配。"换一个角度看,从一种社会组织中解放出来,意味着开始进入另一种社会秩序;个体从一个微小而固定的(习惯的)社会群体中挣脱出来,意欲成为一个更大规模、上升中的社会的一分子。而使个体权力(power)在意愿、思想和主动性方面获致自由的历史,就整体而言,乃是更复杂、更广泛的社会组织的形成史。看似瓦解社会秩序的运动,以其先行状况的维度作出参照,其实是一种新的社会秩序建立的要素,这一新的社会秩序赋予个体更多的自由,还增加了社会群体的数量,拓展了社会整合的深度。

霍布豪斯对历史发展的这一事实给出了很好的总结,他着手进行的如下的全面调查概述涉及法律与正义、家庭(包括妇女与儿童地位)、社区间、阶级间及贫富间关系的历史延续。他说:

> 在社会制度的所有变化中,在历史变迁的此消彼长中,有可能在最后发现一种双重运动,标志着文明法律和习俗从低级到高级的过渡。一方面,社会秩序得到加强并发展开来……从这一方面讲,作为个体的人变得越来越遭受社会的制约,并且,如我们经常所见的,有利于约束社会肌体的变化可能会减少个体或个体主要阶层所能要求的权利……在这一关系上,自由和秩序便对立起来。但是,这种对立不是实质的。从最初起,个体就要依赖社会力量来维持其权利,在更高的社会组织形式中,我们看到了秩序和自由再一次相互吸引……最有序的社区给其成员最大的空间范围以使他们最好地彰显自我,然而人性"最好的"部分是指对社会和谐与前进运动作出贡献……,有责任感的人,男人或女人,是作为现代法律的现代伦理中心,只要风俗和法律与创造其自身生活有关,他们就是自由的……。人类的社会性,不管在个人需求方面,还是在经由更充分的人权的认可所达到的责任方面都没有减少。不同的是,只要责任和权利被认为是如此的与人类关联着的,它们就变得普遍化了,由此成为作为一个整体社会的关切,而不是任何部分组织团体的关切。①

此番陈述可与格林和亚历山大的观点进行比较。格林认为,道德进步既表现

---

① 霍布豪斯,《道德的演变》(*Morals in Evolution*),第 1 卷,第 367—368 页。

在不断延伸着的具有共同利益的人的领域或范围,也表现在不断加深和强化着的每个个体内在的社会兴趣,即"每个人都具有的最大限度弘扬人性的稳固倾向"。①亚历山大的道德增长模式是"区分和综合的法则"。前者意味着多样性、专业化以及不断细化的个体权力的界限。综合法则是指随着每个个体与其他人接触的方式的持续复杂化,社会组织在规模和范围上的稳定扩大(比如,从氏族部落到现代民族国家)。②

　　社会生活解放并引导个体动力——社会生活的广度与激发个体力量的多重刺激源紧密相关。社会活动的多样化为个人的首创性和努力增加了机遇。有限的贫乏的社会生活,其成员参与的活动范围可能受限。它意味着运用思考和选择的机会很少,而没有思考和选择,品格就是不成熟和僵化的;简而言之,这样的社会生活意味着人格受到限制。与此相反,一个富裕而多彩的社会,一个释放力量的社会(否则就会是呆板的、休眠的),同样要求按照符合各自利益的方式使用力量。如果社会不同成员的行为与整体步调不一致,那么,一个广泛而复杂的社会就会陷入失序与混乱状态。行动的世界是指在一个世界中,个体是一个界限,而人性是另一个界限;在两者之间存在着各种形式较小和较大范围的结合分布,涵盖家庭、朋友关系、学校、俱乐部、生产或分配货物的组织、集中和供应商品的部门;由教区、牢房、村庄、城市、县、州和国家在政治层面上组织的活动。有关这些机构和相关活动的每一种失调,意味着个体间关系的丧失和摩擦;由此导致构成个体各种权力的缺漏、分裂及限制。反之,如果个体间开展和谐合作,他们便会获得更为充实的生活,在思想和行为上也会持有更大的自由。

　　秩序和法律——作为有组织的、按照常规方式③进行的活动,行为的世界利用其已设立的运作方式和法律,呈现一种公共的或共同的秩序和权威。组织化的机构——从较长久的到较临时的——及其有秩序的行为规则,当然不是超越个体活动的,因为其基本要素就是以某种方式联系的个体活动。但是,任何一个个体在其单独的或分配的能力方面,具有一种切实和重要的制度优先的意义。孩子出生在一个已经存在的、有着既定习惯和信仰的家庭,这些习惯和信仰不一定严格到不能

---

① 格林,《伦理学绪论》,第 262 页;参见第 3 卷,第 3、4 章。
② 亚历山大,《道德秩序与进步》(*Moral Order and progress*)(1891 年),第 384—398 页。
③ 这并非当然地排除掉变化和改革。它意味着,只要社会是有组织的,这些变化本身就以常规和权威认可的方式出现。

重置，但是自有其本身的秩序（配置）（arrangement）。之后，他上的学校有其既定的方法和目标；他逐渐在商业、市政和政治组织部门就业，这些组织有其固定的方式和目的。只有参与到业已形成的行为模式的体制中，他才能把握自己的权力，赏识其价值，实现其可能，并在生理与心理的习性上成为能自我节制和有条理的人。通过成为相互关联的群体的一员，通过在对群体的维持和拓展中发挥自己的作用，他获得了生活的价值和原则、满足和权威准则。

社会和道德——在习惯社会（customary society）中，任何人都察觉不到他应该做什么（即道德）和其周围的人通常在做什么（即社会）这两者之间的区别。在社会层面上确立的，即道德的。如我们看到的，反思道德使上述两个概念区分开来。一个好思考的人反对在其社会环境中通行的某些制度和习惯，他将自身所形成的、在社会习惯中没有体现的某些思想，视为比其近旁现存的任何制度习俗都更为道德。如果社会要取得进步，这些对习俗的反抗和新思想的迸发就是必要的。但不幸的是，人们经常忘记，这种与众不同的个人的（personal）道德——即用自身观点来反对某些对规条的既有运用，并因而在当下只能在个体的主动和努力中获得归宿，仅仅是社会重构的手段。它似乎被看作其自身就是一个目的，似乎高于任何由社会或能被其包含的道德。

在某些时期，为了修炼个人美德，这种观点导致人们从所有社会事务中退隐。在其他时候，这种观点导致了对政治的漠视，恰如犬儒主义和斯多葛主义。长久以来，这种观点导致了一种"出世"的道德；引出了一种信仰，即美德唯有通过一种彼岸的生活或世界才能获得——在这种信仰中，有着对此生具体社会条件相对的轻蔑和忽视。社会事务最多只是"世俗的"和暂时的，而且与个体灵魂永恒的和精神的救赎相比，它是无足轻重的。在文艺复兴与新教徒运动（Protestant Revolt）之后，这种道德个人主义以不同形式延续着。在快乐主义者中间，其表现形式为：预设社会制度非常重要，其重要性在于这一事实，即它阻碍或帮助个体获得个人享乐。先验主义者（比如康德）主张，既然道德整体上从属于内部动机，是个人态度指向道德法律的问题，那么，社会条件在整体上就是外部的。善或恶完全内在于个人自己的意志。社会制度也许有助于或阻碍道德目标的外在实现；这些体制对美德的成功外化可能有利或有弊。但是，它们与道德目的的起源或发展没有关系，因而善良意志本身缺乏道德意义。因此，康德对道德和合法性作了明显与彻底的区分，道德指涉个体自身的内心良知，而合法性指外部行为社会的与政治的条件。社会制度和法律可能的确可以调节人们的外部行为;只要人们在外部层面上遵守这些制度与法律,他们的行为就是合法的。但是,法律不能调节或触及人们的动机,而仅仅这些动机自身才能决定其行为的道德。

为了指出把道德行为划分为内部的(或私有的)和外部的(或社会的)两种彼此不相关的因素的谬误,此处将不再赘述先前我们对快乐主义和功利主义的批判。但是,我们可能需要作一番回忆。康德本人实际上超越了其自身的道德个人主义,主张一种"目的王国"(*Kingdom of Ends*),在这一王国里,每个人都将被视为目的本身。我们可能记得后来的功利主义者(例如密尔、莱斯利·斯蒂芬、贝恩、斯宾塞)强调社会制度的教育价值,强调它们在形成某个人利益和习惯时的重要性。因此,社会制度不再属于达到个人的善的纯粹手段的范畴,而成为个体性发展的必要因素和条件,这种个体性应该有一个关于自己特性及善的合理而正确的概念。我们也会列举一些更为根本的社会制度决定个体道德的方式。

1. 没有社会媒介,个体就无法"了解自身",就无法知道自己的需求和能力。他过着和猛兽一样的生活,尽量满足他最紧迫的饥、渴和性等欲望,但即使这样,鉴于这些方面,与其他动物相比较,他还存在着劣势。而且,如我们已经看见的,个体涉及的社会关系越广泛越丰富,其能力越能被充分唤醒,他也就越能充分地认识到其潜在的可能性。正是从观看崇高的建筑、聆听悦耳的音乐中,个体才了解了自身的结构与韵律的倾向,不然,则可能招致盲目与青涩。正是从工业、国家和家庭生活的成就中,个体开始主动感知其精力、忠实和挚爱。

2. 社会条件不仅唤醒潜在的意向,还使人们意识到盲目的倾向,但是以牺牲其他取向为代价,选择、鼓励和加强其中的某一些。这些社会条件使个体能够在倾向和成就之间辨识优劣。在社会力量中,唤醒和加强个体成员间的这种辨别的习惯和经比较后的选择是没有限度的。具有固定习惯的小的社会群体、氏族、帮派、目光短浅的部门、固执己见的政党会对批判性权力(即良知或道德思量)的形成加以限制。但是,在真正意义上成为现代社会一分子的个体,伴随其多重的职业、自如的交往、自由的流动性、丰富的艺术和科学资源,只会产生太多的反思判断和个人评价与倾向的机会。恰恰是个体的道德主动性习惯、对存在秩序的个人批判主义习惯,以及具有良好秩序的私人规划习惯(道德个体指称这些习惯为道德的纯粹"内部"性的证据),它们本身是一种易变的和复杂的社会秩序作用的结果。

国家的道德价值——如果我们按照最为广义的概念考量现代社会生活,即不仅包括已制度化的和或多或少陈旧的,还包括仍然在成长的(正在成型的和重塑的),我们可以公允地说:这是一个发展的社会,同时也是一个停滞的社会,道德和社会是一体的。在进步社会中,个体的道德比基于习惯的社会更具有反思性、批判性,包含更多的比较和选择的实践。但是在起源上受社会条件制约,在具体显现上也由社会导向。

在原始社会里,习俗装点了成就的最高目的;习俗为社会组织和社会整合提供了原则;并形成了具有约束力的法律,如若违背,则会受到惩罚。他们没有在道德、政治和法律间作出区分。但是,村庄共同体和城邦,更不要说王国、帝国和现代民族国家,已经发展出了维持社会团结和公共秩序的特殊机构及特殊的规章制度。小群体经常紧密地联系成一个整体并排外。他们遵守一套狭隘的、集约的社会规范:好比一个父权制家庭、一个帮派、一个社会群体,他们抱成一团,形成封闭的群体。但是,当有很多这样的群体汇聚在一起并形成一个包容的社会统一体时,代表整体利益和活动的某一制度就会成长起来,以抵制构成要素的狭隘的和离心的趋向。之后,一个社会就以政治的方式组织了起来,具有综合法的真正公共秩序得以产生。这种公共观点发展的道德重要性,有其广泛的共同目标且有维持这些目标的共同意志,几乎不可能被过高估计。没有这样的组织,社会及道德则是分门别类的、充满嫉妒的、令人怀疑的和不友爱的。组织内部情感的凝聚力可能会为同样牢固的反面情感所束缚,即冷淡、残忍以及对组织外的人的敌视。在国家形成的进程启动之后,随即就是更为广泛的合作活动,更为全面的因此也更为合理的判断原则和展望原则。个体从相对而言没自身的局部和固定的群体中解放出来,开始立足;他面对各种纷呈的活动领域,在其中尝试其权力;而且,他被提供了判断行为和规划理想的原则,这些原则在理论上至少与人性本身的可能性一样广泛。

§2. 责任和自由

社会秩序越包容越多样化,个体的责任和自由就越大;其自由越大,是因为有效的刺激源加诸行动的越多,个体可能履行权力的方式越多样化,也越确定。其责任越大,是因为考虑其行为后果的要求越多,这一责任所深切施予他的更多行为主体的认同后果不仅影响着更多的个体,而且还影响更为模糊和隐秘的社会纽带。

义务——自由与责任有一个相对表面和消极的含意,以及一个相对核心的积极含义。在客观的角度下,责任即义务。是的,主体在行为上是自由的,但是——

他必须承担后果,无论是不如意的还是愉悦的,无论是社会的还是自然的。他可以做某个行为,但是如果这样做,他应该谨慎一些。他的行为关涉他人及自身,而且他人会让他作出解释以示关注;如果他不能对其意向给出一个满意和可信的解释,就让他改正。每一个社区和组织都会告知其成员,它认为什么是可憎的事情,并告知如果违反,他们必须负责任。个体因此做出如下行为:(1)可能或倾向于必须作出解释并为他的行为辩护;而且,(2)当不能使其解释被接受时,倾向于或勇于接受其后果。

积极责任——凭着这种方式,个人会察觉到社区与其行为的利害关系;并被给予一次机会,让他在指导其欲望和制订计划时考虑社区的利益。如果他这样做了,他就是一个负责任的人。如果行为者心里没有想到和他行为相关的他人利益,就会把自己的责任看成所面临的邪恶,只会在思量如何能逃脱或躲避它时才考虑它。然而如果一个人的观点是有同情心的和合乎理性的,他就会在自己的行为中识别出社区利益的正当性;并且识别出社区对其利益的肯定及其包含的指导原则对于他的价值。这样的一个个体对所形成的社会需求给予回应、回复,而并非仅仅被召唤去作出回应。他对自身行为的后果负责;而不是等待他人让他履行责任。当社会寻求负责任的工人、教师、医生时,并非只是在寻求那些它可以向其问责的人;无论如何,它可以这样做。这需要男人和女人在考虑其行为的社会后果后,习惯性地形成目的。不喜欢非难和害怕处罚在形成这种响应习惯时起着一定的作用;但是,直接产生影响的恐惧却只能引起诡诈和奴役。通过反省,它与其他立即付诸行动的动机结合在一起,有利于导致对他人权利的理解或感受,而这是责任感的核心,也是社会秩序的唯一的最终保障。

自由的两个意义——从客观角度上说,自由是否定的和形式上的。它强调脱离他人意志和控制的自由;强调摆脱束缚;强调奴役状态的免除;强调免于遭受直接的障碍或他人干涉,有行为的能力。它意味着一条为行为清除了障碍的、畅通无阻的道路。它与囚犯、奴隶和农奴的受限形成了对比,因为这些人必须执行他人的意志。

有效的自由——公开行为免受限制和干涉只是有效自由的一种条件,尽管是绝对必要的一个条件。有效自由的条件包括:(1)对目的的实现所必需资源的积极控制,拥有满足欲望的方式;(2)拥有自由的爱好和审慎的、有远见的欲望所必需的、训练有素的创造和反思的智力。仅仅从直接外部阻碍中获得释放的主体的自由,是形式上的、空虚的。如果他没有个人技能资源,没有通向成功的工具,那他只能去执行他人的命令和思想。如果他没有思考和发明的能力,就会随意而轻率地从其环境的暗示中获取观点,并盗用某一阶级利益塞入其头脑中的观念。如果他没有明智的自控力,将会受限于欲望,受日常活动的奴役,囿于只有为非作歹才能打破的、来自狭隘利益的影像的单调轮回。

法律与道德——积极责任和自由可被视为是道德层面的,而义务和豁免则是法律和政治层面的。一个特殊的个体在某一时间,拥有某些可靠的、有用的资源和某些养成的欲望与反思的习惯。鉴于此,他是积极自由的。从法律上说,他的活动范围可能十分宽广。法律即决定现存制度的盛行的规则体系,将会保护他的主张和权力,而这将远远超过他实际所能提出的。在旅游、读书、聆听音乐和从事科学研究时,他都不会被干扰。但是,如果他既没有物质手段,也没有心智修养来享受这些合法可能性,仅仅豁免没有什么意义。然而,这种豁免的确创造了一种道德要求,即应当解除包围他的实际限制,且提供切实的条件,使其能够有效地利用正式公开的机会。类似地,在任何特定时机,个体事实上负有的责任远没有达到那些更具良知的社会成员所担负的责任。个体的道德先于那些已然被确定的共同体的道德法则或法律规定。

法律和道德的关系——但是,将自由所具有的合法的一面和理想的一面相互分开是荒唐的做法。人们只有在需要承担义务之时,才会变得负有责任;即使是有责任心的人,无论他在某些方面对自己的要求如何超过他人强加给他的要求,他仍然需要在其他方面按照他人要求,消除其本身无意识的偏见和臆断。他需要平衡其判断,抵制古怪、褊狭或狂热主义,并与其时代所普遍接受的明智标准相比较。人们只有在清除外部阻碍之后,才意识到可能性,并且意识到要争取获得更多的积极自由。抑或,在一个社会中,如果只有那些受优待的个体拥有行动和享受生活的有效自由,而群众只有形式和法律上的自由,就会激起一种不公平感,会搅浑社会评判机制并引发诸如法律修正、政府改革和经济状况改善的意愿。如此,将让寡受青睐的个体的空洞自由转变为具有建设性的现实自由。

§3. 权利与义务

权利与义务中的个体和社会——普遍或整体地被称作自由的东西,可以细分为许多特定的、具体的能力,且以特有的方式发生作用。这被称作"权利"。任何权利都内在紧密融贯地包含我们一直坚持的、个人与社会活动的方方面面。作为行使权力的一种能力,它驻留并来自某一特殊的行为主体,即某一个体。当从限制中解放出来,从障碍中安全释放出来,它至少表明了社会的允许和忍耐,一种默许的社会赞同和确认;而为了保证和捍卫它,共同体这个部分所作的任何积极而富有活力的努力,都表明着社会方面的积极认可,即正被讨论的个人对权力的自由行使是积极地符合其自身利益的。因此,看似依附于个体的权利,在起源和目的上是社会的。权利中的社会因素体现在这样的要求中,即所说的权力要以某些方式行使。权利从来不是对所有不明确活动的要求,而是对明确活动的要求,即在特定条件下开展的活动的要求。这种限制构成了每一种权利强制的一面。个体是自由的;对,这是他的权利。但是,他只能按照某些常规的和既定的条件展开自由的行动。这是强加在他身上的义务。他有权利使用公共道路,但必须按照某种方式改变行驶方向。他有权利使用其财物,但必须缴纳税金、偿还债务、不能在使用期间伤害他人,等等。

权利与义务的一致性——因此,权利与义务是严格相关的。这一点在其外部运用和内在本质上都是确定无疑的。在外部,个体有义务以一种不干涉他人权利的方式行使其权利。他有在公路上行驶的自由,但是不能超过限速,而且必须保证在公共命令要求的条件下左转或右转。他有权利享用他所购买的土地,但这种占有必须以公共注册和遵守税收政策为前提。他可以使用其财产,但是不能威胁他人或制造事端。如果我们所说的"绝对权利"与任何社会秩序不相关、不受任何社会制约,那么,绝对权利是没有的。但是,权利内在地与义务更加一致。权利本身是社会的产物:只要个体本身是一名社会成员,权利就是个体的;而且不仅在身体上是个体的,在思维习惯和情感特性上也是个体的。他有义务以社会的方式行使其权利。我们对个体行使其财产的自由权利强调得愈多,便愈强调社会为他做了什么:他获取(财产)的渠道,他维持财富的安全措施,还包括其通过基于社会支持的相互交换所获得的他人创造的财富。鉴于个体自身的法律依据,这些机会和保护是"不劳而获的增加";在行使这些权利时,并不仰赖他可能在首创性、勤勉和远见方面可以获得的任何信誉。从根本上会带来无政府混乱状态的唯一情形是将权利视为私人的垄断,而不顾它们的社会根源和目的。

权利和义务的分类——我们既可以从保护和执行自由与责任的有关社会组织的角度探讨自由和责任,也可以从执行和认可自由与责任的个体这一观点出发。

从后一种观点来看,权利更适宜看作身体和精神上的:并非说身体和精神是可分离的,而是主要落实在对执行思想和意图时所需要的条件的控制,或者是对有关个人培养和选择条件的控制。从公众秩序的观点来看,权利和责任是全民和政治的。我们将在下一章从其与国家的社会组织的关联来揣摩它们。这里,我们将权利视作生来便存在于拥有社会成员地位的个体中。

I. 物质上的权利——这些权利主要是指对身体(生命和肢体)自由的、无伤害的拥有,并使其免遭行凶杀戮、人身侵犯和殴打,并避免在较为隐蔽的状况下对健康的威胁;并且,在积极的意义上,也包括自由运动身体的权利,为了任何合法的目的使用其四肢的权利,以及不受妨碍地移动的权利。没有上述保护,生命就没有了安全,没有了保证;生命中将只有持续的恐惧和不确定性,只有肢体的损失、他人的伤害,乃至死亡。没有一些积极的保证,就没有机会将想法付诸实施。即使人们是安全的、健康的、受到保护,也只能过着奴隶和囚犯般的生活。正是为了对生命的生理条件的控制和利用,对自然工具和材料的支配体现在财产权上——这些自然工具和材料是维持身体的健康状态并充分地运用个人力量所必需的。这些对生命、肢体、财产的物质权利,以及所有的成就和能力来说是非常基本的,以致它们经常被称为"自然权利"。他们对于个性的存在极为基本,这方面的不安全感或侵害会直接对社会福利造成威胁。因此,为人类自由和人类责任的斗争在这一方面会比在其他方面更加激烈。大体上说,个人自由的历史就是努力捍卫生命和财产安全的历史,是将个人身体自由运动从屈服于他人意志中解放出来的历史。

未解决的问题:战争与惩罚——尽管历史标志着巨大的进步,尤其在最近的四五个世纪里,但关于自由的反面或者从直接和公然的暴虐中解放出来,在积极层面仍有许多未竟之事。所有的权利冲突恰恰集中在自由的生理控制这一点上。虽然由战争所导致的对生命权利的限制,也许会被用来作为这一事实的证据,即甚至这种权利也不是绝对的,而是受社会条件限制的;然而,这种个体活动和社会福利之间的一致性需要面对破坏作为其标准,因此会过多地让人联想到部落道德(即野蛮人通过参与血腥的血仇报复来表现其社会本性)而不尽人意。社会组织显然是有缺陷的,如果其组成部分与另一个社会组织不一致,以致可能要求个体献祭以作为对社区的最大德业(bestservice)。虽然个人可能援引死刑来强调——在很大的典范上——个体拥有社会安宁规约下的生命权利这一事实;而道德则以其他方式发生作用,着重突出社会在使其成员社会化上的失败,而且它倾向于宁可将令人不快的结果从人们的视线和思想中抹去,而不愿面对寻找根源的责任。同样的限制在监禁的法则中亦可看到,这些限制虽然预想的是防御性而非报复性的,但是仅在极少、零星的情形中得到认可和承认。唯一可靠的社会保护是通过对个体品格的教育和修正实现的,而不是仅仅依靠将身体隔离于严酷的条件之下。

生命安全——在文明的国度,族仇、杀婴及将经济上无价值的人和年老者处死的做法已被废除;合法化的奴隶、农奴、妻子和孩子的权利从属于丈夫和父亲的意志等,也已被废除。但是,很多现代工业操作更多关注的是经济利益,而非生命。每年在工厂和铁路死伤、病逝的人数,实际上与一场现代战争中死伤的人数相等。① 这些事故大多是可以避免的。父母的意愿以及另一方面来自雇主的意愿,加之大众的冷漠,使童工现象成为遗弃孩子和野蛮部落杀婴的替代方式。对退休养老金的焦虑表明,终身对社会忠诚地服务仍然不足以保障一个富足的晚景。

慈善和贫穷——社会提供援助和补救措施:设立贫民院、避难所、医院。极端贫困者接受政府的救济,靠救济和税收生活。个体不应该死于饥饿,也不应该因为身体残障和疾病、缺少任何救济或援助而遭受痛苦。迄今为止,为了生存的权利而提供的实际供应有所加大。但是,提供这样广泛的补救措施之必要性恰恰说明了过去长久以来的严重缺漏。鉴于此,社会是否应该对这种总体贫困和普遍不幸的缘由负有责任呢? 考虑到懒散和财富集中同时并存,人们不禁要问:在为有效的(不同于形式上的)生存和活动权利做组织准备时,我们超越野蛮究竟有多远? 很难说这种较为沉重的指控是不是在于这样的事实,即许多人逃避其必要的社会劳动,或乐意工作的许多人不能工作(并未遇上周期性的失业危机,除非在一段时间内,卫生、补偿和家庭条件使积极生存权利降到一种低水平)。社会秩序保护人们的财产;尽管历史条件已经将机器生产控制在为数极少的人手中,但社会很少注意到大众甚至没有得到多少财产,这些财产对于保障安全、长久和适当刺激的生活条件来说却是必需的。在社会服务行业中,除非全体社会成员的工作权利和义务得

---

① 据可靠论断,在美国一个大城市的某一街道,铁路系统拒绝使用改良的护栏——这么做(即使用改良的护栏),实际上会使致人死亡的事故不再发生——因为如此会使每年的开销较之单纯的修补费用多出整整 5000 美元。这同一体系也拒绝接受改良的减少生命和四肢受到伤害事故的刹车系统,我们发现,其中一个执行者对生产老式的刹车兴趣浓厚。

到了保护和实施,在社会财产方面得到相应的回馈,否则,生命的权利和自由的行动将很难超越目前很大程度上有名无实的状态。

Ⅱ. 精神活动的权利——这些权利当然与身体状况及其活动的权利紧密相关。如果身体健康和活动的权利对促进目标和情感的实现不具意义,当精神生活对身体条件不产生影响或进行指导时,便是迟缓的或遥不可及的,迟钝的或抽象的。那些认为身体条件的局限没有道德含义,其改善至多带来些许物质安慰的增益而不具有道德进步的人士,并未注意到具体目标和期望的发展是依赖所谓外在条件的。这些条件影响到目标和需求的施行而且这种影响会进一步决定需求与决心的停滞和增长。在当前有关道德行为的观念中,精神和物质尖锐且不合理的对立,致使许多满怀善意的人对有关物质和经济进步的道德问题表现得无情而冷漠。长时间过度的体力劳动,加之不健康的居住和工作条件,限制了智力活动的增长,而闲散和过度的物质占有与操控使精神堕落,这些原因必然会限制外向的公开行为。

思想和情感的自由——精神生活权利的基本形式是评判和同情的自由。为精神自由的奋斗与为身体自由的奋斗一样,是持久而艰辛的。对才智和爱的犹疑作为具体个体中的因素,是如此的强烈;甚至在那些有力宣称的同时投入才智和爱并视其为抽象原理的人那里,也是如此。不相信诚信,断言思想和爱的神圣原则在个体中是反常和腐败的,这样就使精神权威和威望到了少数人手中,就像因其他原因而使物质占有为少数阶级所垄断一样。作为结果,对知识和研究手段的限制使大众变得盲目而迟钝,这可能进一步证明人们对在真理之光照耀下的个人启蒙和道德温情①能量自由流向的自然不适应。但是,逐渐地,人们会获得言论自由、交流和交往的自由、公众集会的自由、出版和思想传播的自由、宗教和精神觉悟(通常称为良心自由)的自由、崇拜的自由,以及在一定程度上受教育和精神净化的权利。就个体取得这些自由的程度而言,社会秩序获得了基本的保护,以避免激烈变化和间歇性盲目的行为与反应,并且已经取得了阶段性稳定的重建方法。仅仅作为一种权宜之计,思想和表达自由是调和稳定与进步最成功的方式,因此,改革不需要

---

① 爱默生说:"如果一个人是病态的、无能的、精神低劣的和令人憎恶的,那是因为其自身本性中有很大一部分是不正当获得的。"

牺牲和平,也不会因为停滞的保守思想而阻挠和平的达成。①

教育的权利和义务——从最广泛的意义而言,正是通过教育,思考和同情的权利才变得有效。所有制度的最终价值体现在其教育的影响力上;从道德上而言,对这些制度衡量的标准在于它们为先见、评判、考虑的预见程度和关心的深度的实际应用所提供的机会与引导。家庭、学校、教堂、艺术、特别是(当今的)文学培育了情感和想象,而学校通过各种智力技术形式传授知识和灌输技能。在上个世纪,每一个体精神的自我发展和自我克制的权利,以及社会作为整体的利益(负责使每个社会成员有教育的权利)在公立学校得到了认可;它体现于从幼儿园到大学,一直到工程学校和专门学校。男人和女人可以任意支配评判素材和方法;科学、历史和艺术的大道向他们开放,将他们引入更为广泛的世界文化领域中。在某种程度上,对信仰和思想任意限制的消极取消,已经发展成智力和情感的积极能力。

经济条件不充分的限制——然而,在发展的、建构中的形式中,只要其经济条件不稳定,且其主要问题是维持生计,思想自由对大众来说便几近于不可能。时间匮乏,敏感度迟钝,盲目专注于高度专业化的工业机械,接踵而来对仅能维持在生存水平的生活的冷漠和担忧,这些对智力和情绪文化都是不利的。由于冷漠、懒惰和缺乏理解,精神的怯懦取代了专制,成了对思想和言论自由的一种限制。对职位稳定的不确定,以及贫困家庭的福利考虑,使得人们缄默不语,不去表达其真实的信念,并且使他们对邪恶的条件麻木不仁。文化的手段——教堂、报纸、大学、剧院——其自身有经济需要,这些需要使得他们依赖那些能够最大满足他们需要的人。现实生活一方面充斥着大量的贫穷,另一方面充斥着大量的"文化",以至于我们仍然在质疑,用一位著名的经济学家的话来说:"世界上所有的人应该有公平的机会来过一种有修养的生活,而免除贫穷的痛苦和过度机械劳累生活所带来的停滞性影响,这是否真的不可能。"②我们提供免费学校,通过义务教育法案,但是或主动或被动地赞成的那些条件却限制了孩子们精神培养的萌芽。

教育影响的限制——精神资源实际上和物质资源一样,尽管有教育的进步,但

---

① 在美国较大城市的公众集会中,呼吁对失业或其他被有些人认为对既定利益有危险的事情进行讨论。近来警方对此行为进行镇压,这表明自由言论的价值,作为一种"安全阀门"仍没有被完全掌握。同时也表明,在新条件下,如果要使胜利延续下去,就必须表明过去为自由而战是如何胜利的,并再次取得胜利。

② 马歇尔(Marshall),《经济学原理》(*Principles of Economics*)。

都有一个特殊阶级维持着对它的占有。这一事实对主要教育机构产生影响——即科学、艺术和宗教的机构。有关其思想、语言和诉求的知识被迫搁置一隅；因为孤立，知识变得过于专业化、抽象和晦涩难解。而由于与社会实践缺乏密切联系，导致了过度的集约和精细的训练，从而使知识的门槛更加不可企及。只有当科学与哲学在文学中成为一体，成功的交流和活跃的交往的艺术才会是实际而开明的；这就表明一种在智识和情感上已经受到教化和存活着的社会。艺术自身即思想在形式上（具有社会感染力）的体现，在很大程度上成为工艺技术的发展产物，乃至不同阶级的象征。宗教情感由于认识到思想和情感那无穷无尽的重要性而导致的对它们的促进，被分化成特殊的仪式、特殊的节日和独特的活动，而共同生活则变得相对艰难和枯燥。

简而言之，在身体条件和生命的精神价值方面，对自由所作的限制实际上是一回事，它们同样造成了理论与实际的分离——这种限制使理论认识变得遥不可及，且缺乏创造力和过于抽象；但实际情况却仍然有限，不合人意，而且狭隘。然而，希望大于失望，希望是因为已经实现了很多，失望是因为精神力量及其帮助仍然有限并未得到发展。各阶级和各民族的融合与相互作用是最近才有的。因此，富有同情思想和合理情感的有效交流只是新近方才开始存在。作为体现公众利益和公众关切的教育，并可适用于所有的个体，其存在还不满一百年；与此同时，教育应当以别样的方式触及任何个体复杂性和多样性的概念，其存在几乎不到五十年。当社会更加严肃而全面地考虑其教育功能时，每一个承诺都表示将来要比过去有更快的进步。当与还没有长大的那些人（即还没有获得成人生活的艰辛与固定的定向形式的人）打交道时，教育是最有效的；而为了有效地加以利用，教育必须选择和宣传那种非常普通并因而在社会价值中具备典范型价值的，这些社会价值荟萃成了教育的资源，逐渐使那些行为古怪、怀有偏见且排外的人减少。在提及 18 世纪一些伟大人物时，我们渐渐领悟到：人性的无限提升的事业与儿童的动机其实是密不可分的。

（杨仁瑛 译 魏洪钟 校）

市民社会与政治国家*

我们一直在思考那负责任的自由,因为它集中并影响到个体所具有的能力。它意味着一种保证、解释和执行权利与义务的公共秩序。这种公共秩序对权利和义务有双重关联:(1)作为个人实践的社会对应体,它构成了市民社会。该社会代表那些由秩序和权威确立其形式的社会生活,因为它是在个人行使其权利以及保护和确保这些权利的特殊形式中构成的。人们将家庭、俱乐部、行业协会、工会和公司归为第一级;法庭和民政部门,比如公共铁路和保险委员会等归为第二级。(2)公共秩序也要确定其基础条款和条件,在这些条件下,在任何既定的时间里,权利能够得到执行,补偿能够得到保证;公共秩序组织的目的是为了确定其组成成分(包括个体的和团体的)实现其活动的基本方法。在这一方面,它就是国家。

§1. 公民权利和义务

每一行动使得执行者在行动的过程中与他人形成联系,不管他是否有意向。其行动在有组织的行动世界中、在社会配置和制度中发生作用;只要这样的个体结合是反复出现或者稳定的,其性质和运转必定是可规划和可实施的。合伙企业、俱乐部、集团、行业协会、家庭就是这样稳定的联盟,有其明确的行动范围。买和卖、教和学、生产和消费是反复出现的活动,其合理的方法得到了规定。这些特定的领域和行为的方式对公民权利都作了界定。它们表述了有保障和规律的方法,即个体为了一个共同的目的,通过行动自愿地与他人建立联系或关联起来。它们不同

---

* 此文选自《杜威全集·中期著作》第5卷。首次发表于1908年,为《伦理学》一书第21章。

于政治权利和义务,因为后者涉及社会组织的模式,这些模式是如此的基本,以致不能自愿选择和迎合个体的目的。作为具有社会意义的人,他必须建立政治关系,必须遵守法律,必须缴纳税赋,等等。

关联的方式很多且易变,因此,我们只能选择那些公民权利中从道德上来说最重要的方面。我们将相应地按其有关部分加以区分:(1)与个体较为临时和偶然的结合相关,出于有限和明确的目的;(2)与更长久的、包罗广泛的,因此不易界定的目标相关;(3)与特殊的体制相关,这些体制的存在是为了保障个体的权利在受到违反的情况下能够得到补偿。

1. 契约权利——第一种类型的权利源于从某些行为者的表达或默认的安排中去做或避免做具体的行动,包括在交易中,双方为了相互的利益而进行的服务或商品交换。每一次商品成交,每一个买入的面包或卖出的大头钉,都涉及一个默认的和明确的契约过程。真正自由的协定或契约意味着:(1)交易中的每一方保护他必需的利益;(2)双方形成合作或互利的关系;(3)引导社会生活庞大的、含糊的和复杂的交易分解成大量具体的、在一定时间和地点等待执行的行动和要交付的商品。因此,一派社会伦理学家已经在自由契约的概念中发现了他们的社会理想,而这一点几乎不会令人惊讶。其中关涉的每一个人体会到义务符合其利益从而去履行,因而其行动是自愿而非强制的;与此同时,他人已经用某一种方式为本人服务。契约概念的局限将会在今后再次付诸讨论。

2. 持久的自愿联系——合伙企业、有限责任公司、集团、工会、教堂、学校、俱乐部是更为长久和全面的联盟,牵涉更为深远的权利和义务。为对话、交际或欢宴娱乐而组成的社会团体即"不是为了赢利",而是出于相互间快乐或慈善的目的,这样的团体被划归为同一个类别。最有意义的联盟是那些为了普通的目的,然而却是自愿组成且因此在契约上有一个原则的联盟。因此,它们是长久的,且包含比书面契约更多的内容。婚姻在现代社会被纳入契约当中,但婚姻生活并不是狭隘意义上在特定时间的特定服务的交换。它是相互的经济和精神财富的联盟,这些财富因双方所共有的利益而一同扩张。在生育和养育孩子的关系中,婚姻是一种捍卫所有社会利益并引导其进步的基本方式。学校、大学、教堂、劳工联盟、资本联盟及劳资联盟代表了长久自愿组织的其他形式,这些组织可能会对那些直接相关及普遍意义上的社会产生至为深远的影响。

3. 利用法庭的权利——所有的公民权利在通过求助于拥有总的和最终判决

权的公共权威,在使冲突的权利得到限定,使被侵犯的权利得到纠正的权利中,得到最终的应用和检验。"诉讼的权利和被诉讼的权利"可能看起来太合法、太过于形式,以至于不值得在伦理道德条约上标注;但是,它表明了在解决个人自由和公众秩序问题方面所作的长期尝试臻于完美。民事权利除非声明采取强制措施,才会有效(如有必要——需采取赔偿及补救的措施)。否则,公民权利只能是名义上的。而且,公民权利的冲突一定会发生,即便持有业已虑及所有相关因素的善意信念,那仅仅是因为出现了新情况。除非每一方在新情况下各自有一种解释其权利的方法,否则,每一方的解释都将是任意的。然而,善意地坚持其权利乃是建立在旧的基础之上:私人战争的后果。新的秩序没有达成,而已经建立的却受到威胁或遭受破坏。因此,在相对较小的程度上,利用法庭权利的价值恰恰在于既定的、故意误判的特殊案例中。而更为重要的是,通过为那些案件(在这些案件中,因为是新的情形,所以权利是暧昧和含糊的)中争端的和平解决提供一种有效的机制,人们获得了关于其活动正当范围和界限的指令。

错误和补救的类别——对权利的侵犯,诸如谋杀、偷窃、纵火、伪造,具有很明显的反社会倾向。过失,虽然是针对个体所犯下的,但却是一种对全体有危险倾向的行为。这样的过失是一种犯罪;它应当是政府当局直接管辖的事情。而在举证方面给予配合,则是所有人的义务。如果藏匿或隐瞒证据,就会使一个人成为罪犯帮凶,就如"私了案件"中,对犯错的个体,对其过失通过私下赔偿获得解决一样。在诸如这样的案件中,惩罚通常是个人性的——拘禁或至少处以高额罚款。不过,这种侵害属于过失或"民事侵权行为"的性质,不构成犯罪;这可能是对社会利益冷淡或对其忽视的一种取向,而并不是对社会利益采取主动敌视的倾向。譬如诽谤、对另一方土地的侵犯这些案子就是例证。在这些案例中,公平机制(machinery of justice)是根据受害的个体而运行的,而非国民整体。可是,这并不意味着作为整体的社会对此类事件没有兴趣;鼓励个体关注其自身的权利和失误较之于在一定情形下,不管人们是否支持其权利或纠正一定的错误而言,在社会上显然更为重要。此外,有些民事纠纷既不表达犯罪也不表达有害的倾向,却反映出关于法律真正是什么的不确定性,这便导致了有关权利的纷争——对一份契约的诠释,要明确地抑或含蓄地进行。这里的社会利益提供了一种解决方法、一条出路——该方法会阻碍恶意的增长和私人的报复;而且,也能提供在今后类似案例中减少不确定性和冲突的先例和原则。

和平与宁静并非仅仅意味着没有公开摩擦和混乱。它们意味着具体的、容易了解的和通常认可的原则,这些原则决定了每个人合法活动的范围和界限。公共宣传、标准规约、程序律则、一般认可的补救措施乃是其本质。公共生活(*res publica*),共同关注的事件,一直是含糊的和潜在的,直到得到公正的、无私的社会组织的解释才会得到改观。此后,我们便以规则的和有保证的活动模式表达这些改观。亚里士多德留给我们一句意味深长的箴言:"公正的执法亦是它的决断过程,即它的发现和散播。"

§2. 公民权利的发展

原始的与当前司法制裁的对比——通过对原始方法作一个勾画,并进行对比,我们可以看到目前法律执行部门所取得的成就和缺陷的意义。在原始和野蛮社会中,由于同系血亲的团结,组织内的任何成员很可能因为冒犯任何一个其他组织(参见《杜威中期著作》第5卷第33页)而遭到进攻——即使他可能根本没有参加这次行动,或者没有参与到串通的同谋计划中来。如此,他的罪行仅在于其血液中流淌着与仇家相同的血。① 此外,这种报复性的进攻是由受到伤害的人与其有血缘关系的亲属作出的直接的、无目的性的进攻——这是按习俗规定,出于激情的热度或是对秘密行动的报复所致的。赫恩(Hearn)说,国家"不干涉其公民的私人恩怨。每个人都应该照看其财产和家庭,并保护自己的生命。如果任何人遭受到伤害,他进行报复或采取报复性的暴力行为,或寻求(别的)弥补,这些都是如同惯例所规定了的"。② 这种报复性行为本身可能会连带上另外一个人,继而族间仇杀就上演了。无论如何,毫不夸张地说,实际的情形可以描绘成"私人战争"。

发生着的变化——这种情形已经被取代了,其中一个第三方的、公共的和公正权威能够(1)受理对另一个体的违法犯罪,恰如对国民整体的违法犯罪的受理一样;(2)逮捕嫌疑犯;(3)终止和应用一套客观的审判标准,适用所有人,即法律;(4)根据议事规则,包括对公众颁布的证物或证词的条令,审判嫌疑犯;以及(5)如果发现有罪,罪犯承受惩罚。这种变化的历史事实上很重要也很有趣,但在此处并

---

① 一位旅行者讲述了在澳大利亚无意间听到的孩子的话。当其家族中的一个人伤害了另一部落的某人时,不管这个部落人们关系的亲密程度如何,都要遭受痛苦。
② 赫恩,《雅利安家庭》(*The Aryan Household*),第431页。此外,赫恩还谈到,将来更为先进的社会条件处于很好的"文明"之下。

不适用。我们在这里只关心政府当局、公法和公开活动之于一方面个体自由的发展，以及另一方面他所承担的责任①的关系。我们将在很多细节中指出，个体中自由和责任的演化与公共且公正的政府当局的改进是一致的。

1. 类似物质（Quasi-Physical）的善与恶——在评判善与恶时，有两个选择：（1）它们可能被认为具有道德意义，即有一个自发的基础和起源。（2）或者，根据哪些人或事物是有害的或有益的、恶意的或善意的，它们可能被认为是事物的实质属性，作为一种通过它们散播的本质或存于其中的力量。例如，原始部落不会认为生老病死是自然的恶（天灾）；它们被归于敌人邪恶的巫术。类似地，从人类行为中引发的邪恶被看作是其自身固有的一种超自然倾向的征兆。一些人会给与其相关的每一件事和每一个人带来坏的运气。他们的行为产生了诅咒。这样的邪恶和那些由意向与品格产生的邪恶没有区别。道德与自发的善恶本性观念的分野，几乎不再维系。这种准物质几近神秘的观点，广播四方。其结果是，邪恶被认为是传染的，会代代相传，从阶级到阶级或从个人到个人；就像将被除去的某物一样，如果可能，应同样采取物质的手段。自然的恶、瘟疫、战败、地震等也被看作是类似道德的（quasi-moral），而道德上的邪恶则不只被看作是半物质的。罪恶是有传染性的疾病，自然疾病是人类或有神性的敌人的恶意的干涉。道德被物质化了，而自然被道德化了或者去道德化了。②

现在，几乎没有必要指出这些概念在限制个人自由和责任方面所起的作用。人类思想和行为的各个方面被各种神秘力量所包围，这些力量以不可预料的方式起作用。这在其最好的状况下也是如此。在这种限制下的一种能量指向被并入神

① 对这一重要历史感兴趣的那些人，就像学伦理学的每位学生很可能做的，在下述参考书目中方便地发现可理解的材料：霍布豪斯，《道德的演变》，第 1 卷，第 3 章；赫恩，《雅利安家庭》，第 19 章；威斯特马克，《起源和发展》，第 1 卷，第 120—185 页和第 20 章的部分内容；萨瑟兰，《道德本能的起源与发展》，第 20 章和第 21 章；波洛克和梅特兰，《英国司法史》，第 2 卷，第 447—460 页，和第 9 章；波洛克，《国王的和平》，收录于《牛津演讲》（Oxford Lectures）；彻瑞（Cherry），《古代社会的刑法》（Criminal Law in Ancient Communities）；梅恩，《古代法》（Ancient Law）。涉及原始和野蛮风俗的人类学文献参考资料，可在威斯特马克和霍布豪斯的论述中找到。

② 有关这些概念重要性和性质的事实，参见威斯特马克，《起源和发展》，第 1 卷，第 52—72 页；罗伯逊·史密斯，《闪米特人的宗教》，第 427—435、139—149 页；杰文斯（Jevons），《宗教历史介绍》（Introduction to the History of Religion）；霍布豪斯《道德的演变》，第 2 卷，第 1 章和第 2 章。一般情况下，涉及禁忌、神圣和污秽之间的关系，洗礼、火的净化、替罪羊移情，还有诅咒的邪恶力量、厄运和命运的早期观念。对基本事实启发性的解释，参见桑塔亚那（Santayana），《理智的生命》（The Life of Reason），第 3 卷，第 3 章和第 4 章。

奇的渠道,远离那些可控制的、存在于人类性情中的邪恶来源,那其中可能的有效的自由空间微乎其微。同样,责任的错位使得人们要对他并无义务承担的事情负责,因为一些无法控制的邪恶倾向被归咎于他们。饥饿、瘟疫、战败是需要通过供奉物品或提供殉葬抑或举行典礼仪式进行补救的;而因人类的无知和疏忽所造成伤害的可补救的原因却被忽视。

2. 意外与意图——在这种情形下,个体意欲做的好事与坏事和他碰巧做的好事与坏事没有什么区分。直到历史上相对较晚的阶段,社会运行的有效推定仍取决于把每一有害的后果作为一个证据,这一证据是与那些以任何方式表现邪恶秉性的人相关的。这种对自由的限制,伴随着对应的责任限制。在实际没有造成伤害的情况下,人们就认为没有伤害的意图。做出伤害行为的动物、甚至无生命的物体如若怀有主观恶意,便会遭到指责和惩罚。即使在文明的雅典,也有着这样一种生存法则:即使无生命的东西,也要负有责任。如果一棵树落到一个人身上并砸死了他,这棵树将要受到审判,受到超出民事界限(例如,超出法律的)的谴责。① 总之,持有违规物品的主人几乎总要受到处罚。关于动物的罪过,威斯特马克②举过一个实例,这要追溯到 1457 年,"一头母猪和她的六头小猪因被指控谋杀和吞食了一个孩子部分肢体而受到审判;这头母猪,因被裁定有罪而被判处死刑。六头小猪因其幼小,加之其母所树的坏榜样而被宣告无罪"。当棍子、石头和动物因其对邪恶的结果负有责任时,在个人为主体的案件中,其实很少有机会区分意图和意外事故或不幸的灾难。"魔鬼自己也不知道人的意图和'思想'"是中世纪的座右铭;我们所能肯定的是:伤害已经造成,造成伤害的人一定要遭报应;不然,如果没有明显的伤害,就没有人会因此受到谴责。③ 伤害既已造成,即使相关方面的关系甚远,任何在造成伤害环境下的有关人士要依据职权(*exofficio*)定罪,而不是碰运气。涉及责任的关系疏远的内涵,可在 13 世纪英国法律的条款中看到。"应你的请求,当你从事自己的事情时,我陪伴在你左右;我的敌人向我发起进攻并杀了我,你必

---

① 参见柏拉图,《法学》(*Laws*),第 9 章,第 873—874 页;与霍姆斯(Holmes)的《普通法》(*Common Law*)比较。在中世纪和早期的现代欧洲,违规的物体是"赎罪奉献物",即忠诚于上帝。它们将被公民或教会权威据为所有,并用于慈善。在理论上,这在英国持续到 1846 年。参见泰勒(Tylor),《原始文化》(*Primitive Culture*),第 I 卷,第 286—287 页;波洛克和梅特兰,《英国司法史》,第 2 卷,第 471—472 页。
② 威斯特马克,《起源和发展》,第 1 卷,第 257 页。
③ "造成"和"受到谴责"在其起源上紧密相连。参见希腊语 *alrla.*

须为我的死亡付出代价。你带我去看一场野兽表演,或者非常有趣的一个疯子的场面:野兽或疯子杀了我;你必须为此付出代价。你把剑挂了起来,其他人将它撞倒,不小心砍到我,你必须为此付出代价。"①只是逐渐地,意图才明显地发展成为一次行为的核心要素,之后导引出自愿或自由行为的念头。

同样的,对责任方面的限制也很大,这一点是显而易见的。如果一个人要为他没有或不能预见或欲望的事情承担责任,那么,就没有余地让他自己对行为可以预料的后果负责任,并按所预见的制订计划。正如前文所述,这已经是彰明卓著的了。如果作恶的企图没有导致伤害,那么,个体就不会受到指责,他可以逍遥法外。"企图犯罪不是犯罪。"②

3. 品格和情境——即使在法律中无需谈及个人道德评判,在评判主体意图时,我们现在几乎照例考虑情境和从过去行为中推断出的品格。我们扩展了后果的观点——考虑到个别行为的道德品质,考虑到其行为者习惯于产生的后果。如果发现这一行为与其习惯过程相反,我们因这一行为不会过多地指责个体。如果发现他有做这类事情的品格,我们会对他多加指责。简而言之,我们要虑及的是主体的长久态度和品格倾向。我们也对某一行为的条件和后果加以更为仔细的区分。自我防卫,对他人或财产的保护,成为可使"罪行减轻的情形";挑衅的程度、瞬间袭来的冲动的恐惧或愤怒的存在也被纳入考虑范围之中,这些都与明确形成和长久珍惜的观点不同。同时,第一次或屡犯的问题及有前科和良好行为的问题都被纳入考虑之中。遗传的问题、早年环境的问题、早期教育和机遇的问题现在也被纳入考虑之中。

在这方面,无论个人还是公众道德,无论个体评判还是法定程序和惩罚,我们仍然十分落后。比如,我们只是在最近才开始以特殊的方式对待少年犯;而采取合理方法的努力将会进一步遭到强烈的反对,甚至更大的惯常的冷漠。许多品行端正的人有鉴于早期训练及恰当的时机而降低责任的门槛,就如昔日在邪恶实际发生的情况下,辩护的理由建立在(嫌疑人)缺乏意图上,与开脱责任的做法一样。让

---

① 波洛克和梅特兰,《英国司法史》,第 2 卷,第 469 页;第 1 卷,第 30 页。有关凶杀的英国司法偶然事件概念的历史,一并参见第 2 卷,第 477—483 页;史蒂芬,《英国刑法史》(*History of the Criminal Law of England*),第 3 卷,第 316—376 页。
② 波洛克和梅特兰,《英国司法史》,第 2 卷,第 473 页;参见威斯特马克,《起源和发展》,第 1 卷,第 240—247 页。

任何人从严格的法律中逃离出来,是不"安全的"。可怕的障碍,如今甚至来得更早了,是有关科学和智力方面的。曾经一度,对意图进行评判似乎是不可行的;它是隐秘的,只有上帝知道。但现在我们想出办法去评判即时的意图,这在原则上是充分的,在细节上却是不完善的。类似地,随着人类学、心理学、统计学的发展和社会科学宣传资源的增加,我们会发现,其实考虑遗传、早期环境对品格及意图培养的作用是可能的。因此,我们几乎会将现在评判意图的方法视为野蛮的,与我们现在对早期漠视意外事故及挑衅的看法一样。最重要的,我们会了解,随着对因品格和条件的原因所作的每一次明智判断的实施,责任会因此增加而非懈怠。①

4. 智能缺失和有欠思虑——随着品格作为自愿行为中的重要因素逐渐得到认可,我们现在开始考虑将诸如年龄、智力障碍和精神错乱等作为评判的因素。但这仍然是一个缓慢的成长过程。以精神错乱为例,1724 年,因精神病患者所导致的伤害被认为无罪,被开脱罪名的这个人需是"一位完全丧失理解和记忆能力的人,他不知道他正在做什么,他只是像一个婴儿的状态,与一头畜牲或野兽一样"。19 世纪初叶,辩护的说辞不再是这里所指的语无伦次的疯子,而是在理论上能否辨别是非。以 1843 年那个著名的案子为例,在英国司法中,在特殊的案例中,准则转变成了对特定案件的区别是非的认识。进一步的改进是为了迎合科学的发展,因为科学的发展为评判行为人特定的精神条件提供了更大的可能。因此,废除了现在体制中的弊端,一方面,现存体制倾向于支持为可能并不存在的精神错乱进行辩解;另一方面,(通过采用严格的技术规则)会对真正无需负责任的人判刑。② 大众的评判仍然会以基于后果的清楚和明确的意图为由,并忽视精神紊乱和迷惑状态的条件,然后基于这是唯一"安全"的理由来证明这种做法的合理性。③

思虑欠缺所负的责任——但是,对其行为(行为者在行动中是有心智缺陷的)责任的开脱,也使得具有正常精神状态的个体对一些根本没有料想到的后果承担责任。我们甚至认为,人们应该对没去做的某些行为负责。前者是心不在焉或粗

---

① 变化的迟缓和间接阐明了司法和怜悯的假定的不同(见《英国司法史》,第 372 页)。当涉及意外杀人或因自卫引起的死亡被视为谋杀,人们能够感受到这些实际的不公正。理论上受审判的人仍然是有罪的,但他被建议去请求国王的怜悯和原谅。在我们现在的司法概念中,这是一个低劣的术语。
② 关于心智缺陷的一些主要史实,参见威斯特马克,《起源和发展》,第 1 卷,第 264—277 页。
③ 大众的审判,我们可以说,在实践上倾向于完全功利,而在理论上完全直观。在假设一种几乎一贯正确的、无准备的、人为的对与错的感觉的可能性中,基于公开导致的罪恶,这种审判实际致力于用一种随意的分析方法进行审判。

心大意导致的行为,比如在一栋建筑物顶上,一名泥瓦匠将垃圾扔了下去,伤到了一个人。他并没有想到其行为所带来的后果,更没有故意要导致这样的后果。后者是指疏忽的行为,比如,一名工程师没有注意到某个信号,在这种情况下,即使没有造成伤害性后果,我们也认为他在道德上应当受到责备。类似地,我们因孩子不考虑其行为的后果而责备他们,不考虑在某一时间做某些事而责备他们——比如按规定时间回家等。这不仅仅是他人的评判。一个人越有责任感,就越会有更多评判自己的有关后果(因为他完全没有想、考虑或预见发生的事)的机会——倘若他有理由相信,如果他有一种完全不同的品格,他就会考虑到伤害性的后果了。因为我们专注于过去没有想到的其他事情,然而,在理论上,这种其他的事情可能没有问题,而实际上可能证明了一种不足称道的品格。我们允许自己变得如此专注,以至于不会想到帮助我们认识的某一个需要帮助的朋友,这一事实恰恰证明了一种自私的即不体谅别人的品格。

这种案例似乎是荒谬的,但又是至关重要的。因而为我们在行为上不负责任的,其他人就认为我们应该负有责任,目的是我们可能负起责任。当我们对一件私有的或昂贵的物品无意识产生偏好时,就会对其他物品漫不经心;对此,我们会对自己进行正当的指责。其作用(如果后悔是真诚而不是假装的)是养成一种对将来进行缜密思虑的习惯。不管对他人还是对自己,人们确实越来越少地将无知作为不良后果的一个借口——当这种无知本身源于品格。我们主要的道德职责就是开始意识到后果。在这样的例子中,我们的道德品格肯定不会依赖这一事实,即我们头脑中有若干个清晰的替代选择,却选择最糟糕的;困难就在于我们脑中只有一个替代选择,并且根本不会有意识地选择。我们的自由在于改变我们行为方式的能力,通过主动承担责任,即因疏忽造成的且应该由他人承担责任的后果,或承担后继结果的责任,来启蒙我们的无知。因此,粗心行为和因疏忽而遗漏的行为的案例,对于自由和责任的任何理论至关重要。在诸如此类的案件中,我们指责自己或他人是错误的,因为我们自身或他们没有自由或自愿的因素;否则,当有意比较选择和有意识偏好缺失时,就要负责任。缺乏深思熟虑,便没有责任要担负。由于行为者的无知,本性不能容忍将后果与行为相联。考虑欠周到的行为产生了不幸的后果,这些后果恰恰提醒行为者在下次行为之前先考虑一番。类似地,通过他人而被赋予了责任,或因健忘、轻率和疏忽使自身遭受责难,是一种树立负责任的远见和增进深思熟虑选择的方式。不断增加的复杂性和现代工业活动的危险,电力、烈性炸药、铁路火车和有轨电车、强大机器的威胁,为加快产生这样一种认识贡献很多,即疏忽可能是犯法的,并再度使我们想起在希腊思想中,无思想的无知(在希腊思想中,无知使知识成为可能)是诸恶中最不幸的一件事。由于旅行和交通以及集体作业方式和拥挤的城市人口,使人们不断增长的相互依赖很可能会扩大轻率行为所导致的伤害面,并且加强这样一种信念:只有对他人产生同情心时,才有充分考虑问题的可能性。

5. 形式和实质的冲突——长久以来,建立和补救权利的程序技术形式比实质的目标更为重要,而仅仅通过这些目标,形式就可能被证明是合理的。如果复杂规则(在起源上主要是神秘的和仪式的)的细枝末节对形式有所偏离,那么,补救的任何努力都将是无效的。可能因为某一微小措辞中的遁词,或运动中的转变,几乎有可能避开任何义务。没有形式,协议就不具有约束力,因而这些话语的意义是神圣的。在早期,这些严格的半仪式特性毫无疑问地抑制了任意和鲁莽的行为,增强了对标准价值感的印象。[①] 但是,经过在这方面所做的长期工作,它们如"退化器官"继续存在;它们从法律程序中消除之后,以评判行为的习惯得以继续存在。

个人诉讼精神的存在——司法程序起源于为个人之间的冲突提供公正的仲裁人,这一事实产生了严重的后果。它确实产生了期望的后果,即加速人们对权利和义务的认知,作为社会成员去维护其权益不受侵犯。但是,它也产生了令人不快的后果,即将公共利益的职责限制在某些负面的层面,以保证发生争议的个人之间的公平竞争。现代战争不是凭拳头、矛枪、誓言或严峻的考验来实现的;而主要是对立方和其律师在才智与技术资源方面的战争,国家则扮演着仁慈的中立仲裁者的角色。无知者、穷人、外国人和仅仅诚实的人几乎不可避免地在这场战争中失利。[②] 无论如何,司法的技术方面是从真理观点中得出适当的形式的问题。有"合法头脑"的很可能是那种人,即当和他在一起,技术先例与规则比获得财物和避免邪恶更为重要。随着公众宣传的加大,确定和解释事实的科学方法的增加,以及公

---

① 参见波洛克和梅特兰,《英国司法史》,第 2 卷,第 561 页。他们从伊赫林(Ihering)的作品中引用到:"规则是任意性——自由的孪生姐妹——的不共戴天的仇敌。"并补充道:"随着时间的推移,在程序法律中总有一个较大的区分空间,但是,可随意支配的权利只能安全地委托给法官,其公正无可怀疑,其行为受公众监督且经受专业批判。"
② 一名律师被问及穷人是否会在合法维护其权利的过程中失利时,他如实回答道:"不比在其他生活关系中强多少。"

正明智的公众和专业批判,我们可以期望总体利益至高无上的保证将不断在诉讼的案件中得到认可;法庭作为公共司法的机构,将更为积极和实质性地参与所有的法律争议。[①]

合法的和道德的——但是,对权利和补救程序的定义充其量不过是:(1)规划整体而非个人的条件;(2)只要它们是严格的,就将其归入先例和习俗而不求新求变。它们可以规定什么不能做。除非在特殊的案例中,否则,它们不能规定什么可以做,更不要说做事的精神和取向。在其规则中,它们呈现出一种不能为那些倾向于作恶的人所逾越的道德的底线。它们几乎没有阐明那些具有社交意志的人的积极能力和责任。它们具有一种道德目的:在遇到含糊的、模糊的和不确定的情形时,通过教导人们可以做什么事以及如何去做,从附带的摩擦中释放能量。但是,在损害实质目的和利益的情况下,对形式进行夸大,将导致错位的着重点和引起误解的观点。规则被看作目的;人们运用它们,不是为了获得后果,而是为了在后果之外,使某些行为合法化。规则使想要成为负责任的主体认为,仁慈是遵守规则,而不是履行目标。普通的个体认为,如果他遵守了法律解释和规定,他就已经满足了道德的要求。自我中心的、利己主义的人,如果还没有违法,则视其行为是受到认可的;并且通过躲避惩罚,成功地解决了这个问题。本应运用法律精神去启发行为的智慧,用在了能够使法律更好地得到遵守的规则的炮制上面。这种"体面的"公民,是一股不适应社会的力量,是社会改革者发现的最严重的障碍。

这种把道德和法律及法制看成一体的做法导致了一种同样有害的反作用:将法律和道德完全分开,前者仅仅被看作是"客观的",完全与行为相关,而与动机和品格没有一丁点儿关系。这种分离的后果可能在道德上比在法律上更为严重。这种分离使道德变得感性和反复无常,要不然就是抽象的和难解的。它导致对社会及其构成机构现实的忽视,而这种现实构成了一个行为的世界,与自然的物体和能量构成的物质世界一样肯定;并且,在道德中普遍接受的概念目标也只不过是个人的"仁慈"(伪善)。道德责任中最基本的一项,就是使法律秩序更为充分地体现公众利益。

特殊问题——因此,市民社会不仅给其成员带来具体的义务,而且给所有享受

---

① 与严格的合法性相区分,"公平"的方法当然部分地倾向于保护这种结果。

其利益的人带来高尚的义务,即用以确保公民秩序本身巧妙地利用其自身的程序方法。作为市民社会的成员,人们所要面对的特殊的道德问题会随着条件的改变而不时地发生改变;在现存问题中较为紧迫的,我们可以提到:

1. 刑事程序的改革——道德的负面从来都没有其正面重要,因为病态的生理表现不可能比正常的生理表现重要,负面是正常的扰乱和颠倒。在定位犯罪行为或惩罚犯罪时,公平的调查方法中无不显示出其包含太多的野蛮主义的残余。与原始时代相比,我们确实已经赢得了一种难得的胜利。即使到了1813年的英国,建议将偷盗五先令的判决方式从死亡改为放逐到偏远的殖民地,竟受到了挫折。①但是,我们很可能在面对取得的成就时吹捧自己,而忽视了仍然需要作出的努力。我们的审判是机械的而不是人性的。他们认为,有这么多屡教不改的犯罪,正义一定要坚持下去。他们用例行公事、敷衍了事的方式,竭力将某个人指控为具有某种程度的犯罪,或者通过技术手段和资源宣告其无罪。在美国许多州,对政府的不信任源于残暴的君主政体或寡头政治时代,他们以各种方式保护了被告:因为担心政府会不公正地侵犯个人自由,后者不仅(出于公正起见)在确定有罪之前被看作是无辜的,而且在证据、缓期和上诉的规则方面给予每一个可能的技术优势。在许多城市,这些优势通过和政治寡头的结合得到了支持。这种结合也给寡头带来了腐败的"诱惑"。

从另一方面来说,对作恶者所有的先决条件(遗传的和环境的)作一项公正科学调查的可能性,至今也没有得到普遍的认可;这种调查(把错误行为与干这件事的人的个人品格相联系,而不仅仅与犯罪的许多技术程度中的一种相联系),是人们在法律文书中抽象地判定出来的,与具体的品格和环境没有关系。因此,一方面,做坏事的人总的来说,有很多机会规避司法;另一方面,他在技术层面有机会(却仅限于此),而不是在道德、公平(个体的公平)的层面。因此,讨论各种用于补救这些缺陷方法的提议是不可能的。但很明显,更为深思熟虑的社会成员的主要任务是认真地考虑罪恶并使自己产生兴趣,积极地投入到其改革中。首先,我们需要在两方面进行改变:(a)对新审判方法可能性的认可,这些新方法是由生理科学、心理学和社会学等学科带来的;(b)依据所臣服的封建观念,人们被划分为两个层

---

① 罗宾逊和比尔德(Beard),《现代欧洲的发展》(*Development of Modern Europe*),第2卷,第207页。

次,本质上可以说是这样的,即罪犯和值得赞扬的人。我们需要考虑环境和教育、贫穷和舒适生活、外来意见和刺激的压力,以及机会给人与人之间营造的不同道路;并且看到人性实际上有多么重要。少年法庭、缓刑监督官、拘留监督官开启了可能做到的事情的初级阶段,但仅仅是初级阶段。在极大程度上,犯罪仍然被看成是卑鄙的;并且根据惯例,是耸人听闻的,除非原告律师和机智的"辩护律师"之间上演一场伟大的战役,而整个世界通过报纸来观看演出。

2. 惩罚的改革——爱默生辛辣的话语至今仍然非常适用。"不信任的代价是非常昂贵的。我们花在法庭和监狱的钱,以一种非常不良的方式运作着。因为不信任,我们造成了小偷、强盗和纵火犯;而且通过法庭和监狱,我们使他们屡教不改。"①教养所已经建立,其目的是改变性情,不仅仅是处罚;但是,监狱的数量仍然比教养所多很多。如果有人说大多数罪犯作恶时非常冷酷,教养没用,答案是两方面的。我们不知道,因为我们从来没有试图用系统的、明智的方法去找出答案;而且,即使如此,在数月和数年之后,释放没有经过教化的罪犯,将会让其再一次危害社会,没有什么比这更不合逻辑的了。教化或者长期隔离,这是符合逻辑的选择。不确定刑期,假释,区分罪犯阶层,把初犯、偶犯的人和老练的、经验丰富的老手隔离开来,增设特殊监舍看管女犯人,在收容所中引入教育和工业培训,帮助那些释放的人就业——这些都标志着进步。但是,迄今为止,这些仍是不成熟的。社会知识分子必须认识到自己的责任,要促进这种教化,寻找新的方法。

3. 行政管理效率的提高——上世纪,社会内部越来越复杂:商业变化引起城市人口急剧集中;促进了迁徙和交往,地方纽带的破坏随之而来;商业变化发展了世界市场,形成了集体的但同时没有人情味的(法人的)生产和分配。许多新的问题产生了,许多维持秩序的老的机构被削弱或毁坏了,特别是那些适合有僵化习惯的小群体机构。因此,急需正义的手段。在美国,开拓性条件在面临工业重组时,延缓了后续事件的发展。继续开拓、占据新的土地的可能性、发现没有利用的森林和矿山资源的可能性、新行业的发展、新的需要导致人口的增长都给个体企业带来激励与回报。在这样的情形之下,不可能对检查、监督和宣传公共机构有广泛的需求。但是,美国的开拓期实际上已经结束了。美国城市和各州发现自身面临着同样的问题,如公共卫生、贫穷和失业、拥挤的人口、交通运输、慈善救济、漂泊和流

---

① 爱默生,《人类,改革家》(*Man the Reformer*)。

浪，等等，这些问题同样困扰着较为古老的国家。

此外，我们还依照惯例应对上述问题，这些惯例反对"官僚的"管理和公共"干涉"。公共规章被视为一种"家长式作风的"生存，与自由和独立的人群很不适应。事实上，忽视或拒绝来自美国个人主义信念的巨大利益是愚蠢的：个人慷慨的复苏，贵族行为理应高尚的普遍意识的增强——即每一个成功的个体对团体应当做的；个人主动性、自力更生和多才多艺的"才能"的增加；在所有自愿机构（通过教育和其他方式发展每个人个性的机构）中兴趣的增加；要求为所有人提供平等机会、公平机会、公平交易的意愿增强。但值得肯定的是，国家已经发展到一定的状态，在这种状态下，这些个人成就和可能性如果要作为现实维持下去的话，就要求新的公民和政治机构。个人主义意味着不平等、粗鲁的态度和向野蛮的倒退（不管展现的奢侈外表如何），除非它是一种广义的个人主义：它考虑每一社会成员真正善的和有效的（不仅仅是形式的）自由。

因此，对公民机构（civic organs）——城市、国家和联邦——有与一大堆利益（这些涉及面广泛，错综复杂，靠个人和自愿的主动性无法得到照顾）相关的专业审查、检查和监督的需求。在大城市过着富裕生活的人，可能集中居住在更为卫生的地方；他们可能依靠自己的汽车作为交通工具；他们也可能利用其自身资源来保证纯牛奶和无添加的食品；他们可能利用其联合"作用"，在居住的区域保证好的学校、好的治安、好的照明和平整的街道。但是，大多数人必须依靠公共机构实现良好的空气、光线、工作和居住的卫生条件、低廉和有效的交通、纯正的食物、学校、图书馆、博物馆、公园，以及体面的教育和娱乐设施。

出现在检查和监督正常机构的问题，本质上是科学的问题，是专业知识与广泛的同情相联系的问题。就"政治"这一词真正的含义而言，这些问题是政治问题，即它们与社会福利相联系，这一社会是有组织、有才能和努力的社区。"政治"这个术语从行话上说，其含义即常规政党事宜与政党路线，它们与政治的关系，和乘法表及卫生法与政治的关系差不多。然而，目前它们几乎毫无办法地与不相关的"政治"事宜纠缠在一起，而且被党派政治家所践踏；这些党派政治家最不懂得与科学相关的知识，就像他们对利害攸关的人类问题最不感兴趣一样。迄今为止，"行政事务改革"主要是负面的：消除影响公职任命的粗鄙动机。但是，现在需要政治建设改革，这将发展出现代条件所需的审查、监督和宣传机构；并且需要选举由科学力量武装的公务员。

§3. 政治权利和义务

市民社会和国家之间没有一个严格和固定不变的界限。但是，所谓国家，我们是指那些社会组织和规范的条件，该条件是最基本、最普遍的：该条件通过总体意志得以概括和表现，并在立法和执行中体现。因为公民权利在法律上主要是指利用法庭的权利，"提出诉讼和被诉讼"，即有权利让一个公共的、公正的权威裁定和执行赔偿。因此，一项政治权利在法律上是指选举的权利——要么直接根据法律选举，要么选举那些制订和执行法律的人。在立法大会中，有权利主张或反对某一项措施；在唱名表决时，有权说"赞成"或"反对"，有权在选票上写上很多候选人的名字并将其放入投票箱，这些行为自身并不具有日常生活中最普通事务的许多内在价值。但是，政治权利的代表性和潜在意义超过了其他任何权利类型的意义。选举权代表了对条款规章直接的积极参与，相关的生活、对利益的追求将依靠这些条款得以维持和继续。政治自由和职责表现了个体的权力和义务，即通过确定其履行职责的社会条件使其所有的其他能力发挥效用。

民主的增长——民主管理国家的进化，与那些为了某一小群体或一个特殊的阶级利益组织的国家不同，它是广泛的、共同的善的发展的社会对应物。从外部看，民主是一件机械，可以维修或丢弃，像其他任何一件机械一样，以其劳动经济和效率为基础。从道德上说，它是善的道德理想的有效体现，这种善体现在社会每一个体成员所有社会能力的发展中。

当前的问题：1. 对政府的不信任——与政治事务相关的现存道德问题涉及捍卫民主理想，反对总是破坏这种民主理想的势力；并且使民主理想完全、广泛地具体化。我们自己政府体系的历史先例通过特权阶级行使垄断。[①] 它演变成一种民主制度，部分原因是为了保证垄断，国王必须向广大民众承认和保证其特定的权力，以抵制可能与其权力匹敌的寡头政治利益；部分原因是由于权力中央集权化，伴随产生了武断专制，从而引起了抗议，这些抗议最终获得了大众的自由：生命和财产安全，免受任意的没收、拘捕或统治者的查封；自由集会、请愿、言论出版自由

---

① "国王的和平"这一术语，作为英国联邦的和平与秩序的等价物，追溯到一个世纪前的私人占有时代。波洛克说，征收更大份额的税收的意愿，是推动皇家权限反对较少地方政权的主要动机。见《国王的和平》，收录于《牛津演讲》。

的权利和立法机构的代表权利。

表面上,为个人自由所作的斗争是反对专制统治者专横的威胁。这一事实在对政府的态度中保存下来,政府削弱了其作为整体意志机构的有效性。政府,即使在最民主的国家,仍然被视为外部的"统治者",自上而下地运转,而不是人们为追求共同目标联合的一种机构方式。政府能够为其目标的实现进行最有效的合作。对政府的不信任,是美利坚合众国诞生情形的主要特点之一。这不仅表现在普遍的传统和党派信条,而且在基本法律上有所体现;这些法律包含许多条款,明确防止法人社会团体自由且容易地通过政府机构实现其目的的设想。①

毫无疑问,限制政府职能的运动、自由主义的运动在其时代是人类自由一个重要的阶段,因为太多的政府行为在意图上是专制的,在执行上是愚蠢的。但继续认为政府是代表一个不负责任阶级的政府也是错误的,该政府是与人民相联系的,其目的是保证人民的目标,就好像政府与人民是同一回事。宣传方式、自然和社会科学的进步不仅提供了抵制无知和不明智的公共行为的保护,而且提供了智能的行政事务活动的建设性手段。因而,目前主要的道德问题是使政府机器成为表达共同利益和目的的一个即时和灵活的机构,这样会消除对政府的不信任。只要"政府"是自上而下强加、从外部开始履行的,它就必须适当地忍受这种不信任。

2. 对公共关注问题的漠视——私人利益的增加是社会进步的一个衡量,它表明幸福源泉和因素的增加。但是,它也引起了对基本的总体关怀的忽视。这种总体关怀似乎非常遥远,被较为迫近和生动的个人利益的压力排挤出视线。大多数人把思想和感情专注于家庭和商业事务,他们有自己的俱乐部、教会协会等。"政治"成为一个阶级的行业,该阶级专门从事对其同辈的操纵,并且对"促进"公众舆论驾轻就熟。"政治"因此背上了一个坏名声,进而进一步助长了那些从理论上而言最适合参与公众事务的人远离政治。两千五百年前,柏拉图说过,好人因对政府没有兴趣而受到比他们坏的人的统治。这在美国大多数城市中得到了证实。

3. 腐败——多数人的冷漠使政治事务的管理落到少数人手中,因此不可避免地导致腐败。充其量,政府由那些具有人类普遍弱点和私心的人管理;因此,充其

---

① 哈德利(Hadley)总统说:"在美国宪法中,权力基本上在两方面分开,一方作为选举人,另一方作为财产所有人。一方面,民主力量分为行政和立法,被用来抵制另一方面的财产力量,司法机构作为两者的仲裁……只要官员不履行宪法赋予财产所有人的职责,选举人就可以选举其喜欢的官员。民主只要运行就是完善的,但从宪法角度看,它注定会因缺少社会的民主而停步。"

量,公平地为共同利益服务的理想职责在履行中必须妥协。但是,因为多数人的冷漠甚至轻蔑,政府权力内部机器被几个不可靠的少数人秘密控制,致使公共职能的有意渗透转变为私有利益。贪污是将托管基金挪用为私人目的,因此,腐败、"贪污"是为了个人或阶级利益而滥用公共资源,不管是权力还是金钱的滥用。因此,"公职意味着服务公众的职责"立即成为政治道德规范的公理,也是最难实现的一个原则。

我们这个时代,在公用事业部门的发展中,一个腐败可能泛滥的特殊领域出现了。铁路、城市交通系统、电报和电话系统、水和电的配给要求都有公共特许权,因为它们要么通过公共途径,要么需要国家行使其突出领域的权力。这些企业只有在垄断或半垄断中,才能有效和经济地行使权力。但是,所有的现代生活完全与通讯设施、交流设施和配给设施密切相关并依赖于它。控制各种公用事业集团的权力与其权力相辅相成,因此,控制所有行业和对其征税的权力,建立和推翻社区、公司和个体的权力,在一定程度上很可能被过去的皇家所嫉妒。因此,对大集团而言,这种权力演变成一种特殊的控制立法和管理机构的实体;对党派领导人和老板而言,它演变成一种控制党派机器的特殊实体,其目的是为了在特许经营权和特权中担当经纪人——有时候直接是为了金钱,有时候是为了自身的权势得以延续和延伸,有时候是为了通过对党派资金有影响力的支持和贡献,获得它们所代表的国家政党的成功。

4. 政党机器的改革——在我们历史中的最近十年,充斥着很多改善政治条件的改革方案。其中,我们国家的成长伴随着附属的政治机构的发展,这些机构不是宪法的制订者计划的,但在实际事务中变得十分重要。这些机构是政党的"机器",管理者从国家至选区有着自上而下的等级;这些管理者在一个极端,与主要的商业利益紧密相关,而在另一个极端,与那些迎合社区罪恶的人(赌博、酗酒和嫖娼)密切联系。这些政党有自己的委员会、全体大会、初选会议、核心小组会议、政党资金、协会、集会,以及所有用以召集并引起民众或多或少盲目顺从的方式。

党派在大事方面有利于集中和明确公众舆论和责任,对这种优势没有必要指出;同样,党派有着抵制将人们划分成若干彼此间不同的小群体的倾向的价值,这也不需要过多讨论。但是,在这些优势的后面,庇护了相当多的职权滥用。近来的立法和讨论明显地表明一种倾向,即正式认可在国家管理中党派机器实际扮演的角色;并且采取措施,使这种因素在其行使中更为可靠。因为这些措施直接影响到一些条件,在这些条件下,作为总体意志机构的政府会履行为保证所有人机会平等的基本条件的职责,所以这些措施有一个直接的道德含义。澳大利亚选举权、党派徽章和党派人员分组的认可、用于主要是直接提名的法律、选举人在初选和最后选举中的登记、对党派委员会和党派大会的法定控制、有关党派资金接收和使用的账目公开、禁止企业捐助等等,诸如此类的问题与贿赂和用假票充斥投票箱一样,是显著的道德问题。

5. 政府机器的改革——涉及成文和不成文宪法各自优点的问题,就现状而言,是政治科学的技术问题而非道德问题。但存在一些问题,这些问题源于一个事实,即在极大程度上,美国宪法是在与现在完全不同的条件下撰写的;另外,这些问题有一个直接的道德含义。前面已经提及,我们的宪法充满了对大众合作行为不信任的证据。这些宪法没有且不能预见工业发展的方向和社会生活不断增加的复杂性,也不能预见国家领土的扩张。因此,经证明绝对必要的许多措施,其存在好像是偷运进来的一样;它们需要通过"法律虚构"和对原文进行想象不到的延伸的解释来为其辩护。同时,法庭,作为最为专业和合法的政治机构,是对立法部门最好的主宰,是最普遍和最一般的。州与国家在职能上的分布,令人奇怪很不适应目前的条件(正如有关铁路规章的讨论所表示的);州与其自治政府之间的权力分配也是如此,在理论上根据地方自治政府的思想,而在实际上,州政府几乎尽一切努力来阻止地方政府在其事务中负责任的主动性。

这些条件很自然地引发了一大堆改革的建议。这里不是有意地对其讨论,但其中较为重要的是,只要涉及道德问题,可能会被简要地提及。很明显,称为主动性和公民投票的建议和"罢免"(这一点旨在使人们能够让他们不满意的任何一个人下台),旨在使民主控制的理想在实际上更为有效。限制和改善妇女参政的建议使人注意到这一事实,即公民中的二分之一为另一半作政治思考,并强调了在这样一个条件下获得全面的社会观点(正如我们所看到的,这一观点是富有同情心和合理的观点)的难处,而这些观点是评判社会问题的依据。许多从某个地区产生的个别建议说明了一种修改宪法的意愿,目的是调节其不可变更的特性,增加其适应目前普遍意愿的灵活性;另外,是为了将地方居民从国家立法的隶属中解放出来,以给予这些居民更大的自治权,因此在管理其自身的社团事务时,承担更大的责任。我们在这里谈及的不是论证赞成和反对,而是有指出在解决这些问题时涉及的道德问题。而且要注意的是:讨论的界线大致上是从信念的角度划分的(有意识或无意识),这些信念存在于民主原则和理想之中,与某些形式的阶级观念对立。

6. 建设性的社会立法——经济方法的迅速改变,财富的积累和集中,结果是资本和劳动一方面聚集成不同的集团和托拉斯,另一方面形成联合工会;生产和分配的集体机构的发展,引发了公众对一大堆新立法的建议,几乎所有的建议都有一个直接的道德含义。这些问题在接下来的章节中(第22—25章)会详细论述;这里暂且不论。需要提醒的是:这些问题是企业伦理问题,同时是正确和错误运用政治权力和权威的问题。我们也可能注意到,所讨论的理论原则——政府机构的延伸或限制,只要它不简单地是一个在特定情况下权宜之计的问题,就在本质上是一个普遍的个人主义与部分的个人主义相对比的问题(即共同利益)。在整个社会的秩序和运动中,在每个人都有实际权利解放个人能力的民主运动中,已经足以确保许多人(比其他人更为有利)的特殊权力和财产。这种情况有些讽刺意味,即这样会使保护机会平等的努力与所有人对抗,理由是这些努力导致对个人自由和权利的侵害,即对基于不平等的特权的侵害。它可能要求一种独特的、富有同情心的想象去了解真正涉及的问题,不是国家抵制为了个人而扩大权力的问题,而是涉及使个人自由更为广泛和平等的问题。

7. 国际问题——国家的发展表明,在实现一个真正包容的共同利益方面向前迈进了一大步,但这不可能是最后的进步。就像部落、宗派、帮派等在其群体内部极具同情心,在外则极具排外和警惕,因此,国家仍然以其他国家为敌,伴随着爱国主义、忠诚作为内在美德,挑起事端的敌意的不信任和仇恨作为与之对应的邪恶。抽象的人性理念作为一种道德理想已经实现了。但是,这种概念的政治组织,其在法律和行政机构的具体实现还没有实现。国际法、仲裁条约甚至类似海牙国际仲裁法庭的法院(其权力是情感的,而不是政治的)标志着进步。从历史观点来看,没有什么比这个更加荒谬,即把结成联盟的人类的国际国家(international State)的概念(有自己的法律、法庭和仲裁争端的规则),仅仅视为一种梦想、一种情感希望的幻觉。与用民族国家的权威替代分离的部落和地方团体的冲突相比,或者与用一种公共管理的司法取代私人战争和报复相比,这是一个非常小的进步。由于战争的可能性,在和平时期扩充陆军和海军以做好准备,为这种必要性(缺乏一个有统一权威和海域管辖权的联盟的国际国家)的辩护至少被承认下面的说法所抵消,即拥有不负责任的权力总是受到对其不负责任的使用的直接诱惑。有人说,为了防止个人道德堕落,战争是必要的。这种说法在目前条件下(每一天都给公民的主动性、勇气和精力带来不同的挑战），可以被视为纯粹的无稽之谈而不予理睬。

§4. 政治活动的道德标准

试行社会制度和政治举措的道德标准可总结如下：检验的标准是既定的习俗或法律能否释放个人能力，即通过为了大众幸福和共同利益的发展，而使个人能力得到发挥。这一规则将检验的重点落在个人方面。从联合生活方面表述如下：检验的标准是普通的，公众组织和秩序是否能通过为所有人建立平等机会而得到发展。

与个人主义原则比较——个人主义学派（狭义上称为放任政策）的原则为：政治制度和措施的道德目标是最大可能的个人自由，与不干涉其他个体类似自由一致。用与上述原则对等的解释来说明个人主义是完全可能的，但提出该原则的人不会如此解释。下面举例说明两者的不同。试想一百名工人聚集在一起，希望通过保证较高的工资、较短的工作时间和更加卫生的工作条件以提高生活水平。试想一百名其他工人，因为没有家庭养活，没有孩子需要受教育，或者因为他们不关心其生活标准，希望以较低的工资、总体较好的工作条件来取代前面提及的一百人。很明显，在推出自己和排挤其他人的过程中，他们不会干涉其他人类似的自由。已经被雇佣的人，如果他们愿意，能够以较低工资、较长时间"自由"的工作。但同样肯定的是，他们干涉了其他人真正的自由，即干涉了其活动整体的有效表现。

"类似自由"的原则人为地隔离了某一种权力，理论上接受这种权力，继而探究这种权力是否被干涉。真正的道德问题是这种特殊的权力，比如为了某一酬劳做某事的权力，与个体其他意愿、目的和兴趣维持怎样的关系。通过某一活动的运行方式，它们如何受到影响？人类具体的自由就存在于其中。在考虑人类能力和活动的整体系统以前，我们不知道人类自由是否受到干涉或得到帮助。与他人平等实际的或总体自由一致的个体最大的自由，实际上代表一种高尚的道德理想。但是，个人主义原则因为以下事实遭到谴责，即它在思想上仅仅是抽象的、机械的、外部的，因此是一种形式上的自由。

与集体主义原则的比较——存在一种竞争原则，概括起来，是私人或个人利益从属于公众或大众利益，即部分利益从属于整体利益。这一概念也可以用一种同等于我们自己的标准进行解释，但通常不是我们所指的。这一概念倾向于强调定量的和机械的考虑。实际上,个人主义原则倾向于强调有权利的人的自由,其代价是邻人在健康、智力、世俗利益和社会影响方面变得更弱。集体主义原则倾向于建立一种静态的社会整体,防止个体主动(对于进步是必要的)的变动。个体变动可能会与现存的静态社会利益相对立,而不是一致或从属关系;然而,它可能是现存政府取得进步的唯一的一种方式。少数人不总是正确的;但是,当某一个体构想出一项计划(该计划经确立后与社会利益不一致),权利上的每一提升都是从社会的少数人开始的。

真正的公共的或社会的利益不会从属于个体变动,但会支持个人在新思想和新方案中的尝试,并且竭力确保新思想和新方案在一定条件下实施,而这些条件有利于保证对其行为后果负责。一项公正的社会秩序促使所有社会成员养成对已取得的利益进行批判的习惯和规划新利益计划的习惯,但并不着眼于智力的和道德的服从。社会生活的每一种形式包含需要重新组织的残留的过去。一些个体反对现存的个人利益服从整体利益的斗争,是朝着更为广泛地分配利益的方向和重新组织整体的方法。不是秩序,而是有秩序的进步代表着社会理想。

(杨仁瑛 译　魏洪钟 校)

公众及其问题[*]

序言

本书是 1926 年 1 月在俄亥俄州凯尼恩学院的拉威尔基金会（The Larwill Foundation of Kenyon College，Ohio）发表演讲后的产物。我要感谢所受到的多方礼遇，以及院方对推迟本书出版的容忍。在这段期间里，我对最初的讲稿作了全面的修订和扩充。推迟出版，也使我可以在书中少量地引用在此期间出版的一些书籍。

约翰·杜威

1. 寻找公众

如果一个人想要了解可能存在的"事实"（facts）与其背后意义之间的距离，那么应该从社会讨论的领域着手。很多人似乎认为，事实自身会携带着它们的意义浮于表面，只要积累起足够多的事实，它们的意义就会自然而然地呈现出来。自然科学的发展被认为证实着这样的观点。但是，客观事实之所以被深信不疑，因为它不仅仅依存于单纯的现象，它从方法中得出，从调查和计算的技巧中得出。没有人曾经只靠搜集现象，就被迫地接受有关事实背后意义的理论。只要这个人掌握着完整的、能够统领这些事实的其他理论，通过这种理论，他能梳理事实现象。只有

---

* 此文选自《杜威全集·晚期著作》第 2 卷。首次发表于 1927 年，为《公众及其问题》一书第 1—5 章。

当事实被允许自由地展现在人们面前、暗示着新的意义的时候,任何一个关涉意义的重要信念的转换才会成为可能。如果把实验工具和计算技术从自然科学中抽离出去,那么,人类的想象力就会在各种理论的演绎中狂野地飞奔,即使我们假设那些非理性的事实都是一样的。

在任何情况下,社会哲学都表明,事实与信念之间存在着巨大的鸿沟。例如,比较政治现象和关于国家本质的现存理论,如果探究者把自己规定为只观察现象的话,即观察国王、总统、立法者、法官、警察和其他公务人员的行为,势必不难获得一个共识。然而,将存在于国家的基础、本质、功能和正义中的不同与这种共识进行对比,我们就会注意到一种似乎毫无希望的分歧。同时,如果一个人追求的不是事实的积累,而是国家的定义,那么,他很可能突然陷入争议之中,陷入一场有争议的、喧嚣的混乱之中。根据一种据称来自亚里士多德的传统,认为所谓城邦,是一种联合的、和谐的生活,这种生活可以发挥最大的潜能;城邦同时还是社会模型的基石,并且是其完整性的支撑。根据另外一种观点,认为国家仅仅是众多社会机构中的一个,具有一种有限却很重要的功能,也是其他社会组成单位发生冲突时的仲裁者。每个组织都要产生并且致力于实现一种积极的人类利益;教堂源自并实现宗教利益;协会、工会和公司基于物质上的经济利益而产生,并热衷于追求这种利益,等等。然而,国家却从来不关心它本身的利益;它的行动是形式上的,就像交响乐的指挥者一样,他既不用演奏,也不用创作音乐,而是帮助其他的演奏者彼此之间协调地奏出和谐的音乐。还有第三种观点,认为国家是一种有组织的压迫,同时是社会的累赘、寄生虫和暴君。第四种观点认为,国家是一种工具,多多少少有点笨拙地阻止人们彼此之间发生过多的纠纷。

当我们进入这些不同的观点,论证它们的论据时,还会产生更多的困惑。在一种哲学中,国家是人类联合形式的顶点和终结,展示着不同的个人能力的最高实现。这种观点的第一次形成有着某种针对性,它是由古代城邦理论发展而来的。在古代城邦里,选择成为完全自由的人,还是成为参与戏剧、运动、宗教和政府共同体的公民,这是一回事。这种观点一直持续下来,被应用到今天的国家学说中。另外一种观点是用教会来协调国家(或者说,作为一种分化来的观点,将国家低于前者),维持人类外部的秩序和仪式。一种现代理论通过借用并夸大理性和意志的概念,理想化地描述了国家及其活动,直到国家表现出意志和理性的客观性,远远地超越了存在于个体或个体集合体中的渴望和目的。

然而，我们关心的既不是写一本百科全书，也不是写一本政治理论史。所以，我们停留在对一种观点武断的解释上面。这种观点认为，在政治行为的真实现象和对这些现象意义的解释之间，找不到什么共同的立场。一种打破僵局的方式，就是将意义和解释的整个事情交给政治哲学，作为与政治科学的区别；然后就可以指出，无效的推测是所有哲学的伴生物。道德将抛弃这种类型的所有学说，最终坚守于似乎已经确定了的事实。

这种紧急的治疗方法是简单又吸引人的，但却不可能被采用。政治事实不在人类欲望和判断之外。如果人类对于现有的政治组织和政治形式价值的评估改变了，那么，后者或多或少也会改变。那些标志着政治哲学的不同理论，不是从外部逐渐形成它们将要解释的事实而单独地发展，而是对从所有事实中挑选出来的因素进行详细的论述。可调试的、可改变的人类习惯产生和维持了政治现象。这些习惯不会全部充满理性的目的和有意的选择——远远不是——但是，它们或多或少会受到理性目的和慎重选择的影响。一些人经常采用攻击行为，试图改变一些政治习惯；然而，另外一些人积极地支持和调整这些政治习惯。假设我们能够坚持事实（de facto），而不在某些时刻提出权利（de jure）的问题，也即适用什么样的权利问题、合法性问题，那么，这种假设就仅仅是一场伪装。并且，这样的问题会不断地发展，直到它变成国家自身本质的一个问题。我们面前的选择并非一方面是被事实限制了的科学，另一方面是无法控制的推测。真正的选择在于：一方面是盲目的、无理性的攻击和防御；另一方面是有鉴别力的批评，这种批评运用智慧的方法和有意识的标准。

数学和物理科学的声望是好的，并且理应如此。但是，那种事实独立于人类的欲望和努力，与其他的事实，即在某种程度上，因为人类的利益和目的而存在的事实，是不同的，并且前者随着后者的改变而改变。这二者之间的不同，不能被任何一种方法论所清除。我们越是真诚地诉诸事实，调节人类行为的事实和被人类活动所调节的事实之间差别的重要性就越突出。在某种程度上，我们忽视这种不同，社会科学变成了伪科学。杰斐逊派和汉密尔顿派的政治观点，不仅仅是关注人类心灵、远离美国政治行为的事实的理论，而且是对从那些事实中有选择的阶段和因素的表达；还意味着更多的东西，顾名思义，意味着形成那些事实的力量，以及在将来以这种或那种方式形成事实的力量。有一种关于国家的理论，把国家看成是保护个人既有权利的工具；另外一种理论把国家的功能看成是在个体之间有效地平分权利,这二者之间不仅仅是一种推测上的不同,还意味着更多的内容,因为这些理论是被国会的立法者、法庭上的法官所持有和应用,并且对随之而来的事实本身产生了影响。

我毫不怀疑,亚里士多德、斯多葛派、阿奎那、洛克、卢梭、康德和黑格尔的政治哲学在实践上的影响,比起对现实环境的影响,常常被夸大了。但是,对于他们思想效果的恰当方式的衡量,不能因为基于它们有时会存在的某些依据而加以否认,也不能因为基于他们的理念没有效力而加以否认。因为理论是属于有身体的人类的,拥有观念的身体部分与从事行为的身体部分的结构是不能分割的。人类的大脑和肌肉一起工作,对于社会科学来说,人类的大脑比起他们的肌肉系统和感觉器官,拥有更重要的数据资料。

我们的目的不是要发动一场政治哲学的讨论。国家的概念,像大多数被介绍成特指的概念一样,既太死板,又太依赖频繁使用而产生的争议。它是一个更容易被从侧面袭击而非正面攻击的概念。当我们说"国家"这个单词的时刻,许许多多的文化幽灵会跑出来模糊我们的视线。无需我们的观察和注意,"国家"这个概念会不知不觉地把我们吸引到对各种观点彼此之间关系的思考中,并且跳出人类活动的事实。如果可能,最好是从人类活动的事实开始,看一看我们是否因此没有被领进那些最终暗示着某种标志和符号的观点中去,而这些标志和符号表征了政治行为。

这种方法并没有什么新奇,但是非常依赖我们选择从哪里开始,也非常依赖我们是否选择最终讲明国家应该是什么,以及它现在是什么的出发点。如果我们太关心前者,那么就会有一种可能,即可能会不经意地修改我们选择的事实,以便迎合我们预想的结论。我们不应该从直接的因果力(causal force)所导致的人类行为阶段开始,也不应该寻找国家形成的作用力。如果我们这么做,就有可能身陷虚构的事实。靠说"人是政治动物"来解释国家的起源,就像是在一个话语圈子里打转,就像把宗教归因于宗教本能,把家庭归因于婚姻和父母的情感,把语言归因于自然天赋强迫人开口说话。这些理论只是在所谓成为原因的力量和成为影响的结果之间重复。它们就像说臭名昭著的鸦片使人昏昏欲睡,是因为其催眠作用。

这个警告并不是直接针对傀儡的,而是针对活生生的人类的,其目的是要将国家或其他的社会机构从心理学数据中分离出来,这个目的是合理的。诉诸群体本能的社会安排,是一个犯了怠惰错误的典型例子。人们不会像水银那样,向一个方向跑,加入一个更大的群体。如果他们这样做了,那么结果就不会成为一个国家或任何形式的人类联合体。这种本能,不管是被命名为群体性或同情心,或者互相依赖的感知,或者一方占据统治地位,一方居于卑下或从属地位,都不过是帮助共性而无助于个性。并且,它们本身被看作一种因果联系的所谓的本能和自然馈赠,代表了一种生理倾向;这种倾向通过它们那些本来应当解释的特定的社会条件,形成了人类行为和期望的行为习惯。生活在群体里的人类,养成了对他们已经变得很习惯的群体的依附关系。势必要依赖他人而生存的孩子们,慢慢地形成了依赖和服从的习惯。自卑感是从社会上获得的,表现和控制的本能仅仅是它的另一种展示。有一些组织结构就像鸟儿唱歌的器官一样,在生理学上表现为发声的组织。但是,狗吠和鸟鸣足以证明,这些本能并不能产生语言。想要变成语言,本能的发音体系需要靠外部的条件来形成,这无论是借助器官的,还是环境的:需要注意的是形成,而不仅仅是刺激。婴儿的啼哭,毫无疑问,被描述为纯粹的机体性的,但是根据他人有回应的行为结果来看,啼哭变成了名词或动词。这种回应性的行为采取的是养育和照料的模式,它们本身依赖传统、风俗和社会模式。为什么不能把一种弑婴的本能假定为一种指导和指示呢?或者,为什么不能把放弃女婴、照顾男婴的本能作为一种指示呢?

然而,我们可以采取不那么神秘的论证形式,不像当前诉诸一种或另一种社会本能那样神秘。动物的行为就像矿物和植物一样,离不开它们自身的结构,例如四足动物奔跑,蠕虫爬行,鱼儿游泳,鸟儿飞翔,它们都以自己的方式行动,这就是"动物的本性"。我们如果把结构和行为——跑、爬、游和飞——都以"本能"来解释,那么,收获不了任何东西。但是,那些导致人们参与、集合、偶遇、联合的直接的机体条件,就像导致其他动物联合聚集成群的条件是一样的。在描述人类和其他动物联合和统一的共同性方面,我们并没有触碰到在人类联合体中的独特性。这些身体条件和行为可能是人类社会的必要条件(sine qua nons),但也展现了无生命机体里的吸引力与排斥力。物理和化学,连同动物学,可以提供给我们一些条件,没有这些条件,人类就不可能联合。但是,它们并没有给我们提供共同体生活的充分条件及其所采取的形式。

无论如何,我们必须从所采取的行为出发,并考虑它们的结果,而不是从这些行为所假定的原因出发。我们还必须引入理智,以及将结果作为结果的观察,也就是说,要将行为和它们所展开的过程相联系。既然我们必须引入理智,那么最好以有意识的方式来这么做，而不要像欺骗海关的走私者一样欺骗读者，连同自己也欺骗了。然后，我们就能从人类行为对他人产生的后果中找到出发点，其中一些后果是能够被观察的，对这些后果的观察，可以使我们调整此后的行为：确保某些后果，而避免另一些后果。根据这个线索，我们就能区分两种后果：一种是直接影响到交互参与行为的人，另一种是影响其他一些人，这些人超出了直接的影响。在这样的区分中，我们找到了个体与公众之间不同的根源。当间接的后果被认识到，还产生一种努力来限制它们时，某些具有国家特征的东西就形成了。当主要直接参与其中的某些人的行为后果被限制或被认为限制时，这种交互的行为就变成了私人的了。当 A 和 B 在进行一场对话的时候，这个行为就是一种交互行为（transaction）：两者都参与其中，在某种程度上，可以说，对话的结果就从一个人到另外一个人。因此，一个人或者另一个人，或者双方都可能被帮助或者被伤害。但是，一般来说，好处和伤害的后果都不会超出 A 和 B 的范围，因为活动只存在于两者之间，它是私人的。然而，如果这个对话的结果超出了两个直接参与其中的人，它们影响到其他人的利益，那么，这个行为就需要一种公共能力，无论这个对话发生在国王和他的首相之间，还是发生在喀提林（Catiline）和他的共谋者之间，或者是商人们计划垄断市场的对话。

私人与公众之间的区别，绝不等于个人与社会之间的区别，即使我们假定后者的不同具有一个确定的含义。许多私人行为是社会性的，它们的后果促成了共同体的繁荣，或者会影响共同体的状态和前景。从广义上来说，任何发生在两个人或更多人之间的交互行为，在本质上都是社会性的。它是一种联合行为的形式，它的后果可能会影响进一步的联合。一个人从事某项私人的业务，可能会服务其他人，甚至是服务共同体。在某种程度上说，亚当·斯密（Adam Smith）的论断是真的。他说，我们早餐桌上的产品，汇集了农场主、杂货店主和肉商们的劳动成果。我们被服务，并不是基于他们的慈善或者公益精神，而是他们经营的旨在获取利润的私人行动。共同体里一直充满了艺术和科学发明，就是因为从事这些活动的个人产生了私人的乐趣。也有一些私人的慈善家，由于他们捐赠了图书馆、医院和教育机构，使穷人和共同体作为一个整体而受益。简言之，私人行为靠间接的后果或直接的目的而产生社会价值。

因此，没有必要把一个行为的私人特征和它的非社会性或反社会性联系起来。进一步来讲，公众不可能靠社会的有用性来识别。一直以来，政治上有组织的共同体最常规的行为之一，就是发动战争。即使是最好战的军事家，他也很难争辩说，所有的战争都是对社会有益的，或者否认一些战争会对社会价值有极大的破坏性，以至于如果没有战争，那么，社会可以无限美好。公众与社会之间不等价的争论，在任何一种值得赞扬的层面上，都不能单纯地依赖战争这个例子。我认为，没有人会如此地迷恋政治行为，以至于坚持认为，他从来都不是短视的、愚蠢的和有害的。甚至有这样一些人，他们总是持有这样的假设：社会损失来自原来由私人行为可以做的事，但却由公共组织做了。有更多的人，他们反对那些对社会有害的公共行为，无论是限制或者保护性关税，或者是扩大门罗主义（Monroe Doctrine）的含义。的确，每一个严肃的政治争论都取决于：一个特定的政治行为对社会有益，还是有害。

就像行为并不因为是私人采取的，就说它是反社会的和非社会的一样，那些以公众名义采取的行为，也不必然具有社会价值。虽然这场争论并没有带领我们前行得太远，但至少它已经警告我们：不要将共同体及其利益和国家或政治性的组织化社会的利益等同起来。这种差异可能使我们更倾向于之前赞同的主张：顾名思义，私人和公众之间的界限，是基于那些很重要的、需要控制的行为后果的程度和范围作出来的，无论这种行为是抑制还是促成。我们可以区分私人建筑和公共建筑、私立学校和公立学校、私人道路和公共道路、私人财产和公共财产、个人和公务员，我们的目的是在这种区分中找到国家的本质和国家行政的关键。在语言学上，私人的与官方的界定是相反的。这一点并非不重要，私人意味着是被剥夺公共职位的人。公共包括被间接的交互行为后果所影响的所有人，并且达到一定的程度，以至于系统性地控制那些后果是非常必要的。官员们是那些留心和注意利益受影响的人。因此，那些利益没有被影响的人，不是交互行为中的直接参与者；也就没有必要找出一些人来代表他们，并确保他们的利益被留存并保护。涉及官方行为的建筑、财产、资金和其他的物质资源都是公共事务（res publica），是共同财富。由官方和实体机构组织起来，控制发生在人们之间广泛而持续的非直接后果的公众，就是平民（Populus）。

保护共同体成员的个人和财产，并且纠正他们所遭受不公的法律机构，并不总是存在的，这是一个常识。法律制度产生于早期自救权需要被考量的时代。如果一个人被伤害了，它严格地规定了他应该做什么来加以报复。惩罚对方和为所受到的伤害而实施报复，是私人事务。它们是直接牵涉其中人的事情，与他人无关。

但是,受伤害的一方会迅速地获得亲属和朋友的帮助,攻击一方同样如此。因此,纠纷的后果就不会限定在直接牵涉其中的人的身上,宿怨紧随而来。见血的争端可能会涉及更大的群体,甚至涉及好几代。这一扩充性和持续性的纠纷和伤害会牵涉到整个家庭的认知,使公众得以存在。事情不再只是涉及与之相关的直接参与的双方。没有被直接影响的人就形成了公众,他们通过采取措施来防止问题扩大,并进行安抚、实施和解,以保护自身的利益。

这些事实是简单的,并且似曾相识。但是,它们似乎以一种萌芽的形式来表达和体现国家、机构及其官员的特征。这一状况说明了,试图根据直接的因果要素来界定国家的本质是错误的。它的关键点与持续的和扩大的行为后果相关,就像所有的行为过程都是最终通过对每个个体的分析一样。对于邪恶后果的认识,也会带来一些共同的利益;要维护共同的利益,就需要特定的规则和法则,并要选出某个人作为他们的保护者、代言者,如果必要,甚至是执行者。

如果这一论断是正确的,那么就可以解释我们之前提出的在政治行为和国家理论之间的鸿沟。人们总是看错了方向,试图在组织领域里、行为者行动的领域里、行为背后的意愿和目的的领域里,追求国家本质的关键要素。他们一直试图依据授权理论(authorship)来解释国家。最终,所有审慎的选择都出自特定的人,行为也是如此。所有的安排和计划都是由那些最具体的"某些人"作出的,在每一个事件中都是由特定的某人(some John Doe and Richard Roe)进行的。那么,从自愿行为的产生者的角度看,我们不可能找到公众。某些无名氏(some John Smith)和他的同侪们决定是否要种小麦和种多少、卖多少钱,决定如何投资,决定哪些路可以修建,决定是否发动战争,决定怎样通过法律,并且哪些该遵守,哪些不该遵守。个体审慎行为事实上的替代者并不是公众行为,它是由另一些个体做出的日常的、冲动的和非反省的行为。

个人在群氓(mob)或政治集会中,在共有控股公司或投票中,可能会丧失他们的认同。但这并不意味着某些神秘的集体机构可以作决定,而是意味着少数个人知道他们可以利用公众的力量,将大众引导到他们的方向,指挥政治机构,管理公司事务。当公众或国家涉及制定社会安排,比如通过法律、执行契约和商讨特许权的时候,它仍然需要通过具体的个人来实施。于是,个人就成了官员,成了公众和共同利益的代表。这个区别是非常重要的。但这不是一个单独的个体与集体的非个人意志之间的区别,而是存在于私人的和官方的或者具有代表性特征的角色之间的区别。这些体现出来的性质不是授权的理论而是权威,即由能认识到后果的权威来控制行为,使其产生或避免广泛和持续的幸福或灾难的后果。官员的确是公众的代表,但他们只是在涉及其他人安全和排除后果这些事务的意义上,才是公众的代理人。

当我们朝向错误的方向时,自然不可能找到我们所要的东西。然而,最糟的是在错误的地方寻找因果关系,而不是后果;这样,其后果就变成了独断,而不是制衡。"解释"(interpretation)也会变得肆无忌惮。因此,出现了各种冲突的理论和缺少共识的意见。有人可能会争辩说,有关国家的理论持续冲突,本身就提出了错误问题的例证。因为就像我们之前所论述的,尽管现象会随着时间和地点的不同发生巨大的改变,政治行为的主要事实即使很复杂,也没有被隐藏起来。它们是通过人类观察所认识到的人类行为的事实。大量互相矛盾的国家理论的存在,这些理论本身的出发点如此令人困惑,很好地解释了这些理论的分歧都来自一个错误的根源:将因果关系而非行为后果作为问题的核心。

如果拥有这种观点和立场,一些人在某些时候会在探究本真的形而上学的努力中,将因果关系归于本质;国家将依据在终极完善的社会目标中的人的本质来解释。其他一些人,由于受其他的看法和欲望所影响,将会发现国家需要上帝意志的授权,通过堕落的人性这一中介,按照堕落的肉身所容许的方式,产生一种神圣的秩序和公正的图景。另外一些人认为,国家是为了满足汇集在一起的个人意愿的集合,靠契约和相互忠诚的誓言来保证国家的存在。还有一些人认为,国家体现在每个个体都具有的普遍自主的和先验的意志中,这种意志本身有一种内在本质,要求外部条件的建立,使其自由的外在表达得以可能。其他人在如下事实中发现国家:精神或理性要么是现实的属性,要么是现实本身,尽管他们同情如下的看法,即精神的差异和多样性,也即个性化,是感知所产生的幻觉,或者仅仅是与理性一元论现实相反的表象。当各种各样的观点来自一种共同的错误时,一种观点和其他观点的好坏是一样的,并且教育、秉性、阶级利益和时代的主导氛围中的偶然性决定了哪一种理论被采用。理性所扮演的角色,只是为所采纳的观点找到合理性,而不是根据它的后果来分析人类行为,并制定相应的政策。自然哲学仅仅在一场理智革命之后,才开始不断进步,这已经是老生常谈了。这等于放弃了对原因和驱动力的探究,转而分析什么正在发生以及如何发生。政治哲学依然从这个教义的核心中受益匪浅。

我们没有注意到,问题在于要以一种不同的方式来感知人类行为的后果(包括忽略和不作为);并且没有注意到,问题是要采取措施和方法来控制这些后果。它们不仅仅产生了有关国家冲突的不可调和的理论。这种忽视也导致在某种程度上,我们误用了看待真实的某些人的观点。我们已经断言,所有审慎的选择和计划最终都是单独的个体的行为。这一观察中会得出完全错误的结论。仍然依照因果关系来思考,国家、公众等事实推出的结论是虚构的,这个结论掩盖了追求权力和地位的个人欲望。不仅是国家,社会本身也被撕扯成各种无关的需求和意愿的聚合物。作为一种逻辑后果,国家要么被看作一种纯粹专制的力量、纯粹压制的结果,维持欺骗;要么被看作一种进入众多力量中的个人力量的集合,在其中,个人无法抵抗。在某种程度上,它甚至是一种绝望的集合,因为每一个所能产生的生命都是无助的和残酷的,都是相互冲突的。因此,国家就呈现出两种形象,要么表现为一个有待被摧毁的怪兽,要么是一个需要被珍视的利维坦(Leviathan)。简而言之,在主要谬误的影响下,有关国家问题涉及因果关系,个人主义作为一种哲学就产生了。

即使这一教条是错误的,它也来源于一个事实。在个体那里,愿望、选择和目的都是一种驱动力,展示欲望、目的和意志力的行为可以从它们中产生,在它们的特殊性中前行。但是,只有在理智懒惰时才导致我们得出如下结论:既然思考和决定的形式都是个人的,那么,它们的内容、对象也纯粹是个人化的东西。甚至"意识"是完全私人的事情,就像在哲学和心理学的传统中所假设的那样,意识是对象,而非它自身也是真的。这种联合(association)在连接(connection)和结合(combination)的意义上,是现存已知的所有东西的一种"法则"。事物是独立地运动的,但它们共同起作用。没有任何一个事物被发现在完全孤立的情况下运动。每一个事物的运动,都是和其他事物一起运动的。这种关联是这样的:每一个行为都被与其相关的行为所修正。树木只能长在森林里,很多植物的种子只能在其他植物提供的条件下顺利地发芽和生长。物种的再生,依赖于带来受精卵的昆虫的活动。动物单个细胞的生命史,是与其他细胞的活动互为条件的。电子、原子和分子证实了关联行为的无处不在。

关于影响单个元素运动的联合或交互连接行为的事实,没有神秘性可言。知道个体如何被联合的,没有什么意义。它们本来就在联合中存在并起着作用。如果物质有任何神秘性的话,那么,这种神秘性也是宇宙是什么,以及是何种宇宙。

如果不走出宇宙,这种神秘性是无法解释的。并且,如果人们需要找到另一种根源来解释它,一些逻辑学家(无需对他们的才华有过高的要求)就会评论说,在宇宙之外的人必须和宇宙发生联系,才能解释任何发生在宇宙之内的事情。我们应该停留在我们开始的地方,将联合的事实作为被接受的事实。然而,关于人类联合有一个必须弄清楚的问题:不是关于个体或单个人如何联合的,而是他们以何种方式联合的,给予人类共同体一些独特的特征。这不同于电子的组合、众木的成林、昆虫的集聚、羊群的结队和群星的荟萃。当我们考虑这些差异的时候,立刻会接触到这一事实:在联合行为的后果被观察到的时候,就会呈现出新的价值。因为注意到联合行为的影响会促使人们反省联合本身,这一行为使它成为关注和激发兴趣的对象。从联合的角度看,迄今为止,每个联合的行动都是已知的。个体仍然拥有思考、欲求和向往的行为,但他们所思考的是自己的行为对他人的后果,以及他人的行为对自己的后果。

每个人出生时都是婴儿,是不成熟的、无助的,依赖于他人的活动。这些依赖他人的个体能够生存下来,证明了在某种程度上,其他人关心他们、照顾他们。成熟且具备更健全的人意识到自己的行为后果会影响年轻人。这些行为后果不仅仅共同影响年轻人,而且以一种特殊的联合方式起作用;这种联合表明了,他们关心年轻人的成长,以及他们对年轻人的引导作用感兴趣。

承认对年轻人身心成长的兴趣,只存在于联合的一个阶段。成人同样关注他们的行为,以至于不成熟的年轻人需要以特定的方式来学会思考、感受、表达欲望和行为习惯。努力追求的结果,是让年轻人从联合行为及其后果中学会判断,表明决心和选择。事实上,兴趣经常使年轻人按照成年人的标准去相信和规划某些事情。这种事情太常见了。这种情况足够表明,尽管单独的个体以其独特性思考、期望和决定,但是他们所想和所追求的,他们的信念和目的,都是由社会(association)所提供的对象。因此,人们不仅在事实上是联合的,而且在其观念、情感和有意识行为的构成中,成为一个社会性的动物。他所相信的、期望的和追求的目标,都是联合和交互行为的结果。唯一能够给个体需要和行为联合的影响带来模糊性和神秘性的,是那种可断言的、特殊的、源初的和由社会导致的因果力的尝试,无论这种因果力是本能,是意志的命令,是个人,还是一种固有的、普遍的、实际的推理,或是内在的、形而上的社会本质(essence)和本性(nature)。这些东西无法解释,因为它们过于神秘,无法用唤起它们的事实来说明。如果星系中的行星能够意识到彼此之间活动的联系,并且用这种知识知道它们的行为,那么,它们也能够构成一个共同体了。

我们已经从有关国家的考量转移到了一个更广泛的社会话题。然而,这种迂回,使我们能够将国家和其他形式的社会生活区分开来。有一种传统认为,国家和完全有组织的社会是同一件事情。国家被认为是所有社会机构完整的、无所不包的实现方式。由任何一个和每一个社会组织而来的任何价值,都被看作国家的杰作。与此相反的,则是哲学上的无政府主义。这种学说认为,人类群体的形式及其属性的所有邪恶都是由国家产生的,国家的消亡将会使我们进入一个自愿友爱的人类组织的新千禧年。国家对一些人是神圣的,对另一些人则是邪恶的,这就是我们讨论的出发点有缺陷的另一个证据。一种理论和其他理论是没有差别的。

然而,有一个确定的标准来区分有组织的公众和其他模式的共同体生活。例如,友谊是非政治形式的联合。亲密和细腻的相互交流,是友谊的特点。它们有助于人们体验友谊最珍贵的价值。只有在对一种先在的理论有迫切需要的时候,人们才会把国家和作为任何一个共同体主要纽带的友谊及其附属物相混淆,或者坚持认为,前者依赖后者而存在。人类结合成群体是为了科学探究,为了宗教崇拜,为了艺术制作和欣赏,为了运动比赛,为了给予和接收指导,为了工业和商业事业。在每一个例子中,一些结合的或联合的行动已经超出了"本能的"(natural),即生物的条件,并且超出了地域的界限,产生了独一无二的后果——即那些与孤立行为所导致的截然不同的后果。

当这些后果在智力和情感上被认识到的时候,共同的利益就产生了,相互联系行为的本质就改变了。每一种形式的联合都有其特殊的品质和价值,在其感知中,没有一个人会将一种感知和另一种感知相混淆。作为一个国家的公众的特点,来自如下事实:所有联合行为的模式都可能产生广泛和持续的结果,即使不在它们直接影响下的东西也卷入其中。当思想和情感中的这些后果被认识的时候,对它们的认识就会反作用于它们所产生的条件,就会重塑这些条件。后果必须被控制,被留意。这种监督和管制不能被那些基本的群体所影响。因为使公众得以存在的后果的本质,是它们超出了直接参与其中与创造它们的主体范围的事实。随之而来,如果它们想要参与,就必须形成某些特殊的机构和方法,或者现存的团体必须开发出一些新的功能。因此,公众组织或者国家最明显的外部特征就是官员的存在。政府不是国家,因为它包括公众,像承担特殊职责和权力的统治者一样。公众通过代表它们利益的官员被组织起来。

因此,国家代表了一种重要的、独特的和受到限制的社会利益。从这个观点出发,当有组织的公众和其他的利益集团一起发挥作用的时候,在绝大部分情况下,有组织的公众既不能说他们的主张优越于其他利益集团,也无法主张他们自己在科学、艺术和宗教联合体以及友情面前完全地不偏不倚或无涉。如果结交的后果威胁到公众,那么,它就会被视作一种背叛。通常,这不关国家的事。人们彼此结成合作关系,自然是为了更有效地做一项工作,或者是为了共同防御。如果合作关系超出了某个界限,没有参加这个合作关系的其他人就会发现自身的安全和荣耀受到了威胁,这时,国家就登场了。国家不是无所不包的整体;相反,在某些情况下,它是最空洞无物的社会安排。然而,从这些情况就概括说"国家基本上没有意义",立即会被以下的事实所挑战:家庭关系、教堂、工会、公司或者教育机构可以影响到除自身之外更多的人,这些被影响的人就形成了公众;公众会通过适当的组织努力地行动,进而将自身组成监督和管控的力量。

我找不到更好的办法来理解下列主张的模糊性,即要理解政治上被组织的社会,最好的办法就是去思考苏格拉底、佛陀、耶稣、亚里士多德、孔子、荷马、维吉尔、但丁、圣托马斯、莎士比亚、哥白尼、伽利略、牛顿、波义耳、洛克、卢梭和其他数不过来的伟人对共同体生活的影响,然后问我们自己是否将他们看作国家的代言人。任何想要扩大国家研究领域的方法,目的是要得出这样的结论,即国家只是一个包含各种形式联合的名称而已。当我们随意地使用"国家"这个词语的时候,非常有必要在政治和法律的意义上区分国家。另一方面,如果有人想要忽视或者摆脱国家,那么,他就会想起伯利克里、亚历山大、朱利叶斯·奥古斯都·凯撒、屋大维、伊丽莎白、克伦威尔、黎塞留、拿破仑、俾斯麦等。人们模糊地感到他们肯定有自己的私人生活,但与他们代表国家的行为相比,这种私人生活就显得无足轻重了。

有关国家的这种观念,并不意味着对任何特定的政治行为、政治措施和政治体系的正当性或合理性有任何信仰。对后果的观察,至少要受错误和幻觉的影响,也要受自然物体感知的影响。关于做什么和如何做的判断,像制定其他计划一样,容易出错。错误越积越多,还要把自身固化成行政管理的法律和方法,这比最初就试图控制的结果更加有害。就像所有的政治史所展示的那样,官员的职位所产生的权力和声望,使它们因其自身就值得去攫取和掠夺。统治的力量是被意外出现的偶然性或者被具备某些品质而获得职位的人分散了,而与它的代表功能毫无关系。

但是，靠统治者和政治机构产生公共组织的需要仍然存在，并且在某种程度上，内化成了政治事实。这些进步就像政治史所记录的，依赖于那些重要的观点从一大堆无关的、模糊的和凌乱的事物中产生。然后，重建发生了，这些重建提供了使得组织实现更恰当的功能。进步不是稳定的和持续的。退步和进步一样，是周期性的。例如工业和技术发明创造了一些方法，这些方法改变了联合行为的模式，而这些行为又激进地改变了它们间接影响到的数量、特征和区域。

政治形式一旦建立，就会产生它自己的动力，按照自己的动力方向前进。这些改变对于政治形式来说，只是外在的。产生的新公众是远远不成熟的和无组织的，因为它不能再使用那些继承下来的政治机构了。后者如果是很精密的、运行良好的机构，那么就会影响新公众的组织。既有的政治机构会阻碍本该迅速形成的新国家形式的发展，这种新国家形式可以使社会生活更具流动性，更少政治和法律的沉淀固化。要形成新的公众组织，公众必须打破既有的政治形式。这是很难的，因为这些形式自身就是那些机构变化的常规性手段。形成政治形式的公众消逝了，但占有的权力和诱惑依然存在，虽然逝去的公众所建立起来的公众组织已经落在官员的手中。这就是为什么国家形式的改变，往往只能被革命所影响。足够有弹性和反应力的政治和法律组织的创造，迄今为止，都是超出人类智慧。新公众的需求，被国家已有的形式所抵消。这样的时代，也是国家不断遭受蔑视和贬损的时代。通常的漠视、忽视和蔑视等情绪在各种直接行动的捷径中，找到了自己的表达方式。直接的行动不是被那些将直接行动作为口号的人所采取，而是被很多其他的利益群体所采取，被固守阶级利益的人积极地运用，他们总是宣称对既有国家的法律和秩序持有最大的尊敬。就其本质而言，国家永远是某种需要被审视、研究和追索之物。几乎是它的形式一旦被固化，它就需要被重建。

因此，发现国家的问题，并不是调查机构所进行的理论探究问题。它是一个彼此联合的活生生的人类面临的实践问题。它需要力量来感知和识别群体里个人的行为后果，并且追溯它们，找到它们的起始和根源。它涉及选择何人来作为已经感知到后果的利益集团的代表，并且限定它们应该拥有和利用的功能。它需要一个拥有声望和权力的政府组织与其实践相一致的功能来为公众服务，而不是服务于私人利益。于是，我们不必惊讶在数量和类型方面，一直存在不同意义的国家，因为有数不尽的联合行为模式产生多种多样的后果。发现后果的力量已经随着当前的知识手段而改变。统治者一直都是根据各种不同的理由而被挑选出来的，它们的功能一直都在变化,而且代表共同利益的意愿和热情也在发生变化。只有在急需一种严格哲学的情况下,才会使我们假定存在着某种"理想国"(the State)的形式和观念,它的各种程度的完满性已经在历史中多变的国家形式中实现了。我们能够作出的唯一结论是纯形式上的,即国家是一个受官员影响的公共组织,保护其成员的公共利益。但是,公众是什么,官员又是什么,它们是否充分实现了自身的功能,这是我们必须在历史中发现的一些事情。

然而,我们的概念还是给出了一个标准来判断某个特定的国家有多好,即它是国家中公众组织达到的程度,以及在多大程度上,国家中的官员被很好地组织起来,实现他们对公众利益关照的功能。但是并不存在一个先验的(a priori)规则,依据其规则,可以直接建构一个完善的国家。没有任何两个时代或者两个地域拥有相同的公众。条件的改变,使得联合行为的后果及其相关知识变得不同。而且,公众用以决定政府服从其利益的方式也发生了变化。只有在形式上,我们可以说,最好的国家是什么样的;在具体的事实里面,在具体的结构里面,没有任何可称得上最好的国家形式;在人们检验它的各种各样形式后发现,这种最好的形式至少在历史终结之前是没有的。国家的形成必定是一个实验的过程。实验的过程必然伴随着各种程度的盲目和偶然,并且会付出无规则的中断和尝试的代价,跌跌撞撞,摸索前行,无法洞察什么人在后面。甚至当一个好的国家已经建立,人们也无法清楚地知道。或者人们由于获得了实现它所需要的知识的指导,可能会更理智地前进,但这依然是实验性的。因为行动和探究的条件和知识总是在改变,所以实验必定要重试,国家必定总是被重新发现。除非有关条件的正式论述再次被满足,我们不知道历史可能会带来什么。这不是政治哲学和科学来决定国家应该是什么样的。我们做的可能就是帮助创造一些方法,使实验不再盲目地进行,在实验时更加明智,降低偶然性,以便从错误中吸取经验,从成功中获取益处。在政治固定性的概念上,某种形式的国家神圣信念来自我们祖辈和传统带来的神圣性,这种信仰是走向有序的、直接变化的道路上的绊脚石,它会引发暴动和革命。

既然论证是来回交锋的,那就可以很清楚地概括出它的步骤。联系、合并和联合行为是一切事物行为的普遍特征。这样的行为产生结果。一些人类集体行为的结果被感知,即它们以自己能解释的方式受到注意。之后,通过目的、计划、方法和手段来确保那些受人喜爱的后果,消灭那些有害的后果。因此,这种感知就产生了一种共同的利益,也就是说,被后果所影响的那些人,可以引导所有伴随他们并分享相关后果的人。有时候,后果限于直接参与其中的人,这种参与产生了后果;而在其他情况下,后果涉及的范围远远超出直接参与行为的人。因此,根据后果就产生了两种利益和行为的控制方法。在第一种控制方法中,利益和控制仅限于直接参与其中的人;在第二种控制方法中,它们扩展到非直接参与行为的人们。如果由其存在所产生、又受考虑中的行为所影响的那些利益有任何实际后果,那么,对于产生它们行为的控制必须通过非直接的方式。

如上所述,到目前为止,我们详尽地揭示了真正的、确定的事实。现在让我们来看看假设吧。为了善或恶,那些受到非直接、严重影响的人形成了一个足够特殊的群体,这个群体需要被识别和命名。对它们的命名,就是公众。公众是依靠代理人的方式被组织和影响的,无论作为习俗的守护者、立法者,还是立法者、执行者、法官等,这些代理人都通过控制个人和群体的联合行动来维护公众的特殊利益。然后,联合体使自己成为政治组织,并且形成某些政府的东西。公众就是政治国家。

对这个假设的直接确认,可以在一系列对事实确定的和可验证的观察中找到。这些事实构成了那些能够充分解释具有政治生活或国家行为特殊现象的条件。如果它们能够做到的话,寻求其他的解释就多余了。总之,应该增加两个条件。前面给出的论述是一般性的,因此是概要式的,忽略了很多不同的条件,这会在接下来的章节中得到更多的论述。另一点则是论证的否定部分,攻击通过特殊的因果力来解释国家的理论,并没有否认因果关系或现象自身中的关系。这在每一点上,都是很明显的假定。如果没有因果联系,也就不可能有后果、方法来调控它们发生的模式和性质。所以说,我们否认的,只是诉诸在一系列可观察的联系现象外部的特殊力量。这些因果力在种类上,与那些促使自然科学解放自身的神秘力量,没有什么不同。充其量,它们只是那些用来解释事实相互关联的现象的一个方面。我们需要指导,使社会探究获得丰富的成果。这就需要找到一种方法,这种方法以可观察的行为及其后果之间的相互关系,作为基础向前发展。这就是我们建议要遵循的方法的宗旨。

2. 发现国家

如果我们在错误的地方寻找公众,那么永远也不可能定位国家。如果我们不问一下是什么条件促成或阻碍公众组织成一个带有某些特定功能的社会群体,那么也永远无法把握国家发展和变革的问题。如果我们无法觉察到这一组织和拥有官方代表的公众同样关心公众利益,那么,我们就会错失了解政府本质的线索。上次的讨论得出或者暗示了一些结论:正如我们看到的,错误的地方是在所谓的因果力方面、授权方面,以及本来应该靠一种内在的动力产生的国家方面。国家并不是有机体的联系直接产生的,就像婴儿在子宫中成熟后自然降生一样;也不是直接的有意识的目的,就像发明机器一样,有先在的目的;也不是慢慢孵化中的内在精神,无论是个人的神性,还是一种形而上学的绝对意志。当我们在如上所述的这些来源中寻求国家起源的时候,对事实的一种现实考虑,会驱使我们得出结论,即我们没有找到任何东西,除了个体的人,如“你”、“他”、“我”。除非我们依赖于神秘主义,被驱使相信公众只能在神秘中产生,并且在迷信中维持。

什么是公众?对于这个问题有很多答案,不幸的是,许多答案都是对这个问题的重复。因此,我们被告知:公众是作为一个整体的共同体,并且作为整体的共同体,应该是一个不证自明的现象。但是,作为整体的共同体,不仅仅包括各种联合性的纽带,以各种各样的方式将人们绑在一起;而且,所有元素是靠一个完整的原则组合起来的。这才是我们试图要寻找的东西。为什么应该有某个东西具有无所不包的和可调控的统一体的本质呢?如果我们假设有这样一个东西存在的话,那么,对于它的回答,只能是将其组织起来的人性,而不是历史上所表现出来的作为国家的那些事件。具有联合性的力量内在普遍性的概念,违背了国家的多样性。这些国家各有其边界和界限,并且对其他国家充满了漠视和敌意。形而上的一元论的政治哲学面对这一事实的最佳方式,就是忽略这一事实。或者,像黑格尔及其追随者所表现的那样,建构一种神秘的历史哲学,去弥补神秘的国家学说的缺陷。普遍性的理念利用一个个世俗的和具体的国家,将它们作为理性和意志客观化的工具。

这些考虑巩固了我们的立场,对那些后果、那些以重要的方式凸显出来并超出了直接牵涉其中的个人和联合体的后果的感知,才是公众的来源;并且,它要组成一个国家,还要受现存的具体组织对这些后果的关心和调控的影响。但是,它们也暗示了真正的国家需要展示的特征,就是具有上述的那些功能;并且,这些功能可以看作被称之为国家的任何事物所必须具有的特征。讨论这些特征,能够定义公众的本质和与之相关的政治组织的问题,也能够用来检验我们的理论。

比起上述提到的一点,即对世俗的和地方性的定位,我们可能很难挑选出一个更好的特征来作为国家本质的标志和符号。有一些联合体在形成公众的范围里太狭隘、太受限,不能成长为公众,就像有些联合体彼此之间太隔绝,很难成长为同一个公众群体一样。要发现公众能否形成一个走向国家的组织,部分的问题在于难以在这些组织之间划出界线,要么画了一条太近太亲密的线,要么画了一条太远太不相关的线。直接接壤、面对面的关系,其后果就是产生利益共同体,产生一种价值的共享,这对于产生政治组织的需要太直接、也太重要了。一个家庭里的联结与之相似,它们都是直接相熟的人和关心的事。所谓血亲的纽带,一直在社会单元的划分中扮演着这样的角色,其主要基础在于对共同行为后果的共同共享。在一个家庭里,一个人的行为直接影响着其他人,其后果立刻以一种亲密的方式被其他人感受。就像我们说,他们"回家了"。要求特殊的组织关心他们,是多余的。只有当这一纽带扩展成一个宗族里多个家庭的联合,或者一个部落里多个宗族的联合,这时成员之间的影响变得间接的时候,才需要特殊的方式来联结他们。社区大多是以家庭为模板,按同样的模式组成的。习俗与规则随机地满足着紧急的需要,同时提升了对它的调节的满意度。

想想哈德森(W. H. Hudson)描绘得如此美丽的威尔特郡(Wiltshire)村庄:"每栋房子都是人类和鸟兽生活的中心,每个中心都彼此相联,就像孩子们手牵手地连成一排;所有这一切就像形成了一个有机体,感知同一个生命,根据同一个意志行动,仿佛一条五彩斑斓的蛇躺着休息,将整个身体延展于地面。我想象着,村子里一个农夫,正砍着一段坚硬的木头或树桩,突然意外地,沉重而锋利的斧头落到他的脚面上,划出了一道深深的伤口。这个意外的消息口口相传,立刻传到一英里以外的村子,不仅每个村民都迅速地知道了它,而且每个人都能栩栩如生地描述他的伙伴遭遇不幸时的场面:锋利的、闪着光的斧头如何滑落到脚面上,红色的鲜血如何涌出了伤口;与此同时,他会感觉伤口就在他自己的脚面上,仿佛就是对自己身体的打击。在类似的事件中,所有的想法和感觉都会很快地从一个人传到另一个人,根本不必要靠语言的交流;所有的参与者由于同情和团结,组成了一个小的、独立的共同体。没有一个人的想法和感受对其他人来说,是陌生的。个人与整个村子的脾气、情绪、观点,都是一样的。"①在这样一种亲密的状态下,国家成了一种不合理的事物。

---

① 哈德森,《小东西中的旅行者》(*A traveler in Little Things*),第110—112页。

在人类历史上，有很长一段时期，尤其在古代，国家仅仅像是遥远的大人物投射给家庭和邻居的一个影子，由于宗教信仰的缘故，扩充成了巨大的形式。它统治却不管理，因为它的统治限定为只接受贡品和礼仪上的尊敬。责任存在于家庭内部，财产为家庭所拥有。个体对长者的忠诚，取代了政治服从。夫妻关系、亲子关系、长幼关系、友谊之情，是权力得以持续的纽带。政治不是道德的分支，它被淹没在道德里。所有道德品质统归于孝顺。做错事是需要惩罚的，因为它代表了一个人的血统和亲缘。官员被认为是需要回避的，让他们来裁夺家庭纠纷是不光彩的事。遥远的神权国家的价值纬度，在于它什么也不做。它的完美，被认为是和自然的进程保持一致的。因为它，四季如常轮回，土地在太阳和雨水恩惠的统治下产生丰收，邻里之间平和地达到繁荣。这种亲密的、相似的近亲群体不是一个无所不包的社会统一体，从各个方面来看，它就是社会本身。

在另一方面，有一些社会群体被河流、海洋和山峰，或者被奇怪的语言和信仰所分离；其结果，它们中的某一个群体所做的事——除了战争——对其他群体来说，没有可感知的后果。因此就没有共同的利益，没有公众，没有形成一个包容一切的国家的需要或者可能。国家的多元化是如此普遍和众所周知的现象，以至于它被看成是理所当然的。它似乎不需要解释。但是，正如我们注意到的，我们很难建立起一些可供验证的理论。除了依据被称之为国家基础的公意和理性中不合理的有限性以外，对它们来说，困难是不可逾越的。退一步讲，认为共同理性不能够穿越山峰的范围，目标将会被河流所阻挡，这是很荒谬的。这个困难对很多其他理论来说，不是那么巨大。但是，只有将对后果的认知作为重要的因素的那个理论，才能在很多国家的事实里发现一个支持性的特征。无论联合行为后果扩充的阻碍是什么，事实上通过这样的行为，建立了政治边界。这一解释就像要被解释的事情一样，都是常识。

在狭隘的、紧密的和亲密的联合体与遥远的、只有罕见的、随意的联系的联合体之间的某个地方，存在着一个国家的边界问题。我们找不到，也不应该期待找到它们清晰的界限。村庄和邻里之间，无知觉地被遮蔽成了一个政治上的公众。不同的国家可能通过联邦和联盟形成一个更大的整体，带有一些国家的标志。我们根据理论所预期的这种情况，被历史事实证明了。这种在国家和其他社会联合体形式之间摇摆不定、变来变去的界限，再一次成为形成国家理论的一些障碍，因为国家暗示的是与它的概念被清晰地标识出来的具体对应物。而根据实证的后果，国家仅仅是某些应该发生的事物。有一些征服欲强的帝国,它的政治管理只存在于强制征税和征兵上面。尽管"国家"这个单词可能会被使用,但公众的特征在其中是明显缺乏的。有一些政治共同体,像古希腊的城邦,虚构的共同血统是一个非常重要的因素,每一户的神和信仰被共同体的神明、神祠和祭祀所代替:国家就存在于家庭里长期的、亲密性的和即刻的个人接触,而且被加进一种不断变化形式的、鼓舞人心的,以及多样的、更自由的、更充实的生活;而且,城邦的事务是如此庞杂,以至于相比之下,家家户户的范围是如此有限、狭隘,家庭生活是如此乏味。

对国家形式的多样性和不断转型,根据之前提出的种种假设来看,是可以理解的;根据独立国家数不清的多样性的事实来看,也是可以理解的。联合行为的后果在种类和范围上随着"物质文化"的改变而分化,尤其是在这些后果涉及原生材料的交换、产品成品的交换,以及所有在技术、工具、武器和用具的交换时。反过来,这些也被传播、运输和交流方式的新发明而即时影响着。一个靠照料一群羊和牛为生的人,比一个自由自在地骑在马上的人,更能适应不同的条件。游牧民族的一种形式是和平,而另一种通常是好战。粗略地说,工具和手段决定着所从事的事,所从事的事决定着联合行为的后果。在决定后果的时候,他们建立了不同利益的公众,并实施不同类型的政治行为。

虽然政治形式有多样性而没有统一性是一个规则,但不理会这个事实而相信国家有一个原型存在的观念,一直在政治哲学和科学里得到坚持。在判断某一个具体的联合体有资格适用国家的概念方面,在建立其特质和内在本质方面,已经耗费了很多辩证的智慧;并且同样的智慧耗费在解释这一形态类型的所有变体方面,以及(有偏好地)根据他们是否接近定义的本质而按照价值的顺序排名国家的方面。一个可以使国家变得更好或更正确的模型的观念,已经影响了实践和理论。它不同于其他任何事物,对于努力形成临时的组织机构并且施加给现成的人们,负有更大的责任。不幸的是,当这一观点被视为是虚假的时候,它被另一种观点所代替了,即国家是自己成长和发展的,而不是被制造的。这一"成长",并不仅仅意味着国家发生改变。成长意味着由于某种内在的冲动或原则,通过一般的状态向一个预定的结局而进化。这种理论不鼓励依靠对政治形式的改变,其"唯一"的方法可能是直接的;也就是说,用智慧来判断后果。和它取代的理论相同,假定某个单一的标准形式存在,用它将国家界定为有本质的和真实的物体。在和自然科学进行类比之后,人们宣称,这样一个对过程一致性的唯一的假设,才是一个可能的社会的"科学"处理。顺带地,这一理论吹捧了那些国家的自负,它们仿佛在政治上是"先进的",并且假设自己如此接近进化的顶点,并戴上了国家的王冠。

上述假设使得对政治形式和组织的改变进行持续实证的、历史的处理成为可能,超脱出任何一个无所不包的概念性的领域。而当一个"真正的"国家被假设的时候,无论它被看成有意创造的,还是靠内在规律进化而来的,那种概念都是不可避免的。来自内在偶然性的非政治的干扰,比如工业和技术,和来自外部事件的干扰,比如借贷、出游、移民、探险和战争,如此地改变了已经存在的联合体的后果,以至于新的组织和功能成了迫切需要的东西。政治形式也要服从更多的间接的改变。更好的思维方法的产生,带来了对行为后果的新观察,它们从前因为对更粗糙的工具的使用而被遮蔽掉了。快速发展的知识上的预见,也使新的政治工具的发明成为可能。虽然科学的确一直没有扮演一个巨大的角色,但政治家和政治理论家的直觉会偶然地洞察政治力量的运作过程,以至于给立法和管理带来了一种新的转机。像一个有机体一样,国家也有一个忍耐的限度。无论从哪个意义上说,方法都不可避免地要与它们被应用之后的情况相适应;因此,政治领域更进一步的多样性就被发明出来了。

简言之,公众由对间接的行为后果广泛而持久的认识而形成的这种假说,要对国家的相对性负责;同时,根据具体的因果关系而定义它们的那些理论,暗示着与事实相矛盾的绝对性。试图通过"比较方法",找到既适用古代又适用现代、既适用西方又适用东方的结构,这是劳而无功的。随着联合行为复杂的、间接的后果的扩展,以及辐射范围的不断增加,唯一不变的功能是要关心和调节公众不断增长的利益。

于是,我们可以得出结论:时间和地域的变化是一个政治组织的首要标志。当它被拿来分析时,提供了对我们的理论确定性的检测。与之相反,第二个标志和证据是在一个无法解释的事实中被发现的,这个事实就是:在一定数量范围的联合行为,产生了需要组织起来的公众。正如我们已经注意到的,如今在公众的认识和判断里面是犯罪的那些事情,曾经是私人的情感宣泄,现在被看成是一个人对另一个的侮辱。它是从一个相对私人到公众,至少从有限的公众到一个较大范围的公众。这是有趣的转变过程,这个过程可以在英格兰的"王之和平"(The King's Peace)的进程里看到。直到12世纪,司法公正才主要被联邦法院和上百个郡县法院所施行。任何一个拥有大量仆人和佃户的地主,都有权决定辩论的胜负和施加惩罚。

国王和法院的法律制裁只是其中的一种,并且主要是和那些王室的佃户、仆人、财产和尊严有关。然而,君主们需要增加他们的税收和扩大其力量和声望。于是,各种各样的机构被创造出来,虚构之物被创设出来,靠的是国王的法院扩大司法权力。其做法就是:宣称此前地方法院所作的各种审判,与国家的和平相冲突。集中的运动一直进行着,直到国王的裁决权有了垄断地位。这一事件的意义是重大的。受王朝对权力和利益增长的欲望所驱使,通过赤裸裸的扩充,变成了一个非个人的公共功能。当个人特权变成一般性的政治过程时,同样的事情一再发生。在当代生活中,由于要处理的事不断增多,当个人的事务变得"影响公共利益"时,同样的事情也会发生。

在宗教仪式和信仰领域,从公众向私人转化的过程中,会呈现相反的事件。只要主流思想认为,虔诚或反宗教的后果会影响到整个社会,那么,宗教就是一个必不可少的公众事务。严谨地附着于惯常的宗教,是最高等的政治输入手段之一。神是部落的先祖或共同体的创建者。当他们充分地承认,他们就会与你共享繁荣。如果认为他们的利益没有被热情地满足,那么他们就成了饥荒、瘟疫的制造者和战争的授权者。自然地,当宗教行为有了如此广泛的后果的时候,寺庙就成了公共建筑,像集会和论坛;参加宗教仪式是公民的职责,而牧师成了公职人员。在神权国家消亡后的很长时间里,神术成了一种政治习俗。甚至当无信仰变得流行后,也很少有人愿意冒着风险忽视宗教仪式。

将虔诚和信仰降回到私人领域的革命,常常要归因于个人良知和对其权利的主张获得了提升。但是,这种提升也有它要归因的事情。前提是它要一直在一种潜藏的条件下,并且最后敢于将自己展示出来,去扭转事件发生的顺序。社会变化发生了,既包括知识上的,也包括内在的构成和外在的人与人关系上的,以至于人们不再将对神的尊敬和不尊敬态度与共同体的福祸联系起来。信仰和非信仰仍然有严重的后果,但这些现在被认为仅限于和人们世俗的、外在的快乐直接相关。而一旦被赋予另一信仰,迫害和无法容忍就变成无可非议的事情,就像对待任何犯罪的人们有组织的敌意一样;对于公共和平和幸福,不虔诚是所有威胁中最危险的。但是,作为共同体生活的一种新功能,社会变化渐渐地影响了个人权利的良心和信仰。

一般来说,有关知识运用的行为已经从公共领域转到了私人领域。当然,这种激进的改变是由内在的、神圣的个人权利而调整的。但是,在宗教信仰的具体例子里,很奇怪,如果这个理由被接受的话,人类一直生活在一种对这一权利的存在完全无意识的状态里。事实上,一个纯粹私人意识领域的观点,无论怎么没有外在的后果,首先都是体制改变的产物。政治的和宗教的,像其他的信仰一样,一旦建立,它就有政治后果。当允许大量的个人判断和选择参与知识结论形成的时候,共同体的利益能够更好地被满足,这种观察几乎是不被人发现的,直到社会的流动性和不统一产生了技术工业的创新和发明,直到世俗的追求成为教会和国家可怕的竞争对手。然而即便如此,在进行判断和信仰方面,宗教自由在很大程度上被看成是负面。我们同意带限制地留给彼此更多的余地,这是来自我们对负面进程产生的可怕后果的认识,而不是任何对社会正面有益的深刻的信仰。只要后面这一点没有被广泛地感知,所谓个人判断的自然权利,将只是对某种已形成的、不稳定的合理化保持适度容忍而已。这类现象(比如三 K 党和以立法活动管理科学的)表明,思想自由仍然是肤浅的。

如果我预约了一个牙医或者医生,这个合约首先是在我们之间发生的。它与我的健康有关,也与他的收入、技术和声望有关。但是,专业实践有如此广泛的后果,以至于个人行医的资格考核认许成为一个公共事件。约翰·史密斯从事房地产的买卖,交易要影响到他自己和其他人。然而,土地对社会来说,是非常重要的东西,私人交易要遵守法律规范;交易和所有权的证据,必须被公共官员以公开登记的方式记录。选择伴侣和组成家庭,是非常私密的个人行为,但这一行为是产生后代的条件,而养育后代是共同体得以永续的方式。公共利益以一些形式表现出来,形式包括使家庭合法化和合法解除关系。一句话,这些后果都影响了超出交易所直接涉及的、更大的人群。在社会主义国家,婚姻的形成和瓦解被认为是没有公共意义的。这是可能的。但也有可能的是,这样的一个国家,可能甚至比当前其他的共同体对男女的结合更加敏感,不仅关心孩子,而且更关心男女双方的幸福和稳定。在这种情况下,婚姻的某些原则可能会放宽一点,但对健康状况、经济能力和心理相容性等保障婚姻的前提条件,实施了更严格的规定。

没有一个人能够考虑到他的行为的所有后果。所以,对他来说,规矩是非常必要的,可以限制他的注意力和预先判断。我们说,这仅仅是在他的个人事务上。如果没有现成的规矩可循的话,任何人对他计划要做的事的后果考虑得越深远,就越会迷失在无望的、复杂的胡思乱想之中。视野宽广的人也不得不在某处划一条线,他被迫划下它,在考虑到那些和他最紧密地联系在一起的人们的事情上。当缺乏客观的监管时,对那些人的影响就是他在合理的程度上所能作出的肯定判断。某些所谓的自私,只是有限的观察和想象的产物。因此,当后果涉及一个更大的群体时,这个群体如此间接地被卷入,以至于某个人不可能迅速地预知他们将会怎样地被影响;并且,这个群体组成了一个介入其中的公众。这不仅仅是说,一个群体的联合观察比单独个人覆盖更多的层面;而且,不能预言和评估所有后果的公众本身,可以设立某些渠道和通道,以便使自己的行为能够被限定在可控的范围内,只要适度预测后果即可。

因此,国家的法规和法律被看成是命令,就会产生误解。曾经深受批评的普通法和成文法的"命令理论",是在现实里各种理论的辩证结果;这些理论是根据预先的因果关系来定义国家,尤其是将"意志"看作产生国家的因果力的理论。如果一种意志是国家的起源,那么,国家行为只能在命令和禁令中表达自己,所依据的就是主体施加给它的意志。然而,发布命令的意志的正当性问题迟早会被提出来。为什么统治者的意志比其他人更有权威? 为什么后者应该服从? 逻辑结论就是:服从的根据在于谁是更高等的力量。但是,结论明显是对武装比拼的邀请,去看更高等的力量存在在哪里。而事实上,权威的观点已经被罢黜,已经被强权替代了。另一个辩证的结论是:"意志"的问题在于它是超出任何个人意志或个人意志的某种东西集合,是某些凌驾于一切的"公意"。这个结论是由卢梭得出来的,后来在德国形而上学的影响下,成为一种神秘的、超越的绝对意志的信条;反过来说,它并不能因为被等同于绝对理性而成为力量的另一个名字。对这些结论的某一种或者其他种的代替,就是放弃因果力量的理论,采纳广泛分配后果的理论。这些后果被意识到的时候,就会产生一种共同的利益,并需要某些特殊的机构为这个利益服务。

法律实际上就是有条件的制度,在其之下,个人做着彼此之间相关的安排。它们是能疏导行为的体系;它们就像限制河流流向的岸堤一样,是积极有力的力量,并且只有在岸堤命令河流流向的意义上,才能称为命令。如果个人没有表明彼此之间达成一致的条件,那么,任何一个协议或者终止于一片模糊当中,或者必须得覆盖大量的细节,结果变得无法操作和实施。而且,任何一个协议都可能区别于其他的协议,以至于从一个协议里推论不出任何和其他有关的可能的后果。于是,法律原则就陈述了达成一个合同所要满足的条件。协议的条款因此在可以实施的范围内被架构起来了,并且有可能由此及彼地推断和预言。仅仅是因为某种理论的危机,才导致人们相信有一种命令将契约设计成这种或那种形式。[①] 真正发生的事情是：某些条件设定了，如果一个人遵守它们，就能预知某些后果；如果他没有这么做，就不能预测后果。他可能有可乘之机，冒着不让自己有损失而让整个交易行为无效的风险。没有其他的理由可以解释刑法里的"中止令"。所有条件都是根据如果它们被破坏和践踏所产生的后果而被表述的。我们可以同样表述，如果一条河流冲破它的堤坝，可怕的后果就可能发生；如果河流能够预测这些后果，并且凭借远见来引导它的行为，那么，我们就可以在形而上学的层面上，理解这些"堤坝"为什么下禁止令。

这一论述既解释了法律中大量武断的和随机的因素，又解释了它们对理性貌似合理的认同。这是两件要考虑的事情。有很多相互行为的重要性就是：后果之所以这样，是被一些流行因素决定的，而不是被它们继承来的原则所决定的。换句话说，在有限的范围里，它不在乎限定好的条件，固定了什么样的后果给它；重要的是，这些后果应当是足够确定的，能被预言的。驾驶条例典型地制定了很多原则。在固定的日落时间，或者一个具体的时间里，非法进入的条件呈现一个更严肃的本质。另一方面，正是由于法律的规则是合理的，所以"理性"才被一些人看作它们的源泉和产生的根据，正如休谟（Hume）所指出的那样。[②] 人类本质上是短视的，这种短视受欲望和热情的影响会变本加厉，误入歧途。"法律"造成遥远的和长期的后果。然后，它会发挥作用，有效地制止直接的欲望和利益在做决定时只考虑自我的影响。对个人来说，这种做事的方式，只有他自己的远见是完全合理的时候才做得出来。对于一个法律来说，尽管它可能是在某一情况下的某个具体行为而制定的，但却是根据其他可能的行为无限的多样性而形成的。它是一个必要的概括；因为依据一系列事实可预知的后果，它代表同一类。如果特殊情况下的偶发事件在实践中过度影响了某个法律内容，直接地，或者无意地，它将很快被否决。根据这一理论，法律作为"具象的理性"，意味着它是行为中方法和程序配适好的概括，适应人们的欲望。理性表达的是一种功能，而不是一种因果源起。法律是理智的，就像一个明智的人，他选择和安排的条件有利于实现他渴望的结果。最近有一个作者，他认为是"理性"产生了法律。他说："在理性层面，债务并不会因为时间过去而

---

① 法官制定法律规则。在"意志"理论中，存在着对立法功能的侵犯。如果法官进一步界定行为的条件，则不会这样。
② 休谟，《人性论》（*A Treatise of Human Nature*），第二部分，第七节。

不再是债务，但是法律为它设定了期限。在理性层面，非法入侵并不因为无限地被重复，就不再是非法入侵。但是，法律表现出了一种趋向，认可在权利状态的时间范围内不可抗拒的入侵。时间、距离和时机虽然与纯粹的理性无关，但是，它们在法律秩序里扮演着它们的角色。"①但是，如果对后果来说，理性是适应后果的一种手段，那么，时间和距离就被赋予了重要的意义，因为它们既影响着后果，又影响着预见后果和按它们所行为的能力。的确，我们可以选择法律条款的有限性，作为出色的例子来说明法律包含的那种合理性。只有在理性被看成是"纯粹的"，是正式的逻辑问题，上述引用的情况才表明了理性的限度。

公众组织成为国家的第三个标志。这个标志为我们的假设提供了一个检测，它关心古老的、被创建得很好的、根深蒂固的行为模式。发明是一个非常个人化的行为，即使当大量的个人联合起来创造新东西的时候。一个新奇的观点产生于某个人的一种独特的感觉当中。一个新项目是被私人的创新性所从事和推进的东西。一个观点或计划越新，它偏离实践中已知的、已建立的东西就越多。从本质上说，创新是对习俗的背离。因此，它就越有可能遭遇反抗。我们可以肯定的是，我们生活在一个发明和创造的时代。一般来说，创新本身也变成了一种习俗。想象力已经习惯了创新；创新随时被期待着。当创新以机器工具的形式发生时，我们会欢迎它们。但是，远远不止如此。规则对于任何新事物的出现，一直采取怀疑的态度和带着敌意，即使是一个工具或者器械。因为一种创新就是一场出发，它的火车上面带来了无法计算的、对人们长期以来习惯的、"自然的"行为的破坏。正如最近一位作者清楚地指明的，改革之路因为带来一些即时的方便而勤奋地向前。如果它们的影响，它们长效的结果，在改变行为习惯方面被预见了，那么可以肯定地说，它们中的大多数都会被当作邪恶的而毁灭，就像它们当中很多在采纳起来时很困难一样，因为它们被认为亵渎了神灵。② 无论如何，我们都不可能将发明看成是国家的杰作。③

现存的共同体在接受一个非技术及其本质的新观念时，仍然表现出犹豫。因为它们被看作扰乱了社会行为；就旧有的、已建的行为方面看来，的确是这样的。

---

① 霍金(Hocking)，《人和国家》(Man and State)，第51页。

② 埃尔斯(Ayres)，《科学：虚假的弥赛亚》(Science：The False Messiah)，第四章，"机器的诱惑"(The Lure of Machinery)。

③ 一个明显的例外涉及发动战争的工具。在这一点上，一个国家表现出来的贪婪，就像它在发明其他东西时表现出来的勉强和迟钝一样。

大多数人反对改变他们的行为习惯，比起他们的信仰习惯来，更是如此。一个新观念只会让已接受的信仰动荡不安，否则就称不上是一个新观念。不得不说，新观念的产生，是特殊的私人行为。要评判现存的国家，我们有关一个国家可以问的最多的就是：它是否容忍私人行为，而不加以太多的干涉？能够组织生产和传播新观念、新思维方式的国家，可能会在某些时间内存在；但这样的国家，仅存在于信仰中，现实中尚未可见。当它来到的时候，必然是因为新观念的有益后果，成了共同的信仰和声誉。的确，即使是现在，人们也可能会说，国家提供安全保证，这是私人有效地从事发明创造必不可少的。但是，这项服务只是一个副产品；问题里提到的条件实际上是由公众维持的，从这一角度来说，国家所提供的条件与创新无关，是微不足道的。而且，如果注意到国家的核心事务并不愿意思考超出技术层面的创新时，它在某种程序上被抵消了。无论如何，因为一个国家极力赞美某一种感知，就期待公众能提升平均智力水平，是非常荒谬的。

然而，当一种行为模式变得古老和熟悉，当一种工具理所当然地开始使用的时候，不仅给其他习俗的追求提供了前提条件，并且往往成了一个国家的范畴。个人可以规划自己的小路，但公众关心的往往是高速公路。没有个人可以随意自由行走的道路，人类可能就像荒岛上的落难者一样。运输和交通工具不仅影响着那些使用它们的人，而且影响着所有以任何一种方式依赖交通的人，无论是生产者，还是消费者。广泛利用便利和迅速的交通，意味着越来越多的产品满足了遥远市场的需要，并且大规模的生产越来越被重视。因此，一个有争议的问题是：既然铁路和公路已经成为公共生活根深蒂固的基础，那么，它们是否应该由公共官员来管理？在何种意义上，官方调控的方法应该建立起来？

那种把古老的、已建的东西以统一形式的方式置于国家的管控之下的趋势，有着心理层面的支持。习惯有效地利用了智慧和肌肉的能量。习惯把智力从思想中解放出来，然后自由地思考如何处理新条件和新目标。然而，要干预一个已经建立的习惯，随之而来的是不舒服和厌恶。注意到无论什么都会循环发生的有效的自由，被情绪上想要摆脱烦扰的倾向加强了。因此，有一种常见的倾向，即试图改变已经高度标准化的和统一化的代表公众的行动和活动。那样的时代有可能会到来。那时，不仅铁路的操作和管理将变成常规化的，而且现存的机器生产模式会变得普通。结果，商人不会反对公共所有权，他们将大声呼吁它，其目的在于他们可以将自己的精力贡献给涉及更多新颖性的事务中来，获得更多的机会来冒险和获利。可以想象,他们即使在一个持续普遍私有化的政权之下,也不希望被日常的工作所打扰,而希望掌管公共道路。甚至是现在,公众接管货物生产机制的问题,并不是整体的"个人主义"和"社会主义"的对峙,更多的是管理中的实验和新奇之处对习惯和旧俗的比例问题;被看成是其他事情的一个条件,对其自身的运作十分重要。

公众的第四个标志被一个观念所表明,即儿童和其他无行为能力者(如精神病患者、永久需要帮助的人)是它特有的受监护人。当任何涉及交易的群体在身份上不平等时,他们之间的关系很可能倾斜的,其中一个群体的利益会被伤害。如果后果表现得很严重,尤其是如果它们似乎无法挽回的话,公众就会来承担责任。立法机构更注意限制童工的劳动时间而不是成人的,妇女的劳动时间而不是男人的。一般来说,劳工法通常是在违背自由契约作辩护时用的,基于的立场是:其中群体的经济资源如此不同,以至于缺少真正的契约条件;国家行为被用来形成一个讨价还价可以依据的标准。然而,工会常常反对这种"家长式"的立法,其理由是:与没有积极参与行动的劳工比较起来,为确保群体利益讨价还价而形成的自由的联合,对于涉及其中的人更好。出于同样的偏见,一般的反对意见认为,家长式立法倾向于通过保留童工的地位而使那些受影响的人无法保护他们自己。然而,这里的不同不在于身份的不同所引起的公共干预的不同,而在于保护和维持平等的最好方法不同。

有一个长期稳定的趋势,即认为孩子的教育应该是国家的义务,而不顾及孩子首先应该受家庭照顾的事实。但是,教育可能到达有效程度的时期是在孩子的童年。如果这一时期没有达到好的结果,将来是无法挽回的。忽视掉的东西,难以在日后补救。那么,在这个程度上说,教育和训练方法注定对整个社会群体有重要的影响。于是,其制定的规则影响和孩子及其父母的行为,那些没有成为父母的人所交的税收来维持学校的运作——尽管斯宾塞持有与之相反的观点。另外,忽视机器工业中安全因素和环境的污染状况,后果也是非常严重的,而且是不可逆的。所以,当代公众已经对安全和健康问题提出了异议。并且,旨在要求政府支持医疗保险和养老保险的运动,阐明的是同样的原则。对最低工资实施管控,仍然是一个有争议的,有关它的争论主要在标准的制定上面。事实上,生存工资对社会有如此严重的间接后果,但并不被各方直接关注,其原因在于:当下的需求不能使一个群体有效地进行讨价还价的交互行为。

我们的上述论述没有试图制定标准,让它以预定的方式被应用,确保产生预定的后果。我们也不打算预言国家行为在未来将会采取何种具体的形式。我们一直在做的，仅仅是指出公众行为区别于私人行为特点的一些标志。单独的个人与群体之间的交互行为形成了一个公众，这时，行为的间接后果——即它们的影响超出了直接涉足其中的人——就十分重要。虽然重要的观念并不会消除其模糊的状态，但我们至少指出了一些构成重要性的因素：无论对时间还是空间的深远影响，已固定的、统一的、重现的特征及其不可补救性。这些事物的每一个都涉及一个程度问题。没有一个明确的、清晰的被划出来的界限，就像潮汐退去后留下来的印迹一样，可以毫无疑问地指明，恰恰就在那个边界内，公众得以形成并有着巨大的自身利益，以至于这些利益必须由特殊的机构或政府官员来照料和管理。因此，总有余地可以争论。在个体创新、管理行为与国家监管行为之间的那个界限，必须通过不断的实践加以解决。

正如我们随后将要看到的那样，为什么要在不同的时间和不同的地点区分出差异来，这有不可忽视的理由。公众依靠行为后果和对后果感知的事实，表明了公众和政治机构在不同的时间和地点有着怎样的不同，以及这些不同的原因，尽管公众已形成一个国家要依赖建立和雇用专门机构的能力。有一种先验概念认为，个人的内在本质和有限性是一方面，国家的内在本质和有限性是另一方面，它们一旦合作，就会产生好的结果，这种假设是荒谬的。如果国家有一个确定的本质，就像它本来应该有的一样。如果它是被确定的，由因果关系的组织所形成，或者如果个体有一个本质，这个本质一旦形成就不受联合条件的影响，那么，逻辑上的结论就会是：个人领域和国家行为最终大规模地被分割。因此，这样一个理论不能达成实践上的解决方案，其失败在于它将行为后果强调成行为本质。这样的理论需要进一步的证实。

总之，我们应该明确地指出公众、政府和国家之间的关系究竟暗示着什么。①

---

① 此处是一个恰当的地方，对文本中出现的那些观点应该完全理解，但对被忽略的语词清楚地进行界定。要从功能的角度来理解"政府"（government）和"官员"（officers），而不是像它们在日常使用中，映入我们眼帘时，我们所熟悉的、指向某种特殊结构的含义。在功能的意义上，这两个词在应用时，比我们说到、讲到大不列颠或美国政府和官员的含义要宽广得多。例如，在家庭中，通常会有规矩和"头领"——父母，在大多数场合中，父亲是家庭利益的管理者（officers）。与其他社会形式相比，家庭有相对的独立性。"家长制的家庭"所表现出来的特别的集中，在所有的家庭中都较少地存在。同样的评论，也适用与公众相关联的"国家"（states）一词的使用。文本中关于现代境况所提出的假设，通常都是有效的。所以，对于那些说国家是一个非常现代的机构这种明显的指责，可以答复他们："现代性"是一种伴随国家这一名称的结构（structures）的属性，而所有的历史，或者几乎所有的历史，记录了类似功能（functions）的运用。涉及这些功能和它们运作的模式，无论使用什么词，都是为了"国家"这一简短词语的利益，就像我们可以自由地使用政府和官员一样。

有关这一点,一直有两个极端的观点:一个观点是将国家等同于政府;另一个观点认为,国家在本质上有它自己存在的必要,然后要建立某些机构去形成政府,就像一个人雇佣仆人并确定他们的职责一样。当依赖因果力量理论的时候,后一个观点是正确的。某些力量,无论是公意,还是集合起来的个人的私意,能使国家得以形成。那么,后一个观点作为第二种操作手段,就要选择特定的个人,通过他来行动。这样一个理论,能够帮助那些持有它以便保留国家内在神圣性的人。大量历史表明,那些具体的政治罪恶可能存在于错误的、腐败的政府的大门前,而与此同时,国家仍然保持着它的名誉不被玷污。国家对政府的认同具有的优势是:可把注意力集中在具体的、可观察的事实上,但是,它导致了统治者和人民之间无法逾越的距离。如果一个政府只靠本身存在,为自己存在,那么为什么还要有一个政府呢?为什么还要把对它的统治的忠诚和服从作为习惯坚持下去呢?

已经提出的假设,将我们从聚集于两种定义的困惑中释放出来。联合行为持久的、广泛的、严重的后果产生了公众。就自身而言,公众内部是无组织的、无形式的。通过官员和他们具体的力量,它成为国家。形成整体并通过官员代表来执行的公众,就是国家。没有政府,就没有国家,而且没有公众,也没有国家。官员仍然是单独的个人,但他们执行着新的、特殊的力量,而这些有可能被他们私人所利用。于是,政府就是腐败的、独断的。除了故意的贪腐,除了使用特殊力量谋取私人荣誉和利益以外,头脑的愚蠢和行为的傲慢、对于阶级利益及其偏见的忠诚,都被官员所在的位置强化了。"政治就是毒药",这是最好的、最聪明的、最有经验的华盛顿政治观察者的评论之一。另一方面,一个人所占据的位置也可能扩大他的视野,刺激他的社会利益。结果,他作为一个政治家,表现出与私人生活完全不同的政治特征。

但是,既然公众仅仅是依靠和通过官员及其行为形成一个国家,既然占据官方的职位并不会发生奇迹般的变化,那么,对政治行为中的愚蠢和错误,就没有什么好奇怪的,或者甚至是失望的。引起这一奇观的那些事实,应该阻止我们产生幻想,阻止我们期待可以跟随政治组织和方法的改变而产生非凡的改变。虽然这样一个改变有时会发生,但它的产生是因为产生新公众的社会条件为它铺好了路。国家通过给作用着的力量一个确定的行动渠道,而给予它们一个正式的封锁。认为"国家"的概念就像"本身"(perse)的东西,是能在本质上说明公意和理性的某种东西;借助这种东西,它们可以展现自己。从这些理论的角度看,它们在国家和政府中间制造了明确的不同:政府可能是腐败的、有害的,而国家会保持它固有的尊严和高贵;官员可能是卑鄙的、固执的、骄傲的和愚蠢的,但他们所服务的国家的本质却不受损害。但是,既然公众通过它的政府组成了国家,那么,国家就是它的官员的样子。只有依靠公民对官员进行持久的监督和批评,国家才能保持正直和有用性。

通过增加一些说明,讨论返回到国家和社会的关系问题上面。联合体里的个人之间的关系问题——有时作为个人与社会的关系问题被提出——是无意义的。我们不妨将这个问题比喻成字母表上的字母与字母表的关系问题。字母表是字母,而"社会"是个人之间的联合,在彼此的联结中。字母彼此的联合模式,明显是一个很重要的事情;字母结合到一起,组成词语和句子,除非在一些组合中没有意义。我并不是说,后者的陈述可以直接地应用到个体中,但不能否认的是,单独的个人存在和行为在持续和变化的联合体中互相影响。这些联合行为和它们的后果,不仅深刻地影响着单独个人的外部习惯,而且影响着他们在情感、欲望、计划和价值方面的倾向。

然而,"社会"既是抽象名词,也是集合名词。具体地说,社会、联合体和拥有众多成员的各种团体之间有不同的纽带,代表着不同的利益。这些组织可能是黑帮、犯罪团伙;可能是体育运动、交际和美食俱乐部;可能是科学和专业组织;可能是政治党派和其内部的工会;可能是家庭;可能是宗教派别、商业合作和公司,如此等等,没有穷尽的名单。联合体可能是本地的、国家范围内的,也可能是跨国的。既然除了它们无限的重叠以外,没有一个单独的东西可以称为社会,那么,所有称赞性的内涵都可以附着在"社会"之上。一些社会总体上被认同,某些方面被谴责,其根据是它们对参与其中的人们的性格和行为产生了什么样的后果,以及对其他人产生了哪些更遥远的后果。所有这些,像所有人类的事情一样,本质上是混合的;"社会"是一个需要被严格、无偏见地接近和判断的东西。某种"社会化"——也就是说,愿望、信仰和工作因为在一个联合行为里要被分享而本能改变——是不可避免的。但是,就像给轻浮的、沉迷于酒色的、狂热的、思想偏激的和有罪的人定性那样,也会给有能力的探索者、博学的学者和有创造力的艺术家和好的邻居定性。

将我们的注意力限定在我们想要的结果上时,表现出来的是:没有理由将本来是所有人类联合体产生和维系的价值归因给国家。然而,同样失控的是对思维趋势的概括和固定,从而导致一个一元化论的固定社会。这个理论超越了"社会"的实体化,并产生了对国家的理想化。来自任何一种联合体的所有价值,都习惯地被一群社会哲学家归为国家。自然地,结果就是将国家放在超越批评的位置上。于是,对国家的反叛,被认为是一个不可饶恕的罪恶。有时,神圣化来自一个特殊时代的需要,就像斯宾诺斯和黑格尔认为的那样。有时,它来自一个对公意和理性的先验信仰和随之而产生的需要,想找到一些绝对精神外化的实证现象。然后,这被循环逻辑所利用,作为这种精神存在的证据。我们所讨论的纯粹的重点是:国家是一种独特的、二级的联合体形式,有具体的职责和实施组织。

大多数国家在形成之后,和初级群体之间相互影响,这种观点是非常正确的。当一个国家是好的,从事公共事务的官员真正地服务于公众利益时,这种反射影响是非常重要的。它使得带有欲望的联合体更牢固、更紧密;间接地,它阐明了共同体的目标,净化了它们的行为。如果官员们对有害的组织持漠视的态度,那么,他们的任期就会变得危险。在履行这些服务的时候,共同体给予其重要成员以极大的自由和安全:它将他们从有破坏性的条件下解放出来,否则,他们就得自己处理这些条件,将在反对邪恶的斗争中消耗大量的精力和时间。它帮助个体成员合理地考虑他人会做什么,从而有利于结成有益的合作关系。这为他人带来了尊重,也实现了自我尊重。一个国家善的程度,就是它在多大程度上将个人从消极斗争和没必要的冲突中解放出来,赋予个人积极的信心和增强他们的担当。这是一项伟大的服务,没有理由吝啬地承认历史上的国家影响了群体和个人行为的转变。

但是,这种认识不可能在立法上转化成国家范围内所有的社群实行彻底的合并,也不能将所有的社会价值变成政治价值。国家所有的本质仅仅表明,公共事务的官员(当然包括立法者)行为的目的是固定一些条件,在其之下,任何一种联合形式都能运行;它的综合的特征,指的仅仅是行为的影响。一场战争,像地震一样,可能在后果里"包括"一个给定范围的所有元素,但这种包括是通过影响,而不是固有的本质或者权利。一个有益的法律,就像共同经济繁荣的条件一样,可能会正面地影响具体区域里所有人的利益,但不可能称之为被影响的元素都是整体的一部分。公共行为的自由和确定的结果,对比其他的联合体,也不能被理解成产生了整体理想化的国家。因为国家行为通常对后者是有害的。国家的主要职能之一,在于是否发动战争和镇压持有不同意见的少数派。而且,他们的行动甚至是善意的时候,也都根据生活在一起的人们的非政治形式而预先假定了价值。然而,这些形式被公众和它的组织扩充和加强了。

我们所支持的假设和已知的国家多元化的概念,有着明显的连接点。它同时表明了一个明显的不同点。我们关于多元形式的主旨是对事实的一个陈述:社会群体存在着多元化,像善、恶和冷漠。这并不是一个给国家行为限制了内在条件的主旨。它并不暗示着国家在安定不同群体间冲突的时候,只有着有限的功能,就像每一个组织都有他们自己固定的行动范围。如果这是真的,国家则可能仅仅是避免和纠正一个群体对另一个群体侵犯的仲裁者。我们的假设是中立的,是国家行为可以扩展到多远的一般性的暗示。它并不说明公众行为任何具体的政见。有时,一些人联合行为的后果是这样的,即当产生一个大的公共利益时,只有在组织内部进行大规模的重建,才能真正地为利益的实现创造条件。在教堂、工会、商业公司和家庭组织内部,并不比国家拥有更多的内在神圣性。它们的价值,应该被它们的后果所衡量。后果是随着具体的条件而变化的。因此,在某一时间和地点,大量的国家行动方式可以被标示,而在另一时间和地点,则采取静止和自由放任的政策。恰恰就像公众和国家随着时间和地点条件的变化而变化一样,国家所承担的具体功能也是一样。没有一个先前的、通用的立场能够被借鉴实施,因为一个国家的功能是有限的,应该被扩充的。它们的范围通过批评和实验来决定。

3. 民主国家

从思想、道德的角度来看,个体是行为的中心,而且很明显是这样的。人们受到来自社会的各种影响,从而决定了他们思考什么、打算什么和选择什么。社会影响相互抵触的因素只有在个人的意识和行为的层面上,才形成单一的、总括性的问题。公众产生以后,规律一直发挥着作用。这个规律通过特定个体的媒介来作出决定、达成协议和执行决定。这些特定个体就是政府官员;他们代表一类公众群体,公众只能通过他们采取行动。在像我们自己的国家中,我们说,立法者和执法者都是公众选举出来的。这个说法也许表明,公众是起作用的。但是,毕竟是个体的男男女女在行使着公民权利;公众在这里是一个集合的概念,代表一大群个人,每个人都作为一个无名的单位进行投票。然而,作为一个被选举出来的公民,每个人都是公众的官员。他作为公众利益的代表,表达他们的意愿,就像议员或州长那样。选民的投票也许表达了他想要获得私利的希望。选民通过选举某个人或者同意某项被提议的法律来表达利益的诉求,尽管被选举者在受托代表这些利益方面常常不能使选民满意。但是在这方面,普通选民与那些确定的受委托的官员没有什么不同，那些官员经常被认为背叛了公众委托给他们的利益，而不是忠诚地代表这些利益。

换个说法，每个公共官员，不管他代表公众时是作为投票者，还是作为政府官员，都有一个双重的职能。有关政府最重要的问题，就从这个事实中产生出来。我们经常谈及一些作为代表的政府官员与其他人不一样，这个观点是不对的。我们假定，所有的政府都是代表性的，因为他们声称，他们在个人或团体的行为方面代表公众的利益。然而，这里并不矛盾。那些与政府相关的人也是普通人。他们保留了人类本性的普遍特征。他们也有要服从的私利和特定群体的利益，以及那些他们所属的家庭、圈子和阶层的利益。很少有人将自己全身心地沉浸在政治功能中；大多数人能做到的最好的情形是：相对于他们的其他欲望，公共利益是占主导地位的。"代表性的"政府意味着，公众绝对是带着保障这种主导地位的意愿组织起来的。每个政府官员的双重身份导致了冲突，即在他们真实的政治目标和行动与非政治角色身份之间的冲突。当公众采取特定的措施，努力地使这个冲突最小化，进而让代表性功能超越私人的功能的时候，政治机构就被称作是代表性的。

可能有人会说，直到最近，公众才意识到他们自己是公众。所以谈论他们组织自身来保护和保证他们的利益，是很荒谬的。因此，国家是近期发展起来的一个概念。其实，如果我们使用一个严格的国家定义的概念，那么，难免与将任何历史久远的国度归属为国家的做法相对立。但是，我们所下的定义建立在国家所行使职能基础之上，而非在任何内在本质或结构性本性之上。因此，关于什么样的国家和民族才被称作"国家"，就几乎是一件字面上的事情。重要的是，要承认那些将不同种类的形式显著地区分开的事实。不管是否使用"国家"这个词语，我们反对仓促地对一个很重要的事实下定论。它表明，很长一段时间以来，公众身份对于那些行使其权力以达到其他目的统治者来说，是偶然附带的。虽然存在政府机器，但它在严格意义上讲，是受非政治性目的而被使用的，即是为了王朝的利益。因此，我们遇到了公众的基本问题：公众是否意识到自身在选举官方代表以及在规定其职责和权利方面被赋予多大的权重。对这个问题的思考，将引导我们进入对民主国家的讨论，正如我们即将看到的那样。

如果将历史作为整体看待，对统治者的选举及其权力配备，就是一件政治事务的事。被选举为法官、执行官和行政官的人，并非因为他们有服务于公共利益的能力而被选上。一些古希腊城邦和中国的考试系统显得与众不同，它们是对这个说法的例外。历史表明，统治者之所以成为统治者，是因为某个特权的职位不受明确的公共角色的支配。如果我们彻底地引入公众的概念，必须承认某些人因为独立于政治考量之外的一些特点，如天生适合成为统治者，这是毋庸置疑的。因此，在很多社会中，由男性的年长者实行那样的统治，只是由于他们是老人的事实。老人政治是一个众所周知和广泛存在的事实。毫无疑问，这里有一个推定：年龄是群体传统和具备成熟经验的一个标志，但几乎不能因此说，这个推定是有意识地给予老年人统治垄断地位的影响因素。不如说，由于他们拥有统治垄断地位，所以根据事实本身，他们拥有了这个统治权。这至少是最小的反对和抵抗的惯性原则发挥了作用，使习惯成为自然。某些方面显而易见，只有长长的灰色胡子的人，即老人具备获得政治权力的先天条件。

军事成就是影响人们选举统治者的一个不相关的因素。无论"军营是城市的真正母亲"是否正确，无论赫伯特·斯宾塞宣称的"政府发源于为了战争目的的酋长地位"是否正确，毫无疑问，在大多数社群中，一个人赢得战争的能力似乎命中注定他能够成为这个社会的民政事务管理者。没有必要去争论这两个职位需要不同的才能，以及在一个职位中有成就并不能证明适合担任另一个职位。这个事实仍然如此。我们也没有必要去寻找古代国家有效运行的证据。名义上的民主国家表现出同样的假定倾向，即一个胜利的将军有某种近乎神圣的政治事务的使命。有理由相信，政治家通常在煽动民众使其愿意支持战争方面可能是相当成功的，但在达成一个公正和持久的和平方面则缺乏行使职责的能力。但是，《凡尔赛条约》的存在表明，人事变动是多么的困难，即使情况彻底地改变了，需要持有新观点和不同利益诉求的人的时候，也是如此。"凡有的，还要加给他。"[1]人类本性会让人沿着最简单的路线去思考，而且无论原因是什么，当人们在国家事务方面需要强有力的领导者时会集中于那些已经重权在握的人，这一点会诱导人们。

除了老人和武士，医生和牧师也具有现有的、天然的统治者资格。在共同体的福利处于危险并依赖超自然生命恩宠的地方，那些擅长艺术的人，通过艺术表演来转移神的愤怒和嫉妒并获得上帝的欢心，这标志着这些人具有出众的能力来管理国家。然而，尽管赢得战争、擅长超自然艺术以及活至高寿在政权建立中具有标志性的意义，但从长期来看，最有决定性的是王朝因素。幸哉占有者

---

① 圣经，《马太福音》，第25章。——译者

（Beati Possidentes）。因为突出的地位和强势的权力被来自统治者所占据。地位上的卓越，很容易被当作优秀。神的恩宠依据职权，关照一个实施了足够多代统治权的家族，以至于该家族最初开拓的历史记忆变得模糊，或者成为传说。不会有人认为，随着统治而来的财富（emoluments）、繁华（pomp）和权力（power）需要被辩护为有理。这些东西不仅美化统治和给予统治以尊荣，而且被认为是获得统治地位的固有价值的标志。习俗巩固了意外事件可能引发的东西，已经建立起来的权力有使自身合法化的途径。通过与国内外其他有权势的家族的结盟，他们占据了大量的不动产、随行的朝臣侍从和使用国家的税收收入，以及实施许多与公共利益不相关的事情。这些东西在转移真正的政治功能为私人目的的同时，建立了王权的地位。

因为统治者的荣誉、财富和权力本身组成了攫取和开拓职权的邀约，随之而来的复杂情况导致这一原因发挥作用，引诱人们为名利而奋斗；这些原因以更多的吸引力，在政府权力的情况下发挥作用。换句话说，本来为服务于公共利益功能而需要的集权和职能范围成为诱饵，吸引国家官员促进私人目的。所有的历史证明，对于人类来说，铭记那些披着权力和华丽的外衣、名义上为了公共利益目的政府是多么困难。显而易见，他们使用他们的全副甲胄来促进私人和阶级利益是多么轻松。如果不诚实是唯一的或甚至是主要的敌人，那么，这个问题就会简单得多。草率地例行公事，惰怠于确保公共需求，追求身居高位的光鲜夺目，对直接和可见结果的欲求成为生活的重心。我们经常听到对当前的经济体制不耐烦的社会学家说："工业应该从私人控制中走出来。"可以觉察到他们的意图是：工业不应该再被追求私人利益的欲望所控制，应该为了生产者和消费者的利益而运作，而不是维护金融家和股票持有者的优势地位。但是，不知那些信口开河说这些话的人是否问过自己：要将工业交到谁的手里？交到公众的手里吗？但是，唉，除了独立的个体之外，公众没有掌控能力。关键的问题是让那样的掌控行为发生转变，让它通过注重社会目的而变得生气勃勃。没有什么魔法能够达成这一个结果。同样的原因导致人们利用集中的政治力量来服务于私人目的，这些原因会继续发挥作用，诱导人们为了非公共目标来使用集中的经济力量。这个事实并不代表这个问题无法解决，它能够指出问题出在哪里，无论问题的外观是什么样的。既然公众的官员有双重的性格和能力，那么需要什么样的条件和采取什么方法，才能使公众和政治角色具有洞见、忠诚和活力呢？

这些司空见惯的考虑,是作为讨论民主政府的问题和出路的背景而提出来的。"民主"这个词有许多含义。一些含义有着广泛的社会和道德意味,所以与我们直接的主题并不相关。但是其中一个含义是明显政治性的,因为它表示政府的一个类型、一种规定的实践,用以选举官员和规范他们的行为。这不是民主的不同含义中最鼓舞人心的;它在品格上相对特殊。但是,它包含了所有与政治民主有关的东西。现在构成政治民主的有关官员的选举及其行为的理论和实践,都是以刚才所暗指的历史为背景的。政治民主首先要努力地通过偶然的和非相关因素,抵消对统治权的决定性影响力,其次努力地抵消这样的趋势,即使用政治权力来服务于个人而不是公共目的。远离其历史背景来详尽地讨论民主政府,就是没有抓住要领,扔掉了所有明智地评论它的方法。采取明确的历史观点,不会违背重要的甚至是优先的、作为伦理理想和社会理想的民主主张。我们以这样一种方式限制讨论话题,以避免面面俱到,混淆那些需要有所区分的事物。

民主被视为在一连串运动中展示出来的历史趋势,这些运动在过去一个半世纪中影响了几乎全世界的政府形式。民主是一件复杂的事情。现在有一种说法,认为这些运动起源于一个轮廓清晰的观念,并且以一种不竭的动力向前推进,展开自身为一个注定的目的,不管是遇到胜利的光芒,还是受到致命的打击。也许,这个神话很少被保留在如此简单和未混合的形式中。但是,不管人们怎样绝对地赞扬或者谴责民主政府,也没有将它与替代性的政体进行比较。尽管很少见,我们还是会发现,即使是最精心设计的政治形式,也不可能具体地表达一些绝对的和无可挑剔的善(goods)。它们代表各种复杂的主张中的一种选择,实现那种特别的可能性,似乎有希望带来最多的善和最少的附带性的恶。

而且,这样的陈述过于简单化了。政治形式不是一劳永逸的。一旦完成,最大的改变在于,仅仅是一系列的变体和反应性调节的结果,各自对应自己特定的情境。回头看看,可能朝着一个单一的方向,作出一个几乎稳定的变化趋势。但是,我们再次重申:把凡是存在的(总是容易被夸张)结果归因于单一的力量或者原则,这无疑是一个神话。政治民主作为一种对许多情况的大量反应性调整的综合结果,这些情况中没有两两相同,但是趋向于融合成一个共同的结果。因此,民主的融合不是特定的政治力量和机构的结果。更不能说民主是民主主义的产物,是某种内在动因或者固有观念的产物。概括地说,民主运动的集合被发现于一些努力中,即努力补救由于先前的政治制度而经历的恶;民主运动一步步地前进了,在极大的程度上，在很多不同的鼓动和口号的直接影响下，每一步都不带着对任何最终结果的预知。

更重要的是，要意识到补救的努力增长的条件，还有使这些努力有可能成功的条件；这些条件在性质上，主要是非政治性的。由于恶久已存在，任何对运动的解释一定会提出两个问题：为什么不能及早作出为了改善的努力？而且当它们被提出的时候，为什么过去采取了那种形式？这两个问题可以在各具特色的宗教的、科学的和经济的变化中找出答案；这些变化最终会在政治领域生效，而它们自身根本上是非政治性的和没有民主意图的。大量的问题和广泛的观点及理想，在民主运动的过程中产生。但是，关于个人和个人权利性质的理论、自由和权威的理论、进步和秩序的理论、自由和法律的理论、普遍善和总体意志的理论、民主自身的理论，都没有创造这种运动。这种运动在思想中得到反映；一旦出现，就进入随后的斗争中，并且产生实际的效果。

我们坚称，政治民主的发展代表了大量社会运动的融合；这些社会运动中没有哪一个有自身的起源或动力，启发出民主的理想，或者规划出最终的结果。这个事实，使无关痛痒的赞歌和非难都建立在对民主概念性解释的基础之上，无论它们是真是假，是好是坏，都是在思想中反映现实。无论如何，发挥过作用的历史事件是那样的错综复杂，以至于阻碍了任何在这些历史中预演它们的想法，即使一个人拥有知识和能力（实际上没有）。然而，这里需要考虑两个显而易见的问题。在反抗现行政府和国家体制的过程中，这些最终在民主政治形式中达到顶点的事件深受政府恐怖的影响，怀着限制政府权力以防止它作恶的愿望，最后以民主政体代替它。

既然确定的政治形式与其他机构（特别是教会机构）有密切的关系，并且和刚性的传统和继承性信仰有密切的关系，反抗也就扩展到后者了。那么，恰好，反抗运动表达自身的知识性术语就有了消极的含义，虽然看上去是积极的。自由作为一个目的呈现自身，尽管它实际上表示从压抑和传统中解放出来。既然从理智上看，有必要为反抗运动寻求辩护，并且确定的权威是支持现有体制生活的。对于抗议民主而言，自然资源被诉诸某种从属于不可侵犯的权威。这样，"个人主义"生而具有天然的自然的权利。它是一种赋予个体独立于任何联合体权利的理论，除了那些为了他们自己的目的而故意形成的联系之外。

因此，限制政府权力的实践运动开始与约翰·洛克（John Locke）的学说相联系。该学说认为，进行限制的基础和对其的辩护在于先前根植于个人结构当中的非政治性权力。从这些原则出发，很快就得出这个结论，即政府的单一目的是保护天生有权利的个人。美国革命旨在反对已建立的政府，它自然地借用和扩展了这些学说，用它从意识形态上解释获得殖民地独立的努力。现在更容易作出想象，想象在对群体和其他非政治性联合体的权力的主张中，对先前政府形式的反叛会找到其理论表达。要求个体作为独立的和隔绝的存在，这是不符合逻辑的。在抽象逻辑中，主张一些主要的类群有国家不得非法侵入的要求，这就足够了。在那种情况下，著名的个人与社会的现代对立及其和解问题就不会产生。这个问题从形式上转变为定义非政治性群体对政治联盟的关系。但是，正如我们已经注意到的那样，可憎的是，国家在事实上和传统中密切地联系其他联合体，如宗教的（并通过它对家庭的影响力）、经济的（比如行会和公司），甚至与科学探索联盟和教育机构都有密切的相系。最简便的出路就是回到纯粹个体的时代，扫除所有与其天性和权力无关的社群，因为它们从自己的自愿选择开始，保证自己的私人利益。

这个事实很好地展示了这种运动的视野。哲学理论用与思维相一致的个人意识的形式，对自身或自我提出了要求，这是与政治理论对自然个体所发出的同一个要求，作为最高上诉法庭。洛克和笛卡尔学派无论在其他方面如何相互排斥，但在这一点上是一致的，其区别仅仅在于个体的感性或理性谁是第一性的东西。这个观点从哲学进入心理学，变成从内省的和内向的角度解释孤立的和绝对的个体意识。从此以后，道德的和政治的个人主义可以从原理上要求一个"科学的"辩解，并且使用心理学通用的术语——尽管从事实上来说，被要求作为它的科学基础的心理学是其自身的产物。

"个人主义的"运动在法国大革命的精彩记载中找到了经典的表述：它一举废除了所有形式的联合，理论上留下了纯粹的个人与国家相面对。然而必须注意到，如果不是又一个因素，几乎不可能达到这一点。新的机械器具的发明和使用，使新的科学运动成为可能——典型的是透镜——集中注意力于像杠杆和钟摆这样的工具上。尽管这些工具早就被使用了，但还没有在科学理论中形成重点。就像培根预言的那样，探究中的新发展，会在初期带来重大的经济变化。它通过机器的发明，偿付了工具的成本。随着机器在生产和商业中的使用，新的强大的社会条件以及个人的机会和需求产生了。然而，他们的充分表现受限于现有的政治和法律实践。法律规定如此地影响着对生活的各个阶段利用新的经济主体感兴趣的人，以至于阻碍和压制了生产和交换的自由运行。国家的现有惯例阻止了国家之间贸易的扩大，对国内工业也是一种束缚。重商主义的理论对国家的现有惯例有理智的表达，对亚当·斯密所写的《国富论》(*The Wealth of Nations*)中的见解明确地加以反对。内在地，有一个从封建主义继承而来的限制措施。劳动和产品的价格不是在市场中经过讨价还价来确定的，而是由法官设定的。工业的发展被阻碍，这种阻碍来自规定选择职业、学徒制、工人从一地迁移到另一地等方面的法律。

因此，对政府的恐惧和限制其权力运作的欲望得到有力的增强，因为政府对生产、服务及商品的新的流通部门的发展怀有敌意。经济运行也许是更具影响力的，因为它不是以个人及其固有权力的名义运作，而是以自然规律进行的。关于劳动发源于自然的需求并带来财富的创造，关于现在的禁欲是为了未来的快乐并有效地积累更多财富的资本创造，关于贸易竞争自由，关于供和需的规律等等，这些经济的"规律"都是自然规律的体现。它们处于作为人为、操纵的事务的政府法则的对立面。继承而来的传统仍然很少受到质疑，它是一个自然的概念，是一种威力巨大的东西。然而，较旧的形而上学自然规律的概念被变成一个经济概念；自然的规律根植于人性之中，调节着商品和服务的生产和交换。于是，当它们不受人为的即政治干预的时候，最有可能带来社会的繁荣与进步。流行的观点很少被逻辑连续性的问题所困扰。自由放任(laissez-faire)的经济理论基于对带来个人利益与社会利益相和谐的自然规律的信仰，很容易与自然权利的学说发生融合。它们有相同的实践性含义，它们的逻辑关系又是什么呢？因此，功利主义学派在经济学中支持自然规律的经济理论，但否认自然权利理论在个人与社会意见聚合具有影响力。

不同于实践，功利主义经济理论在发展民主政府的理论方面是一个重要的因素，值得我们花时间详细地论述。每个人都自然地寻求改善自己的命运，这只能通过勤勉来达成。每个人都是自身利益的最好裁判，如果能不受人为地强加给他的约束，他会在职业选择、服务和商品交换的选择上作出自己的判断。那么，除了意外之外，他将会通过衡量自己在工作中的表现、在交换中的精明应对以及生活的节俭中，促进自己的幸福。财富和安全感是经济利益的自然回馈。同时，勤勉、商业热情和个人的能力都能促进社会的善。在制定了自然规律、看不见的仁慈上帝之手的控制之下，资本运作和贸易操作只有遵循群体利益和个人利益协调发展的方向，人类社会才能不断地前进。可怕的敌人来自政府的干预。只有在个人意外或故意地——因为勤奋和能干者所占的有财产对游手好闲者是一个诱惑——侵犯其他人的自由和财产时，政府的监管才是必要的。这种侵占在本质上是不公正的，政府的功能是保障正义——主要是指财产保护和商业交易中的契约安全。如果不是国家的存在，人们也许会相互占用他人的财产。这种占用不仅对于劳动者个人来说是不公平的，而且造成财产的不安全，会打击所有人的积极性，进而削弱或破坏社会进步的动力。另一方面，这种国家功能的学说对于政府活动，也是一种限制。国家只有在行动起来保护正义的时候，才成其自身——刚刚所限定的这种含义。

这样构想出来的政治问题，本质上是发现和实施限制政府作为方法问题；该方法能够促使政府保护个体经济利益的合法职责，这种经济利益是人体在其生命和肉体的整体中所拥有的权利的一部分。统治者都想以最少的个人努力来占有财产，普遍具有贪婪的特征。如果只有他自己的话，统治者就会利用其行政职位所赋予的权力，任意地对他人的财富横征暴敛。他们只有保护私人的产业和财产不受到其他人的侵犯，才有可能获得更多的资源为自己谋利。于是，政府的基本问题就归纳为这样一点：作出什么样的安排，才能防止统治者以牺牲被统治者的利益为代价来推进他们自身的利益？或者用相反的话来说，即通过什么样的政治手段，能够使统治者的利益与被统治者的利益相一致？

答案是现成的，特别是在詹姆斯·密尔（James Mill）①对政治民主性质的经典阐述中可以找到。该阐述以官员的普选举、短期执政和频繁换届为重要特征。如果公共官员的职位及其俸禄依赖于市民，那么，他们的个人利益就会与普通大众相一致——至少与勤劳的和拥有财产的人相一致。被大众投票选出来的官员会发觉，他们之所以被选举出来，是因为他们在保护民众利益方面拥有的热忱和能力。短期执政和频繁换届会保证官员清廉履职，公民投票对其政绩作出判决。对选举的敬畏，能使官员谨慎为官。

当然，这种解释，我过分地强调了被强调过的东西。詹姆斯·密尔的论文写于1832年的《改革法案》（*Reform Bill*）通过之前。实际上，它是关于扩大选举权的论述。当时，选举权主要在世袭地主的手中，要扩大到制造商和商人手中。詹姆斯·密尔恐惧彻底的民主。他反对将公民权扩大到妇女身上。② 他所感兴趣的，是在将蒸汽运用于生产和贸易的影响之下形成的新"中产阶级"。他的态度在他的人生

---

① 亦译穆勒。——译者
② 这最后的立场，迅速地引发了来自功利主义学派首领杰里米·边沁的抗议。

信念中很好地表达出来了。他坚信,即使选举权向下扩大了,中产阶级"给予科学、艺术和立法本身最独特的装饰物,这些是精炼和提升人性中所有东西的主要来源,也是共同体影响力的决定性因素"。然而,尽管是过分强调,而且有它独特的历史动力,但这个学说仍然声称它建立在普遍真理之上;它提供了原则上的客观描述,这些原则证明走向民主政府运动是正当的。没有必要纠结于广泛的批评。这个理论所假定的条件和随着民主政府的发展而获得的进展之间的差异,不言而喻。分歧在于一个充分的批评。然而,差异本身表明,已经发生的事情不是起源于理论,而是在于不关注理论,以及没有考虑政治方面的因素;大体说来,蒸汽动力的使用适用于机械发明。

不过,独立的个人"依其本性",一种观点认为,在联合体外自然拥有权利,另一观点对比于政治法则是虚假的、有害的(除了被小心地列为次要地位的时候)来说,认为经济规律是自然的。如果将这两种观点看作是闲置无用的,将是很大的错误。这些观点并非徒有其名。虽然它们没有推动运动朝向平民政府(popular goverment),但是确实深刻地影响了运动所呈现的形式。或者,这样说也许更好:相对于他们宣称的情况而言(民主国家的哲学主张加强了这种观点,并施加了更大的影响),这种理论可能在事实上更忠于维持旧有的情况。结果是对民主形式的一种歪斜、偏离和扭曲。将"个体的"问题放入总体的论述中,论述必须被后来的要求所修正。我们可以说,这个新哲学所集中的"个体的",其实正是他在理论上被拔高,而在事实上处于下降的过程中。至于声称政治事务从属于自然力量和规律,我们可以说,实际的经济情况是彻底人为的产物,从那种理论声讨的人为的意义上说。它们提供了人造的工具,通过这些工具,新的政府机构被控制和用来满足新商人阶层的欲望。

这些论述都是正式的和彻底的。为了掌握可理解的含义,必须在细节上展开它们。格雷厄姆·华莱士在他的《伟大的社会》(*The Great Society*)的第一章前面,引用了伍德罗·威尔逊(Woodrow Wilson)如下的这些话[来自《新的自由》(*The New Freedom*)]:"过去和自从历史开始以来,人作为个体与其他人相互联系——今天,人的日常关系主要是与非个人组织的关系,而不是与其他个人的关系。现在无异于一个新的社会时代、一个新的人类关系的时代、一个新的人类生活的戏剧。"如果我们认为这些话包含了部分的真理,那么,它们表明,个人主义的哲学在适应新时代的要求方面是多么的不称职。它们暗示了这个理论是什么意思:一个拥有欲望和要求并被赋予远见、审慎和促使自身更好的个体被形成的时候,就是个体对于社会发展的方向影响甚微的时候,也是机械的力量和巨大的非个人组织决定事情发展框架的时候。

"过去和自从历史开始以来,人作为个体与其他人相互联系"这句话是不对的。人们在生活中总是相互联系在一起的,共同行为中的关联影响了他们作为个体相互之间的关系。我们只要回想人类关系在多么大程度上被直接或间接地起源于家庭的模式,就足够了;即使处于王朝时候的国家,也是如此。但是,事实上,威尔逊先生持有与此相反的观点。早期的社会组织,主要是被库利(Cooley)先生称为"面对面"的那种类型。① 那些重要的、真正在形成情感和理智的倾向中起作用的,是当地的、相邻的且经常可见的群体。如果处于同一个群体,人类直接以他们在情感和信仰上所意味到的方式分享群体经验。对于日常生活而言,政府(即使是专制的政府)是遥远的、陌生的机构。除非它通过习俗和公共法则进入人们的生活中。无论它们的控制范围多么广阔,不是它们的宽阔度和包容性在起作用,而是直接地身处当地之感。基督教仪式其实真的是既普遍又私密的事情。但是,它并非通过它的普遍性进入大多数人的生活,就他们的想法和习惯而言,是通过一种直接的仪式和圣礼来达成的。运用到生产和商业中的新技术,引发了一场社会革命。缺乏目标和远见的当地共同体发现,他们的生活被遥远的、不可见的组织所控制;后者的活动范围是那么广泛,他们对于面对面群体的影响是那么普遍和持久,以至于说"一个人类关系的新时代"毫不夸张。蒸汽动力和电气化创造出来的伟大的社会,也许只是一个社会,但不是共同体。人类联合新的、相对非个人的和机械的模式对共同体的入侵,是现代生活中突出的事实面。在这些集合的活动方式中,共同体在最严格的意义上,不再是由意识层面上的志同道合者组成,也无法进行直接的控制。然而,它们是形成中央和地方政府的主要因素。对它们进行控制,目的在于要使这些国家的政府成为民主的或大众的代理者(从词汇现代的意义上说)。

那么,一个涉及那么多淹没个人行动在遥远的和不可及的集体行动的运动,为什么能够反映在个人主义的哲学中呢? 这个问题没有完整的答案。然而,有两个因素是明显的和重要的。一个因素是:新的社会条件牵涉到释放之前所蕴藏的人类潜力,尽管它们的影响对于共同体来说,是扰乱性的;但对于个人来说,是起解放

---

① C·H·库利,《社会组织》(*Social Organization*),第 3 章。

作用的。它的压制性一面隐藏在未来不可穿透的迷雾之中。更正确地说,压制性的一面对群体的影响即使在更早的半封建条件下,也是消极的因素。既然他们无论如何不怎么有价值,作为传统的抽水工和伐木工,只出现在农奴制的法律意义上;新经济条件对劳动大众的影响,大多不引人注意。正如经典哲学中公开的那样,作为满足共同体生活的基本条件的临时工而不是其中的成员,这仍然有效。只有逐渐地,当这些影响才会变得明朗;到那时,他们获得了足够的力量——成为新的经济制度中足够重要的因素——来获得政治解放,并且因此出现在民主国家的形式中。与此同时,对于"中产阶级"、制造者和商贸易群体,解放的效果是显而易见的。尽管物质需求的创造力和使之满足的能力并没有提高,但是限制释放权力、给予机会以获得财富和享受成果,却是目光短浅的行为。主动性、创造性和先见之明被激发出来和被确认。这种对新权力的表现,在一个大的范围里吸引了关注,结果导致个体价值的发现。这种力量习惯成自然,并在潜意识中发挥作用。对于习俗的破坏引人注目,成了"潜意识"的行动,反倒无人注意必要的和持久的联合模式。自愿归属的新模式独占了思想主流,并垄断了被观察的范围。"个人主义"的学说阐述了在思想和目的中什么是核心问题。

另一个因素是类似的。在新权力的释放过程中,个体从一大堆旧的习惯、规则和制度中解放出来。我们已经注意到,被新技术变为可能的生产和交换方法如何被旧政权的规则和习惯制约。那时候,后者感受到有不可忍受的限制性和压制性。因为它们阻碍自主的商业活动自由地进行,所以是人为的和束缚的。为了从它们的影响之下解放出来的抗争,被等同于个人自由;在激烈的抗争中,联合体和机构被指责为自由的敌人,除了当它们是个人协议和自愿选择的产物的时候。实际上,未被触及的联合体的许多形式仍然很容易被忽略,仅仅因为它们是理所当然的。其实,任何触动它们(尤其是对已有财产的家族联盟和合法机构的现成形式)的努力,都被看成是破坏性的,是不允许的。把政府的民主形式识别为这种个人主义很容易。选举权代表着对迄今为止潜能的释放,而且至少在表面上,代表了在个人意志的基础上塑造社会关系的力量。

民众的选举权和服从多数的规则提供了对个体形象的想象,在他们自由自在的个人主权中组成国家。对于追随者和反对者来说,它一样呈现了这个景象,即粉碎已有的联合,成为原子的个人的欲望和意愿。这些力量是微不足道的,它们源自联盟组织和机构性组织,在表面之下控制正式由个人产生的行为。普通思想的本质是:理解外部场景,并将其作为现实。"自由的人"根据个人的意志去投票,决定他们生活在其之下的政治形式。熟悉"自由的人"的场面的赞词是这种趋势的标本,将任何容易看到的东西作为局势的全部现实。研究物质的自然科学成功地挑战了这种观念,而在人类事务中,它仍然发挥着充分的威力。

大众政府的反对者并不比它的支持者更有先见之明,尽管他们在对个人主义结局(社会的瓦解)的前提设想时展示出更多的逻辑意识。卡莱尔猛烈攻击仅仅由"金钱关系"维系的社会概念,是广为人知的。他认为,这将不可避免地走向"无政府状态加治安官"的社会。他没有看到新的工业政权锻造的社会关系,如同那些正在消失的、更广泛的关系一样的刚性——是不是欲望的关系,是另一回事。麦考利(Macaulay)是辉格党的唯理智主义者,他坚持认为,将投票权扩大到大众的范围,一定会引起无财产的民众掠夺性的冲动,他们会使用新的政治力量来掠夺中产阶级或上层阶级。他补充说,尽管不再有这样的危险,即人性中文明的部分被野蛮和残暴的部分压倒,但有可能在文明社会内部产生毁坏它的弊病。

我们偶尔会持有其他的信念,即在经济力量的运作中,有一些固有的"自然"和参与经济活动中应当服从"自然法"的东西,相对于政治制度的人为状态而言。这种自然个体观点认为,其自身单独拥有成长的需求,根据自己的意志消耗能量,具有现成的远见和深思熟虑的能力。这是一种心理虚构,就像在政治学中个体拥有先占权力的虚构一样。自由主义学派十分重视欲望,但是对于他们来说,欲望是一种有意识的东西,直接指向一个已知的快乐的目标。欲望和快乐是公开的和正大光明的。如果思想总是在明媚的阳光下,那么,就没有遮掩的深处,没有死角和隐瞒,没有秘密的东西。它的运作好像是一场公平的象棋游戏中的棋子,行走于棋盘,它们是公开的;游戏者没有作弊;位置发生变化的时候意图明显;根据所有事先已知的规则交换位置。计算和技巧,或者迟钝和拙劣,决定了最终的结果。思想是"意识",意识是清楚的、透明的,是自我显现的媒介,在其中,需求、努力和目的都被毫不扭曲地表露出来。

今天,人们普遍承认:行为是从条件出发的,而条件往往在不被关注的情况中;它们被发现和揭示,只能通过比在物理现象中包含的隐蔽关系更为严格的调查。人们不那么普遍承认的是:隐含行为的基本情况和变化规律是社会的,也是有机的;就表现差别的需求、目的和操作方法而言,它比起有机的更为社会的。意识到这个事实,很明显,"自然"的经济处置和法律所假定的欲望、目标和满足的标准,都是有赖于社会条件状况的。它们是对有传统习俗的单个人的反映;它们不是自然的,也就是说,它们不是"天生的"。它们反映了文明的状态。如果可能的话,更真实的是:工作的完成和工业运行的形式是文化累积的产物,而不是个人在自身结构中原来就有的。很少有人类活动被称为工业,直到手工工具产生之后才开始积累大量的财富,而手工工具的形成是一个缓慢传承的过程。从手工工具发展到机器生产,是工业时代最典型的特征。这只有通过利用科学进行社会积累和文明传承,才成为可能。使用工具和机器的技术与需要习得的东西是同等的;没有自然的赋予,只有通过观察别人的行为,通过教学和交流而获得。

这个伟大的事实用这样的语言,显得蹩脚而苍白。当然,人类有一些有机的或天然的需要,比如需要食物、保护和伴侣。固有的结构在保护外部目标中促进这些需求,通过这些目标,需求得到满足。但是,唯有工业能改变朝不保夕的那种生活状况——通过收集可以食用的植物和动物,还要靠运气——低等类型的野蛮产生于残酷的条件中。严格地说,它们甚至不能改善这个贫乏的状况。因为无助的婴儿期现象,使得即便像那样的原始政权也必须依赖于联合行动,包括最有价值的帮助形式——学习他人。如果没有火、武器、编织物品的使用,以及所有涉及交流和传统东西的使用,原始生产还能成为什么样呢?"自然"经济的创造者所考虑的工业政权,假设了所需要的工具、材料、目标、技术和能力等成千上万种方式,也都依赖于联合行为。于是,这种学说的创造者使用了"人为的"(artificial)这个词,说明这些东西都被深深地打上了人造的烙印。他们真正想要的,是改变习俗和制度。那些致力于推进新的工业和商业的人的行动结果,导致一系列新的习俗和制度的产生;后者是一种广阔、持久的联合生活模式,如同被它们所取代的东西一样,然而在范围和力量上则更甚。

这个事实对政治理论和实践的影响是显而易见的。实际运作的需求和意愿不仅决定了联合生活的功能,而且重新定义了这种生活的形式和内容。雅典人不买星期日的报纸,也不在股票和证券上做投资,也不需要汽车。我们今天在极大的程度上,也不需要艳丽的装扮和漂亮的建筑环境。我们多半既可满意于化妆品的装饰,也可满意于丑陋的贫民巷,并也可满足于同样破陋的宅邸。我们并不"自然地"或者有机地需要它们,但就是想要它们。即使我们不直接需要它们,实际上还是需要它们。因为它们就是那些我们一直想要的东西的必要结果。换句话说,一个共同体需要(在需要的唯一可理解的意义上,是有效的需求)教养或愚昧、可爱的或卑鄙的环境、火车或牛车、股票或证券、经济利润或艺术,按照社群活动习惯性地把这些东西呈现给他们,尊敬他们的需求并提供获得它们的方法。但是,这只是事情的一半。

直接满足需求的目标的社群行为,不仅产生出这些目标,而且使习俗和制度得以形成。间接的和意外的结果,通常比直接的结果更加重要。认为新的工业政权会产生公正,并且在大多数情况下,只有这些有意识预见和锁定目标才有的结果,这个谬误是另一个谬误的对应物,即认为它特有的需求和努力是"自然的"人类的功能。它们产生于制度化的行动,并导致了制度化的行动。在工业革命的结果和那些参与其中的人们有意识想要的结果之间的差异,是联合行为带来的更重要的非直接结果,它胜过直接盘算的结果,超乎想象。它的结果是那些广泛的、不可见的人类联系的发展,那些"伟大的非个人因素——社会组织",现在无处不在地影响着每个人的思维、意志和行为,并且开创了"人类关系的新时代"。

同样没有想到的,是大规模的组织和复杂的交往对国家的影响。我们已经标准化了可交换的单位,取代了被理论所预想的独立的、自行驱动的个人。人们联合起来,并不是因为他们自愿选择在这些形式中被联合,而是因为巨大的社会潮流把他们汇聚在一起。在地图上标示政治边界的红绿线,影响了立法和司法的活动,但铁路、邮政和电报却无视它们的存在;后者更深刻地影响了生活在合法的当地单位内的人,比起那些生活在边界线外的人来说。当今经济秩序的联合行为的形式是那么的普遍和广泛,以至于决定了公众最重要的组成部分和权力的所在。不可避免地,它们伸手要掌握政府机构;它们是立法和行政中的控制因素。这主要不是因为深思熟虑有目的地追求个人利益,尽管个人利益的作用非常大;而是因为,它们是最有能量的和拥有组织的社会力量。一句话,这归功于现代经济政权的联合行为的新形式控制了现代政治,正如王朝利益控制了两个世纪之前的政治一样。它们对思想和欲望的影响,比以前改变国家利益的影响更大。

我们似乎说过,对旧的法律和政治制度的取代是几乎彻底的。总的来说,这是一种明显的夸大。一些最基本的传统习惯几乎一点儿都没有受到影响。提到财产制度,就足以说明问题。"自然"经济学的哲学天真地忽视财产的法律地位对工业和商业的影响,以及以这种方式将财富和资产在后者曾经存在过的法律形式中等同起来。今天看来,这份天真几乎是难以置信的。但简单的事实是:技术工业的运行没有任何程度的自由。它在每个时间点上,都被限制并偏离了方向;它从未沿着自己的轨迹发展。工程师的工作要服从于经理,而经理的基本关切并不是社会财富,而是自身的财产利益,如同封建和半封建时代中那样。那么,"个人主义"哲学家真正预测到的一点,就是他们没有预测到任何事情;他们不过是澄清和简化了已有的习俗,即坚持政府的主要任务在于保护资产利益的安全。

现在指向技术工业的诉状的一大部分,可以用来批评从前工业时代继承而来的法律制度。然而,笼统地将这件事等同于私人财产问题,让人感到困惑。可以想象,私人财产也许将进行社会化运作。它在一个相当大的程度上能够做到不偏不倚,否则,它一天也不会得到支持。它的社会效用掩盖了现实生活中存在的大量严重的社会负效用,或者至少抵消了我们对它的坚持。真正的问题,或者至少应该首先解决的问题,是私人财产制度在法律和政治上运行的前提条件。

因此,我们得出了结论。带来民主政府形式、普遍选举权、多数投票选举执法者和立法者的力量,同样阻碍了社会和人文思想的产生;而其前提是:需要将政府作为包容的、友好的联合大众的真正工具来运用。没有哪个政治机构配得上"新的人类关系的时代"。在很大程度上,民主的公众仍然是未充分发展和无组织的。

4. 公众的遮蔽

时至今日,对民主的乐观已然受到了质疑。我们已经很熟悉那些贬损和批评,然而,它们用一种愤怒的、歧视的语调揭示了:它们其实是情绪化的产物。这些贬损和批评所犯的错误,和早期赞扬犯的错误一样,都假定民主是观念的产物,是单一的、恒久不变的目标。卡莱尔并不推崇民主,但是在某一时刻,他清醒地说:"因为有了印刷机,民主是必然的。"他还补充说:铁路、电报、大规模生产制造的发明,以及城市中心人口高度密集出现以后,某种形式的民主政府按人们惯常的说法,变得"不可避免"。政治民主以它今天存在的形式,招来大量严厉的批评。但是,这些批评除非意识到民主政府所处的具体环境,否则仅仅是一种抱怨和怒气,或者是一种优越感的宣泄。所有睿智的政治批评,都是有相对性的。它处理的不是"全盘皆是"或"全盘皆否"的情况,而是带有实践上的选择性。那种绝对的、不加区分的观点,不论赞扬还是批评,仅仅表明它是一种情感的狂热而非思想的光辉。

美国的民主政体是由真正的共同体生活发展而来的,也即地方性的小型中心区的联合体,它们以农业为主要产业,以手工制造为主要的生产方式。它形成于英国的政治习俗和法律制度在拓荒条件下的应用。这种联合体的形式是稳定的,即使其组成部分是流动的和迁移的。拓荒条件重视个人的努力、技能、智慧、创新和适应性，以及邻里之间的交际。镇区或那些再大一点点的区域，是最小的政治单元。乡镇会议是政治媒介。道路、学校和社区的和平，是其政治目标。每个州都是这些小单元的总和，国家则是所有州组成的联邦国。除非凑巧，这是一个邦联国。创始者的想象，与在一个自治共同体的集合里什么可以被实现、什么可以达成理解，距离并不太远。为选举联邦的"首席执行官"所设的组织结构，就是能说明问题的证据。选举团（electoral college）假设，公民们能够先从本地区选举出最杰出的一些人；这些人聚集在一起共同商议提名一个大家所熟知的，以正直、公共精神和知识丰富而闻名的人。这一设计很快被弃之不用，我们可以从中看出，之前预想的那种局面是多么短暂。创始者们一开始的梦想就不现实：总统候选人（presidential electors）的名字对于广大投票者是全然陌生的，他们在一个安排好的、多少有点私人性质的党派会议上投票；选举团则是一个完全没有人情味的登记机构。结果，这成了一种背叛，背叛了一开始设想的运用个人的判断。这才是整个过程的重点。

我们的制度得以形成的这种区域性条件，以公共教育系统为例，它所表明的是明显"无规则的"。任何一个试图向欧洲人解释它的人，都明白这是什么意思。别人会问，比如，这一制度下面是什么样的管理方法，开设了什么样的学习课程，以及什么是权威的教学方法。这名美国人会回答：在这个州，或者更有可能的是在郡县，或者乡镇，或者甚至被称为街区的某个地方，这些问题是这样那样的；而其他一些地方，事情又是这样那样的，等等。外国人可能会认为，这个美国人在试图掩饰自己的无知；而事实上，确实需要运用真正百科全书式的知识，才能完整地陈述这个问题。要作出恰当的、概括性的回答，是不可能的。明智的话，则不可避免地要诉诸历史性陈述。早在还是小殖民地的时候，那里的居民很可能事先就彼此认识，在几乎荒凉或者相当荒凉的地方定居着。出于利益考虑和宗教传统的原因，人们希望他们的孩子至少知道如何阅读、写作和计算。极少的家庭请得起家庭教师，于是某一个地区的邻里之间（在新英格兰这些地区，甚至比镇区还小）组织起来，成为一个"学区"。他们找人修建教室，有时是自己出力；他们组成委员会雇佣教师，教师的工资由税收来支付。习俗决定了学习课程的有限性，传统决定了教师的教学方法，但这一切被可能运用的教师个人的洞察力和技巧改变了。后来，这些地区的荒野渐渐地被征服，高速公路连接成网，随后是铁路，原来分散的共同体联结了起来。大城市出现了，学习内容变得更加广泛，教学方法更仔细地被审查。作为更大一级的政治单元——州，而不是联邦政府——可以给学校提供经过培训的教师，他们的任教资格都要经过认真的调查和测试。虽然要服从州立法机构（不是国家）强加的、某些一般性的条件，但地方性的管理和控制还是主要的。共同体的模式变得更加复杂，但是并没有被摧毁。这一情况对我们从英国那里借来的政治制度的重新形成和向前发展，似乎有着巨大的指导意义。

概括说来，我们已经继承了地方镇区会议的实践经验和理念。但是，我们生活、行动及存在于一个大陆的国家。我们聚在一起，不是靠政治的纽带，政治的形式在不断地延伸，法律制度以一种权宜的和即兴的方式处理着必须解决的问题。政治结构加固了以前只有非政治的工业化洪流能通过的各种渠道。铁路、交通运输、商业、通信、电报和电话、报纸，创造了人们的观念和情感的相似性，推动这个国家成为一个整体向前进，因为它们创造了人们之间的相互交流和相互依赖。早期没有预料到的是：这样的国家（不是军事帝国），竟然能拥有这样广阔的面积。像美国这样每个州号称自治的联合国家，包含这样大量的、种族上如此不同的人口，这种概念曾经似乎是最疯狂的幻想而已。以前对它的设定是：疆域不能大于城邦国家，并且只包含同一种族的人口。对柏拉图和后来的卢梭来说，这似乎是不证自明的——一个真正的国家，不可能超出其中的人们能互相熟识的范围。我们这种现代的统一国家，要归因于技术应用的结果，即技术为观念和信息迅速而又自由地流通提供了便利，在人们中间产生了持续的、复杂的交互活动，远远地超出了共同体面对面的限制。相比之下，政治和法律形式显得如此零碎和滞后，蹒跚着努力地适应工业改革。距离的消灭，等于消灭了实体政治机构存在的基础，呼唤着政治联合体新形式的产生。

因为它获得成功的几率如此之小，这个进程令人产生巨大的好奇。涌进这个国家的移民非常多，又非常不同。早期为吸收他们所创造的条件很可能干扰了表面上的统一性，就像外族人迁移性地入侵曾经干扰了欧洲大陆的平衡一样。无法获得一个切实发生的、精确地应用过的方法加以借鉴。既然机械的力量已经发生作用，那么就算结果是更机械的而非生机勃勃的，也没有理由惊讶。将大量不同的人口作为一个新元素予以接纳（这些人在国家内部常常彼此充满敌意），使得就算把他们融合成一个整体只是一种外在表现，也是一个极其了不起的壮举。在很多方面，巩固统一变得既迅速又无情，以至于忽视了不同类型的人们可能会贡献的不同价值。政治一体化的创举，也促进了社会和文化方面的统一，这是一种越来越趋向中庸的标准。观点就像外在行为一样，被统一化了。拓荒者的秉性和喜好迅速地消失了，沉淀下来的，如同人们常常提到的，只存在于原始西部的传说和电影里。白芝浩（Bagehot）称这样的现象为一个靠不停地加速而形成的"习俗蛋糕"（the cake of caustom），这块蛋糕不但没有膨胀起来，而且湿湿黏黏的。可见，大批量生产不局限于工厂。

这种完全为结果而设的完整性，使早期民主政治的批评者们感到震惊和迷惑，就像早期民主政治的支持者如果从天上俯瞰现在的情景，也会惊讶一样。批评者们所预言的，是不完整和不稳定的。他们预见新社会的分裂，会像消融成互相排斥的不稳定的沙砾。他们严肃地将个人主义理论看作民主政府的基础。对他们而言，像古代时期那样将社会分化成阶层，每个人根据自己的固定位置去承担他必要的社会责任，似乎是稳定的唯一保证。他们不相信没有这种体系压力的人们能够聚在一起，组成统一体。因此，他们预言了政权的不断变动，即为个人组成党派，攫取权力；当新的临时组成的党派变得更强大时，又失去权力。倘若实际情况证实了这种个人主义的理论，则毫无疑问，他们是正确的。但是，就和个人主义理论的创立者一样，他们忽视了能够形成统一的技术力量。

尽管获得了统一，公众似乎在这一过程里被丢失了；也或者由于公众自身的本质原因，它被丢失了。这当然是令人迷惑的。[①] 政府、官员和他们的活动，对我们来说，显而易见。立法机关制定法律，同时又大量地舍弃它们；下属官员忙于实施其中的一些法律，而这是一场失败的斗争；法官们尽可能处理日益增长、堆积在他们面前的诉讼案。但是，被假定由这些官员们代表的公众到哪去了？公众比地理名词和官方名称要多出多少？仅仅在美国，俄亥俄州，纽约州，这个郡县或者那个城市，公众又是什么？就像一个愤世嫉俗的外交官曾经把意大利称为"一个地理学的表述"一样吗？哲学家们曾经试图在各种性质和特质中提炼出一种本质，因为这些性质和特质中可能存在内在固有的东西，由此而获得表面上不具有的、概念上的稳固性和恒定性。所以，哲学从我们的政治"常识"中提炼公众的目的，也许只是为了支持和拥护官员们的行为。因为要是没有公众的存在，我们不禁要绝望地问：官

---

① 参看沃尔特·李普曼（Walter Lippmann）的《幻影公众》（*The Phantom Public*）。我受惠于这本书和他的《公众意见》（*Public Opinion*）良多，特别表示谢意。不仅是因为他讨论了这个特定的主题，而且是因为在我整个讨论中所涉及的那些受他启发，但却与他分道扬镳的观念。

员怎么能成为代表公众的官员呢？但是，如果公众确实存在，它肯定对自己身处何处毫不确定，就像自休谟以来的哲学家对于自我的栖居和自身的构成不确定一样。相比本该好好行使自己神圣的选举权的选举者人数，利用它们的人数正在稳步地减少。真正投票的人和有资格投票人的比例，现在是二分之一。虽然在某种程度上偏向疯狂的呼吁行为和有组织的努力，但是让投票人认识到他们的优势和责任，至今为止，看起来还是失败了。一些人宣扬所有政治的无能，更多人宣扬有节制地参与非直接的行动。对投票有效性的怀疑论被公开发表出来，不仅是用知识理论的方式，而且是用粗俗的大众言语："投票或不投票有什么不同吗？事情无论如何还是按同样的方式进行。我的投票永远改变不了什么东西。"具有反思精神的一些人还会补充道："这仅仅是一场有人得势、有人失势的战争。选举造成的唯一不同，就是谁得到了工作、拿到了工资、分到了政治权利。"

那些更喜欢概括的人断言，政治活动的整个体系就像一种保护色，掩盖着大财阀归根结底掌握着政治实权的事实。商业就等于日常生活秩序，任何想要阻止它或者让它偏离航程的努力，像帕廷顿（Partington）夫人试图用扫帚回收大海的潮汐一样，是无济于事的。如果将经济决定论这一信条解释给大多数拥有这种观点的人听，他们会声称自己非常震惊。但是，他们的行动在实际上，正是依赖这样的信仰。对这种信条的接受，不仅仅限于激进的社会主义者。它还暗示在那些有大的商业利益和金钱利益的人们的态度里，虽然他们将社会主义者贬低为破坏力强的布尔什维主义者。因为他们坚信，"繁荣"——一个被抹上宗教色彩的词——是这个国家最大的需要。这些人是"繁荣"的提出者和捍卫者，因此靠拥有权力，他们是政治组织的决定者。他们对社会主义唯物论的否定，仅仅是因为后者想要物质生产力和福利的再分配，而不是为了满足当权者。

无论公众这一概念存在何种问题，在提到名义上代表它的政府时，它的不恰当被展示在已经发展壮大的、超越法律的代理机构里。作为中间人的这一群体，最接近日常政治事务的管理。比较 18 世纪涉及描写党派的文学作品和如今被政党统治的状态，是很有意思的事情。党派之争，被所有思想家谴责为政治稳定的主要敌人。谴责的声音回荡在 19 世纪早期美国作家关于政治写作的各种作品里。而现在，以政党的名义扩充和巩固党派，不仅是理所当然的事情，民众也想象不出别的办法来选举官员和处理政府事务。这种集权运动已经达到相当的程度，即任何第三个党只能处于一时的、不稳定的状态。每个有私人意识的个人，不是靠个人意愿来作出有效的选择,而是浪费了公民拥有神圣权利的机会,投票给几乎完全陌生的人;这些都是党员会议这一早就有了政治倾向的秘密机器,精心地为他们完成的选择。那些宣称似乎有能力在两票之间作出选择的人们,看似正实践着高度的自由。但是,这不是个人主义信条的创立者们苦思出来的自由。"自然界里没有真空。"当公众变得像今天一样不确定和模糊不清时,他们远离了政府,老板们就会用他们的政治机器来填补政府和公众之间的真空。能拨动琴弦使老板们闻之起舞,能产生力量来推动机构运作的人,这只是一种推测出来的事物,无案可查,除了偶尔公开的丑闻以外。

然而,就算不提大财阀演奏曲子、拨动琴弦让老板们跟着起舞这样的论断,当前政党在很大程度上确实不是政策的创造者,这是真实的情况。因为政党忙于适应各种社会潮流,而不考虑他们所声称的党的原则。就像一个周刊中所写的:"自从内战结束以来,联邦法规里所有那些重要的条款都不是针对这些问题采取全民选举来实现的,都无法区分两大主要政党。"公务员制度改革、铁路监管制度改革、参议员普选改革、国家税收改革、女性选举权改革和禁酒令的颁布,支持性地证实了上面的论断。因此,它的其他评论似乎也是非常有根据的:"美国政党的政治似乎总是在把那些能让大众情绪激动起来、甚至引起激烈争论的事情,和美国老百姓分离开来。"

《童工法修正案》(Child Labor amendment)的下场,就是一个反面支持这一论证的例子。虽然最高法院否定了国会需要权力来监管童工,但是所有政党都公开宣称,肯定了这种需要。上三届执政党的总统,每一个都赞同这种观点。然而,迄今为止,已被提议的宪法修正案却根本没有保护这种需要。政党们也许能统治国家,却不能治理国家。公众被如此地迷惑和遮蔽了,以至于他们甚至不能使用政府机构,以此在政治行为和政体之间斡旋。

给予我们同样教训的是:选出的代表对全体选举人员负有责任这种理论的失败,是面对个人判断的禁止,选出的代表没有根据宣称的义务而发声的失败。它起码表明了,这些理论条目最好地满足了立法里的"分肥政治"(Pork-barrel)。在那里,一名代表可以宣称对失败负责以满足地区的愿望,或者因为在满足它的愿望时表现出的坚持和成功而获得奖励。这一理论很少在重要的事件中发生作用,尽管它在偶然情况下会起作用,但是这种情况如此之少,以至于任何娴熟的政治观察者都可以按名字列举出那些事情。个人对全体选民缺乏义务的原因,是很明显的。

后者是由相当松散的群体构成的,他们的政治观念和政治信仰在两党选举中大多是不确定的。甚至在政治激动人心的时刻,只要靠人为地加速,他们的观点就会被集体的潮流所带动转移,而不是依靠独立的个人判断。一般来说,决定一个竞选人命运的,既不是他在政治上的出色表现,也不是他的政治缺点。当集体的潮流支持或反对一个政党拥有权力时,单个的候选人就会随着人潮沉浮。有时,确实存在普遍的公共情感,有确定的趋势支持"进步的立法",或者渴望"回归正常"。但是即便如此,在相信个人对全体选民具有义务的候选人里,只有非常出色的能够成功。因为"潮汐"淹没了他们中的一些人,"山体滑坡"使一些人滑入了政府部门。在其他情况下,习俗、政党的资金、机构管理者的技巧、一本正经的候选人的肖像、他的可爱的妻子和孩子,以及大量不相关的因素,决定了这一事件。

写这些零散的评论,不是因为相信它们传递任何新的真理。这些事情都是大家熟知的,他们是政治场景里经常发生的一幕,它们还能被这一场景的仔细的观察者们无限地扩充。重要的事情是:熟悉滋生出了漠视,而不是蔑视。漠视是当前冷漠的证据,而冷漠表明公众是如此迷茫,以至于不能找到自己。写这些评论,也不是因为持有某种观点,想要得出一个结论。它们被呈现时带着的观点是描绘一个问题:什么是公众? 如果公众存在的话,那么,什么是他们认识和表述自己的障碍? 公众是一个谜吗? 还是说,他们只能形成于重大的选择问题凸显的、典型的社会过渡期,例如保存原有的稳定制度,还是推进新的趋势;或者,公众只能出现在反抗专制暴虐的君主统治的行动中,还是在社会力量从农业阶层向工业阶层的转移里?

在当前,专家处理的是行政问题,而不是政策框架设计问题。这是一个问题吗? 当前的迷惑与冷漠归因于这样一个事实,即现在真正的社会力量被一群训练有素的专家导向了非政治事务,而政治问题则由过去形成的组织和观念按照新的情况来进行处理,这种情况已经变得非常紧迫。当然,没有什么具体的"公众"会涉及寻找专业的教师、称职的医生或商务经理。不会有哪位被称为"公众"的人去干预指导医师实际的治疗,或者干预批发商对买卖关系的操作。这些行业的管理和我们时代其他行业的特点,都是由科学和伪科学来决定的。虽然可能会被争议,但严格来讲,目前重要的政府事务是如此复杂的事务,应该由专家正确地处理。如果现在的人们还认识不到发现专家并委托他们来管理的重要性,那么可以宣称,首要的困难在于还存在一种迷信思想,即认为公众可以决定总体社会政策的形态和实施。也许,选民的冷漠要归咎于这些事情的不相关的人为性,试图唤醒的是人为的兴奋。这种人为性反过来,要归咎于政治机构和政治信仰形成的那个时代——科学和技术还不成熟,还找不到一个确定的技术来解决确切的社会问题和满足社会需要。古代希伯来人关于人类起源的神话,比科学探究的结果更有权威性,也许可以用来作为一个例子,解释为什么会发生这种事情。因为当时可被接受的信条是:靠政治目的组织起来的公众,而不是在具体探究指导下的专家,是这些事情最后的仲裁者和决断人。

当前人们最关心的问题可能是公共卫生、公共健康、明亮宽敞的住房、交通、城市规划、移民的监管和分布、人力资源的选择和管理、正确的教学方法和合格的教师储备、税收的科学调控、社会资金的有效管理,等等。这些都是技术问题,如同建造一台有效率的发动机,是为牵引和移动的目的一样。这些问题都可以通过调查事实来解决,而这种调查只能由那些具备专门能力的人来执行,那么,调查的结果也只能被训练有素的专家所应用。那么,这样的事情与数人头、让大多数人作决定和传统的政府组织有什么关系呢? 思考到这些原因,公众和出于政治目的的组织就不仅仅是一个幽灵,而且是能走能说的幽灵,以可怕的方式模糊、迷惑、误导着政府行为。

我认为,以上这些考量,虽然和具体的管理行为切实有关,但是不能涵盖整个政治领域。它们忽视了在具体的技术和专业行为发生作用之前,有些力量必须被调节及化解。但是,它们在对一个基本问题给出肯定性的要点方面,是有所帮助的。在当前的形势下,究竟什么是公众? 什么是公众被遮蔽的理由? 什么妨碍公众找到和确认自己? 他们不成熟的、无组织的总体特征,靠什么方式组织成针对当前社会需要和时机的有效政治行动? 自从民主政治理论带着确信和希望被催生出来的一个半世纪以来,究竟在公众身上发生了什么变化?

以上的讨论已经阐明了公众产生的一些条件,也解释了"新时代的人际关系"形成的一些原因。将这两方面的论述关联起来,对于回答所提出的问题提供了前提条件。相互关联和相互作用产生的间接的、广泛的、持久的、重大的结果,使公众在控制这些结果方面产生了共同的利益。但是,在机器时代,这种间接后果是极其扩张、加速和复杂的,已经形成了广泛的、稳固的行为联合,其基础是非个人的而又不是一个共同体的,以至于由此而产生的公众无法识别和区分自己。从形成一个有效的组织的角度看,这个发现显然是它的一个前提条件。我们的主题就是要探讨公共理念和公众利益遭受了何种遮蔽。有太多的公众和太多的公共关怀,要求我们现存的社会资源去处理。依照民主观念而组织起来的公众，是最首要的、也是最重要的一个知识文化问题；在某种程度上，先前的政治事务中根本没有能与之相匹配的问题。

当前，我们关心的是以发展"大社会"（Great Society）为己任的机器时代，如何侵入和肢解了之前时代的小型共同体，却没有产生出一个"大共同体"（Great Community）。我们对事实已经足够熟悉，我们的具体任务就是要指出它们之间联结在一起的困难；对于这些困难，一个民主的公众组织必须予以克服。恰恰是对现象的熟悉，遮蔽了它们的重要性，使我们无视它们与当前政治问题之间的关系。

第一次世界大战的范围为问题的讨论提供了一个既急迫又便利的起点。那场战争的程度是史无前例的，因为它牵涉的方方面面是空前的。17世纪的王朝斗争使用了同一个名字，是因为我们只有这一个词，即"战争"。词语的相同，很容易让我们忽视它们在意义方面的不同。我们认为，所有的战争都是大同小异的，只是上一个比其他的更可怕而已。殖民地被迫加入，自主国自愿加入；个人财产要为军队征税；相距遥远的国家不在乎种族和文化的差异而结成同盟，如同大英帝国和日本、德国和土耳其的例子。严格来说，地球上的每一个大陆都被卷了进来。间接影响像直接影响一样广泛。不仅是军队，而且资金、工业和舆论都动员起来，结成一体。中立成了一件危险的事情。世界历史上曾有一个重要的时期，即罗马帝国统一了地中海盆地的土地和人民。第一次世界大战就像令人信服的证据，表明以前一个地区发生的事，现在全世界发生着；只是现在没有一个无所不包的政治组织，能够囊括各个独立的又相互依赖的国家。任何一个人，甚至只要部分地目睹了这一场景，都会对"大社会"的意义有一个清醒的认识：它存在着，但是不完整。

数量不多的人的共同活动，其产生的广泛、持久、复杂和重大的间接后果能横穿地球。扔进池中的小石子，排成一排的九柱戏，点燃了一场森林大火的小火星，这些比喻与现实比起来都太苍白。战争的蔓延，就像失去控制的自然灾害一样。一个封闭的、名义上独立的民族国家里人们联合起来，影响着世界上其他国家里的团体和个人。这种联系和联结，把一个地方的能量传送到地球上各个地方，是无法触摸和可见的。它们不像有边界的政治国家那样明显。但是，战争表明，这些联结是真实的，而且它们不是有组织的和被管理的。这暗示着，在处理这一情况时，现存的政治和法律形式及设置是没有能力的。因为后者是现存的政治国家和不适应政治形式的非政治力量运作的产物。我们不能期待产生疾病的各种原因有效地联合起来,去治愈它们所导致的疾病。我们需要的是:非政治力量自己组织起来,改变现存的政治结构,使分裂的、处于困境中的公众能达到完整。

总的来说,非政治力量表达的是:技术时代被强行地注入继承来的政治体系中;这种体系,让非政治力量的操作偏离方向和扭曲了自己。由工业和商业之间的联系创造的局面,如战争呈现的那样,这种联系在小事和大事中一样明显。这不仅表现在对原材料和国外市场的争夺上,不仅体现在令人震惊的国债上,而且体现在本地不很重要的现象里。例如,出门在外的游子发现,他们甚至在不参加战争的国家里,也无法变现银行的凭证。一方面,股票市场关闭了;另一方面,奸商们积累了巨额的财富。想要说明国内事务,一个例子可以被引用。自从战争发生以来,农民的困境造成了国内的一个政治问题。战争导致对食物和其他农业产品的大量需求产生了,价格上升了。为迎合这种经济刺激,农民们通常成了政治劝说的目标——要提高农作物的产量。通货膨胀和短期的繁荣接踵而至。战争后果来临了:贫穷的农村无力购买和支付达到战前水平的食物;税收大大地增加了;汇率贬值;世界的黄金储备集中在这里。战争和国内奢侈品的刺激,导致工厂生产更多的东西,堆积了大量的商品。农业器具的价格和工人的工资上涨了。而当通货紧缩来临的时候,能找到的却是紧缩的市场和上涨的生产成本,以及农民们背负着在一个疯狂扩充的时期很少能估计到的抵押贷款。

这个例子实际上没有被引用,因为把它和已经发生的其他后果作参照,是非常重要的,尤其是在欧洲。和它们相比较,用以唤醒战争以来到处可见的所谓落后国家的民族情感,则相对并不重要。它表明,我们复杂的、相互依赖的经济关系的不同后果;它表明,很少有先见之明和监管的存在。农业人口很难在行动时认识到这种基本关系所产生的后果,尽管他们已经置身其中;他们可能作出一个短暂的、临时的决定,但无法管理和适应他们的事务,以应付这一切。他们在控制性的操作行为中充当了不幸的主体,他们对此束手无策,就像无法控制气候的变化一样。

我们不能以这个例证依赖于战争时期非正常的态势而反对这种论调。战争本身就是一个潜在的、不完整的社会状态的一种正常表现。地方性面对面的共同体已经被入侵,那些力量如此巨大、起始如此遥远、范围如此广泛、操作如此复杂又间接,以至于从地方性的社会单位成员的角度看,它们是未知的。人类,如同人们常说的那样,不管是否与同胞相处,都会有很多问题,甚至在邻里之间。当其他人在远处以一种他看不见的方式行动时,这个人不见得就能和他们合得来。不成熟的公众只有在间接的后果被感知,并且有可能设立管理他们的机构时,才能成为一个组织。而当前,很多后果只能被感觉到而非被意识到;这些后果令人痛苦,但是还不能称之为"了解"它们,因为它们不被经历其中的人们认识到它们的根源。于是,更不用说建立引导社会行为的潮流并据此管理它们的机构了。因此,公众是无形的和无法言说的。

曾经有一段时间,一个人可能乐于接受一些一般的政治原则,并且很自信地运用它们。如果一个公民相信国家权力或者一个中央集权的联邦政府,相信自由贸易或者贸易保护,那么,不需要太费脑筋就可以想象:他可能把自己的命运扔给了这个党或者那个党,从而可以表达他的观念,甚至参与到政府中去。今天,对于一个普通的投票者来说,关税问题是一个有着无穷细节的、复杂的混合物,包括无数的东西在不同时间里从量和从价税率的明细表,很多东西是他叫不出名字的,因此他不可能形成一个判断。也许,一千个人里面也不会有一个人看得懂几十页详细的税率,而且即使他这么做了,也不会变得更聪明一点。一般人会把它当作一件麻烦的事情而放弃。选举的时候,受一些陈词滥调的口号的吸引,他会激发出一个临时的观念,认为自己对一些重大的问题充满了信心。但是,除了制造商和经销商们会时不时地在关键时刻涉及一些利益,其他人则不能将信念和个人关心的事务联系起来。工业真是太错综复杂了。

再举一例。投票者可能依据个人喜好或者继承来的信念,想扩大地方政治的权利范畴,而强烈地反对权力集中的罪恶。但是,他特别坚定地相信,社会罪恶都在酒后驾驶里。他发现,他所在的地区、镇区、郡县和州因为能从外面进口酒精饮品而让禁酒令形同虚设,现代交通使这样的事情变得很容易。所以,他支持国家修正案赋予中央政府更大的权力去监管致瘾饮品的生产和销售。这就不可避免地导致联邦官员和联邦权力的扩大。因此,在今天,全国禁酒令和沃尔斯特法案的主要支持者是南方相信州权力的传统家庭。说不清有多少投票者仔细地思考过他们所宣称的一般原则和在禁酒问题上所处位置之间有什么样的关系:这样的人可能没有多少。另一方面,终身不渝的汉密尔顿主义支持者们,也即地方排他自治权危险性的倡导者们,宣称反对禁酒令。他们是借杰斐逊主义者的长笛,演奏了自己的曲子。然而,前后不一致的嘲笑,使它们自身很容易落后于时代的潮流。社会形势已经被工业时代的因素改变得太多了,以至于传统的一般原则没有什么实际意义了。他们的坚持只能是情绪上的呐喊,而无法成为理性的观念。

同样交错关系的事件发生在铁路监管上面。反对强大的联邦政府的人们发现，现有的铁路价格对一个农民或者运输者来说太高了。他们还发现，铁路不太在意州与州之间的边界，而边界线曾经使地方成为这个大系统里不可分割的部分；州的法规和管理无法有效地达成自己的目的。所以，他呼吁全国性的监管。然而，另一方面，一些中央政府权力的支持者发现，作为股票和债券的投资者，他们的收入可能会受到联邦政府行为的不利影响，于是他们迅速地反对这种可恶的趋势，呼吁国家的帮助；在他们的眼里，已经变成了愚蠢的家长制。工业和商业的发展使事务变得复杂化了，那种一刀切的、普遍适用的判断标准在现实中变得不再可能。只见树木不见森林，或者只见森林不见树木，都是不对的。

有关各种信条的真正宗旨，换句话说，也就是应用中的后果的转换，一个令人震惊的例子出现在个人主义信条的历史发展过程中。个人主义一般被解释成标志着政府对工业和贸易的最少干预。一开始，"进步分子"提倡这种观念，他们反对通过继承而来的法律和管理的政权统治。相反，既得利益者则主要支持旧有的状态。今天，政权带上了工业属性后，个人主义的信条成为反动和保守分子的知识壁垒。他想要不被干涉，就喊出了"自由"的口号，寻求个人生产、繁荣、契约和金钱回报的自由。在美国，"自由"这个词作为党派的名称，仍然指代政治事务上的进步分子。然而，在大多数其他的国家里，"自由党"代表了既得的商业和财政利益团体，反对政府的监管。历史的讽刺在其他地方，都没有"自由主义"概念在实际应用中的转换来得这么明显，尽管自由主义在理论上仍然维持着书面上的持续性。

政治冷漠，作为当前的政治实践和传统政治机构之间差异的一种自然产物，尾随一个人在其具体事务中找不到自己的无力感。在当今生活的巨大复杂性里，这两者已经很难发现和定位了。当传统的口号不再成为与它们相融的、切实可行的政策时，它们就会被当作废话一样迅速抛弃。仅仅是习惯和传统，加上要尽自己公民义务的模糊信念而非理性信仰，使得坚持投票的人达到50%的规模。一般的情况是：这些投票中的大部分人反对某些事或某些人，而不是反对任何事和任何人，除非权力当局制造了某种恐慌。旧的原则已不适应当前生活的时代，但它们很好地表述了它们所产生的那个时代的重大利益。无数的人感到了自身的空虚，即使不能准确地描述他们的感觉。政治活动的规模和后果带来的迷惑，使人们开始怀疑政治行为的效率。谁是为这些事做好准备的人？人们感到，他们被卷进了巨大的、扫荡一切的力量中，既不能理解，也不能掌控。思想停止了，行动麻痹了。

甚至专家们也很难追踪到因果关系链，而只能在事情发生之后、向后看之后才发挥作用；而与此同时，社会活动已经向前推进，影响着事务的最新状态了。

相似的考量也能解释民主政治行动机构的贬值，以及相比之下，对专业管理人员需要的升值。例如，战争的副产品之一，就是政府在马斯尔肖尔斯（Muscle Shoals）①投资建立氮的生产企业。氮是一种既对农业很重要、又对战场上的军队很重要的化学产品。工厂的配置和利用已经变成了政治讨论的问题。这一问题涉及科学、农业、工业和财政，是高度技术性的。多少投票者们有能力衡量以上所有的因素来达成一个结论？而且，就算他们在研究它们之后变得有能力，又有多少时间投入进去？这个问题不会径直来到全体选民面前，但是其技术困难却反映在处置这个问题的立法人员迷惑不解造成的麻木不仁里。混乱的局面由于其他更廉价的生产氮的方式的发明，变得更加复杂了。再举一个例子。水力发电及超强能量的快速发展，是公众关心的一个问题。从长远来看，很少有在重要性方面能超过它的问题。但是，除了与它有直接利益的商业公司和一些工程师以外，多少公民拥有数据或能力去评估解决它所涉及的全部元素？一个更进一步的例子如下：地方性公众最密切关注的两件事情是公路和铁路运输，以及食物产品的市场。但是，在大多数情况下，市政政策的历史表明，在强烈的兴趣之后，接下来就是一段时期的漠不关心。而后果，则直接进入大多数人的家里。但是，都市人口的规模、差异性和流动性、对大量资本的需要，以及工程问题所涉及的技术特征，这些很快就会使一般的选民感到厌倦。我认为，这三个例子是相当典型的。社会事务在公众面前是如此广泛、如此复杂，卷入的技术问题是如此专业，细节是如此繁复又多变，无论给公众多少时间，也不能识别和掌握它们。这里并不是没有公众，而是没有大规模的人群对社会事务的后果有共同的兴趣而已。这里有一个太多的公众群体，他们太分散，构成上太复杂。这里还有太多的公众个体，他们的联合行动有间接的、重大的、持久的后果，他们多种多样，无法进行比较。他们中的每个人都和其他人有交叉，产生自己的群体，但不太容易被影响，从而这些不同的公众联合起来组成一个整体。

如果不考虑很多有切身政治利益的对手，这幅图景是不完整的。政治考量当然总会有强大的竞争对手。大多数人一直致力于当下的工作和娱乐。所以，用"面

---

① 地名，美国阿拉巴马州下属的一个城市。——译者

包和马戏团"的力量把公众的注意力从政治事件转移开，已经过时了。现在工业化形势下的公共利益不但扩大化、复杂化了，而且成倍地增加了，其可怕的对手也增强了。在那些以前拥有最成功的政治生活的国家里，独立出来一个特殊的阶级，他们把政治事务转化成了自己的商业事务。亚里士多德所设想最有资格处理和他人相关的政治事务的人，必须是超脱的人，本身没有被任何事情所羁绊，尤其是被谋生所羁绊。直到最近，政治生活才证明他是对的。那些积极参与政治生活的人往往是"绅士"，他们拥有足够多的财富和金钱，而且拥有足够多的时间，以至于如果再追求这些东西的话，显得低俗，降低了他们的身份。而今天，工业洪流的扫荡是如此巨大和有力，超脱的人往往是无所事事的人。人们都有自己的事要做，"事务"也有它自己精确的、具体的意义。因此，政治趋向成为另一种"事务"，成为老板和机器管理者们的特别关切。

娱乐在数量、样式方面的增长和廉价，代表了人们的注意力从对政治的关切转移了。不成熟的公众成员们有太多的方式娱乐和工作，以至于在组织有效的公众形式方面无法提供什么想法。人类是消费型、娱乐型的动物，也是政治性的动物。重要的是，当今通往娱乐的各种途径越来越容易，也越来越廉价，超出了以往的任何东西。当前所谓的"繁荣"时代，可能不会长远。但是，电影、广播、廉价的读物和汽车，以及它们所代表的东西，在人们的生活中已经不可或缺。它们并不是有意要把人们的注意力从政治利益上分散开来，但是其效用并未在那个方面削弱。人类本性里的政治元素，也即有关公民身份的一些东西，已经被挤到一边去了。在大多数圈子里，忍受一个政治话题是很难的事情；一旦开始，人们很快会在哈欠声中解散。要是话题围绕着介绍各种汽车的制造原理或功能，或者女演员们各自的优点，对话就会在活跃的氛围中向前推进。应该提出的事情是：这条通往娱乐的廉价、多样化之路，是机器时代的产物；同时被商业传统所强化，提供了愉悦的消遣时间的方式（成为最有利可图的职业之一）。

一个技术时代在运行的某一阶段，带着它对自然力前所未有的控制能力，如同上面所暗示过的，需要明显的注意力。过去的公众在当地的共同体里，一部分人和其他人是相同的，就算一个阶段过去了，他们也没有什么变化。他们当然有所改变，但除了战争、灾难或大的迁移以外，他们的变化是渐渐的、缓慢的，甚至经历其中的大多数人对此难以觉察。如今，新的力量创造了流动的、多变的联合形式。对于家庭生活瓦解的抱怨，在此处可以作为一个证据。从乡村到城市的流动，也是这种变动的结果和证明。没有什么东西有长久的期权,即使是商业和工业得以进行下去要依赖的联合也没有。对运动和速度偏执的追求,成了不安的、不稳定的社会生活的一种症状;反过来,这种偏执又加剧了它产生的原因。在建筑上,钢铁代替了木头和砖石,钢筋混凝土又取代了钢铁,一些新的发明可能带来进一步的革命。马斯尔肖尔斯那个地方被要求生产氮气,新的方法让本来更多地对水力的需求变得过时了。任何精心挑选出来的解释都说明不了问题,因为有大量不一样的例子可以被选择作为反例。我们可能会问:当公众实际上在一个地方不存在的时候,怎么能够被组织起来呢?只有富有深度的事件,或者被制造出来能表现这些的事件,能够在所有变动的、不稳定的关系中找到一种普遍共性。依恋(attachment)是不同于情感的一种生命功能。只要心脏在跳动,情感就能持续下去。但是,恋情需要的东西,要超出机体的原因。刺激和强化情感的那些东西,可能恰恰破坏着恋情。因为恋情产生于宁静的稳定之中,要在恒久的关系中滋养。流动性的加速,会从根本上打扰它们。如果没有长久的恋情,那么,所有的联合都会太短暂、太动荡,导致公众无法定位和识别自己。

我们所处时代的新的人际关系,被远方的市场所进行的大规则生产、网络和电话、廉价的印刷品、铁路和轮船打上了烙印。哥伦布只是在地理上发现了一个新大陆。过去的几百年,才真正产生了一个新世界。比起我们时代之前影响人类关系的力量,蒸汽和电力在改变人们联结在一些的条件方面,贡献要大得多。有些人把我们对时代所有罪恶的谴责,都归因于蒸汽、电力和机器。让一个魔鬼或一个救世主来承担本该人类承担的责任,确实是很方便的。而事实上,问题恰恰来自技术发挥作用的过程中,与之相连的人类的观念或观念的缺席。精神、道德信仰和理想的改变,要比外部条件的改变慢得多。如果与我们文化传统里更高级生活相联系的理想被破坏了,那么,错误就会伴随着它们而来。如果理想和标准在形成过程中不考虑它们得以实现、化为肉身的方法,那么必然是薄弱的、摇摆不定的。既然机器时代创造出来的目标、愿望和目的与传统无关,就会产生两种敌对的理想;它们中,有实际手段可供支配理想的那一种才有优势。因为这两种理想是对立的,也因为旧的那种理想在文学和宗教领域保持着魔力和情感上的魅力,新的理想必然是粗糙的、狭窄的。旧的理想生活的象征仍然参与思想,并唤起人们对它的忠诚。条件的确已经改变,但是生活中的每个方面,从宗教到教育,到财产和贸易,都表明在观念和理想里,没有任何接近改革的东西发生。象征可以控制情感和思想,而新时代没有和它的活动相匹配的象征。有利于有组织的公众的形成所需要的知识媒介，和它可见的手段比起来，还是太不充足。要把人们的行动组织起来，所需要的纽带应该是大量的、强有力的和微妙的。但是，它们往往又是无形的、无法触摸到的。我们现在有了以前从来没有过的实体的交流工具，但与它们一致的思想和抱负却没有通过它们得以传播。没有这些传播，公众将持续被遮蔽、不成形，虽然偶尔地会追寻自己，但是抓住和拥有的只能是它的影子，而不是它的实体。公众一直会被遮蔽，直到"大的社会"被转化成"伟大的共同体"。传播本身就能创造出一个伟大的共同体。我们的"巴别塔"（Babel）不是一种修辞，而是一种象征和符号；没有它，任何经验要分享，都是不可能的。

5. 寻找伟大的共同体

之前，我们有机会探讨了民主作为社会观念和政治民主作为政府体制的不同。当然，这两者是有联系的。民主作为一种观念，是贫瘠的、空洞的，除非将它化身到人类关系当中。然而，在讨论中，它们必须被区分开来。民主的观念即使将它体现在最好的国家体制中，也不过是一种更为广泛和充分的观念。要真正地实现它，必须影响到所有形式的人类的联合体，如家庭、学校、工业、宗教。甚至就整个政治安排而言，政府机构不仅仅是一种机制，确保产生有效运行的一种理想渠道。的确很难说，对政治机构的批评可以让民主观念的信仰者们不为所动。只要它们是有根据的——诚实的信仰者不会否认，它们中的很多实在太有理有据了——就会唤醒信仰者激励自己；结果，民主的观念可能找到一个更充分的机构借以运行。然而，信仰者坚持认为，观念与其外部的组织与结构是不一样的。我们反对仇视现存民主政府的敌人们的普遍性假说，认为对它的指控碰触到了潜藏在政治形式下面的社会和道德的抱负和理念。有句老话说，能治愈民主疾病的，就是变得更加民主。如果这句话意味着民主的疾病能够依靠通过引进更多同类型的机构来治愈，或者依靠改善或完善现有的机构来治愈，那么，这句话是不恰当的。但是，这句话可能也表明返回到民主观念本身，澄清和加深我们对民主的理解，以及用我们对民主观念意义的理解去批评和改造其政治制度表现的需要。

如果暂且把讨论限定在民主制度的层面，那么，无论如何，我们必须重拾对一种假说的反对，这种假说认为，是民主观念本身促进了在民主国家里获得政府的实践，比如普选制、选举代表制、多数人决定原则等等。民主观念确实影响了具体的政治行动,但并没有引起政治运动。之所以能从忠实传统的那些人所支持的家庭和王朝政府过渡到民主政府,主要是技术发现和发明的结果,由此而改变了人们一直赖以维系在一起所依的习俗。这并不能归因于教条主义者们的信条。在民主政府里,我们所习惯的种种形式代表着大量事件积累后的影响,其政治影响是不可预料的,后果也是不可预测的。在普选制、轮选制、多数人原则、议会和内阁制中,没有神圣不可侵犯性的东西。这些东西不过是随着洪流前进的方向进化出来的一些构想而已,每个波浪都在它产生冲击力的时候涉及一点点对先前的习俗和法律的脱离。这些构想服务于一个目的,这个目的仅仅是为了满足眼前过于强烈而无法被忽略的需要,而不是为了推进民主的观念。要是不考虑这些构想所存在的这些缺陷,它们在实现其身的目的方面做得很好。

往后看的时候,就算事后追溯的经验能够给予一些帮助,对最聪明的人来说,也还是很难设计出一种框架;在它的下面,各种需要都能很好地予以满足。然而有可能,在回头一瞥里,我们看到了伴随这种框架的理论表达是多么地不充分、片面,肯定是错了。事实上,这些理论没有超出政治口号,仅仅是被用来煽动一些当下的政治骚乱,或者被用来证明某些特殊的政治组织为被承认而进行斗争的合法性,尽管这些理论声称它们是人性或道德的绝对真理。这些信条服务于一种具体的、地方性的、现实的需要。但是,它们对当下环境的适应,常常不适合在现实层面上满足更长远、更广泛的需要。于是,它们的存在越来越阻碍政治立场,妨碍进步,因为它们被人宣称,这不是一种指导社会实践的假说,而是一种终极的真理和教义。难怪它们急迫地呼吁要进行修订和置换。

然而,洪流已经稳定地设置成了一个方向:通向民主形式。政府的存在是为了服务共同体。这个目的不能被实现,除非共同体本身参与政府官员的选举,并且制定它们的政策,这是事实留给我们的经验。就我们目前所见,它们永远伴随着教义和形式而来,不管后者是多么的短暂。它们不是整个民主观念,但在政治层面上表达了民主观念。政治层面的信仰不是神秘主义的信仰,就像相信某个统治一切的、关心儿童、酒鬼和其他不能自理者的上帝一样。它标志着一种来自历史事实的、已被论证的结论。我们有理由相信,在现存的民主机制里,无论什么样的改变发生,都是一种改变,从而确保公众的利益成为政府活动至高无上的指导和标准,使公众更权威地形成和展示其目的。从这个意义上说,治愈民主疾病的确需要更多的民主。就我们已经看到的,主要的困难在于必须探究一些方法,通过这些方法,使分散的、流动的、多样的公众能够识别自己，并表达自己的利益。在政治体系里，这一探究过程必须优先于任何机制内的基本变化。因此，我们对于提出建议以使民主的政治形式得到改进并不关心，因为很多方案已经被提出来了。宣称对这些改进的考虑在当前不是头等重要的事情，并不是要贬低它们的相对价值。问题是更深层的，首先是一个智识问题，即找到一些条件，在这些条件下，让"大的社会"变成"伟大的共同体"。当这些条件形成的时候，它们能够产生出自己的形式。而考虑什么样的政治机构适合它们，在它们形成以前，在某种程度上来说，纯粹是无效的。

在寻找条件以便现存的、不成熟的公众在其之下民主地行使功能的过程中，我们可以从民主观念在其一般社会意义上所具有的本质的表述出发。① 从个体的角度来看，它包括个人要分担责任，根据个人的能力去帮助和指导他所在的群体的活动，并根据群体价值的需要参与其中。从群体的角度来看，群体成员的潜能的解放要与群体的共同利益和善和谐一致。既然每个个体是很多群体里中的一员，那么，在不同的群体和其他群体相联系的过程中，能够灵活、充分地相互作用，否则，上述规范是不能实现的。一个盗窃团伙的成员，既能以一种与所在团伙相一致的方式去表现他的力量，又能被团伙其他成员的共同利益所引导。但是，他这样做的确要以压抑自己的一些潜能为代价，而这些潜能在其他群体里、在和其他人的关系中才能实现。盗窃团伙不可能和其他群体灵活地相处，它只能把自己孤立开来。它必须防止各种利益的操作行为，除了那些将自己限制在分离状态里的利益以外。但是，一个好的公民，作为政治团体里的一员，他会发现，通过参与家庭生活以及工业生产、科学和艺术联合会的活动，自己的行为丰富多彩。这就是一种自由的"给予"和"索取"：因为不同的群体之间的牵扯与回馈强化着彼此的关系，并且他们的价值一致，因此，完整的人格是有可能获得的。

民主作为一种观念，不是对其他原则的联合生活的一种代替，而是共同生活观念的本身。它是一个理想在可理解的层面上的一种理想，也就是说，它是某些被放到它最后的边界，被看作完整的、完美的事情的趋势和运动。既然所有事情都没有获得这样的成就，而是在现实中被偏向和干扰了，那么在这个意义上，民主就不可能成为事实，而且永远也不会成为事实。在这个意义上，当前不存在、过去也没有

① 我认为，有关这一观念最恰当的讨论，可以在托马斯·弗诺·史密斯（T. V. Smith）的《民主的生活方式》（*The Democratic Way of life*）一书中找到。

出现过这样一个东西——它是各个维度都完满的共同体，是不被外来元素所混淆的共同体。然而，共同体的观念或理想即使脱离了限制和干扰的因素，体现的也是联合生活的实际状况，并且被认为达到了它们发展的极限。无论在哪里，只要那里的联合活动的结果被每个参与其中的个体看成是好的，或者那里善的实现激发出一种积极的意愿和努力，而且它的好能够被所有人分享，那么，到了这个程度，一个共同体就出现了。对于共同生活在其全部意义上的清晰的意识，构成了民主的观念。

只有当我们把共同体作为一个事实并由此开始出发，在头脑里抓住这个事实以弄清、强化它的组成部分的时候，我们才能走向一种不是乌托邦的民主观念。与传统的民主观念相联系的概念和信条，只有当它们被解释成一个联合体的标志和特征，并且能够识别一个共同体的定义性特征的时候，才有真正的、直接的意义。友爱、自由、平等都是从共同生活里概括出来的毫无希望的抽象概念。这些抽象概念各自的论断，会导向情绪化的感伤主义，或者过度疯狂的暴力行为，最后击溃它自己的目标。于是，平等成了机械的信条，它不可能实现。想要实现平等的努力，只会把人们聚集在一起的重要纽带分裂开来；就目前它所提出的问题看来，结局只会是一种平庸，"善"只会在平庸里变得平均和庸俗。于是，自由被看作脱离于社会纽带的独立物，最终导致分裂和无政府状态。在一个拥有友爱之情的共同体里，要切断友爱之情的观念，倒是更困难的事。因此，要么在用个人主义辨别民主的行动里，将它直接忽略；要么给它贴上一个情绪化的标签。在与其他的共同经验恰到好处地连接起来的时候，友爱之情是"被人有意识地欣赏的好"的代名词，这些"好"是从一个所有人都能分享的联合体里获得的，从一个能给每个人的行为以指导的联合体里慢慢地积累起来的。自由是个人潜能的安全释放和充分地实现，这只能发生在一个人和其他人组成的丰富的、多样的联合体里；它是一种力量，既要实现个人化的自我，为联合体作出独特的贡献，又能以自己的方式享受联合的果实。平等表明的，是共同体里每一个成员对联合行动的成果无障碍地分享。这种分享之所以是平等的，因为它根据需要和使用的能力来衡量，而非靠掠夺一个人以方便他人占据和拥有的那些外部因素来衡量。婴儿在家庭里与其他人是平等的，不是因为他事先拥有了和其他成员一样的身体上的属性，而是因为他的被照顾和成长的需要，不是以牺牲其他人更强的力量、财富和成熟的能力为代价的。平等并不意味着数学或物理上的等式，依据任何一个元素都能被其他元素所代替。它表明的，是要有效地尊重每个人的独一无二性，而不考虑身体和心理上的不同。这不是一个自然的成果，而是当一个共同体的行为被其作为共同体所拥有的特性而指导产生的成果。

联合行动或者共同行动是创建一个共同体的条件。但是，联合体本身是有实体的、有机的，而共同生活是关于道德的，也就是说，是靠精神、文化和意识来维系的。人类在行为上的联合，就像原子、星体物质、细胞那样，是直接的、无意识的；也像它们那样，直接地、无意识地彼此分离和排斥。人类这样做，是由他们身体结构的本质决定的，就像男人和女人的结合，就像婴儿找到奶头，乳房会自动地满足他的需要一样。人类这样做，是因为外部的环境，压力来自无形，就像原子在电荷前结合或分开一样，或者像绵羊挤在一起抵御寒冷一样。联合行动不需要解释，事情本该如此。但是，并非集体的行为本身汇集到一起，达到一定的量，就构成了一个共同体。人类能观察，会思考，其思想会因为冲动而变成情感和利益。对人类来说，"我们"像"我"一样，是不可避免的。但是，只有当联合行动的后果被感知并成为意愿和努力的目标时，"我们"和"我们的"才会存在，就像只有在共同行为里，个人独特的部分能够被有意识地声明和宣称时，"我"和"我的"才会出现。人类的联合体可能曾经在一开始时是有机的，在实行上是牢固的，但只有当其后果被知道是值得尊敬和有意追求的时候，它们才会在人类的意义上发展成社会。即使那样的"社会"被一些作者看成是一种有机体，也不能算是真正的"社会"。相互作用、交互影响的确发生了，随之产生相互依存的结果。但是，对行为的参与和对结果的分享都属于附加的条件。社会需要把交流（communication）当作前提条件。

联合行动发生在人和人之间，但是在没有其他事情发生的时候，它们就不可避免地过渡到别种模式的相互关联的活动中，就像铁和水里的氧分子之间发生作用一样。所有发生的事情，可以用"能量"这个概念来描述，或者当我们提到人类相互作用的时候，应该说"力量"。只有当活动及其后果有了标记和符号、这种变化从未知里看得出来的时候，才能吸引人们的注意去考虑和评估，并加以监管。闪电划过天空，劈开了一棵树或一块岩石，劫后的部分残留着，继续着相互活动的过程；当这个过程的各阶段有迹可循的时候，一个新的媒介就可以插足进来。既然象征符号之间是彼此关联的，那么，一连串事件里的重要关系就可以被记录，并且根据意义保存下来。于是，回忆与预测变成了可能。这种新的媒介有助于评估、计划和一种新的干预行为，我们可以根据远见和愿望而干预所发生的、能改变事情走向的事。

象征符号反过来,依赖和加强了交流。共同经验的结果被思考、被传递。虽然事件不可能从一个传到另一个,但是意义却可以通过符号的形式而达到共享。欲望和冲动附着在公共意义上,既然它们暗示着公共的、能够相互理解的意义,代表的是新的纽带,并且把共同的活动转化成利益和努力的共同体,那么,它们就能被转化成欲望和目的。于是,比喻地说,可能会产生概念上所称之的共同意愿(general will)和社会意识(social consciousness):代表共同活动的个人欲望和选择,通过符号的方式,与所有涉及其中的人交流和分享。因此,共同体呈现了能量转化成一种意义,参与联合行为的每个人都喜欢这种意义;并且,这种意义在每个人参与联合行为时,会向其他人提起。"力量"没有被消灭,而是被思想和情感通过符号的方式改变了使用的形式和方向。

联合行为实体的、有机的阶段向行为共同体转化,这不是一次发生的,也不是完整地发生的。这种行为共同体被在可分享的意义方面的共同利益融合和调节,那些结果以符号的方式被翻译成理念和渴望的目标。在任何给定的时间里,它都是提出问题,而非标志一个已经获得的成就。我们是生而为有机的人,和其他人联系在一起,但不是生而为一个共同体里的成员。教育给年轻人带来有共同体特征的传统、视野和兴趣——也就是通过不停地教导和学习明显有关的现象。每一个独特的人都是学来的,而不是天生的。当然,如果没有与动物区别开来的人类的原本结构,就无法学习。要以人类的方式、基于人类的作用学习,不仅仅意味着通过原始能力的精炼,获得新的能力。

学习成为人类,就要通过交流过程里的"奉献"和"索取"发展出一个有效的观念——如何成为共同体里的独特个体。作为共同体的一员,理解和欣赏共同体的信仰、欲望和方法,并为有机力量进一步转化成人类资源和价值作出贡献。但是,这种理解永远没有结束的时候。人类的原罪感,或者说人性里冥顽不化的东西,总是存在着的。在那些获得结果的方法是暴力而不是交流和启蒙时,原罪感就会出现。而且,当人类共同生活产生的知识和使用工具的技能被用来服务愿望和冲动,而无法调整成能分享的利益时,原罪感表现得更巧妙、更深入、更有效。"自然经济"认为,商业交而会产生一种相互依赖,而和谐在其中自然地产生。对这种自然经济的信条,卢梭曾给予了充分的回答。他指出,相互依赖提供的情形,使强者或更有能力者有可能或者值得为了自己的目的剥削其他人,从而使其他人处于被当作有生命的工具来利用的从属状态。他建议,解决的办法就是回到隔离的独立状态。这种办法几乎是毫无意义的,但这种方法的孤注一掷表明了问题的紧迫性。它的负面特征,等于投降于任何解决问题的希望。通过对比表明,唯一可能的解决办法的特征是:完善意义的交流手段和方式,以便相互依赖的行为后果里真正的、可共享的利益可以激励欲望和努力,从而指导行动。

这个问题是一个道德问题,依赖于智识和教育,这就是这个陈述的意义所在。我们已经在先前的陈述里面充分地强调了技术和工业因素在创造"大的社会"里所扮演的角色。之前所说的似乎已经暗示:接受了对历史和制度进行经济方面解释的权威版本。忽视和否认经济因素,是愚蠢和无效的。经济因素并不会因为我们拒绝注意它们,或者因为我们用情感的理想化去污蔑它们,就停止其作用。正如我们所注意到的,也正如它们的结果所示,经济因素产生着行为的明显的外部条件,这可以在各种不同程度的富足里被感知到。在工业力量的后果里,真正发生的事情要依赖于对后果的感知和沟通的存在与否,要依赖于预见和它对欲望和努力产生的作用。只有当经济的能动部门(economic agencies)在物质层面上执行它们自己,或者在那个层面上随着共同体积累的知识、技能和技术被不平等地、偶然性地传递给它的成员,经济的能动力量被改革的时候,才能产生出一个结果。而在有关后果的知识被平均地分配,行动被共享利益的充分知情的、活跃的感觉所激活的程度上,它们才会有一个不同的结果。按照通常所表述的,经济解释的信条忽视了意义影响下可能的转变;它通过新媒介进行沟通,从而调解在工业和其最终的后果之间的紧张关系。它沉迷于削弱"自然经济"的幻觉:这个幻觉来自没有注意到行为导致的不同,即其真正后果的感知和感知结果的表述两种行为之间的不同。经济解释的信条思考的是前因,而不是后果;是起源,而不是终结。

通过明显的迂回,我们返回到以前所集中讨论的核心问题:在什么样的条件下,大社会才有可能更近距离、更有活力地接近伟大的共同体的状态,并因此在真正民主的社会和国家里拥有形式? 在什么条件下,我们才能理性地构思一幅公众从它的遮蔽状态重新浮现的图景?

这项研究是知识上的、假设性的。没有人会试图表述必要条件怎么样才能存在,也不会预言它们将会发生。这些分析的目标旨在表明,除非有明确的操作条件被意识到,否则共同体不可能被组织成民主的、有效用的公众集合体。虽然没有声明这些被注意到的条件是充分的,但至少它们是必要的。换句话说,我们应该对比之前被历史发展证明是无效的那些信条,努力去设定一个使民主的国家能够站立起来的假说。

回忆一下,组成先前理论的两个基本成分是两个概念:一个是每一个个体必须具备必要的智慧,才能在个人利益的驱动下,参与政治;另一个是普选、官员轮选、多数人决定原则确保选举出来的统治者能够实现公众的欲望和利益。如我们所见,第二个概念在逻辑上,是和第一个概念绑定在一起的,并随之同进共退。这一结构的基础是李普曼称之为"全能的个人"的观点,即个人有能力去设计政策,判断它们的结果;有能力在各种情况下,为了他自己的善呼吁政治行为;有能力加强自己的善的观念,并通过自己善的观念来反对相反的力量。随后的历史证明了,这一假设里存有幻想。要不是因为一个错误心理对人的误导性影响力,幻觉可能事先就被察觉了。但是,当前的哲学认为,观念和知识是通过与其他客观物体分离的方法而产生的头脑和意识的功能。事实上,知识是联合和交流的一种功能。知识依赖于传统,依赖于社会上相互传递、发展和认可的工具和方法。有效的观察、反应和产生渴望的能力,是在社会文化和社会制度的影响下后天习得的习惯,而不是继承已有的力量。人类行为来自带有粗糙的智慧的情感,来自习惯,而不是来自理性的思考,这一事实现在已经是众所周知了,以至于人们不太容易认识到,另外一种观念是基于经济和政治哲学的基础才被严肃地提出来的。它所包含的真理的标准,来自相对小的、精明的商人群体的观察,他们通过计算和财务来运作公司;来自小的、稳定的、区域共同体里的公民的观察,他们非常熟悉区域里的人和事务,以至于能够根据自身所了解的情况来制定标准,再根据标准的意义作出适当的判断。

习惯是人类行为的主要动力,大部分习惯是在一个群体风俗的影响下形成的。人类的有机体结构也要为习惯的形成承担责任,因为无论我们希望与否,无论我们是否意识到,每一个行为都影响着观念的修正,从而指引未来的行为。习惯的形成依赖于制定风俗和制度的群体的习惯,这是婴儿期无奈的自然结果。习惯的社会后果曾经被威廉·詹姆斯(William James)彻底地陈述过:"习惯是社会的大飞轮,是社会最珍贵的传统的影响力。它独自将我们保持在法令的限定里,使富有的孩子免于穷人的叛乱。它独自阻止着最难、最令人排斥的工作,免于被生来陷入其中的人所抛弃。它让海上的渔夫和水手熬过冬天;它让矿工甘于黑暗;它将乡下人固守在小木屋里,一个人孤独地干农活,度过所有下雪的月份。它保护我们不被荒凉和寒冷地区里的人们入侵。它让我们认命地沿着我们出身的线路或者早期选择的线路为生命奋斗下去,争取在这个不适宜的追求中做到最好。因为对我们来说,没有其他更适合的东西,而从头开始已经太晚了。习惯维持着不同的社会阶层,使他们彼此不相混淆。"

习惯的影响是决定性的,因为所有独特的人类行为都是学习来的,而学习所依赖的那个心脏、血液和肌肉却是习惯所创造的。习惯将我们约束进有秩序的、已经建立好的行为方式里,因为它们能产生舒适感,发展出做事的技能和事情里的利益,我们对这些已经从小到大习惯了;因为它们能把恐惧赶跑,让它们走向不同的路;因为它们让我们没有能力再去实验它们。习惯不排斥思想的运用,但是决定着想法运作的通道。思想藏匿在习惯的缝隙里。水手、矿工、渔夫和农夫会思考,但是他们的思想陷入他们习惯的职业和关系的框架里。我们梦想着超出习惯的限制,但是只有很少的幻想真的变成打破限定的行为的来源,数量少到我们把那样的人定义为有魔力的天才,或者他身上发生的是奇迹。思考本身沿着某些线路,变成了习惯,变成了一个具体的职业。科学家、哲学家、文学家都不是打破习惯束缚的男人女人,才让没有被习惯污染的、纯粹的理性和情感通过他们发声。他们是专业的、罕见习惯的人。因此,认为他们对自身的善有智慧的、深思熟虑的考量,并且这种考量能够打动人类的观念,纯粹是一种神话。即使自爱的原则在激励着行为,但是人们发现,能够把他们的爱展现出来的客体(objects)、包含着他们具体利益的客体,仍然被反映社会风俗的习惯所设定,这仍然是真实的。

这些事实解释了为什么新工业运动的社会理论家们很少预见到跟随它的后果而来的是什么,解释了为什么事情改变得越多,它们越变得一样。也就是说,它们解释了这一事实,即根本没有期待中来自民主政治机器的、扫荡一切的革命,有的主要是既得利益从一个阶级向另一个阶级的转移。一些人,不管他们是不是自身真正的利益和善的好的判断者,他们对涉及金钱利益的商业行为,以及新的政府机器怎样被用来服务于他们的目的,都有充分的判断能力。或许需要一个新的人类种族,用他们有限的期望、欲望和需要,在政治形式的使用中,逃离根深蒂固的习惯的影响,逃离旧制度和习惯了的政治身份的影响。这样一个种族,除非具有像天使一样无实体的体质特征,否则只会在人类假定它的出现要在像类人猿一样的条件下去承担这个任务。尽管有突发的、摧毁一切的革命,历史根本的持续性还是得到了双倍的保证。不仅是习惯和习俗发生作用下的个人欲望和信仰,而且为人类行为提供来源和工具的那些条件,和它们的有限性也即障碍和困境一起,都成为历史的沉淀物,无可选择地持续着它们的控制和权力。为了建立新秩序而创立的心灵白板说(tabula rasa)变得如此不现实,以至于它既让活跃的革命者的希望付之东流,也让胆小的保守分子的胆怯化为乌有。

然而,改变在发生着,同时积累着特征。就他们能被识别的后果进行的观察,唤醒了反应、发现、发明和实验。当积累的知识、技术和工具达到了某种状态,改变的进程就会加速到如我们今天所见,外在地表现出某种明显的特征。但是,在与之对应的观念和愿望的改变过程中,会有一种典型的滞后。观念的习惯在所有的习惯中,是最难改变的;当它们变成第二天性,理应被扫地出门的时候,就会再一次爬回来,像第一天性那样秘密而坚定。当它们被修改的时候,这种修改由于使旧的信仰变得不完整而首先是负面地表现它自己,仿佛要被浮动的、不稳定的、偶然攫取的观念所代替。当然,人类所拥有的知识的总量已经有巨大的增长,但是这并不等于进入循环的错误和片面真理的量也有所增长。尤其在社会和人类事务方面,有鉴别力的判断所需要的、至关重要的感觉和区分判断方法的发展,跟不上粗心的报道和故意误导他人的动机增长的步伐。

然而,更为重要的是,如此多的知识不是一般词语意义上的知识,而是"科学"。这里的引号不是代表不尊敬,而是暗示着科学材料的技术特征。门外汉把日常生活中的某些结论看成是科学。但是,科学调查者懂得,知识是否包含科学,必须和得出它们所使用的方法联系起来。甚至当它们是真实的时候,并非因为它们的真实性而成为科学,而是因为获得这些知识所应用的手段。这些手段如此地专业,以至于要获得使用和理解它的能力所需要的努力,远远地超过要获得能力使用和理解人类所拥有的任何其他仪器所需要的努力。换句话说,科学是一个高度专业的语言,比任何自然语言更难学。它是一种人工语言,这并非说它是假的;而是说,它是一种复杂艺术的杰作,服务于具体的目的,并不能以学习母语的方式被获得和理解。的确,可以设想设计一些指导方法,能够让门外汉读懂、听懂科学材料,甚至当他们自身并不把科学作为一种手段的时候。倘若那样,这种指导方法在很大程度上,可能会变成学习语言的学生称作一种被动而非主动的单词表。但是,那个时候在未来。

除了科学工作者,对于大多数人来说,科学是初学者无法掌控的神秘的东西。后来,由于跟随着固定的仪式,将乌合之众排除在外之后,余下的人成了熟知科学的人。他们很幸运,能够对复杂的方法产生共鸣式的欣赏,这些方法是:分析法、实验观察法、数学公式演绎法、恒定精密的检测法。对大多数人来说,手段的真实性仅仅体现在它的实际事务中,在接触生活的机械设备和技术的实施方案里被找到。对他们来说,电只能在他们使用的电话、电铃和灯光中被感知,在他们驾驶的汽车发动机和磁发电机里被感知,在他们乘坐的电车里被感知。他们所熟悉的生理学和生物学,就是他们所学到的对细菌的预防和来自他们的健康所依赖的医生那里的知识。本来应该离他们最近、离人性最近的科学,对他们来说,却成了一个深奥难懂的谜,直到它被应用到广告、销售以及人员选拔和管理中;并且,直到通过精神病学,通过对神经的压迫、偏执的发病形态和常见的形态使人们很难彼此相处,同时也跟自己过不去时,这个谜才得以解开。直到现在,大众心理学还是一堆空话、一坨混乱的泥;在医务人员最繁荣的今天,仍然是一种迷信。

与此同时,科学作为复杂的机制在技术上的应用,已经革新了联合生活继续前进的条件。这一点可以在一种主张里,作为事实被陈述出来,并且被赞同。但是,在人类对它理解的层面上,却不能被人们所知。当他们通晓他们操作的某种机器的时候,他们不懂这一点;或者当他们通晓电灯和蒸汽机车的时候,也不知道这一点。他们不理解变化怎样持续地发生着,也不理解它怎样影响着他们的行为。不理解变化的这些"怎样",他们就不可能使用和控制它的表现。他们承受着结果,也被结果影响着。他们不能管理它们,尽管一些人足够幸运——这通常被称为"好运"——能够为了个人利益而利用这一过程的某些阶段。但是,甚至是最精明且成功的人,也无法以分析的、系统的方法去了解这个他们操作在其中的系统;这种分析的、系统的方法,值得和他在更小的事情上靠经验获得知识的方法相比较。技术和能力在一个不是我们创造、我们也不能理解的框架里发生作用。一些人占据着战略地位,这种位置给了他们足以影响市场的力量的前瞻信息;并通过训练来的或者天生的转向能力,他们获得了一种特殊的技能,能让他们利用非个人力量的潮流,去转动他们个人利益的轮子。他们可以在这里把潮流堵上,在那里把潮流放开。而潮流本身超出了他们的预想,就像曾经在河流的旁边,一些聪明的技工利用他们所接受的知识开设工厂,能用不是他们自己种植的树木生产木板一样。在各种事务中受到限制还能成功的那些人,毫无疑问,他们拥有知识和技能。但是,这样的知识比起那些有能力、有技术的机器操作者,相对来说,只拥有较小的进步空间。然而,他总能充分地利用面前的条件。技术让他能够以这种方式或那种方式改变他所生活的区域里事情的潮流,但他无法控制潮流。

为什么公众和它的官员们,即使后者被冠名为前者的代言人,都应该是更聪明和更高效的呢？民主意义上组织起来的公众的前提条件，是一种知识和目前还不存在的洞察力。在它缺席的时候，想要试着分辨它如果存在会像什么样子，是极其荒谬的。但是，如果它存在，就必须实现条件中的一些，这还是可能被阐明的。我们可以从科学精神和科学方法里借用一些东西，即使作为一个专业化的工具，我们对它非常无知。最明显的需要，就是社会探究的自由及其结论传播的自由。人类在思想里是自由的，甚至当他们不表达和不传播思想的时候。这个观念一直被人们孜孜不倦地扩散着。它的源头在于一种观念，即人们认为，思想能完善自己，能从行动和物体中分离开来。这种意识事实上代表了被剥夺一般功能的思维的奇迹，因为它被现实和真正的思维相连的现实所迷惑，被驱使返回到孤立的、虚弱的幻想状态。

要是没有涉及公众各种后果的充分宣传，就不可能有公众。妨碍和限制着宣传的那些东西，同样限制和扭曲着公共观念，阻止和扭曲着对社会事务的思考。如果没有表达的自由，甚至不会有社会探究方法的发展。因为工具只有在操作中，在应用于观察、报告和组织实际内容的时候，才能被改进和得到完善。只有通过自由的、系统的交流，这种应用才可能发生。物理知识的早期历史、希腊关于自然现象概念的早期历史证明，最好的、最有天赋的思想里的概念被详细描述时，如果脱离了与它们声称要表述或解释的事件的最紧密的联系，将变得多么无用。今天，人类科学的主流观念和方法处于大致相同的条件。它们的改良也是基于全部过去的观察，远离它们在新观察材料的流通里的持续使用。

仅仅因为曾经一度获得的法律限制现在被废除了，就认为思想及其传播现在是自由的，这种信仰是荒谬的。它的传播还处于社会知识的初始状态，因为它模糊了我们对核心需要的认知，就是去拥有那些能被用来作为直接探究工具的概念，拥有那些被测试过、修正过并在实际使用中引起发展的概念。没有人或思想仅仅在独处时才获得解放。官方限制的废除，仅仅是消极的自由；主动的自由不是一个陈述，而是一种行为，它包含控制条件的方法和工具。经验表明，有时感知到外部压迫，比如审查制，就像一种挑战，能唤醒知识能量并激发勇气。但是，信仰并不存在的知识自由，仅仅有助于在虚拟的奴役里的满足，有助于马虎、肤浅和对感知的依赖，把它们当成是观念的替代品——这是我们当前的社会知识财富的标志性特征。一方面，被剥夺了其一般过程的思想在学术专业化的领域里找到避难所，以它自己的方式与所谓的经院哲学进行比较。另一方面，如此大量存在的宣传实体机构，被以某种方式利用,这种方式包含了宣传的大部分现实意义:广告、布道式的宣传,私人生活的入侵,以及违背持续运动逻辑的方式和对过往事件特征的提取,留给我们的是孤立的入侵和震惊,这些就是"感知"的本质。

仅仅想依靠有破坏力的公开的力量,去识别限制事实和思想自由传播和交流的条件,识别能由此引诱和滥用社会思潮和社会探究的条件,本来就是一个错误。那些有能力为了自己的好处去操纵社会关系的人,必须被认真地处理。这种人有一种奇异的直觉,能觉察到哪怕是遥远的、威胁到侵占他们控制的知识浪潮。他们发展出一套独特的机制,通过运用干预自由探究和表达的技术,把懒惰的人、偏激的人、民众里拥有情绪化的党派偏见的人都征召到他们的一边。我们通过雇佣宣传代理人作为推广观念之人,似乎正在接近一个有政府的国家。但是,更可怕的敌人却深深地隐藏在暗处的防卫工事里。

大多数人的情感习性和文化习性,创造了情感和观念的挖掘者们能够利用的条件。人们已经习惯运用实验方法来解决物理与技术问题。但是,他们还是害怕把它运用在人文关怀上。这种恐惧是有效的,因为像所有深度的恐惧一样,它被各种各样的理性化所覆盖和伪装。它最常见的形式之一,就是对各种已经建立的制度真正地宗教理想化并给予尊敬。例如,我们自己政治中的宪法、高等法院、私人财产、自由契约,等等。当这些事情一经被讨论,"神圣的"、"神圣性"这些词汇就会瞬间来到我们的唇间。它们证实了保护这些制度的宗教光圈。如果"神圣"只是意味着某些东西既不能接近也不能碰触,除了举行仪式进行预言的时候和特殊的神圣人员,那么,我们当前政治生活里的这些东西确实是神圣的。当超自然的物质被渐渐地、高高地、单调地留在与世隔绝的沙滩上的时候,宗教图腾的现实存在越来越多地聚在一起表征现世的制度,尤其是那些和民族主义国家相关联的制度。①精神病学家已经发现,精神错乱最常见的原因之一是潜在的恐惧,不是主体意识不到深藏的恐惧,而是恐惧让他们从现实里撤退,不愿意把事情想得明白。有一种社会病理学,有力地反对那些对社会制度和条件的有效质询。它用上千种方式表现自己:发牢骚、无力地随波逐流、不安地抓紧令人分心的事物、长久以来的理想化、肤浅的乐观主义、对事情本来样子放肆地颂扬、威胁反对者。这些方式能够有效地

① 民族主义所具有的宗教性性格在卡尔顿·海耶斯(Carlton Hayes)的《论民族主义》(On Nationalism)一书,特别是在第四章中,得到了强有力的说明。

压抑和驱赶思潮,因为它们采用的是精巧的、无意识的劝说。

社会知识被分化成独立的、彼此孤立的分支学科,这标志着它的倒退。人类学、历史、社会学、道德、经济学、政治科学,都走在它们各自的路,彼此之间没有持续、系统和富有成效的相互作用。自然知识仅仅在表面上有这种分化。实际上,在天文学、物理、化学和生物科学之间,有连续的互相借鉴。新的发现和改良后的方法被如此多地记录和组织起来,以至于持续的交流和沟通发生着。人文学科之间彼此的孤立,与它对自然知识的冷漠是分不开的。人们在头脑里仍然把人类生活的世界和世界里的人类生活划出了明确的界限,这个界限反映在人类身上就是肉体和灵魂的划分,这在当前应该知晓,并区别对待。在过去的三个世纪里,主要精力本应投入自然探究里,从那些离人类最遥远的事情开始,例如天体,这是一直被期待的事情。自然科学的历史揭示了其自身发展的某些特定的顺序。新的天文学建立之前,数学作为工具必须被拿来使用。当和太阳系联系在一起而产生出新的观念被用来解释地球上的事情时,物理学就向前进了一步。化学跟随物理学前进的步伐,生命科学需要物理和化学的材料和方法去发展。只有当生物学和生理学的结论可供应用的时候,人类心理学才不再主要是猜测性的观点。所有这些都是自然的,似乎是不可避免的。和人类利益连接最远、最不直接的那些事情必须在某种程度上被掌握,各种探究才可能汇聚到一起关注人类本身。

然而,发展的进程使处于这个时代的我们陷入困境之中。当我们说一个科学科目在技术上是专业的时候,或者说是高度"抽象"的时候,实际上意味着它对人类生活的意义不值得被考虑。所有单纯的自然知识都是技术性的,都是用技术性的词语来表达的,只能面向少数人。甚至的确影响人类行为的自然知识,的确改变我们所做和所经历的事情的自然知识,也是技术性的,在某种程度上,遥远到它的意义不被理解和使用。阳光、雨水、空气和土壤总是以看得见的方式进入人类的经验;原子、分子、细胞和大多数其他科学家们全身心研究的东西,影响着我们,但是却看不见。因为它们是以非感知的方式进入生活和改变经验的,它们的后果无法被认识;关于它们的解释都是技术性的,靠特殊的符号交流。那么,人们可能会认为,一个根本的、可操作性的目标就是将在自然条件下关于某个主体物质的知识,翻译成能被普遍理解的概念,翻译成符号来标识呈现的后果是否服务于人类。因为最终进入人类生活的所有后果都依赖于自然条件;只有当后者被考虑进去的时候,它们才能被理解。那么,就人类自身的活动而言,任何事物的状态如果倾向于在周遭环境上不被了解，并且基于人们自己的活动和遭遇而不能被相互交流，那么，都会被看成是一场灾难，这将被认为是无法忍受的；只有在任何给定的时间里都不可避免的时候，才会被接受。

但是，事实正好相反。物质和材料这样的词语，在很多人的头脑里传递的是一种轻视。它们被看作生活中渗透着理想价值的宿敌，而不是表现这些价值和维持它们存在的条件。由于这一区分，它们在事实上的确变成了敌人，因为无论什么始终与人类价值分离的东西，都会压抑思想，并使价值变得稀薄和不稳固。甚至有些人把唯物主义和现代生活里商品化的统治地位，看成是过度投入自然科学的结果；而没有看到，人类与自然人为地分开是传统造成的，这一传统起源于人们把自然条件理解成人类活动的媒介之前。这才是导致僵化的因素。最具影响力的分离后果，就是理论科学与应用科学的分离。既然"应用"（application）表明的是与人类经验和福祉的相关性，那么，追求"纯理论"的荣耀和对"应用"的蔑视，就会产生不同的后果，即一种疏远的、技术的、只能对专业人员沟通的科学和一种危险的、偏激的、不公平地分配价值的、参与人类事务的行为。在调控社会方面，作为对知识的替代而应用的，就是愚昧、偏见、阶级利益和意外事故。科学只有在实际应用上，在荣耀而显著的层面上，才能被转化为知识。否则，它就是不完整的、盲目的、扭曲的。于是，当它被应用的时候，解释它的不利层面的词语常常是"实用"和"功利"，顾名思义，为了经济利益而使用它。

当前，自然科学的应用适应人文关怀，而不是应用进了人文关怀。也就是说，它是外在的，它的应用后果是为了满足处于占有地位的、贪婪的阶级的利益。自然科学在生活上的应用，表明科学被吸收和传播；表明它是共同沟通和深入交流的工具，而沟通和交流是真正的、有效的公众存在的前提条件。科学对于工业和贸易的调节作用，一直平稳地进行着。17世纪的科技革命，是18世纪和19世纪工业革命的先驱。结果，人类遭受了大肆扩张的自然科学的控制力量的冲击，而没有相应的能力来控制自己和有关自己的事情。知识即不完整的、加上人为分割的科学，反过来对知识本身造成了损害，在造成男人、女人和孩子的奴性上发挥着作用；在工厂里，他们就像是照料着冰冷机器的活体机器。肮脏的贫民窟，迷茫的、不满的职业，折磨人的贫穷和过度的富有，和平时期粗鲁的自然开发，战争时期的烈性炸药和有毒气体，一直存在着。人类在理解自身方面还是一个孩童，把手放在拥有不可估量的能量的自然工具上面，像孩子一样，玩耍着这些工具；无论其效用有害还是有益,都是大大的偶然事件。工具变成了致命的主人,仿佛拥有自己的意志——当然,不是因为它真的有意志,而是因为人类没有意志。

在这种情况下,"纯粹的"科学的荣耀使逃避变得合理化。它标志着一个避难所的建立、一种责任的逃避。知识的真正纯度并不是在没有与使用和服务相联系而污染时才存在。这完全是一个道德问题,一个涉及诚实、公正、探究和传播的意图是否具有慷慨的宽度问题。知识的弄虚作假并不是因为它的使用,而是因为既定的偏见和歧视,因为观点的片面性,因为虚荣,因为对占有和权威的自负,因为在它的用途里对人文关怀的蔑视和漠视。人文知识不像曾经所想的那样,是一切事物形成的终点;而是一个偶然发生的微弱的东西,在宇宙广袤的延伸里也许只是一个片断。但是,对于人类来说,人是利益的中心,是重要性的标准。以人类为代价的自然领域的扩充,其实是一种放弃、一次逃离。使自然科学成为人类的对手实在太糟了,因为它形成了一种几乎无法承受的能量偏移。但是,邪恶不会就此停住。最终的伤害在于:当自然知识不再和它作用于人类的功能相联系时,人类对于自身事务的理解以及指导自己事务的能力从根本上慢慢地被消耗了。

我们可以看出,自始至终暗示的一点,即知识既是交流,也是理解。我清楚地记得,一个没有接受过学校教育的人在谈到某种事物时,是这样说的:"有一天,它们会被发现,不仅被发现,也会被了解。"学校可能会假设,一个事物当它被发现时,即是被了解了。而我的老朋友认为,一个事物只有被出版、分享,在全社会自由传播的时候,才能被充分地了解。记录和交流对知识来说,必不可少。禁锢在私人意识里的知识,只是一团谜。而社会知识尤其依赖传播,因为只有通过传播,知识才能被获取或者被检验。共同生活没能广泛传播使其成为一个共同拥有的事实,是一个明确的反面例子。这里的传播,不是任意地播散。播种并不是指随意地把种子扔出去,而是为了使之扎根和有机会成长而进行分配。社会探究结果的传播与公共舆论的形成,是一回事。这标志着最早的适合政治民主的理念之一,将是最晚被实现的之一。因为公共舆论是被组成它的公众所形成的,是对公共事务的判断。这两个层面中的任何一个,在现实中施加了很难满足的条件。

有关公众的意见和信念,预先假定了有效的、成系统的探究。除非有方法能测量到正在发挥作用的能量,能通过错综复杂的交互网络追踪到它们的后果,否则,那些所谓的公共舆论只不过是贬义的"意见",而非真正公共的,无论这种意见是多么广泛。从把错误当事实的人的数量和共享一个错误信念的人的数量,就可以估量出错误的力量有多大。偶然形成的意见,以及形成于与所相信的谎言有重要关系的人的指导下的意见,只是名义上的公共的意见。以这个名字称呼它,接受这个名字作为一种保证,是放大公共舆论迷失行为方向的能力。越多的人分享它,其影响就越有伤害性。公共舆论即使碰巧是正确的,也只能是短暂的,因为它不是持续发挥作用的工作调查和工作报告的产物。它只能在危机中出现。因此,它的"正确"只关乎当下的紧急情况。持续性的缺乏,使公共舆论从事件发展的角度看起来,是错误的。这就像一名医生能够处理疾病暴发的那一刻,却不能治疗疾病所引起的潜在状况。那么,他貌似"治愈"了这个疾病,也就是说,让疾病的危机症状平息下来,但并没有治其根本。甚至,他的治疗可能致使症状变得更糟。只有持续地探究,不断地被关联,才能够提供有关公共事务持久意见的材料。

有一种理论认为,即使在最有利的情况下,"意见"而非知识,是使用起来正确的术语——顾名思义,在判断的意义上说,就是估计。因为在严格的意义上,知识仅仅是指已经发生或已经完成的事。而将要做的事涉及对充满变数的未来的预言,既然它涉及对可能性的各种预期,就不可能逃避在判断里承担错误的责任。甚至当政治计划产生于相同的事实知识的时候,对于所追求的政治极可能有诚恳的分歧。但是,除非能从知识里获得信息,否则,真正的公共政治不可能产生;并且除非系统的、完善的、设备良好的调查和记录,否则,这样的知识是不存在的。

进一步来说,探究必须尽可能地接近现在,否则,它只能是历史研究者的兴趣。但是,历史没有带来事件的真实场景,留下了一个沟壑,只能仅仅依靠猜测其间的事件来影响有关公众利益的判断。这种对现存的社会科学的限制,太明显了。它们的材料总是来得太晚,离事件的发生太远,不能有效地进入公共意见的形成当中,因为这些意见都是有关当下的公共关怀。

对于这一情势的初步了解,我们发现,对世界上正在发生的事情进行自然方法和外部手段收集信息的方法,已经远远地超过对其结果的探究和组织的智力阶段。电报、电话、现在的无线电、经济快捷的邮件、印刷机都能以低成本快速地复制信息材料,而且都获得了显著的发展。但是,当我们问哪种材料被记录下来,它是怎样被组织在一起的,以及材料被呈现的知识形式的时候,故事就会被讲得五花八门了。"新闻"指刚刚发生的事情,之所以"新",意味着它不是旧的、带有规律性的。但是,新闻的意义取决于它所导入的关系,以及和它产生的社会后果的关系。这种导入无法被判断,除非新的信息与已经发生的、被整合进事物过程里的信息材料相联系。没有协同性和继发性，事件就不是事件，而仅仅是偶发事故，突然地侵入而已；事件暗示着，其来自以前发生的事情。因此，即使我们排除私人利益在获得压抑、保密、曲解方面的影响力，我们在这里，对于所发生的新闻具有的琐碎性和轰动性，还是可以作出解释的。那些灾难的东西，即犯罪、事故、家庭纠纷、个人冲突和矛盾，是持续性断裂最明显的形式。它们提供的震惊元素是最严格意义上的感觉；它们是最引人注目的事物。即使只有报纸上的日期才能告诉我们这些事去年还是今年发生的，它们还是完全从它们所联系的事物中脱离开了。

我们如此习惯于这种收集、记录和呈现社会变化的方法，以至于那种说法，即真正的社会科学应该在每日的报纸上体现其真实性，而学习的书本和文章提供并改进了探究的工具，听起来可能是荒谬的。但是，本身就能提供知识作为一个公共判断的前提条件的那种探究，必须是当前的、每日的。社会科学作为一个专业化的探究工具，本来应该更先进一些；但是，只要它们远离对新闻进行不懈的编译和解释的应用，就可能在指导公共关注事务的意见上面相对无能。另一方面，只要社会探究工具远离当前的事件，并在某些地方被伪造，就会变得笨拙。

我们一直说，与公众有关的意见和判断的形成，类似于知识的传播，传播能使知识成为公众的有效财富。这个问题的两个方面的任何分离都是人为的。然而，对宣传活动和宣传制度的讨论需要用单独的一卷，而且只能由比本书作者更有经验的人来执笔。宣传可能相应地被提到，并附有评论：当前的情况是历史上前所未有的。民主的政治形式和有关社会事务的、貌似民主的思维习惯已经导致大量的公共讨论，至少促成了为作出政治决策而进行广泛的征询意见的程序。代表公众的政府在面对公共信念的时候，必须至少看起来是建立在公共利益上面的。政府不需要假装明白被统治者的愿望才能采取行动的时代，已经过去了。在理论上，被统治者的同意必须被保证。在旧的形式下，没有必要迷惑政治事务观念的源头，因为没有能量流从它们那里流出。今天，关于政治事务普遍形成的判断是如此重要，以至于除了考虑各种负面的因素以外，对于影响它们形成的所有方法要付出额外的费用。

最有效的控制政治行为的路径，就是控制思想。只要经济利益能够产生力量，只要公众还没有定位和识别自己，为了这些利益，他们就无法抗拒作用在其身上的新的政治行为。恰如在工业和交易行为里，一般的技术因素会因为经济原因而被偏离甚至打败一样，这种情况在政策宣传中尤其明显。有关公众意见素材的收集和销售，是现有的经济体系中的一部分。正如工程师基于真正的技术基础所从事的工业生产，可能与实践的工业生产非常不同。因此，如果真正的报道者被允许自由地发挥作用，那么，新闻的收集和报道也将是非常不同的。

这个问题的一个方面尤其关心传播。我们常说，随着真相的多种表现形式，探究的自由和完美不会有任何特殊的效果。因为有争议说，大多数阅读的公众对于学习和吸收精确的调查结果并不感兴趣。但是，除非这些调查结果被阅读，否则，不可能影响公众的思想和行为；而只能与世隔绝地躺在图书馆的壁龛里，被少数知识分子研究和理解。如果不将艺术的力量考虑进去，人们一定很容易接受反对的意见。一种专门的、高雅的表现形式，只能吸引文化修养较高的人；而对大众来说，还是新东西。表现形式在根本上是很重要的，也是一个艺术问题。一份报纸，如果类似社会学或政治科学季刊，那么毫无疑问，只可能拥有有限的发行量和狭小的影响力。然而，即使在这样的情况下，这种报纸的存在和流通，也可以产生一些可调节的影响力。但是，我们所期待的远不止这些。这种材料具有如此巨大的、普遍的人类意义，以至于它赤裸裸存在的本身，也是一种不可抗拒的邀请，想对大众展示它本来应该具有的广泛的吸引力。艺术家在其文艺表现中的自由，就像社会探究的自由一样，是对公共事务展开充分的、有价值的意见表达的前提条件。人类拥有观念和判断的有意识的生活，常常是在一个肤浅的、微不足道的层面上进行的，而他们的生活本身到达了一个更深的层面。艺术的功能一直在于冲破传统的、循规蹈矩的意识表层。常见的事物，如一朵花、一束月光、鸟儿的歌声，并不是少见的、遥远的事物，它们都是更深层次的生活被碰触的方式，以便在这个层次上能够产生渴望和思想。这就是艺术的过程。诗歌、戏剧、小说都是证据，表明艺术所呈现的问题不是不可解决的。艺术家一直是真正的新闻供应者，因为新闻不是指外部发生在它身上的事件是新的，而是通过它所点燃的感情、知觉和鉴赏所引发的意义。

我们稍微地触及了从一个大的社会向伟大的共同体转变所必需的一些条件；在这个社会里，联合行为无限扩张的、复杂多样的后果将在"社会"这个词的意义上被充分地理解，以便有组织的、清晰的公众得以形成。最高级、最困难的探究和一种微妙的、精致的、生动的、机智的交流艺术，必须拥有传递和循环的实体组织结构，并为它注入活力。当机器时代完善了它的组织结构的时候，探究将会变成一种生活方式，而不是一个暴政的主人。民主自然而然地就会到来，因为民主是自由的、能够充分交流的生活的一个名字。它就像沃尔特·惠特曼（Walt Whitman）所预言的那样。当自由的社会探究不可分解地融入丰富而动人的交流艺术中的时候,民主将会达到完美。

（张奇峰 译）

《公众及其问题》1946 年导言[*][①]

这本书是在 20 年前写的。我在那个时候提出了这个理念:干预性事件确立了对公众的态度,以及对公众和作为人类关系的政治性组织的国家之间的关系的态度。最明显的原因,可以见诸第二次世界大战在弱化我们称之为"孤立主义"情况中的作用。第一次世界大战在这方面的作用已有足够的效果,以至于形成了"国际联盟"。但是,美国拒绝加入。并且,尽管完全的国家主义是导致美国拒绝加入国际联盟的首要因素,但一个强烈的信念也增强了它的拒绝。这个信念说到底,即国际联盟的主要目的是为了保护欧洲战胜国家的胜利果实。我们没有必要讨论这个信念到底有多么正当,因为这不过是重复旧的争论而已。这个问题的重要事实是:正是这样的情况,导致美国拒绝加入国际联盟,这是一个强烈的驱动性原因。第二次世界大战之后,美国的态度有所转变,并加入了联合国。

书中所采取的对于公众及其与社会政治生活层面关系的立场,到底受这样的事实什么影响呢? 具体说来如下:孤立主义的这种衰落(尽管可能不是未来很长时间的闭塞)就是证据,能够证明这样的感觉正在形成——国家之间的关系呈现出这样的特质,它构成一个公众群体,因此需要某种政治组织的措施。这个措施是什么,以及政治权威能延伸到什么程度,仍然是争论的问题。有人一直会坚持这个问题,将其发挥到联合国在旧金山所采纳的规则上面,以制定在可能的范围内最严格

---

[*] 此文选自《杜威全集·晚期著作》第 2 卷,第 301—305 页。
[①] 首次发表于《公众及其问题:关于政治探究的论文》(*The Public and Its Problems*:*An Essay in Political Inquiry*),盖特威出版社,1946 年,第 iii—xi 页。

的规则。也有另一些人，他们敦促改变这些规则，因为只有这样，才能为一个有更广泛政治权威的国际联盟提供可能性。

讨论哪一方的态度是正确的，这是被考虑问题之外的事情。正是因为存在两派，有积极的争论，因此能够证明：这个过去曾经宣称和践行单一主权的国家间关系的问题，现在绝对地进入了政治问题的领域。这本书指出，在国内事务中，公共的范围和领域，以及公共领域在哪里结束、私人领域在哪里开始，一直是关键的政治问题。最终，在国际单位之间的关系方面，同样的问题正在积极地提出；而在过去，这些国际单位没有哪一个会承认自己对其他国际单位的政策负有政治责任，只是有过对道德责任的承认。但是，同样的事情在私人的和非政治的关系上却是有效的；主要的不同之处在于，在国家之间的关系上，道德责任更容易解脱。正是"主权"的学说，才是对政治责任一种完全的否定。

这个问题在政治讨论的范围中，也引出文章中的另一个观点。问题的关键，绝对不在于是"社会的"还是"非社会"的、道德的还是非道德的。毫无疑问，就某些人而言，认为关系到国家间关系的道德责任应该被更严肃地对待，这种感受有助于强调这些关系的后果要求某种政治组织这个事实。但是，只有那些极端的愤世嫉俗者，才会否认某些道德责任的存在。关于这一点，充足的证据可见诸这样的事实：为了在实际的战争中引起任何真正的现代民族国家中公民的兴趣，完全有必要发起一个运动，以证明高级的道德要求可以为战争政策提供支持。态度的转变在根本上不是一个道德转变的问题，而是从顽固的无道义转变到对正义所要求的认知。这个结果来自对战争实际后果的认知。而且，这种认知反过来主要归功于以下事实，即现代战争绝对是具有毁灭性的，这种毁灭的地理范围比过去更加广泛。争论战争能否带来积极方面的好处，已经没有可能。最多可以说，战争是一种对道德上积极的恶的选择。

国家之间的政治关系问题现在已经进入政治性讨论的范围，这个事实确认了本书强调的另一个观点。私人考虑的事务和那些政治性裁决二者之间的界限到底是什么，这个问题在形式上是一个具有普遍性的问题。但是，就这个问题所采取的实际内容而言，它总是具体的。也就是说，它将事实的后果具体化，而绝非内在地自决，或者交由具体理论方面的决定来处理。就像服从观察和规范的所有事实一样，它们是有时空条件的，而不是永恒的。"国家"纯粹是一个神话。并且，就像在文中所指出的那样，国家的概念是作为普遍的理想和标准，这个概念就在一个特定的空间-时间结合点当中,服务于非常具体的目标。

例如关于联邦的观点,距离孤立的帝国统治十分遥远。假设这个观点被接受为一个实际的原则,一些事情被解决了,但这样的问题还没被解决,比如哪些事务是在联邦政府的裁决范围以内的,哪些被排除在外、留待国际单位来决定等等等。什么应该包括、什么应该排除在联邦权威之外的一些问题,将会变得尖锐起来。并且,在这个问题上明智地作出决定,与在预见的基础上作出决定的程度是相似的,具体的结果很可能由于采取替代性的政策而产生。正如与国内政治事务中的情形一样,在不同单位的特殊利益的冲突之间,会发现新的共同利益。友谊并不是产生那些服务于不同单位普遍利益安排的原因,而是这些安排的结果。一般的理论也许确实有帮助;但是,只有当它被用作预测事实上的后果的辅助性工具的时候,才能服务于明智的决策,而不是本身(per se)就可以直接地作决定。

到目前为止,我都保持在本人认为是事实的领域内进行讨论,这些事实足够明显,以至于任何关注它们的人都可以注意到。现在我要开始说的观点,进入重要的、未被解决的假说领域。在文中的第二章中,提到“物质利益”的变化作为塑造具体条件的重要因素,这些条件决定了被归为“公共”种类的、导致某种政治干预的后果。如果现在还有任何对人类社会中重要的成果,对科技因素的意义有怀疑的话,那都已经过去了。科技发展的重要性并没有被局限在国内事务中,尽管在这个领域中,它的确很重要。前面提到,大大提升的战争的毁灭性是现代科技发展直接的后果。而且作为战争直接起因的摩擦和冲突,是由于不断增长的和错综复杂的民族之间的交往而产生的;这些接触点反过来,是科技进步的直接结果。

迄今为止,我们仍然处于可观察的交往事实的界限之内,这些交往发生在国家之间的方式,与它们发生在一个给定的国内单位的成员之间的方式是一样的。这个未解决的问题作为未来不可抑制的冲突隐约可见,它从属于测量具体后果的经济因素的实际范围。如果查阅《经济力量和政治》的目录,可以看出,现代生活经济方面所发生的巨大影响受到了关注。但是关系到国家之间的政治关系,这个问题就与一些具体的事情有关了,比如关税、最惠国待遇、报复等等。认为经济是影响政治组织整个范围的唯一条件,以及当前产业迫切需要某种单一类型的社会组织,这个观点由于马克思著作的影响而成了理论问题。尽管苏俄发生了革命,但并不是一个当下的国际政治的实践问题。现在,它正在明确地变成那样一个问题,并且有标志表明,它在支配未来国际政治关系上,是一个首要的问题。

认为经济是调节政治组织的唯一因素,认为社会生活的所有阶段和方面,包括科学、艺术、教育和所有公共交流的机构,都被流行的经济类型所决定,这些立场与"极权主义"的名称所能恰当地运用到其上的那种生活是一致的。考虑到只有一种形式的经济组织能够满足社会状况,地球上所有国家已经在一定程度上获得了对那个状态的看法,因此存在一个使其他相形见绌的实践问题。

因为苏俄现在达到了一种具有实力和影响力的状况,所以它在本质上是极权主义的哲学从理论领域到了国家实践的政治关系领域。由于只伴随一个真理,它是确定的、绝对的,因此不容许质询和公共讨论。为了使自由探索和开放讨论受到相当大程度的信任,并成为和平协商社会冲突的一个基本方法,调节国家关系使其充分的民主化,成为现在的关键问题。尽管社会进步的界限在这两个立场之间应该划在哪里,我的看法与绝大多数民主国家的看法相一致,我也不关心它的是非、真假问题,但我还是忍不住指出世界局势是如何证明这个假说的;假说的内容,即相互协调的人类交往的实际后果的范围、幅度及其严肃性,是影响那些带有十分明显、无法忽略的政治性质的社会行为的决定性因素。因此,从政治上发现和实施共同利益的问题是迫切的。

还有一个问题需要引起注意。文章中很多地方指出:第一,对后果的解释,是除了后果发生本身之外的一个必不可少的条件;第二,这个解释(在任何事情上,都像是一个精确的范围)取决于这个时期知识的状态,尤其取决于被称作科学的那些方法被运用于社会事务的程度如何。我们当中的一些人坚持这个观点,已经有一段时间了。他们认为,科学与文化之间的关系,恰恰和它与被认为是技术的这些事情的关系一样(就像在这种情况下的发明状态,比如工具的和机器的,或者艺术中所达到的进步)。我还认为,现代生活中相当数量可补救的恶是由于科学方法的不平衡状态所造成的,一方面是由于其在物质事实上的运用,另一方面是由于其对特定的人类事实的运用。离开这些恶的最直接和有效的方法,是努力地发展就人类交往来说被称为科学方法的那种有效的智识。

我们关于这一点的理论阐述不可能有很多的成效。具有理论阐述性质的事件后果的相对重要性,公开地将其自身强加于人们注意力的那些事件的相对重要性,已经被很好地展示出来了。它的结果令人印象深刻,以至于不仅有关于自然科学的大声叫嚷,声音高得接近通天塔;而且有为了社会福利而进行的科学控制的一些方面,如今已经进入政治的舞台——进入政府的讨论和行动。很明显,指出这些已经足够了,即当这些书页被写出来的时候,美国国会正在进行关于控制下的市民参与军事的辩论,以及国联正在进行关于需要控制的总体上最好方法的争论。

自然科学中的道德地位问题,伴随着我们很长时间了。自然科学的后果尽管对工业来说,有着无法测量的重要性,并且工业对社会整体具有无法测量的重要性,但还是没有获得那种将科学状态带入具体政治领域的观察。为了提升战争的毁灭性而使用这些科学,这件事被带到一个耸人听闻的程度,以至于这个政治问题现在无论如何都摆在我们的面前。

有些人不仅坚持采取排他性的科学道德主义观点,而且坚持以一种极端片面的方法那么做。他们把对罪恶的责怪推到自然科学的身上,好像它是一个随意的实体本身,而不是一个占优势的人类机构向其强取的产品。然后,他们运用那些罪恶、那些明显使科学服从于他们所理解的道德理想和标准的罪恶,罔顾事实,抛开劝诫。除了设立某个具有绝对权威的机构之外,没有完成这种附属的方法——这是恢复那种冲突的可靠方法,这冲突曾经是教堂企图控制科学探究的标志。如果他们的立场被采纳的话,其结果将是不顾政治或公共利益,使科学从属于理想的道德目标,而是政治专制主义的产生,同时伴随所有参与那种类型的社会组织的道德罪恶。

科学作为人类的建设手段,就像任何其他的技术进步一样,服从于人类的使用。但不幸的是,在“使用”中,存在误用和滥用。保持科学为一种单独的实体,就像现在区分科学为“纯粹的”和“被使用的”的时候所做的一样。然而因为社会的罪恶而归咎于它,如同经济失调和战争毁坏所带来的社会罪恶一样,带着一种将科学从属于道德理想的观点,这是没有积极意义的。相反,这样只会转移我们的注意力,使我们从使用知识和在执行它们所能做的工作中最具竞争力的观察方法上分散注意力。这部作品是对社会政策和制度安排的后果的有效预见。

（张奇峰 译）

三、权力和正义

奥斯丁的主权论*①

I

经过对奥斯丁(Austin)②《法理学讲义》(*Lectures on Jurisprudence*)的一番研读,我深信,平常以他的名义提出的那个理论根本就不是他的理论。倘若它属于哪个人的话,恐怕归之于霍布斯(Hobbes)和康沃尔·刘易斯(Cornewall Lewis)是名正言顺的。就我所能追溯到的、通常被当作是奥斯丁的那个陈述之起源而言,它来自亨利·梅恩爵士。从梅恩的《古代制度史》(*Early History of Institutions*)当中我选取下面一段文字,它可谓是那个通常误解的一种详尽版,梅恩之前是否还有人持此误解尚待考证:

> 在每一个独立的政治共同体中,都存在某个单个的人或人的联合体,具有迫使共同体的其他成员完全照共同体的意思去做的权力……这种主权……在所有这样的共同体中有一个特点,对所有可能呈现的主权形式而言是共同的,即拥有不可抗拒的力量……所有主权形式共用的东西是无限制地向国民或成

---

* 此文选自《杜威全集·早期著作》第4卷,第64—81页。
① 本文首发于《政治科学季刊》,第九卷,1894年3月,第31—52页,未曾重刊。
② 约翰·奥斯丁(1790—1859),英国法学家,分析法学派的创始人。他认为,法学只应研究实在法,而实在法的定义应包括主权、命令与制裁三要素(后世所称的"法的三位一体"说);法与道德无关,法律无论是否合乎道德,只要是合法地制定的,就具有法律效力(后世所称的"恶法亦法"说)。其主要著作除杜威本文所提到的《法理学讲义》之外,还有《法理学范围》和《实在法哲学》等。——译者

员施加强迫的权力(权力,但不必然是意志)(第 349、350 页)。

　　我用楷体标出的短语,是对奥斯丁理论的误解——或许可以称之为曲解——的要旨。梅恩在历史方面开始的误述,T·H·格林在哲学方面加以完成了。据其所言,奥斯丁的学说"视主权的本质寓于这样的权力之中……无度地对国民施加强迫,让他们完全按照它的意思去做"。[1] 这些陈述传达了我可能并非不敬地称之为奥斯丁神话——就像逐渐形成的那样——的那种东西。康沃尔·刘易斯自视为奥斯丁的弟子,当他说出下述这番话时无疑认为他正确表达了他的老师的学说:"只要政府存在,主权所归属的那个人或人们的遍及整个共同体的权力,就是绝对的和无限的。"[2]但事实上,在奥斯丁那里,遍寻不见这样一种寓于绝对力量之中的主权概念。因而在对奥斯丁的学说加以正面讨论之前,看来必须首先剔除对其理论的不当理解。

　　奥斯丁的下述陈述是典型的:

　　　　如果完美的或完全的独立性是主权权利的本质,那么事实上没有它所适用人的权力。每个政府,即便前所未有地强大,偶尔也屈从于其他政府的要求……而且每个政府都习惯地顺从它自己国民的意见和情感。[3]

　　他还写道:

　　　　在一种不确定但有限度的程度上,君主高于被统治者,他的权力通常足以确保他的意志得到遵从。但是被统治者,集体地或整个地也是君主需要考虑的;因为担心激起众怒和唤醒蛰伏在大众之中的力量而演变为积极抵抗,君主在滥用强权方面会受到制约。[4]

---

[1] 《格林作品集》(*Works*),第二卷,第 401 页。
[2] 《政治术语的使用及滥用》(*Use and Abuse of Political Terms*),第 33 页。
[3] 《法理学讲义》,第一卷,第 242 页,1869 年版。
[4] 《法理学讲义》,第一卷,第 99 页。比较梅恩的下述说法,他好像认为自己是在力主某种与奥斯丁相反的东西:"影响力的巨大主体部分,简称道德,通过社会的主权者来永久地规范、限制和禁止社会力量的实际方向。"(《古代制度史》,第 359 页)

如果有人说,刘易斯也承认道德和法律力量之间的区别,并且谈论主权这个术语的一个用法是"意指共同体的整体或部分对于主权行为的道德影响",①那么回答是,刘易斯绝对没有借以区分道德和法律的标准,而奥斯丁那里一个富有特点的事情却是(正像我们不久将要看到的那样)小心翼翼地为这样的区别奠定基础。就刘易斯的理论而言,无论实际上行使控制的是什么,必定是主权;如果"主权"受到国民意愿的影响,以至于"习惯地顺从"他们,那么他们实际上是主权,而他是国民。"如果一个主权没有强制服从其命令的权力……他不是主权。"②的确,刘易斯本质上是一个法律学家,奥斯丁是一个道德学家。刘易斯只是因循一个法律上滴水不漏的定义;奥斯丁,尽管他的主要著作以有关法律方面的形式出现,却像边沁一样主要对社会改造和进步感兴趣。法律本身对于他而言是实现这种改造的手段。要信服这一点,只需阅读他的《法理学讲义》论述开篇便引入的"功效"概念的那几章,尤其注意其在大众之中传播正确的伦理知识方面的论述。③

如果像刘易斯这样完全颠倒了奥斯丁的概念,那么发现下述这一点恐怕就没有什么可惊讶的了:把力量建基于某种共同的利益和目的之上的必要性(在这点上格林极力反对奥斯丁),不仅得到奥斯丁的承认,而且花费了相当长的篇幅予以论述。④ 他所定义的一个主权政治政府的恰当目的——"它为之应当存在的目标或目的"——是"最大可能地推进人的幸福。"⑤他于是像格林那样清楚地承认一种道德目的,它处于政治制度之后并控制政治制度。不仅如此,他还承认,促使人们对政府加以服从的动机即便在现存的条件下也是很大程度上的一种伦理动机,并不是对力量的纯粹恐惧,⑥而在恰当的条件下会完全是伦理的。"假设,"他说,"一个既定的社会是得到充分教诲或启蒙的,那么对于其政府的习惯性服从就唯有来自基于功效原则的诸理由。"⑦而且哪怕事情像现在这样,对政府功效的承认也是"所

---

① 《政治术语的使用及滥用》,第 40 页。
② 《政治术语的使用及滥用》,第 15 页。
③ 《法理学讲义》,第一卷,第 129—143 页。
④ 固然,格林和奥斯丁并未使用同一哲学流派的语言:格林使用行动语言,奥斯丁使用感觉语言。但是奥斯丁的"普遍幸福"(general happiness)与格林的"普遍意志"(general will)实际上是同一个东西。
⑤ 《法理学讲义》,第一卷,第 298 页。
⑥ 这在多大程度上与他的学说中的另一个说法,即他关于法的定义,相一致的问题,我们留待以后予以考虑。
⑦ 《法理学讲义》,第一卷,第 301 页。

谈的习惯服从的唯一原因，这是所有社会或对几乎所有社会共同的"，①功效无疑是奥斯丁的道德标准。

即便只是出于让这个流行的误解大白于天下的目的，我认为再行讨论奥斯丁主权论的问题也是值得的；但这并不是我当前的主要动机。奥斯丁的真实理论提出的是像代行奥斯丁理论之职的刘易斯的理论所提出的那样一些重要的问题，然而在对它通常的陈述之中这些问题却不见踪影。我在拙文中打算提出的正是这些问题。

II

我希望指出的是：存在于奥斯丁的概念的根部的（而且是在现存的大量讨论中颇具影响的）是一种主权与行使主权的机构的混淆，②而且这种混淆的结果是一种有关主权行使模式的极端错误——是照其行动的话，很有可能造成损害的一种错误。

我业已指出，奥斯丁有一个区分道德的与法律的秩序和影响的特定标准。碰巧，对这一标准的考虑还将足以揭示奥斯丁的主权归属理论；并且，这样一来，也为表明他在主权与行使主权的机构方面的混淆铺平道路。奥斯丁一开始区分了实在法和道德法。鉴于他并不承认除命令之外有任何东西能够被适当地称作法，那么通常用来区分两者的一种差异性对他而言是不予考虑的：我所指的是这样一种差异性，使道德法成为一种"应在"（ought to be）法，而实在法成为实际达成的法。对奥斯丁而言每个法都蕴含一个颁布命令的人（或诸人）——命令是一种意愿的表达，拥有在该意愿没有得到遵从的情形下施恶的权力和决心。"由于在不遵从你所表达的意愿的情况下可能遭遇出自你的恶，我受到你的命令的约束或责成（obliged），我承担服从它的责任（duty）。"③实在法与道德法同等地设定责任；道德法与实在法同等地蕴含一种现实力量和制裁。两者都包含现实的权威，一种现实的法律制定者和一种现实的法律臣服者，以及按照奥斯丁的理论，从而包含一种在

---

① 《法理学讲义》，第一卷，第 303 页。
② 这种混淆，在其性质和从之产生的恶果方面，类似伯吉斯（Burgess）教授明确揭露的国家与政府之间的混淆；比较《政治科学与比较宪法学》（*Political Science and Comparative Constitutional Law*），第一卷，第 68 页。
③ 《法理学讲义》，第一卷，第 91 页。

后者不服从的情况下所可能面临的来自前者的恶。相应地,法律和道德之间的区别不可能是某个颁布命令并通过制裁来强迫服从的人格权威的存在或缺失。它只能是符合发号施令的权威的某种特质或特点。对这个权威起界定性作用的特性是什么?

根据奥斯丁的说法,实在法是政治上的上级对下级所设立的法。道德法必须区分为两类。恰当称谓的道德法,是出自一个确定来源的命令,而且有制裁有责任,但仍然不是实在法,因为不是来自一个主权者。不当称谓的道德法是不确定的大众的舆论和情感所确立的法。那么,实在法与恰当称谓的道德法之间的区分就只是取决于法则是否由一个主权者所设立。但是这一点又如何来查明呢? 主权不是一种习惯上遵从确定的上级的权力,这一权力所释放的命令就是实在法;而确实惯于服从确定的上级而来的权力所施放的命令,则是道德法。就是说,主人向奴隶颁布的命令,或者父母向子女颁布的命令确实是法;但它们是道德法,而不是实在法,因为这个上级权力反过来习惯于服从一个在他之上的权力。

恰当称谓的道德法与实在法之间的区别,表面上没有这么清楚。我们要谨记:奥斯丁承认,在某种意义上大众舆论和情感在权力上是至高无上的;主权"习惯于顺从"它们。从这种观点出发,那么,不当称谓的道德法高于实在法:它归根结底控制后者。为什么不说普遍的或主控的意见是主权呢? 在此我们最终碰到那个区分性要素,无视这个要素导致刘易斯、梅恩和格林误入歧途。严格意义上的法必定来自一个确定的(determinate)来源,而公众一般是不确定的。主权由下述特质来界定:

1. 某个既定社会的大多数习惯于服从一个确定的和共同的上级……2. 那个上级并不处在习惯于服从一个确定的共同上级之中。①

正是颁布命令的权威的确定性,是主权与舆论施加的影响的唯一本质上的区别性。奥斯丁像梅恩一样明确地承认,服从是给予主权之外的其他权威的;他像格林一样明确地承认,一种道德理由(一种基于社会福利之上的理由)处在服从政府这个赤裸裸的事实的基部,而且其福利正在讨论之中的社会,事实上,总是处于至

_____

① 《法理学讲义》,第一卷,第226页。

高无上的或者主控性的权力的掌握之中。但它不是主权，因为它是不确定的或模糊的主体，而严格意义上的法只能够来自一个数目确定的主体。① 奥斯丁在这个方向上走得如此之远，以至于他认为整个政治社会只是在比喻的意义上被称作主权者。"真正独立的那一方并不是社会，而是该社会的那个主权部分（portion）。"下述引文将概括出奥斯丁主权定义中本身对我们而言具有进一步兴趣的那个部分：

> 一个独立的政治社会可分成两部分，即其成员中那个主权的或至高无上的部分，以及成员中那个纯粹服从的部分……在绝大多数现实生活中，主权权力是由整体中一个单独的成员占有的，或者是由其成员中非常少的人单独分享的；甚至在那些政府受到普遍尊敬的现实社会中，主权人数也是整个政治共同体中一个微小的部分。②

III

那么，奥斯丁的主权概念所提出的问题就是：主权是否归属政治主体的一个特定数量的部分。该问题在这个国度特别有意义；因为如果奥斯丁的理论是正确的，那么大众主权（popular sovereignty）论就显然是错误的，不仅通常所陈述的那个粗糙形式如此，而且对它的任何可能的发展也是如此。

给人留下深刻印象的第一件事，是奥斯丁提出的把主权局限在部分的理由的虚弱之处。实质上，他的论证是：每个法必定都是命令，而严格意义上的法只能来自一个人或者能够具体列举的一些人。因此，舆论设定的法则不是真正的法，而且因此持有舆论的主体不能说是有主权的。

> 因为，既然它不是一个完全确定或明确的主体，它作为一个主体不能表达

---

① 参见《法理学讲义》，第一卷，第 89 页与第 174—190 页。
② 《法理学讲义》，第一卷，第 243 页。于是，奥斯丁的理论与卢梭的理论完全相反。根据卢梭的观点，整个看来主权属于整体，即普遍意志是主权的本质。根据奥斯丁的观点，主权属于部分是主权的本质。格林在已经提及的批判中，把奥斯丁和卢梭当作分别使主权寓于强力和意志的理论典型来加以反对。我希望现在这样一点是清楚明白的，就是两者都同等地到意志当中找主权，但是一个把这种意志构想成是必然存在于部分之中，而另一个构想成是存在于社会整体之中。

或宣布一个意愿。作为一个主体，它不能口头地或书面地，也不能通过正面的或负面的举止，来表明意愿。它的舆论据说施加的所谓法律或规则，纯粹是与某种行为相关——它所感到的情绪或者所持的意见（第一卷，第188页）。

对奥斯丁而言，这个陈述——数量不确定的一个主体不能够像一个主体那样行动，因而不能发布命令——看起来如此自明，以至于无需进一步论证。对一个被那些具有"普遍"（popular）特征的机制包围着，而且习惯于几乎每天看到政府受到各种各样喧闹的力量、群众集会、请愿书和报刊文章所影响和控制的人而言，一个数量不确定的主体不能作为一个主体以具有命令力量的方式表达自己这一点，我认为，将不是那么自明的。奥斯丁本人承认，"并非愿望以其得到表明的那个方式"使它成为一种命令。在不服从的情况下甘愿施加伤害，是命令的本质。"它们是恳求，但却是不可拒绝的恳求。"①——这些是命令，尽管呈现为一种谦卑的请求形式。② 他清楚地陈述说，不遵从设立舆论规则的、不确定的主体之意愿的人，可能因为不遵从而遭受某种不便或者来自这方或那方的恶；那些可能受此伤害的人们的行动在这一恶的前景的影响下而呈现出一种特定的形式，而且从这个事实中展示出来，否则他们可能缺乏一种稳定性和齐一性。③ 与所有这些真正的法律和真正的主权的相似物相对照，划分出奥斯丁所称的不当称谓的道德法的唯一区分点是："那个将对未来的冒犯者行使所谓的法律的人永远是不确定的和不可分配的"。我认为，要把法和道德情绪之间、真实的主权与纯粹的意见之间的整个区别建立在这一点的基础之上，这种支撑略显薄弱了一些。确实，奥斯丁在此好像只是在循环论证。首先，法律被定义为主权者所设立的命令；然后借用主权概念帮助区分出政治和道德法之便，主权者被定义为设立法律的权力——不确定性概念就这样不经意间溜了进来，几乎把其基本重要性隐匿了起来。

不过，让我们权且认可奥斯丁的假设，看看它如何经受事实的检验。奥斯丁的主权归属概念在美国与宪法学者们的相类似。他的理论是，联邦政府本身不是主权者，分立的州政府本身不是，两者的结合仍然不是；他回到那条表明修正案如何

---

① 此处原文为拉丁文（"*Preces erant, sed quibus contradici non posset*"），承蒙美国杜兰（Tulane）大学古典研究系的 Dennis Kehoe 教授相助译出。——译者
② 《法理学讲义》，第一卷，第91页。
③ 《法理学讲义》，第一卷，第190页。

达成的宪法条款，在那里发现解决该难题的关键。主权者是选派各州立法机构的选民，选民被当作一种集合体。[①]

无论是作为一个阶级，还是作为构成成分的特定成员，选民是什么？假设，自从任何修正案得到通过之后，或者自从任何立法机构按照国会所提的修正案行动之后，一代人已经过去；到什么地方去寻找构成主权者的那个部分或阶级？那些实际上决定宪法的人们可能已经不在人世；如果有人说，那些在万一有新问题被提交的情况下会投票的人们就是所寻找的阶级，那么这不是把主权建立在意愿的实际表达，以及制裁之下他人对这些意愿的遵从之上，而是纯粹建立在潜质或潜力之上。不过，如果承认主权能够是如此这般地潜在的，那么，构成可能选民的每一个个人是主权的一个分享者吗？如果这个阶级是明确的（能够使其构成要素具体化），那么他必定是。然而，恰恰相反，情况显然是，在任何既定的选举之前没有办法分辨某个特定的个人将是属于多数还是少数？如果结果表明他是被击败的那个政党的一分子，我们便处于一个无望的两难境地。如果我们因为他有选举权而说他的确分享主权，那么我们是说主权的行使有可能脱离命令的颁布，甚至确实违背基本的命令。但是如果我们那么说，鉴于他并不分享对至尊命令的表达，那么他就不是主权者，不论他怎么投票该问题都会出现。为什么他不自此被剥夺选举权？再次拿一个州的公民来说，这个州的人数不足整体人数的四分之一。假设这个州投票反对一个被采纳的修正案；这个州的公民是不是主权的分有者？我们就像以前一样碰到一个无法化解的矛盾；在主权行使之前——在选举进行之前，主权是不确定的。在美国，无论主权能被赋予什么定义，我都看不出怎么可以让它明确——在奥斯丁使用那个词的意义上。

我们再次考虑一下有关在大不列颠的主权归属争论。既然无论朝廷和立法机构做什么，根据法理，都是国王通过他们而做的，那么主权只是单独存在于国王身上吗？主权者是国王、上议院议员们和下议院议员们联合行使的吗？是众议院的

① 詹姆森法官(Judge Jameson)，在一篇论"国家主权"的文章中[《政治科学季刊》(*Political Science Quarterly*)，第五卷，第 193 页，1890 年 6 月]，已经把这一定义的正确性作为一种对于实际事实的说明加以批判，而且还指明这样的重要事实，就是选民（当然总是纯粹的多数，而不是全体）不是作为一个分立的整体而作出它的决定的，而是在国家本身的过程之内作出它的决定，被这样一个更大的整体以大量的方式所控制，它事实上只是这个更大整体的一个器官。但是，我在此宁愿承认奥斯丁的定义，并表明，按照他自己的定义，这个主权者是不确定的。

选民？还是这样的选民的大多数？在第一种情况下，只有借助大大延伸想象，国王才能认同于一个人；它意味着一种法律制度，因此不可能是确定的。在第二种情况下，尽管有关多数和少数的问题注定出现，但是我们有处理确定性的一个进路。在第三种情况下，在努力决定选民什么时候和借助它的什么部分主权得以行使方面，我们再度陷入困难。此外，所有这些有关主权归属的不同观点在过去50年间都有才华横溢的法官予以坚持。奥斯丁本人秉持一种观点，而他的学生霍兰（Holland）①则秉持另一种观点。当小心谨慎的宪法学者们在主权所归属的人所构成的主体方面意见不一的时候，什么成为作为主权本质特征的确定性？倘若奥斯丁在假设一个数目上明确的主体对于主权是本质性的这方面是对的，那么像这样的不确定性就会意味着大不列颠处在一种无政府状态，没有人哪怕是专家能够察觉到这样确定的主体。倘若奥斯丁是对的，大不列颠恐怕早就切实地就主权拥有者方面的不确定性作出了断了，因为无政府状态只有通过明晰这一点——所有的法律正是出自这批人而不是别的哪一批人——才能解决。

奥斯丁理论的终极弱点在于：在把主权认同于唯独政体的一部分方面，他并未提出（和允许）什么理由，说明为什么这个有限的、人们的主体拥有他们所拥有的权威。作为数目上确定的人们的主体所拥有的权力的主权概念，没有提供什么标准来决定什么样的人们的主体将被如此分出来，或者他们将有多少。这样的一个概念，如果应用到任何现存的政府本身的话（更不用说终极主权了），只会陈述这样一个赤裸的事实：在特定的时刻，就是在数量上那么多的、如此这般的一些人，碰巧组成政府。倘使那政府已经被认可为人们的某个明确的主体，而且按照奥斯丁的理论，你会说那个主体是政府；倘若有关何人是真正的政府方面存在任何争论，而且按照奥斯丁的理论，你得等到该争论得到解决，以及某一批人经过所有争议后夺得阵地。数目，如果没有度量原理或分配规则，作为一个定义性原则就像人们所能想象出的一样模糊。碰巧，在任何现存的文明国家中，政府权力都掌握在人们的某种主体手中，是能够或多或少地精确分配的（不过，罕有奥斯丁的理论所要求的如此这般的完全分配）。这样一来，奥斯丁的概念看起来与事实相当一致。但是，有这

---

① 霍兰（1835—1926），英国法学家，专长国际法和战争法，《法学季评》（*Law Quarterly Review*）的创刊人之一，1917 年被授予爵位；代表著作为一版再版的《法理学基本原理》（*Elements of Jurisprudence*，1880），以及《陆战法律和习俗》（*Laws and Customs of War on Land*，1904）和《陆战法》（*Laws of War on Land*，1908）等。——译者

样的一些确定的政府这一点，完全在奥斯丁的理论范围之外；它们之所以存在，恰恰因为庞大的社会力量，其作用贯穿着一些广大的时期，作为表达器官决定着这些政府。正是这些力量，逐渐结晶，决定了政府并且赋予它们现在拥有的所有的明细的(明确的)特征。离开政府背后的那些力量——它们使政府成为政府，这些政府的存在和特点就是偶发事件，很可能随时都会变。如果承认这些力量，而且鉴于它们决定政府，那么它们是主权者。

IV

这显然给我们带来政府与主权的关系问题。政府能够等同于主权吗？我迄今的论点一直是，没有根据认为能够在政治社会的某个明确的有限部分之中找到主权的归属。为了拓宽领域我现在将尝试表明，最重要的主权操作，即法的制度和发展，与把主权等同于政府这一点是不相容的。

我的立论是：法的制度和发展作为主权的一种操作，只是与这样一种理论相一致，就是政府是主权的一个器官而不是主权本身。讨论的一种自然的划分出现在这样的事实中，就是法律轻易地分为两类，其一是宪法，与政府的存在紧紧捆绑在一道；其二是广义上的地方法，以政府已经存在并且在发挥作用为前提。

在首先处理宪法方面，法律决定政府这个明显的事实给我们留下深刻印象。正如奥斯丁所说：

> 宪法决定目前主权所归属的那个人或者那些人的特征；而且，假如言下的政府是一个贵族政府或一班人的政府，它还决定着主权权力被组成成员所分享的模式。[1]

如果这个定义受到诘难，那么是以狭义性而不是广义性为理由：当然就像关于有关人的特点和数目方面一样，现代宪法在有关政府的各种各样的组成要素如何行使它们的权力方面有明确阐述(在其主要特征方面)。但是采用奥斯丁所允许的最小限度的决定，我们发现宪法蕴含着一种处于政府背后并且赋予其特征的决定性力量，既与人们又与在他们中间权力的分配有关。那么这力量肯定是主权者，宪

---

[1] 《法理学讲义》，第一卷，第 274 页。

法的形成是主权之首要的和彻底的行使。但是这样的概念与奥斯丁的整个理论不相容。他如何规避这个结论？通过秉持宪法根本不是严格的法律，而是实证道德——是对某种将受到不确定的大众赞成的行为方针的陈述。"宪法和国际法几乎处于同样的困境。各自是实证道德，而不是实在法。"与政府相反，宪法是靠纯粹的道德制裁来得到实施和防止违背的。[①]

现在就个人而言，我应当同意奥斯丁认为秩序的终极基础在于国家，宪法的和所有其他的都是道德的。但是，奥斯丁走到这样一步，认为它是纯粹道德的——这完全是另一个问题。可能的确有人说，道德的（或社会的）力量在确定的政治制度之中获得定义和结晶形式，而且宪法是道德力量以其成形的方法之一，否则相对而言就是不成形的。这只是说主权，社会的作业意志，是不确定的，或者说是一种或多或少无形的意愿，除非它在有组织的制度——政府是其中的一个——当中找到表达式。换言之，就是说，包括政府在内的所有制度都是主权，有组织的（organized）道德或社会力量。但是，奥斯丁在社会力量和政府本身之间完全掘了一道鸿沟。前者不能规定法律，而后者能；前者是纯粹道德的，而后者是纯粹法律的。我相信，就像政府所颁布的法律不是伦理的这个说法不为道德学家所喜爱一样，宪法不是法的概念，也不会为律师所喜爱。

此处的张力是如此之大，以至于奥斯丁在用词方面实际上自相矛盾——对他而言，这是极为罕见的一件事。在第一卷的第 196 页上，他指出，除非有持续的无政府状态，借以获得政府的模式必须按照它的类的模式（its generic modes）加以规定——社会在多大程度上已经获得安定和平静的问题恰恰是预先决定何人将接掌政府和他们如何接掌政府的问题。在谈到罗马帝国的无政府状态的时候，他继续说道："没有什么获得职位的模式可以称作符合宪法的；可以进行类的描述的和由实在法和道德所预先决定了的。"在此，政治社会的秩序井然，被假定为归因于政府在其人员（personnel）和主要方法方面受到法的决定这一事实。但是，在第 271 页和随后一页上，他回到他唯一有的一致观点并且认为管理继位顺序和模式的所有尝试都只是劝告性的，而且只拥有道德价值。

我假定每个人都会同意，迄今最大的政治进步之一，恰恰在于规则性的和明确的接掌政府权力的模式取代了不规则的和混乱的方法；是从政治的无政府状态转

---

① 《法理学讲义》，第一卷，第 277 页。

变为秩序。然而这整个进步，根据奥斯丁的观点，不能够被构想成一种法的进步，而只是道德方面的进步；而且谨记是在下述意义上的道德方面的进步：把所有明确的组织机构阻隔在道德领域之外，结果使道德仅仅成为个人作为个人的纯粹的意愿表达。

至于宪法方面的进步，或者政府形式方面的变化，我们发现奥斯丁的理论并未提供任何处理它们的途径。所有的宪法变化，根据他的观点，无论是什么都是直接违背主权的；它们不是主权的进一步表达。它们影响它；它们并非由它而来。就是说，它们是革命性的。就拿北德意志联邦(the North German Confederation)①的形成问题来说，按照奥斯丁的理论，先于该联邦存在的那些政府本身是主权者。如果承认这一点，那么卡尔霍恩(Calhoun)②的理论即刻生效。唯一的选择是：变化是完全革命性的。在某种意义上当然是革命性的。确立了新的目标；在造成变化方面使用了新手段；创造出了未来活动的新机构。一个持久的和连续的主权者的革命行动是一回事；下述意义上的一场革命则是另一回事：主权的完全覆没，没有主权的空位期，然后是与旧的主权没有什么连续点的全新的主权。然而，在这个观点和下述观点之间没有什么余地：新政府只是成为依赖先前存在的诸主权的一种造物，从而是可以按照它们的意志予以解除的。

事实上，新的政府结构的确立是由一系列同一指向的有序变化导致的。除了小的社会变革之外，还存在趋于共同的军事体制、共同的关税制度和共同的司法制度的倾向。那些催生新政府的公开活动每个方面都是通过(through)现存的机构进行的。③ 除了那些直接的政府性机构——这些机构确立起新的政府——本身不是主权者，而是这样一种主权——通过修正这些机构而创造出一个新的、更充分的、部分取代旧的机构的主权——的行使器官之外，还有什么可能的结论？主权的中断只是当动物的一个器官发生形态变化时器官生命的一种中断。

当我们把政府总是经历着的小改小革考虑进去的话，不利于奥斯丁理论的论

---

① 1867 年普奥战争后美因河以北 24 个德意志邦国和 3 个自由市组成的以普鲁士为首的联邦。1870 年南方四邦加入，1871 年普鲁士取得普法战争的胜利后在此基础上建立统一的德意志帝国。——译者

② 卡尔霍恩(1782—1850)，曾任约翰·昆西·亚当斯和安德鲁·杰克逊两届美国政府的副总统(1825—1832)。他主张的政治原则是，各州有权废止那些它们认为违宪的联邦立法。——译者

③ 参见哈得逊(Hudson)，《北德意志联邦》，《政治科学季刊》，第六卷，第 424 页，1891 年 9 月。

据更加明显。政府中这种变化的权威体现为什么？它的有效性如何？此处再一次，按照奥斯丁的理论，要么说它根本不是政府的一种改进，要么说它从政治上讲完全是革命性的，两者之间再无其他选择。说它不是政府的一种修正，是说如果它是由（by）政府产生的一种变化，它就不可能是政府内（in）的变化。根据奥斯丁的观点，政府不是法律的臣服者和接受者：它不可能有职责。无论经历的是些什么变化，它们都是与纯粹的道德考量有关，而且随时可以收回。就拿自从1820年在这个国家经历的（国家层面上和州的层面上的）政府变化为例。我们对宪法的所有通常的观点会令我们说，主权，即有效的社会力量，一直在更改政府的形式和操作，使得它更加充分地表达主权者的目标和方法。按照奥斯丁的理论，我们要么说：政府就是1820年的政府，那时存在的政府仍然是主权者，而且可以收回已经发生的变化，因为它们完全是它的造物；要么说：一直有一系列的主权中断，一系列的革命，所以主权者本身就像政府已经那么多次地被改变了一样发生了改变。

V

如果它与宪法之采纳和发展处于这样的地位，那么它与地方法的关系又如何？一开始，与成文法不同的习惯法显然呈现出困难——这些与他自己的偏好相关所感觉到的困难导致边沁把所有的"判例法"作为本质上是篡权来加以谴责。奥斯丁既然反对这种观点，那么他在表明公开进行的司法立法可以当作出自主权者这一点上没有多大困难；法官和立法者的行动一样得到主权者的授权——作为主权者的一部分。不过，当我们涉及在法的发展中习俗所扮演的角色的时候，那个难题带着更新的张力再次出现。奥斯丁本人力主，在被司法系统明白地宣告是法之前，习俗不是法。他认为，习俗可能是法的契机，却永远不是法的源头。[1] 不过这个立场即便从严格的法律观点看也是如此站不住脚，以至于总体上来说是奥斯丁学生的霍兰承认，法院不但瞻前而且顾后地按照习俗行动，基于该习俗昔时是如此这般的事实而作出宣示该法曾是（was）什么的决定。倘若主张说，这种把习俗认作法的做法归因于赋予这样的习俗以法律效果的一种直白的或者默认的法（an express or tacit law）[2]，霍兰会规避掉这个困难。现在首先这一点作为一个事实可能会遭到

---

① 《法理学讲义》，第一卷，第103—105页，以及第204页。
② 霍兰，《法理学基本原理》，第48页。

怀疑。我从沃顿(Wharton)那里借用的两个事例将表明这种怀疑的本质。其一是美洲殖民地通过纯粹的弃用而对英国法律(习惯法和成文法)的废除——这是一种一直被美国法院所注意的、先于法院或立法机关的任何活动之前发生的一种废除。其二是美国对印第安部落一些与婚姻和继承有关的习俗的承认。但是,且让我们把这种怀疑的益处给予霍兰。说习俗被当作是靠默认法的力量起作用的法,简直是以尚待证实的整个问题作为推理根据(beg the whole question)。是说习俗靠习俗的力量成为法。而且即使法是成文法,也总是宣告原先情况是什么样子,胜于对未来的实践具有建设性。它只是注意到这样一个事实:以这样的方法避免在复杂的事例中可能附着在它身上的怀疑,或者吹毛求疵的人所加诸的怀疑。

另一个事实对于有关主权通过社会的某个确定的部分的命令来行使的理论来说,同样是致命的。不但"古代的、合理的习俗"法,而且法律的发展也是靠下述虚构所维持:当今法院所发现的、在过去的法院裁定之中所包含的任何原则,不但现在是法,而且一直是法。

> 新应用的一个原则不应当假定为新原则;相反,人们假定从无法追忆的时代开始它就一直是这个国家习惯法的一部分,它之所以以前没有得到应用,只是因为没有出现应用它的契机。[1]

几乎不必补充说,这种假定不仅存在于这样的一些情况下,其中,被宣布为法的那个原则并未被早先的法官所意识到,而是根据推测存在于他们的决定之中的;而且存在于这样的一些情况下,其中倘若它有意识地得到表达的话,本会遭到他们的激烈批驳。我承认,我很想看一看一个一贯的奥斯丁主义者会如何处理如此形成的法律;除非他能够成功地处理它,作为主权之操作的法总是由一个确定的社会部分颁布的命令这样一个理论,便没有什么立锥之地。

从直截了当的(explicit)法的形成转到那些其权威实际上需要个人去感觉的法,它们针对个人的奇思怪想而不断地得到强化。事实上,那些最有效地控制绝大多数并非罪犯的人们的规章制度,并不是国家以其作为政府的能力范围之内所正式宣告的那些法律,而是下级机制——诸如家庭、学校、商务合作关系、工会或兄弟

---

① 库利,《侵权行为种种》,第13—14页。

会组织——的那些次级法（the minor laws）。大量的立法活动就在于勾勒出这些各种各样的机制的圈子，赋予每种机制其自身环境内的几乎无限的权力。正是比经过政府的直接行动要无穷多地借助和经由这些机制的活动，社会秩序得到维持。我所提的问题与在这些机制之内和借助这些机制得到行使的权威的处置权有关。对于包含在家庭、工厂和教堂的操作中的持续得到行使的调节权威我们说什么？主权者对这些机制发布命令吗？主权者在惩罚制裁下命令一位父亲要这样那样地行使对其子女的控制吗？霍兰说出下述话的时候，他是指出而不是解决了这个难题：

> 所有的权威当然都是在国家允许下行使的；例如，一位父亲对于家庭的权威，但是这里理解为主权者所认可的一种私人生活关系，而不是主权权力的一种委派，则更好一些。[①]

为什么更好一些？对于该理论更好一些，这是毋庸置疑的；但是，按照奥斯丁的理论，除非在有命令并从而有威胁性的惩罚的地方，否则谈论制裁是荒谬的。亨利·梅恩爵士已经注意到，如果认为臣服波斯帝国时期的那些犹太人的当地习俗是根据身处书珊[②]的君王的命令得到维持的，这点未免存在困难。但是为了这个困难我们得如此离乡背井吗？想必在任何社会机制中得以行使的权威的情况都是如此而已。

但是可能有诘难说，你已经承认政府定下这些五花八门的机制的条条框框，而在这个意义上，它的确对于在如此委托的权威的行使之中包含什么样的特殊行为有所命令。难道该权威不是主权者所委派（delegated）的吗？总之，难道我们不可以说主权者凡是不禁止的就是它所命令的吗？在我看来这些问题指出一个毋庸置疑的真理，只不过这个真理是它们以有些机械的方式表达出来的。并非先有一个主权者和机制，然后前者委派后者以行动的权威。机制只有当它具有这个有效的权威的时候才存在，主权只是一个形而上学的底层，除非它体现在实在的机制中。

---

① 霍兰，《法理学基本原理》，第 77 页。
② 书珊（Susa，译名从《圣经》），波斯帝国的首都之一，位于波斯湾以北 240 公里，巴比伦以东 300 公里；原为以拦国的首邑，后被波斯王古列（居鲁士）建为冬都。波斯帝国的其他三个王都为亚马他、巴比伦和波斯巴利。——译者

想必离开所有特殊机制的政府,是一个纯粹的抽象。这些短语所指出的真理是这样一个事实:只有当主权在作为它的有效器官发挥作用的那些机制中实行的时候,它才作为一个明确的实在而存在。"主权者凡是不禁止的就是它所命令的"这个观念的困难,在于它为奥斯丁的学说作了完全过度的证明。结果是,整体的社会活动,整个社会生活的上演,都得被当作是出于对某个特定人群的命令的服从,以及出于对于在不服从的情况下这个群体所施加的惩罚的恐惧而进行的。这与对奥斯丁学说的归谬论证倘若还有点不同的话,想必也可以说几近于无。

我在前文曾经提到,会进一步关注奥斯丁关于服从的终极理由是承认政府的功效这一陈述。现在我们已经到达这样一个地步,这个观念与主权——作为一个明确的社会部分——通过施加命令以及关联的制裁而得以实施的观念之间的矛盾昭然若揭。命令和服从是两个相互关联的术语。它们必定存在于同一平面上;如果命令是陈述在不服从的情况下以施恶相威胁的一个意愿,那么服从就是出于对于这种恶的恐惧而对这个意愿的遵从。那么,它何以能够依赖于对效用的感知(的确,除非这只是意味着对于不受惩罚的效用的感知)? 人们可能完全像发令者所希望的那样行动;但是,按照奥斯丁的定义,这样的行动不是"服从";除非它是出于对惩罚的恐惧而发生,否则它不是对命令的响应。我们已经看到,我们必须把主权操作和通过宪法完全清楚地认识它的权威这个观念,扩展到任何像家庭一样——一方面存在授权的控制,另一方面存在服从——的那些机制的作业。如果这个诸组织的复合体因奥斯丁所称的效用之故而存在,那么主权操作不可能还原到社会的某个部分向另一部分施加命令,而这个施加命令的部分本身则是享受豁免的。而且,反过来说,如果主权就是奥斯丁所说的那样,那么我们切勿坚持说,整个社会组织是基于对某个社会部分的命令的恐惧。

VI

最后,我希望再次提一提本文所讨论的相关方面。如果奥斯丁的理论并不代表一个类型、一个重要的政治理论类型的话,那么我就几乎不会认为值得花这么多时间来批判奥斯丁了。我并不认为,任何把主权置于某个社会组织部分的理论能够合乎逻辑地避免奥斯丁的其他立场。如果主权寓于一个部分,那么这个部分则必须是数目确定的;否则,主权是令人怀疑的,而且无政府状态则随之发生。一个部分还必然是完全地和唯一地是主权者,而另一部分则必然是完全的和唯一的臣服者。鉴于这种极端的分裂,主权必定是纯粹通过命令来行使。没有什么把两方面结合在一道的共同利益;有的是两个分离的部分,一个部分只能通过命令的方式作用于另一部分,而另一部分只能通过因害怕惩罚而差不多完全地服从而作出反应。尽管并非所有拒斥卢梭主权归属平民这个观念的思想家们将最终得出这些结论,但是我无法抑制的感觉是:这是因为他们没有奥斯丁那么有逻辑性,而不是因为他们提出了本质上优于奥斯丁理论的任何理论。不管怎样,我会提出在一个像奥斯丁的理论那样的理论——把主权置于社会的一个部分之中,使政府本身成为其操作全是命令的一个实体,与下述理论之间是否有什么余地:这种理论发现主权归属于社会活动的整个复合体,于是使政府成为一个器官——我们可以补充说,这是一个更有效率的器官,其效率与它本身不是实体的程度,以及与它对社会整体或真正的主权者所具有的弹性和响应性的程度成比例。

但是,奥斯丁不但为我们展现了一种典型的、其逻辑后果展露无遗的主权论形式,而且就像在我看来的那样,在对确定性的强调中他指出了正确的方向。诚然,我不能收回就主权寓于特定数目的某些人这个主张所说的它理论上的无用性和事实上的不可证性。但是"确定的"提示着另一个观念,即明确的器官观念。除非主权确保自己得到明确的和可以界定的表达,它就是未实现的和未成形的。宪法的发展正是在于创造出主权以其行使权力的方式。卢梭有关大众意志是主权者的理论的巨大弱点是使它的大众性排除掉了所有特殊的操作模式。尽管奥斯丁把确定因素等同于个人组成的一个详明的群体这一点看起来站不住脚,但是他坚持主权需要确定的行使形式,却提防我们犯下把一般性与模糊性等量齐观的错误。不但主权在理论上的问题,而且在实践上的问题,或许公正地来说是这样的:统一起被刘易斯、卢梭和奥斯丁所割裂开来的三个要素——力量,或效力;普遍性,或涉及作为一个整体的社会利益和活动;确定性,或特定的操作模式,即明确的表达器官。

(王新生 译)

力量、暴力和法律*①

　　什么是力量,我们要怎样处理它? 我倾向于认为,这是今日世界社会哲学领域中的尖锐问题。注视着所有历史中力量最为惊人呈现的一代人,除非发现了关于这一展示所导致的问题的答案,否则,他们不会感到满足。是否因为见过了持续大规模的爆炸景象,我们今后就可以真诚地谴责无政府主义者零星、小规模的爆炸? 或者我们应该说,他们原则上是正确的,只是错在他们对力量的使用是偶然的和私人性的,而不是集体的和有组织的? 我们应该"准备好"。我们如何确定这种诉诸力量威胁的自发性是对最终忠于理想的保证,或者是一种对过往人类劳动果实的持续藐视,而劳动被认为是我们区别于动物的唯一东西? 是否力量是最高种类的辛勤劳作,或者它就是对辛勤劳作的否定?

　　要是不对我们的质疑进行拓展,就不能询问战争的力量问题。一旦提出这个问题,文明中的一切东西都会成为我们的阻碍。从兵营到警察局、监狱,只是一步之遥。监狱后面冒起了工厂的浓烟,而工厂的大路通向会计室和银行。是否我们的公民生活只是一种残忍力量的伪装争斗? 是否警察和看守是社会秩序的真正守护人和代表? 是否我们的工作生活只是一种强弱区分的持续争斗、一种仅仅变换了外在军备和盔甲的战斗? 是否国家自身只是有组织的力量? 在 17 世纪,政治理论家坦率地用力量和权力这样的词语进行讨论,而我们现在发明了一套更文雅的

---

* 此文选自《杜威全集·中期著作》第 10 卷,第 171—174 页。
① 首次发表于《新共和》,第 5 期(1916 年),第 295—297 页;重新发表于《人物与事件》,第 2 卷,第
　　636—641 页。

术语。现在更多谈论的是共同意志和共同意识;国家被描绘为一个道德的人格,或者至少作为一个裁判者。是否随着我们的语言变得充满感情和彬彬有礼,我们的思考就失去了清晰性和确定性?

然而,常识依旧在坚持一种中间道路;这种中间道路的一端是托尔斯泰式的,它认为所有的力量都是暴力,而所有的暴力都是邪恶的;另一端则是对力量的称颂,认为当战争引发狂躁情绪时,这种力量是很适度的,而且只要竞争统治着工业,它就仍然持续着(在乔装的形式中)。我很高兴能够让这种常识得到更清楚的表达。作为最初的启发,我会让大家想起这样一个事实:力量扮演着不同的角色。它有时候是能量,有时候是胁迫或约束,有时候则是暴力。能量是美化意义上的力量,它指的是做工作的力量,它被支配以便完成目的。然而,它依旧还是力量——如果你愿意称之为野性的强力,它只有通过其结果才实现合理化。而完全同样的力量,如果不受限制、随意蔓延的话,就可以称之为暴力。反对暴力,不是因为它涉及对力量的使用,而是因为它是对力量的浪费,是对力量随意的和破坏性的使用。我建议,所谓法律的东西,应该始终被看作描述一种经济、有效使用力量的方法,以便用最小的代价得到结果。

无论理想主义者还是乐观主义者怎么说,世界的能量、可以利用的力量的数量都是复数,都不是单一的。存在着不同的力量中心,而它们各行其道。它们产生争论,引发冲突。原本要用在对某物的作用上的能量被用于进行摩擦,这就是浪费。两个人可能会公平地进行各自的事业,而且他们的事业可能都是值得尊敬和重要的,然而他们各自的能量支出可能并不协调。他们背道而驰,但是,他们的交通工具却发生着碰撞。随后在争吵中产生的浪费,与公路车祸的直接损失一样确定。每个人应该向右转的规则是:以一种方式将独立和潜在冲突中的能量整合进一个方案中以避免浪费的规划,这个方案允许最大限度地利用能量。如果我所言不差,这是所有法律的真正宗旨。

或者是我错了,或者是那些大吵着要"用法律替代力量"的人至少严重混淆了他们的语言。而持续使用混淆的语词,有可能在观念中产生一种有害的混合物。力量是世界上唯一影响一切的东西。照字面上说,用法律替代力量,可以说与试图用数学公式来使发动机运转一样"明智",这种数学公式表述了其最有效的运转方式。毫无疑问,使用这种表达方式的人是真心实意的,他们意指某种能够规范力量消耗的方法,以便避免当前方法中容易产生的浪费。但是,这种表达总是和理智混乱相关联。在力量观念中，自身存在着一种真正的情绪上的敌意。说一种"力量哲学"通常意味着轻蔑和愤怒——这多少有一点像某位工程师轻蔑地谈论一种能量科学一样。

在我生活的各个时间段，我疲惫不堪地出席了各种托尔斯泰信徒和非托尔斯泰者之间的讨论。在答复前者强烈反对战争、警察和刑罚措施的过程中，我也听到了那个有着悠久历史的质询：当罪犯攻击你的朋友或孩子的时候，你该怎么做？我几乎没有听说过这表示，由于一个人不可能在不用力的情况下走过街道，所以，人们可以和其他人讨论的唯一问题是如何在特定情形下最有效地利用力量以达到目的。如果一个人的目的是保护灵魂的完满，或者保持某种特定情感的完整，毫无疑问，力量应该用来抑制自然的肌肉反应。假如目的是别的什么东西，一种猛烈的打击可能就是实现它的方法。令人难以忍受的是，人们只会一般地谴责或者赞颂力量，而不考虑它是作为达到目的的一种手段。只注重目的且藐视为其提供保证的手段，这是理智的道德败坏之最后阶段。

力量作为力量是对抗性的，这种对抗是本质上的。它使和平运动在很大程度上成为一种反对运动（anti-movement），其所有的缺陷与主要是作为反对一切（anti-anything）的那些东西联系在一起的。由于不能构想那种组织现存力量，以便使之达到最佳效率的任务，和平主义者除了将怀有邪恶情绪和邪恶思想的人谴责为导致战争的原因之外，几乎没有什么可以借助。有一种信念认为，战争来自仇恨、好斗、贪婪的情绪，而非来自利用这些情绪的客观原因。正是这种信念，将和平运动降低到一种劝告性布道的无效层面上。军火商的贪婪、报纸对轰动性新闻的偏爱以及人类精神的堕落，毫无疑问，在战争的产生中起到了部分作用。但是，它们之所以参与引发战争，只是因为，在给予人类机会和刺激的社会中，人的能量的组织具有特殊的缺陷。

假如法律或者规则只是一种保护力量分配以使其不互相冲突的工具，那么，发现一种新的社会协定就是用法律代替战争的第一步。一般的和平主义者的办法，类似于试图通过告诉人们相互关爱而不是确立一个道路使用的规则来阻止道路使用的纷争。在和平主义将其信念置于建设性、创造性的理智中，而非诉诸情感、布道词之前，世界中不同的、没有组织的力量会继续引发暴力冲突。

然而，这一原则有利有弊。我知道，没有什么词汇比"目的"这个词在意义上更贫乏，更容易被简化为一种纯粹的情感筹码，而我却随意地使用它。人们诉诸目的以证明求助于力量的正当性,而此时目的对于他们来说,只意味着无根的欲望。一种目的是关于结果而非热望的东西。当用幼稚野蛮的刑事方法对付犯罪时,我们是以正义的名义证明力量使用的正当性。但除非这种使用实际上是保护特殊结果的一种有效的经济手段,否则就是用暴力解决直接的冲突,而不费力去进行思考和建构。因而,人们用一些假如不以情感的力量加以填充就会很空洞的语词来证明战争的正当性——这些词语包括尊敬、自由、文明、神圣目的和命运,他们忘记了战争和所有其他东西一样,在地球上有其特殊的结果。除非战争可以表明自身是保护这样一些结果的最经济的方法——这些人们向往的结果,是最不合意之结果中最合意的部分——否则,战争就意味着浪费和失去:它就一定会被宣判为暴力,而不是对力量的利用。尊敬、自由、文明的未来和正义这些词,像职业和平主义者的口号一样,成为同一种系列中的感性幻象。他们的情感力量可能让人们继续前行,但并没有阐明前行的目标和路径。

我不希望怀疑任何旨在感知事实以及按照自己方式行动的东西。一种旨在加强和平的国际联盟的想法,一支国际警察武装的想法,只是现实的调剂品。不过,并非当力量从外在强加到一种场景时,而是当其在场景中作为各种力量的组织时,力量才有社会意义上的有效性。并不是因为我们的父辈建立了美国并为之装备了行政力量,我们才欣赏我们国家中那些共同的利益,以及友善的交往活动。美国的形成,是因为已经存在的利益共同体和友善的对话。毫无疑问,这个国家的建立,推动并促进了它所凝聚起来的各种力量;但是,它所拥有的力量无论如何都不能将商业、旅游、传统和观点的同一强加到最先独立的十三个州上。这个国家是它们的联合、它们的组织。如果一个加强和平的联盟想得到繁荣发展,它必须是对已经起作用的具体利益进行建设性调整的自然产物。不仅是出于各自目的对战争与和平的歌颂,而且对外交、威望、国家身份和力量以及国际裁决的同样的歌颂,往往会让人们的思想参与到情感性的抽象中,并使人们厌恶对与此相关的特殊力量进行感知。只有当所有的牌都摆在桌上的时候,当引发冲突的客观事实被认识到的时候,当聪明才智被用于设计一些机制(这些机制为正在工作的力量提供条件允许的一切满足因素)的时候,法律指导下的力量的环节才会出现。

(王成兵　林建武 译)

力量和强迫*①

与力量和法律关系问题相关的经验上的困惑,既是多种多样的,也是真实的。战争给国内的我们带来的,不仅是力量与国际法的关系问题,而且还有力量在人类经济生活和进步之中的位置问题。现代战争成功进行所需要的、对力量多种形式的组织,在什么程度上可以成为对社会组织工作的公正检验? 从另一个角度说,对刑法以及刑事方式(penal methods)的改革,迫使我们去考虑力量的重要性。托尔斯泰的信徒坚持国家自身就是暴力的典范,并且为导致暴力之邪恶提供了证据,这种说法是否正确? 或者,从另一个角度说,是否所有法律的本质都是强迫? 在工业领域,直接的行动主义者引导我们探究是否力量的呈现(如果不是公开的,就有点危险而隐蔽)不是带来社会改变的唯一有效方法,这些社会改变有着严肃的重要性。难道一般的参与罢工现象没有向我们表明,普通的法律形式仅仅是文雅地遮盖住力量冲突的一种帷幕,而这些冲突都是确定无疑的? 难道我们有效的法律制定不仅仅是记录争斗的结果,而这原本是人类在战场上通过比拼耐力解决的? 在许多社会领域中,改革者现在通过监督和调节的方式来为政府行为的扩展而斗争。难道这种行为不总是等于一种在社会一些领域拓展力量运作的努力,而且伴随着一种其他人对力的相应约束? 虽然事实是,17 世纪和 18 世纪的政治思考已经过时了,但当我们承认所有政治问题只是共同体中的特殊团体进行扩展和限制力量

---

* 此文选自《杜威全集·中期著作》第 10 卷,第 197—202 页。

① 首次发表于《国际伦理学杂志》,第 26 卷(1916 年),第 359—367 页;重新发表于《人物与事件》,第 2 卷,第 782—789 页。

运作的简单问题时，难道那个时期的思想家不比我们更加头脑清醒吗？是否当前对道德和共同意志、对法律和道德人格这些观念论术语的引入，除了混淆我们思想中认为社会问题实际上都是力量的应用和占有这一确定事实，以及同样确定的，我们政治和法律只是为了保护力量其他日常使用形式而对其进行的力量安排这一事实外，其他的什么都没做？

当我们阅读理论家的作品时，很难说服我们自己相信他们有多少一致性。除了一些明显的例外，国家依赖于某种东西或者国家本身是共同意志的学说最终似乎产生一些术语，用于证明对力量的使用是正当的。难以忍受的胁迫和约束的行为，当以"意志"的名义被直接打上"力量"的标签时，似乎就变得值得赞美了，虽然它们从其他方面看没有什么改变。或者，如果这一陈述极端一些，认为国家的真正职能在于使力量能够被承受是最让理论家们印象深刻的，而紧随其后的，是一些证明力量运作的理论原则，这些似乎是毫无疑问的；在许多情形中，诸如共同意志、至上意志或者法律人格之类的术语，都是通过代表正当理由而成为赞美性的术语。有一点很明确，即对力量的使用被认为是需要解释和批准的。使力量自身成为最终的原则就是将之感受为一个整体，这个整体赞扬无政府主义，诱惑人们通过诉诸武力，较量出谁更强大，以此来解决他们所有的困难。而且，我猜想，所有政治学的学生都会深信的是：一切政治斗争，实际上都是为了得到控制和得到权力而进行的斗争。

虽然我提出了许多问题，但并没有雄心壮志一一回答它们。我只是勾勒出一个大范围，其中一些较为次要的东西可以在其内进行活动。我认为，首先可以通过澄清进入讨论范围的那些概念来达到一些东西。我认为，我们应该恰当地区分三个概念，即力或者能量（power or energy）、强制的力量（coercive force）以及暴力。力或者能量是一个中性的或者褒义的术语，它指向操作的手段，某种执行、实现目的的能力或才能。实现一个值得的目标，力或者能量成了一个褒义词。它只意味着可以实现令人满意目标的条件总和。任何一种政治或法律理论如果宣称与力无关，并且这种力在决斗中是一种力量，而所有力量都是野蛮和不道德的，那么，这种理论很显然会被批评为一种纯粹的感情用事、一种虚幻的道德。正是力量，驱使我们挖掘隧道、建筑桥梁、旅行以及制造；在口头辩论和出版著作中应用的，也是这种力量。不依赖于这种力，不利用这种力，简单地说，就是无处立足地存在于现实世界中。

当能量挫败或者阻挠目的而非执行或实现目的时,它会转化成暴力。当炸药包炸翻人而非岩石,当结果是浪费而非生产,是破坏而非建设,我们就说这是暴力而非能量或者力。我们可以公平地说,强迫的力量在作为能量的力量和作为暴力的力量之间占据了一个中间的位置。作为行进中的一个插曲,向右转是力量的一个范例:是用于目的的手段。在大街上横行霸道,是一种暴力的情形。利用能量使人遵守道路的规则,是一个强迫的力的范例。直接地说,就他的行动而言,这是一个暴力的案例;间接地看,当它被用作确保目的的成功实现所需要的手段时,这是对力量的建设性利用的范例。约束或强迫,换句话说,是在特定条件下的某个情境中偶然发生的事件——也就是,实现目标的手段并非自然地就在手边,因此,能量必须为了使某些力量成为实现目标的手段而被消耗掉。

当我们描述结果时,就要涉及这类事情。法律是对能量组织条件的一种说明,而当能量处于无组织的混乱状态时,就会产生冲突,导致暴力——也就是破坏或者浪费。我们不能用理性来替代力,但是,当力是一种行动中的有序因素而非以一种隔离的方式独立运作时,它就变得合理了。受篇幅所限,我将在以后涉及作为一种功效的力的组织,但我想请求你们注意的是:对这一术语的使用总是意味着一种实际或者潜在的冲突,意味着由于缺乏分配其中所含能量的计划而导致的最终浪费。

这些概括可能会遭到反驳,说它们乏味而且没有意义。所以,它们是抽象的。让我们考虑一下一场罢工运动中对力量的辩护问题。当然,我并不认为已经说过的东西会告诉我们对力的使用是否已经被证明是正当的。但是,我坚持认为,它提示了一种在给定的例子中找到答案的方法。从本质上说,这是一个关于实现目的之各种手段的效率问题(包括经济问题)。假如在危机的时候,社会的目的可以通过现存的法律和经济机制得到更有效的促进,采取一种更直接的物质行动就没有必要了。然而,假如它们代表一种对实现所讨论目的之各种手段的无效组织,那么,诉诸法律之外的手段可能就是需要的;假定它真的有助于那些讨论中的目的,那么,它的资格问题就会受到关注。在一些环境中,求助于直接的力,是对当前有效能量中存在的不足的补充。

这样一种学说肯定不受欢迎。在工业斗争中,它很容易被解释为通向鼓励诉诸暴力和暴力威胁。但是,这儿包含了一个很大的"假如"——这个"假如"与经济和效率有着紧密的联系。当如此考虑时,思想中立刻产生这样的想法,过去的经验已经表明各个团体以自己的角度来作出判断并不总是有效的:公平的仲裁是一个在能量方面保持节俭的事情。人们也会想到,不管当前的法律机制有什么缺陷,它都代表着一种花了很大成本建立起来的社会制度,而且忽视其对特殊挑衅之作用的趋向会降低这一机制在其他情境中的效率,在那里,局部的收益很容易超过对可用于实现其他目标的能量广泛流失作出的补偿。第三点,经验表明,存在着普遍的假定在支持间接、文雅的能动性而反对粗糙、直白的运用力的方法。使用一块手表去计算时间的精细机制,要比举起一块砖头的行为更有效率。因此,反对任何一种学说的偏见,初步看来是通过手段运用中的效率原则来证明自身合理性的;这些学说看起来在任何条件下都鼓励诉诸个人和简单使用力的方法,而反对更客观的社会司法机制。

在这种简单的假定之外,我们必须承认,我们的组织机构依旧效率低下,以至于说明一种诉诸粗糙方法的持续威胁,在多大程度上可能会是引起更文雅方法运作的必要刺激,这已经成为一件很棘手的事情。政治上有一种一般性的假定,反对在弄清楚必要性之前做任何事情,而潜在的力的暗示成为一个必要的标志。换句话说,社会重组通常是对遭到威胁之冲突的回应——这证明了当前"战备"的煽动性。

暴力意味着求助于相对更为浪费的手段,这个结论可能会通过思考刑事措施而得到加强。总的来说,当前看起来颇为流行的观点是:在这些事例中,力仅仅由于是国家所使用的就被神圣化了,或者由于它为了"正义"的利益而运作这一事实就获得了神圣化——一种抽象意义上的惩罚,或者优雅地称为"对法律的维护"。当力的正当理由以这样一些抽象描述的方式被寻求时,关于力的使用的效率不会有任何问题,因为它不被看作是为了实现特殊目的的特殊手段。正是国家对力量的这种使用赋予它神圣的特征,使得托尔斯泰主义者尖刻地控诉国家是第一罪犯——它在最大限度上诉诸暴力。除了说所有东西都取决于方法对目的的有效适应,我看不到出路。针对国家的认真指控,不是在于它应用力量——不使用力量会一无所获——而是它没有聪明地或者有效地使用力量。我们的刑法措施依旧主要处于这样一种水平,即通过打倒一个人而非教育来说服他。

我的处理方法当然非常简练。但是,我希望它表明了我的主要观点。没有对力量的使用,什么目的也达不到。因此,没有任何假定会反对一种方法——无论是政治上、国际关系上、法律上,还是经济上的方法,因为方法总包含了对力量的使用。力的过分拘谨不是观念论的标志,而是浮想联翩的道德的标志。但是,前提性的和抽象的原则不能被用来证明力的使用的正当性。价值的标准在于，力作为实现目标的手段在其作用过程中的有效性和经济性。随着知识的进步，力的优雅、微妙和迂回的使用总是会替代粗糙、明显和直接应用它的方法。这是对反对使用力的一般感觉的说明。在可以使用更加经济而不那么浪费、相对细微而优雅的方法时，对物质性力量的使用被认为是野蛮、暴力和不道德的。这种力量是粗俗、感性和明显的自以为是。

从上面所说的可以得出，所谓"道德化"的力量问题，实际上只是对其使用的更加理智化：一种使用神经系统而非粗糙的肌肉力量作为达到目的之手段的问题。非道德的使用力量，是一个愚蠢的使用。我有时候听到一些对已经发生的战争的辩解：指出所有社会生活本身在很大程度上就是敌对力量之间那种被掩饰的冲突。因而，他们指出，我们的经济生活只是对面包的争夺，其中劳动者的磨难，甚至是他们的生存，都与雇佣者的资源相竞争。只有想象力的缺乏，才看不到经济战争，看不到经济战场真刀真枪的训练和相互残杀。还是承认这点吧！依旧真实的是：关于力量得以在其上继续作用的效率和经济水准问题，是决定性的问题。我们现在的经济方法可能太过浪费，太具破坏性；与其他人力所及的方法相比，显得太粗俗。不过，相对于战争方法而言，竞争性的商业方法可能代表一种利用人力和自然资源方面的提高。就它们所包含手段的更多间接性和复杂性而言，可以被假定为一种提升。然而，如果走向另一个极端，就会变成不争主义的教条。除了在沉静原则上不比在高柱上苦修的圣西门（St. Simeon Stylites）所采用的更加彻底外，这种不争主义的教条仅仅意味着，在特定条件下被动的抵抗力要比明显的抵抗力有效得多。为了征服对手，讽刺可能比殴打更有效，而注视可能比讽刺更有效。只有在这样一种适宜的原则上，一种不争主义的学说才会得到极力主张，而不是我们自己陷入那种认为所有力的运作本质上都是错误的观念中——这种东方的专制主义，使得世界在本质上就是邪恶的。我只能认为，假如战争和刑事事件中的和平主义者能够改变他们的态度，从认为使用强迫的力在本质上是不道德的观点，转到认为当前使用强迫的力的方法相对而言效率低下而且愚蠢，那么，他们的善良意愿会更有成效。

我的目标是澄清一个观点而非去说服谁，让我举另外一个例子。在劳工斗争中，我们有时会听到诉诸一种自由劳动、自由选择的权利，以反对要求只雇用某个工会会员的运动。像埃利奥特（President Eliot）校长那样的人，真诚地相信他们是在继续为人类的自由而斗争。他们可能是吧。我并不想装腔作势地对这一问题的价值发表意见。但他们可能只是为了保持那种浪费的方法，反对那种有效组织的方法而进行斗争。曾经有一段时间，我们的先辈拥有对冒犯者实施惩罚的个人权力。当有一种趋势开始限制这种职责，使它成为少数被任命的政府官员的权力，并最终剥夺了大部分人所拥有的这种先天权利，人们可能会奇怪埃利奥特校长这些精神上的先辈，是否并没有抵抗神圣个人自由的入侵。现在很清楚的是：权力的出让是一种组织的事件，为了保证对进入其中的资源的有效利用，这种出让是绝对必须的。将来可能会发现，这种只雇佣某一工会会员的运动也是一个劳动的组织事件，而其自身实际上是为了实现对人类力量一种更有效的组织。

换句话说，对个体权力、自由或权利的限制问题，最终都是为了目的而最有效地利用手段的问题。在某个特定阶段，自由会作为某种本质上先在、神圣的东西被提出来，这是再自然不过的了。这种自由代表了一种过去被忽视的重要因素。但是，作为一种有效的要素，它的价值必须最终得到评估。经验证明了自由构成了效率中的一种中心要素这个观点，例如，我们当前资本生产的方法效率极其低下，因为就劳动者的身体而言，它们受到如此严重的强迫。效率需要方法，而方法则会支持个体重要的兴趣和关切，以及情绪和理智的自由。关于这种能量的释放，旧有的和粗糙的自由形式可能是个障碍，效率可能需要强迫性力量的使用来消除它们的作用。

这样，本文的主张可以总结如下：首先，由于目的的实现需要方法的使用，法律本质上是使用力量的一种表达。其次，证明力量正当性产生的唯一问题，就是其使用过程中的相对有效性和经济性问题。第三，当暴力或者不恰当强迫依赖于浪费和破坏性的手段而达到结果时，它就应当被反对。第四，存在着一种可能性，即被认为对力量合法的利用可能非常浪费，实际上就是在使用暴力；相反，被指责为仅仅诉诸暴力的方法在特定环境下，可能代表一种对能量的合理利用。古老或者先天的原则仅仅可能被假定而决不可能被要求：争论中的问题都是为某种目的而对方法的具体利用。

（王成兵　林建武　译）

即使天塌下来，也要伸张正义*①

有人曾有用一个短语来概括绝对主义道德的幸福想法。所谓正义的东西就必须被伸张，即使它使天堂崩塌。这是一种与行为的环境以及生活条件毫无关涉的伦理学的最后之言。但是，发明这些短语的技巧已经因为其狡诈的一面而变得迟钝了，这种狡诈掩盖了这样一种事实：这种短语是对不考虑后果的所有道德规范的讽刺性概括。因为，如果抽象的伦理学不总是破坏其结果，那只能算是一种意外。然而，推荐这种坚定道德格言的人，总是带有一种神圣的外表，虽然他们任性地忽视了在要求为一种永恒正义辩护的借口下进行报复可能产生的后果。

我们原初人性的根本趋向之一，就是获得平等。抵抗是健康的动物防御工作的一部分。这种动物性的反应非常本能地采用一种精确的形式，要求一种精确的起始点。这是本性特征的一种，它可能取决于某些审美对称性的混合。在野蛮民族那里，关于以眼还眼、以牙还牙的格言是最高的描述，这一点还得到了加强。有这样一种真实的记录：一个人如果把另一个人从树上推下去致死，他就会被宣判坐在受害者原先所处的位置上，并允许其他人把他从上面推下去。这种荒谬的行为表明了原初报复冲动的非理性特征，而温和地忽视第二次要被推下树的人的危险，这明显是对本能行为中产生的结果的忽视。

但是，虽然报复的本能先在于理智，产生在本能行为之后并注视这种行为的理

---

* 此文选自《杜威全集·中期著作》第 10 卷，第 228—230 页。

① 首次发表于《新共和》，第 12 期（1917 年），第 237—238 页；重新发表于《人物与事件》，第 2 卷，第 592—595 页。

性;却通过给予那种盲目的冲动以所谓正义的赞誉,去取悦那种被激怒的、好斗的动物性。之后,因为在行动中发泄自己情绪、易受激情蛊惑的人充斥着巨大的满足,他开始确信,他是从这样一个出发点开始自己行动的:对理性的正义之庄严道德原则的沉静之爱。理智只有当本能地通过对结果的预见来进行引导时,才是有效的。此时,理智又堕落为动物激情的殷勤同谋者。使某人受罪,不只是为了享受成功的权力乐趣以及满足本能,而且似乎是为了证明某些普遍的宇宙正义法则。因此,正是拥有健康体格的人,通过变成道德家,并实践正义而独自被道德化;而那些具有较为惨淡学术脾性的人,则因为缺乏直接和有力的本能发泄途径,只有通过替代别人想象一种能够神秘达到正义的客观律令而得到补偿。

当伤害被造成,情绪激昂时,群众心理也以同样的方式开始运作。当语境使得正义意味着把德国当成首要冒犯者来出气,而不考虑这种惩罚会对将来造成影响这一点变得很明显时,它经常辩称"正义"需要这需要那,而一种永久和平的条件也在考虑之中。实际上,它经常意味着在德国被给予公正的惩罚之前,讨论国际关系之将来的努力是胆怯的,甚至几乎是懦弱的。让天塌下来,让战争持续,让战争给我们和我们的敌人同时带来的痛苦和破坏继续,如此才能"伸张正义"——也就是说,如果惩罚被加在德国身上,所有过往的才扯平。在这样一种气氛中,一个记住过去已经过去并且不能被取消,而且再多将来的痛苦也不能取消过去哪怕最微小痛苦的人,对于那些热切投入原始感情不负责任爆发的人来说,倒成了愤怒之源和怀疑的对象。他被认为是拒绝了正义的根本原则,并且幸运地逃脱了被指控为敌人的利益服务。

然而,将来是我们单独生活于其中的将来,更不用说是我们单独对之产生影响的将来。无论战争持续多久,可以肯定的一点是,战后的时间是无限长远的。正是这一事实,使我们值得承受战争的痛苦和破坏。正是这一事实,把报应性正义的探索者与"不惜一切代价阻止战争"的和平主义团体联合起来。双方都被当前的情况搅得坐立不安,和平主义者是被悲伤和报复性的惩罚者、被引发这些错误的人所打扰,他们看不到将来绵延的展开,以便使战争在值得的时候也能确定其公正的目标。人类事务中合理性的要点在于时间的视角。对报复性正义的热情,甚至对和平的热情,都会抹去所有东西,除了那正在发生的时刻,它们可以不断扩展以形成整个景象。

为不当行为而受苦,实际上包含在针对未来的决定性理智策略所产生的结果中。说力量绝不会如此运作以至于影响人的观念，因此，相应的失败，无论是实际的或者预期的，对于革除德国在精神上和政治上进行垄断的贪欲毫无助益，这种说法就是过分感性了。力量，即使是力量的震荡，都可以强迫一个国家或个人超出关于精神孤立的自我修养幻想，并且提醒它其他人将之考虑在内，并且必须将之考虑在内的世界现实。尤其真实的是，承受诉诸军事支配过程带来的邪恶后果，将永远影响德国将来的精神。就像德国的辩护者喜欢说的那样，当德意志帝国在为胜利而战的战场上创造出来的时候，对一个有组织的独裁的军国主义政体的信赖，被德国过去所带来的成就证明是正当的。马恩河（Marne）的胜利将巩固德国狂妄自大的不理智，因为没有人知道这会持续多长时间；因而发现这种政体是不值得尊重的，这才是改变德国气质的条件。但是，把失败和痛苦的要求当作一种影响将来的要素，这在根本上与将之当作一种对正义王权的辩护是有差别的。其中一个进程具有尺度和限度，它欢迎使用理智来发现时间、地点和代价。另一个进程既不知道边界，也不知道尺度，它是对无限的盲目癖好。它非法而又不负责任地陶醉于自己作为绝对执行者的使命中。它嘲笑把结果考虑在内的行为，怀着扮演原始宗教赋予神的角色的那种雄心，对自身生命力所具有的破坏作用视而不见。它没有考虑所承担的任务的特殊性，而是假定那个全能者创造了一个全能的幻象，以决定与军事和经济事实无关的事件进程。这并非对德国的感伤同情，而是一种聪明的利己主义，它要求对将来进行一种实用的考虑；一种对抽象正义的激情，并不能主宰对战争目的与和平条件的讨论。

（王成兵　林建武　译）

心理学与正义^{*①}

桑柯(Nicola Sacco)和凡泽迪(Bartolomeo Vanzetti)死了。所有关于他们是否有罪的讨论都不能让他们死而复生。这个问题现在融入了一个更大的问题,那就是我们保证公正的方法,而这一问题进而又融入了一个更为全面的问题,那就是美国公众舆论与情感的基调和倾向,因为它们影响到对任何涉及种族分裂与阶级利益的社会问题所作出的判断与行动。这些更大的问题并没有随着这两人被处决而消失。当然,并不是他们的死第一次提出了这些重大问题,这些问题由来已久,并且自世界大战以来愈演愈烈。但是,对这两个无名的意大利人的定罪与处决掀开了一个新的历史篇章。我们所经历的某些生活片段已经是亮点中的亮点,从此以后不会被忘记也不会被忽略。它们会沉重地压在许多人的良心上,会以无数意外的方式扰乱情感,搅动最不思考、最俗常的人的思想。

我无意大范围地讨论这一新篇章所揭示的许多事情。我的讨论只局限于一点,这一点本身看来不大,却有着重大的意义,那就是富勒(Fuller)顾问委员会的报告所揭示的本国主流文明阶级的心理。我并不是不尊重那些与该委员会成员的名字联系在一起的重要活动,毫不夸张地说,他们所写的文件决定了他们在人类历史记忆中的位置。公正地说,未来会认识到这一文件是超越个人表达的,是典型和象征性的,它代表了 20 世纪 30 年代美国有学识的领导者们的心理状态。因为我的目的有限,所以不会讨论其他话题,更不会讨论桑柯和凡泽迪是否有罪。比我能干

---

* 此文选自《杜威全集·晚期著作》第 3 卷,第 143—149 页。

① 首次发表于《新共和》,第 53 期(1927 年),第 9—12 页。

的人已经处理了这些问题。我的主题是：展现在这个报告中的作者们的态度与精神倾向。

在对此的讨论中，该委员会对将两人定罪的方法的声明给出了他们的底线。他们说："无论是贝蒂荣（Alphonse Bertillon）人身测定法还是指纹测定法，没有一种检测或方法本身就具有重大的意义，但将它们合在一起就有可能产生一种完美的鉴定；没有一种情况是结论性的，但将一些情况放在一起也许就能提供理性无法质疑的证据。"在将两人定罪的过程中，其作用的并不是每一个孤立的情况，而是所有情况相互关联之下的累积效应。我引用这一事实并不是要质疑委员会的声明，也不是要引发关于间接证据的旧争议，而是因为与该委员会在处理其他问题时所采用的标准与遵循的方法联系起来看，这一事实具有重要意义。因为这些其他问题都被分割了，无论是在总体上，还是在细节上；每一件事、每一个主题都被当成是孤立的，都可以不涉及任何其他事情而自行处理。累积性原则不但没有受到重视，还被有意地抛弃了。为什么？人们，尤其是那些训练有素和有教养的人，不会无缘无故地颠倒他们的标准与程序。

我们可以在下面三个地方找到上面这个一般性论断的证据。首先是总体的处理方案，也就是报告的框架；其次是对框架的前两部分所进行的分割与相互孤立；再次是委员会在处理一个根本性的重要问题时所采取的方式。

报告的框架被阐明如下："委员会被要求所做的调查似乎包括回答下面三个问题：（1）在委员会看来，审判的进行是否公正？（2）基于后来发现的证据，是否应该核准重审？（3）委员会是否毫不怀疑地确信桑柯和凡泽迪犯了谋杀罪？"前两个问题是委员会要处理的问题中的元素，这一点没有人会怀疑。至于委员会是否可以像陪审团一样决定并陈述他们关于两人是否有罪的意见，人们会持不同的看法。在全世界对这一审判与定罪的关注之下，这种看法的不同在于人们是否认为，随着事件的发展，同司法问题比起来，有罪与否的原始问题暂时变得次要了。

不管怎样，对前两个问题的分割，对公正审判问题与新近发现的证据（这些证据并没有被视为问题的元素，而是被视为独立而孤立的问题）的处理都说明了下面这个事实：委员会并没有面对，甚至没有提及摆在世界面前的主要问题。这一问题是：将所有的考量都放在一起，我们是否有合理的理由怀疑在对两人的直接处决中存在着不公正？将审判是否公正与新证据是否有价值这两个问题分开处理的做法，断然否定了累积性的原则；而在宣布两人有罪上，这一原则已经被接受并被宣告了。委员会的这一方法没有直面下面这个事实：这两个问题是主要问题共同的组成部分，也就是说，如果立即执行了死刑，那么不公正是有可能发生的。

委员会的整个程序是与司法无关的，委员会的存在本身就证明了人们广泛相信正义并没有得到伸张，不管那两个人是否有罪，这一案件的许多情况都表明他们还没有被证明有罪。并且，委员会可能建议的任何行动，可能给出的任何建议，可能得出的任何结论，都是与司法无关的。州长的职能是执行，他不是司法系统的一部分。州长对委员会的任命是与司法无关的，后者的功能同样也是如此。州长被委托保护定罪者，使他们免受很有可能存在的司法不公。他的权力是通过赦免或减刑来实行宽恕，而不是去定罪或推翻法庭的决定。委员会的职责是在州长实行这一功能时引导他的良心。那么，他们为什么要像陪审团和法庭那样行事呢？为什么要采取这样一种严格的法律方法，甚至如果被定罪者马上就要被处刑，他们还是要把出示肯定存在的（不是很有可能存在的）司法不公的担子推到被告头上？

不管这个问题的答案是什么，我们很确定地知道委员会是如何回避这一问题的。他们将这个问题分割成几个问题，然后不顾它们之间的互相联系，对它们进行单独处理。在司法不公这一方面，旧审判的问题与拒绝根据新证据进行重审的问题具有最为明显的累积性特征。将它们的净效应联系起来放在一起，问题就得到了定义。那么，为什么要将它们完全孤立起来呢？我们只有在委员会处理这个问题的态度中找到答案。

这一态度明显地体现在分割成三个问题的报告框架中。只有在我们考察了前两个问题的细节之后，这种孤立处理在程序决定上的全部力量才能体现出来。根据报告，每一个问题下面都有六点。虽然每点自身都是"非结论性的"，但是如果将它们放在一起，是否可以形成一种能够引发合理怀疑的证据性力量？委员会甚至没有暗示，就做了这样的处理。从体系上来看，每一点都是同其他各点分开的，这样甚至不可能产生累积性效应的问题。涉及原始审判的六个考量点包括下面这些要点：法官的偏见、起诉律师停留在被告的激进主义上、法庭的气氛、所谓的联邦政府官员的干预。但是，每一点都是孤立的，对它们的处理也是孤立的。

这种方法完全不同于将两人定罪时所用的累积性方法，人们越注意到两个程序的细节，这种对照就越醒目。在累积性程序中，重心被放在下面这些事实上：桑柯的"总体形象"被公认为"像"真正凶手中的一个；他承认拥有的一项帽子同凶手的"在颜色与总体外观上有相似之处"；被捕时，他所拥有的一把手枪同谋杀所用的手枪是"同一类"的;虽然专家认为子弹不一定是从他手枪里打出来的,但委员会"倾向于相信"那些认为子弹是从他手枪里打出来的证人,如此等等。让我们进行一个简单的思想实验:如果我们通过六个考量点引证出审判是不公正的,但委员会还是使用分割的方法进行处理,那么这些分裂的考量点又会变成怎么样的呢?

在是否要根据新证据进行重审的问题上,也有六个考量点。其中一点是一个叫古尔德(Gould)的旁观者所提出的证据(并没有在审判中出示):两名被告并不是他所看到的凶手,当时他离现场很近,以至于一颗子弹穿过了他的大衣翻领。并且,根据审判记录,被告在审判中并不知道这一证据。原告知道古尔德在凶杀现场,但没有传他出庭。委员会努力为原告开脱,将不利的证据强加给被告。他们所采用的方法是典型的:用高度法律性的论证来削弱公认事实的重要性。我们可以将这一程序与委员会处理那个新证人的程序作一个对比,那个新证人的证词可能会打破桑柯不在场的证明。委员会这样说,"这个女人有些古怪,行为也并不是无可指摘的,但委员会相信,根据她的这个情况,她的证词是完全值得考虑的"。然而更为重要的,是他们对古尔德证据的评语:这一证据"只不过是累积性的",尽管还有其他证人作证凶手并不是桑柯和凡泽迪![①] 委员会并没有在此止步。他们自愿提出:"似乎不存在任何理由认为古尔德的证词会对改变陪审团意见产生任何影响!"这句话的意思几乎不可能说陪审团是不受证据影响的,因此对于陪审团角色的这一假设,体现了委员会自己的态度;尤其在讨论是否要在进行新审判过程中这样说之前的陪审团时,就更是如此。

然而,这仅仅是引证的六点中的一点。其他几点是:马德罗声明凶杀发生时,他同另一个帮派在一起;有证据证明,旧陪审团主席有两处明显的偏见;一个专家为原告提供的证词是:在他正面拒绝说那枚致命的子弹是从桑柯手枪里打出来的之后,原告律师安排他证明这枚子弹同之前从桑柯手枪里打出来的子弹是"一致的"。报告本身就是我们所能找到的、最令人信服的采用非累积性方法的证据,这种方法将每一个证据都削减至单独一点,将它们孤立起来并最小化,同时将所有有利于另一边的新证据放大到极致。因此,桑柯帽子中被用来确认其身份的借条,被说成是"一个微不足道的证据,在委员会看来根本不足以成为重审的理由"——委

---

① 有人会说法庭不准许在只是累积性的新证据上进行重审,但这一答复对这里的情况并无帮助。因为既然整个程序处于司法之外,采取一个纯粹的法律立场又有何意义呢?

员会的论点是：单独这一点并不能成为理由。然而，如果作为拒绝任何累积性原则的证据，这件"微不足道"的事情就不再微不足道了。还有，两名新专家作证说，那枚致命的子弹并不是从桑柯的手枪中打出来的；同时又有另两名新专家持反对意见，而委员会则在检查了照片之后得出结论："后者提供了更令人信服的证据。"换言之，虽然问题在于是否存在以新陪审团进行重审的理由，但委员会自己承担了陪审团的功能，处理了新证据，并否决了重审。

委员会的先在态度还通过第三个方面自我揭示出来，那就是他们处理激进主义的方法：据称两个被定罪者的激进主义对陪审团与法官产生了影响，而鉴于这两人是外国人，这种激进主义就更加凶恶了。这个案件最吸引公共注意力与公共兴趣的就是这个方面了，这也是委员会存在的基本原因。洛伊尔(Lowell)、斯特拉顿(Stratton)和格兰特(Grant)在接受富勒州长的任命成为委员会成员时，也接受了对于全世界每个国家的责任。但他们的记录显示了他们是如何放弃这一责任的。他们承认激进主义，他们承认激进主义在导致非法拘留和遣送中的偏见效应。但他们承认这些事实，仅仅是为了证明原告律师的行为！原告律师已经对桑柯展开了交叉盘问，"这种对他的社会与政治观点展开的检查初看起来过于严厉，而且是为了给陪审团造成偏见，而不是为了检查被告声明的诚实性这一法律目的"。但是，委员会又原谅了被告律师，他们否认激进主义的证据影响了陪审团！他们也承认法官在庭外的"轻率"谈话之上形成的偏见，但又声明这种偏见并不是导致审判结果的一个因素。激进主义对于被告被捕时行为的影响被忽略了。这几乎是一个心理学常识：人，尤其是头脑经过训练的人，只有在受到某些隐秘因素的影响时，才会用这种颠倒的方式来理论。

这些都是写在报告中的事实。毫无疑问，委员会对审判时的公众情绪状态，以及这种情绪状态对导致不公正和非法行动的实际(不仅仅是可能的)效应是完全了解的。他们提到了"麻省东南部对赤色分子大规模的逮捕，所幸的是被美国巡回法院的安德森法官阻止了"。除非是非法的，否则，这种行为很少被法官阻止，即便阻止了也是运气好。另外，"在非正常的恐惧与轻信的状态下，几乎不需要什么证据就能证明任何人是一个危险的激进分子。在我们的大学里，无害的教授和学生被指控持有危险的观点"。这种歇斯底里传播如此之广，已经从外国人和无知的劳动者传到了大学教师和学生中间。而原告律师的交叉盘问，看起来就带有这种严厉而有偏见的特征。并且，几年之后，在公众舆论平息之后，这种状态依然影响着委员会的成员,即使这些人经过了高度的训练,不像是陪审团那样的普通人。不管怎样,委员会认为,生活在恐惧与轻信的时期当中的陪审团并没有受到影响——当时几乎不需要什么证据就能指控并确定一个人为赤色分子;况且,这些陪审团成员拥有的还不是少量的证据,而是清楚获证的激进主义事实;并且,作为平常人,他们没有经过训练的头脑并不能辨别偏见,因此,可以想见,他们也就不能怀疑地看待偏见!

委员会是如何得到这一非凡的结果的呢?是通过两种转移问题(一种是直接的,另一种是间接的)的方法。直接的方法是询问十个可以接触到的陪审团成员,并接受他们的保证:他们当时并没有受到法官态度与审判方式的影响。"每个人都对此感到确定:被告是外国人和激进分子的事实,并没有影响自己的观点。"换言之,这些人现在确信(而委员会完全接受作为审判最重要的一个方面的这一确信),他们对"恐惧与轻信"的传染病是免疫的,尽管对于"危险的观点",他们不只有"少量的证据",还有确凿的证明。谁要相信就相信吧!不相信并不是怀疑陪审团在作出声明时的真诚性。如果在这样一种氛围中,他们能够意识到这一力量对于他们信念的影响,他们就是非凡的人了,甚至比委员会的成员还要不同寻常。如果意识到了对他们产生作用的这种影响,他们就能够在它产生以前采取措施来减轻它。并且,他们的声明是在几年之后作出的,而在这几年间,他们的行为已经成了激烈争论的主题,并且他们自己也成了严厉批评的对象,所以他们用上了所有的防卫机制。但是,委员会照单全收了他们的保证!委员会相信,法官承认的存在于庭外的偏见到了法庭上就扔掉了,就像他脱下外套披上法袍一样。这一信念同样表现了委员会对于基本心理因素的漠视。

更能自我揭示的,是委员会对于原告提出的"犯罪意识"的处理程序;原告认为,囚犯在被捕时所作的假声明就证明了这种意识的存在。被告争辩说,之所以作出假声明,是因为他们意识到自己是激进分子和外国人,害怕被逮捕和遣送。委员会首先原谅了原告律师看似严厉而带有偏见的盘问,理由是需要他来检查他们所承认的、用来解释他们被捕时行为的激进主义的真实性。接着,委员会不但确定被告真诚地相信这些观点的证据并不能左右陪审团的意见,并且非但没有用这一证据来支持被告对于自身行为的解释,反而认为这一证据同被告的犯罪意识是一致的(即便不能作为犯罪意识的实际证据)!这其中的方法,也许是这个最为非凡的文件中最为非凡的事情了。

委员会的论点是这样的：是被告们自己在审判中坦白了自己的激进观点。在他们被捕时，"人们并不确定桑柯具有这样的观点。搜查赤色分子的美国当局并没有发现任何证据能够让它们合法地遣送或以其他方式处理这两人"。虽然存在大规模的逮捕，但"这两人没有被逮捕"。

因此，原告律师看来严厉而带有偏见的起诉方法是合理的，这种方法并没有在恐惧与轻信的时期让人产生偏见。并且，虽然被告是激进分子，并且大规模非法逮捕和遣送时被逮捕的事实为起诉律师提供了证据，但它并不能否决被告在被捕时显示出了"犯罪意识"这一理论。其中的暗示是：被告并不是根据自己是令人讨厌的激进分子这一认识来行动的，相反，被告的行为应当是基于缺乏对当局的某些认识！

较之基本心理学的力量，提及另一个次要的事实，也许会削弱这一案件。对于汤普森（Thompson）先生的行为，委员会仅仅提到，有时他的行为表明"被告的情况一定是相当绝望的"，因为他已经用尽了所有的手段。当然，委员会参与的事件表明，被告的境况确实非常绝望，而汤普森先生比其他任何人都更有机会认识到这种绝望多么具有悲剧性。但是，不同于委员会自己给被告的定罪，汤普森先生确信他们是无罪的；汤普森先生的社会和政治观点是保守的，他牺牲了大量时间以及社会和职业身份，英勇地为了被告与狂热的妒忌进行战斗，以维护自己司法公正的声誉。然而，委员会对汤普森先生只是草草带过。委员会缺少一种简单却又必须的大度，对此我只能看到一种解释。

置于历史台前的记录已经充分地呈现了一种态度，对于这一态度的揭示让人感到无比耻辱。耻辱感近似于有罪感：我们竟能容许这种展现在记录中的心态在一个宣扬尊重正义、献身平等友爱的国家中发展起来。

（孙　宁　译）

资本社会主义还是公共社会主义？ *①

　　我曾听一位著名的律师说,对联邦宪法加一项几句话的修正案,即禁止一切股份企业拥有法律地位,只允许个人业主拥有法律地位,就可以找回美国早期个人创新与进取的观念。我认为,这位律师是我见过的唯一一位不折不扣的杰弗逊主义民主党人。同时,他还是一位有逻辑头脑的人。他并没有自欺欺人地认为,我们这个企业资本大集聚的时代、批量生产与批量分配的时代、所有权非个人化且与经营权相分离的时代能保留拓荒时代的个人创新、进取、能量与奖赏的信念。然而,我们的政治生活却继续忽视已发生的变化,只在情势所迫时才在处理偶然问题时考虑这种变化。

　　当代社会仍然流行着一种错误的看法,即社会主义就是要通过政治手段将财富平均分配给所有个人,因此社会主义反对企业垄断、企业兼并以及企业联合。换句话说,社会主义是一种被算术划分后的个人主义。那些坚持认为个体在本质上是一个孤立的、独立的单位的人,自然会如此看待社会主义。其实,对于当前的这种经济合并,卡尔·马克思早有预见。如果马克思的魂灵飘荡在美国上空,他一定会感到非常满意,因为我们实现了他的预言。

　　不过,马克思在作这些预言的时候,过多地从心理经济学的前提进行论证,没有充分考虑到技术的因素,即科学在蒸汽动力、电以及化学过程中的应用。也就是说,马克思在论证时过于依赖他的论证前提,即资本家会不断剥削工人创造的一切

---

*　此文选自《杜威全集·晚期著作》第5卷,第69—75页。

①　首次发表于《新共和》,第62期(1930年3月5日),第64—67页,题目为"资本社会主义还是公共社会主义? ——杜威教授系列文章《新旧个人主义》之四"(Capitalistic or Public Socialism? The Fourth Article in Professor Dewey's Series, "Individualism, Old and New")。

剩余价值——"剩余"指超出了工人生存所需最低工资的那部分。此外,马克思没有认识到不断发展的工业在发明创造以及继而在开拓新需求、新财富形式及新职业方面的能力;他也没有想到,雇主阶级会足够理性,会认识到他们需要付给工人高薪才能维持消费力,并从而维持生产与利润。这也就是为什么马克思的预言——处于政治控制中的普通大众会因普遍承受的痛苦掀起一场革命,建立一个社会主义社会——没有在这个国家得以实现。不过,马克思提出的问题,即经济结构与政治运作之间的关系,现在仍然存在。

实际上,正是这个问题才造成了当前的各种政治问题。一位聪明又经验丰富的美国政府事务观察者说过,他听到的美国政府所讨论的所有政治问题,最终都可归结到与收入分配相关的问题。财富、资产以及生产与分配过程,包括最末端的连锁零售业,在外在社会化的过程中很难不会产生政治影响。这是新政党或现存政党必须面对的终极问题。旧式个人主义仍然有足够的活力,让任何自称是"社会主义"的政党或计划严重受阻。但从长远来看,"社会主义"一词的历史含义是由现实情况所控制的。因此,一个以"社会主义"命名的政党命运如何,无关紧要。

在某种重要意义上,上述经济问题的重要性没有被目前的政治所忽略。统治党公开将自己看作是繁荣的维护者,甚至还称自己是繁荣的缔造者。它使大量公民与选民相信这一点,并从而认为它之所以能够持续获得统治地位,其原因就在于它等同于繁荣。我们的总统选举基本上由恐惧所决定。在地方选举以及非大选年的国会选举中,数十万公民会把票投给独立候选人或民主党候选人;但在每四年一次的总统大选中,他们却常常把票投给共和党。他们之所以会这么做,是因为他们隐约有一种恐惧,这种恐惧对他们造成了很大影响——他们害怕经济金融机器遭到破坏。这种恐惧既普遍存在于小商小贩中,也普遍存在于工人中。统治党基本上是靠这种恐惧维持统治地位的。我们的整个工业体系极其复杂,其内部各要素有着极其微妙的依存关系,极容易受到各种细小因素的影响。于是,在大部分选民看来,比起冒险扰乱工业,他们似乎更愿意忍受已经忍受过的种种弊端。我认为,在1928年的总统大选中,尽管民主党候选人因反禁酒法和信仰天主教而受到影响,但上述民众心态依然是他落选的决定因素。①

---

① 1928年,共和党候选人赫伯特·胡佛当选美国总统。他的对手、民主党候选人阿尔·史密斯,因信仰天主教以及反对禁酒而遭到一些人的反对。——译者

此外，胡佛让公众把他看成是一个具有工程师头脑而非政治家头脑的人，这一点起到了很大的作用。工程学取得了累累硕果，它的成就随处可见。它带来了种种奇迹，成为人们眼中神奇的奇迹创造者。一个对政治家感到厌倦的民族会下意识地认为，一位工程师的头脑、经验与天赋会治愈我们的政治生活，给我们的政治生活带来秩序。我无法用数据来证明上述两种因素的确切影响。对它们，尤其是对第二个因素的判断，是一个见仁见智的问题。但是，人们将共和党等同于持续繁荣这一点是肯定的，而人们对政治领域中出现工程师的愿望也是普遍的，至少是有代表性的。

繁荣在很大程度上是一种心境，而对繁荣的信念则更是一种心境。因此，当人们内心认为存在繁荣时，对繁荣程度的质疑便不会起到多大作用。我可以援引数据证明繁荣是多么地不均，证明繁荣的经济条件分配是多么地不公，但所有这些都不起作用。1927年，11000人年收入超过10万美元，他们的收入总和占国民净收入的2/5，但这又有什么关系呢？这11000人的收入仅有20%来自工资和他们自己的公司利润，剩下的80%来自投资、投机利润和租金等，但援引这些官方数据又能起到什么作用呢？人们几乎不会注意到，8000万雇佣劳动者的收入总和是这11000人"不劳所得"收入的4倍（所得税申报表坦率地称之为"不劳所得"收入）。此外，企业集群投资收入的增涨损害了所有者自行管理的企业的收入所得。谁要是提醒人们注意上述悬殊，就会被认为是在中伤我们倔强的个人主义，是在试图激起阶级矛盾。与此同时，1928年的所得税申报表显示：7年内，年收入超过100万美元的人数从67人增加到了近500人；而在这近500人中，有24人年收入超过一亿美元。

不过，一个政党承担起繁荣的维护者这一角色，就意味着它承担起了责任；从长远来看，占统治地位的经济政治结合体将承担起责任。领主们必须采取某些行动以获得成功。在我看来，这是未来政治情形的核心。要联系企业产业来讨论未来的政治走向，首先至少要认识到：那些过去被人看作是健康经济基础的主要产业，如今已变得萧条。众所周知，农业、矿业和纺织业都身处困境。铁路大扩建的时代已经结束，建筑业时好时坏。与此相对应，与新技术相关并源于新技术的产业现在正迅速发展。如果没有汽车、收音机和飞机等产品的生产与销售的快速增长，没有电和高功率的新用途的迅速发展，过去几年的繁荣几乎不可能，甚至都不会成为人们的一种心境。经济发展的主要因素正是这些新的资本与劳动的应用领域，它们所产生的剩余资金使股市和其他商业形式一直维持在活跃的状态。同时，这些新发展加速了超级财富的累积与集中。

这些事实似乎指明了未来政治的走向。产业萧条已经对立法与行政中的政治行动产生了影响。当现在的新产业也资本过剩，消费与投资不成比例，当它们也出现生产力过剩时，结果会怎样？据估计，现在每年有80亿美元的储蓄盈余，而且这一数字还在增加。这部分资金应该放在何处？若将它转移到股市，问题可以暂时得到解决，但随之而来的通货膨胀却是一剂会带来新病的"药"。若用它来扩建工业厂房，那这些厂房多久之后会"生产过剩"？未来，政治控制似乎会为了社会利益而得到延展。我们有州际商业委员会和联邦储备委员会，现在还有了农业救济委员会这个由个人主义政党所发起的大规模社会主义行动。未来，似乎会有更多类似的委员会得到创建，尽管人们同时大肆谴责官僚主义，大肆宣称个人主义是我们国家繁荣的根本。

关税问题也在经历着变化。现在，叫嚷着要减免关税的都是萧条的旧产业。新生产业则对关税问题漠不关心，而随着它们越来越关注出口贸易，它们很可能对关税问题越来越不关心，或越来越抱有敌意。目前，除了使旧政党内部形成了反对派，经济变化确实还没有影响政党之间的联合。但这一事实遮盖了另一个更大的事实，那就是，在旧党的掩护下，立法与行政已经因为受贸易与金融的影响而开始发挥新的作用。最明显的例子自然要数下面这场行动：利用政府机构与大型公共基金将农业与其他产业置于同等位置。这个例子非常重要，因为农民是旧个人主义理念最忠实的支持者，而且这场行动的目标显然是把农民囊括到集体与企业行动的范围中来。在萧条时期利用公共工程缓解失业问题，这种政策是未来政治走向的另一个（较微弱的）迹象。

当然，新产业是否会重复萧条的旧产业的周期，即是否会变得资本过剩、生产能力过剩、持有成本过高，以及这种重复会到什么程度，是一个见仁见智的问题。不过，对于这一问题的消极方面，我们需要保持相当的乐观。至少，我们可以合理地确定，如果新产业带来了萧条，公共干预和公共控制的过程将被重复。而且，无论如何，针对老年与失业问题采取政治行动总是可能的。目前，工人因技术发展而下岗，工人的工作年龄限制由于劳动过程加快而被提前以保证有利润可得，这两者都凸显了公众调查与统计的可耻缺失。失业，就其目前"正常的"水平而言——更别提周期性的萧条期的失业水平——表明以获取私利为目的、不受监管的个人主义产业失败了。矿工,甚至是农民,可能会被忽视,但城市产业工人不会被忽视。如果再次爆发一场激进的劳工运动,将失业问题上升为政治问题将是这场运动出现的最初迹象之一。随之而来的是,公共控制的范围将会进一步扩大。

作政治预言是一件很危险的事,所以我不打算在此作详细论述。不过,大的、基本的经济趋势是无法长久忽视的,这些趋势都朝向同一个方向。有很多迹象表明,控制着美国政治的反对变革的趋势正在让步。收入分配不公会突显征税权的使用,征税权通过对巨额收入者征收更多的所得税、对大额遗产的继承者征收更多的遗产税实现重新分配。将闲置土地的社会生产价值挪为私用这一丑闻终将会被揭露出来。世界生产和商业的现状正在赋予"贸易保护与自由贸易"以全新含义。正有越来越多的人意识到,地方政府的管理不善与腐败同大型经济利益集团获得的特殊优惠是相联系的,地方政府与利益集团的这种联合同犯罪活动是相联系的。地方劳工组织对政治回避政策日益不满,对自己需要通过由敌对利益集团控制的政党开展工作这件荒谬之事日益不满。这种趋势有累积效应,许多现在孤立的因素最终会集中起来。当它们形成了一个焦点,经济问题就不仅仅只是隐秘的政治问题,而是公开的政治问题。产业的社会控制问题与使用政府机构实现建设性的社会目的将成为公开的政治斗争中心。

我专门用一章的篇幅来讨论政治情形,不是说我认为明确的政治行动对于解决当前生活中的分裂问题很重要,而是因为它能起到辅助作用。我们需要对立法与行政作出一定的具体改革,以便为其他以非政治方式发生的变革创造条件。此外,立法与政治讨论会产生巨大的心理影响。人们关于所有社会问题的观念与理想,其形成过程都会受到政治行动大模型的反应影响。一个人如果因为自己忠心的对象消失了而在政治上感到迷茫,有一种方法肯定可以帮他找回沉着的心态,即通过观察工业与金融是如何在公共生活和政治生活中发挥作用去了解工业与金融的现实情况。过去很多年都存在于我们思想中的政治冷漠,其根本原因是一种心理困惑,这种心理困惑是由于没有意识到政治与日常事务之间的重要联系所造成的。民主党和共和党却一直极力维护这种困惑与不真实。我们了解了事物的发展方向以及它们这样发展的原因,就拥有了稳定的目标事物与忠诚对象的原材料。弄清楚了事件的实际发展趋势,就走上了通往思想清晰与有序的道路。

我之所以提到政治,主要是因为政治可以最好地表明现在的社会混乱及其背后的成因。我在上文提到的各种公共控制的事件都是偶发性的,都是政府迫于苦恼的巨大选民群体所带来的压力而不得不作出的回应。它们都是为了解决特殊情况而临时出现的,不是什么社会总政策的一部分。因此,我们还没有意识到它们的真正意义,只是将它们当作偶然发生的例外。在政治生活中,我们正在糊口度日。由于企业权力较为强大,当紧急事件将它们强行作用在我们的身上时,我们偶尔会关注并采取行动。但是,虽然认识到了它们的存在,我们却并不制定后续政策。另一方面,旧个人主义仍然根深蒂固,拥有着人们在不知所措时言语表达上的忠诚。它是如此的顽固,以至于我们以为它控制着我们的政治思考与行为。但实际上,旧个人主义被人用来维持现在的混乱状态,通过企业组织起来的金融势力与工业势力可以让经济为少数人的特殊利益服务,而不是为多数人的利益服务。

在我看来,近期最有趣的政治事件是胡佛总统在1929年股市崩盘后呼吁召开工业会议。这件事有很多涵义。其中,有些是实际的,有些则有着含糊的可能性。它表明,一个通过将繁荣归功于自己而承担维持繁荣责任的政党和政府在面对产业萧条时,动乱便会产生。它表明了建议与轻信这种从众心理在美国生活中的重要性。基督教科学派控制着美国人在经济领域的思想;如果基督教科学派使我们认为某些事不存在,这些事就必定没有发生过。这些工业会议还表明,我们美国人有一种对社会事务不作计划的习惯、一种亡羊补牢的习惯。除了那些坚守"经济新时代"教义的经济学家,所有的经济学家都知道会出现股市崩盘,尽管他们并不清楚崩盘的具体时间,但直到股市崩盘之后,我们才有所行动。

这些会议更含糊的含义,是有关未来的发展趋势。显然,会议的职能之一,便是将一系列的数字叠加成令人印象深刻的总数,并考虑这些总数对公众想象力的影响。是否会有心理和算术结果之外的结果?一个乐观的人可能会认为,这标志着工程师的经济头脑开始被真正地运用于社会生活。他可能会让自己相信,这标志着美国的实业家、金融家和政治家开始大范围地担起社会责任。他可能会设想,一系列会议的召开最终会建立一个永久的"经济委员会"、一个将负责计划并协调工业发展的委员会。他可能会乐观地预计,劳资双方会以平等的身份会面,会面的目的不是一方让另一方保证不求加薪不罢工,而是让双方的会面成为有计划地管理国民福利基础不可分割的组成部分。

这种变化是否会在未来出现,并不确定。但确定的是,如果它顺利实现了,那就标志着人们公认旧的社会政治时代及其主导理念结束了。如果这种变化是人们经过自愿协定与努力实现的,而不是由政府强迫实现的,那么它就符合了美国精神。我们的个人主义有它永恒的正确性。但是,上述变化必定会将社会责任引入商业体系中,使只追求金钱利润的工业随之灭亡。如果我们建立一个协调指导委员会,让工业和金融巨头与劳工代表和政府官员进行会晤,并计划对工业活动的控制,这将意味着我们已经建设性地、自愿地走上了苏俄正以破坏和胁迫的方式走着的道路。正如我在前文所说,虽然政治行动并不是基本的,但关注真实重要的问题,比如为了社会价值对工业与金融进行公共控制,将产生巨大的思想与情感影响。我们文化的方方面面都会受到影响。政治是手段,不是目的;但视它为手段,将促使我们思考它的目的,思考如何去实现一种所有人都有价值的、富裕的生活。如此一来,它将找回指导目标,并成为找回统一个性的重要一步。

在本文中,我试着对总体政治情形的可能性作一次简要的概述,我并不是要请求什么,也不是对具体的政治联合作出预言。但是,任何一种政治革新,不管是在现有两党内部还是外部,都首先要求我们在思想上诚实地认识到当前的趋势。在一个迅速企业化的社会,我们需要有联合的思想,去考虑现实状况,并从社会利益出发去制定政策。只有这样,为了社会利益去开展有组织的行动才会变成现实。我们将走向某种形式的社会主义,随便我们愿意把它称作什么,也无论它在实现时被称作什么。经济决定论是事实,而不只是理论。但是,一种是盲目的、混乱的、无计划的决定论,它源于为牟利而经营的商业活动;另一种是由社会计划、有秩序的发展决定,两者之间是有区别的。这个区别和选择,就在于要一个公共社会主义,还是要一个资本社会主义。

(孙有中 查 敏 译)

智力和权力*①

那些主张智力能在社会事务中发挥重要的作用,并且认为智力本应在指导社会事务中发挥更大影响力的人,现在业已显得荒谬。从人类历史的角度来看,这一观点不仅显得荒谬,而且是真的荒谬。这一观点不了解过去,也不了解决定社会机构、设施和变化的力量。寡头政治的专制权力、政治权力、教会权力和经济权力已经出现,有时公开地行使这种权力,更经常地通过各种间接的或微妙的手段来行使。习惯、习俗和传统在与智力的比较中占有重要的分量,而智力的作用却是微弱的。习俗和传统有着各种方式的来源,很多是偶然发生的。但是,一旦确立起来,习俗和传统过多地依赖于它们产生的条件,并且加强了特权阶级的权力。在关键的时刻,激烈的情绪所滋生的错误观念,在与智力的比较中占有重要的位置,而智力的影响是微不足道的。

评论家们所忽视的是:敦促智力的潜在要求是没有必要的,除非后者已经淹没在如之前所指明的那种方式中。对制度的力量、习俗和错误观念的方式所控制的最终结果,不会鼓励一个人以很大的希望,为了未来的进步,看待依赖于它们的新结合。这一情形是这样的:它打算使一个人环顾四周,即使这个人处在完全的绝望之中,但寻求其他的方法也是绝望。在这样的情形下,似乎促进诉诸智力的方法的努力,如果不是唯一未曾尝试的,那么可能会将它自己至少呈现为一个绝望的求助对象。鉴于在过去集体的错误观念的影响下,有些例子可能是为了论证论点而提

---

* 此文选自《杜威全集·晚期著作》第 9 卷,第 88—91 页。
① 首次发表于《新共和》(*New Republic*),第 78 期(1934 年 4 月 25 日),第 306—307 页。

出来的，即使这一论点是错误的观念，智力的实验方法仍值得一试。为了幻觉的幻觉，这特殊的一点可能比人类曾经依赖的一些东西更加美好。[1]

在达到对物理力量和条件的控制中，这种方法的成功已经被作为在社会事务中既不是完全的绝望，也不是幻觉的证据。这种关系也被评论家们所误解。由于这并不是认为物理科学的特殊技术将被逐字复制——当然，尽管它们在可适用的地方被应用——也不是认为实验室意义上的实验可以在社会事务中大规模地执行；而是认为在征服自然中，通过实验科学取得证明的观点及方法，可能且应当被用于社会事务。而且，竞争的力量依赖于已提及的考虑因素：教条主义被毫不质疑的习惯和传统的重量加固，阶级利益依靠强力和暴力乔装或公开上演。除此，还有什么选择的余地？

但是，据说，物理和社会智力两种例子中的根本性差异被忽视了。"据说，当物理科学战胜了建立在无知基础上的传统主义时，它们就获得了自由。但是，社会科学所面临的传统主义是建立在占主导地位的社会阶层的经济利益基础之上的，这些阶层的人们一直试图保持他们在社会上的特权。"（尼布尔）当然是这样。但是，统治阶级的兴趣不是维持传统，反对物理科学中的新方法和结论的主要力量。一个幼稚的历史观必须让位。这并不是暂时假设新的科学方法将会以自身的方式在几个世纪内成功——也不是假设在物理领域中甚至也完全征服——除非它在统治利益之外的其他社会利益中找到一个寄宿处，并且被其他利益持续增长的影响所支持。

在这里，我们谈到了问题的要点。智力在本质上没有力量。就过去的理性主义者假设智力具有力量来说，他们都是错误的。休谟较为接近真理，尽管他在夸大另一方面是有过失的。当他说"理性是且必定是激情的奴隶"——或者说利益，但统治者的利益从来不是单独存在的利益——除去斗争正在发生的时刻。真正的问题是：现在活跃着的利益群体，是否可以通过以实验为基础的智力方式吸入他们的斗争来取得最好的成功，或者统治者是否应该依赖于用其他途径将世界带到现在的房地产状况中？

---

[1] "宗教最真实的愿景，是通过坚决的信仰可能部分实现的幻觉。对于宗教信仰者来说，真的东西并不是完全的真实，而是应当真实；并且，如果它的真理不被质疑，就可能成为真的。"见莱因霍尔德·尼布尔，《道德的人和不道德的社会》(*Moral Man and Immoral Society*)，第81页。

智力仅在被带入其他起作用的力量（而非自身力量）时，才成为一种力量。但是，力量是一个总称，并涵盖了大量不同的事物。人们所做的一切事情，都是通过一些力量的形式完成的——这是不言自明的真理。但是，暴力和战争是一种力量，资本是一种力量，报纸、广告代理和政治宣传是力量，教堂以及通过它反复灌输的信仰也是力量，除此之外，还有许多其他的事物。信念和联盟也是力量，尽管在它们存在的经济和国际体系中，会轻易过高地估计这种力量的程度。简而言之，只要我们仅仅讨论了权力，就尚未讨论任何其他的事情。首先急需的，是辨别力和对权力分配的知识。

智力只有在它融入需求系统和有效需求系统时，才成为一种力量。过去流行的学说认为，智力的本质是其自身与行动分离的一个反射。它已经完全被视为是自身的东西，行动随智力之后，并在智力之上仅仅作为一个外在的表现。如果我持有智力的观点，那么，更应该同意那些怀疑智力在带来必要的社会变革中扮演任何特定角色的评论者们。因为这个观念不过是人类历史上已经获得的理论和实践分离的一个方面。物理科学方法的特殊意义在于：它们通过这一观点，唤醒了沉睡已久的人类，显示了行动是智力的一个必要部分——换句话说，行动改变先前存在的条件。

因此，接受这个观点（对社会力量控制的操作，可以从物理科学的实验方法中学习）的首要影响，即在社会知识的普遍观念中进行激进的变革。目前的假设首先是知识，然后可能是行动——或者可能不是——延续着智力。那些攻击智力有重要地位的评论者们，其攻击是建立在接受这一观点之上的；他们是在我想推翻的观点的基础上，对我进行批判。因此，在这篇文章的基础上，我否认任何大量的社会调查远离旨在社会进程控制的行动目标——换而言之，一个计划经济——能够建立起社会知识。尼布尔先生将我归罪于忽视在社会事务中阶级利益和冲突作用的中产阶级的偏见！他责难我在教育潜力方面的夸张，尽管事实是我在力促"不积极参与实际情况，真正的教育是不可能实现的"这一点上花费了很多精力。并且，我指出，经济利益是教育变革为什么缓慢和发生转向的主要原因。

争论的问题不是个人的问题，也不值得以个人的理由加以关注。这仅仅因为，占主导地位的经济利益群体是不以智力应用于控制社会变革的主要原因；当他们不鼓励智力这一方法的潜力时，反对这种方法的人会被这些利益群体所利用。据我判断，他们使当前的困惑持存，他们增强了在任何改变的结果中导致恶果的力量;但是,革命的产生可能是通过智力的方法介入的方式。"教育",即使在其广义上来说,不能做一切事情。但是,不通过教育而完成的事情(也是在其广义上)将是很糟糕的,而且其中大部分不得不进行返工。至关重要的问题是:智力如何通过适应实际起作用的欲望和利益而增加力量? 真正的事实是,过去的智力为狭隘的目的并代表阶级利益而运行;这一事实是高估智力在社会控制中可能的角色的一个原因,而不是贬低它的原因。

（朱剑虹　译）

权威和社会变化^{*①}

过去的四个世纪表现出对权威日益增长的抵制,首先是反对它的表现形式,然后是反对它本身的原则。它的重要形式没有一个免受攻击。这种攻击首先瞄准了占主导地位的国家和教会制度。但是,教会和国家联合实施的控制已经渗入生活的每一方面,不论是信念还是行为方式。因此,对教会制度和政治制度的攻击,蔓延到科学和艺术上,蔓延到经济生活和家庭生活的标准和理想上。因为实践的攻击运动,像其他每个这种运动一样,必须在理智的基础上自卫。最好的防卫是攻击,因此,防卫慢慢变成系统的辩护。一种社会哲学发展起来了,它对任何权威统治提出了批评。

理论体系出产口令、号令和口号,供大众消费。通过不断重复,有一个口号取得了全面的社会政治观念的地位。在很多人看来,它似乎本身就是一种深刻的社会哲学的总纲。根据这个口号,一个重大的理智问题是两个不同领域的划界,一个是权威领域,另一个是自由领域;口号的另一半是把这种理论划界看作实践上的鲜明分界。这个口号有一个推论。权威"领域"的固有倾向是过度地扩展自身,蚕食自由"领域",从而广泛实施压迫、专制和今天所说的宰制。因此,个人自由的观念和现实性必须拥有道路优先权;权威是它的敌人,社会权威和控制的每一种表现都总是受到热切地关注,并且几乎总是遭到有力的反抗。然而,由于自由的领域有它

* 此文选自《杜威全集·晚期著作》第 11 卷,第 100—110 页。

① 首次发表于《学校与社会》,第 44 期(1936 年 10 月 10 日),第 457—466 页。此文原为杜威于 1936 年
9 月 4 日在哈佛大学文理学部三百周年庆典大会上的演讲。

自己的界限,当"自由"开始堕落为"放纵"时,就需要恰当地召唤权威的实施以重新建立平衡。

这个口号像大多数吸引大众的口号一样,它的流行和影响都归因于一个事实:它似乎为一个突出的问题提供了解决办法,而事实上,它回避了问题;由于迟迟不努力去寻找真正的解决办法,它有时暂时支持对垒势力的这一方,有时暂时支持另一方,于是两方都受到了损害。因为,即使这个口号按照其措辞的字面价值被接受了,上述两个领域的正确范围这个根本问题仍然没有确定,它们的分界和边界问题仍然处于不断的争论之中。

真正的问题是权威和自由之间的关系。有人认为,它们各有一些起作用的领域。当引入这种观念的时候,问题被掩盖了,它的答案也难以找到。事实上,权威代表社会组织的稳定性,个人通过权威得到指导和支持;而个人自由代表着有意图地引发变化的力量。我们需要持续关注的问题是两者紧密、有机的统一:权威和自由、稳定和变化。如果按照分隔而不是统一来解决问题的观念去行动,我们的努力就会受到误导和阻碍。这种错误的、误导人的观念被广泛地采纳,是导致现在世界混乱状态的一个强大的因素。

这个口号把人类生活和行为的整个领域分割成自由和权威,其真正意义不仅存在于理论陈述中,而且存在于近几个世纪的历史事件之间的关系中。作为一个纯粹的理论口号,它宣称它具有内在的有效性和普遍的适用性,在我看来,这是荒谬的。但是,如果把这个口号看作一个历史时期的记录,情况就不同了。于是,这个口号就成为近几个世纪西方文明独特危机的象征,成为一个伟大的历史斗争的代表。这个口号有双重特性,一方面,它欢呼那些控制人们的思想和行为的制度的衰落;另一方面,它标志着新的社会力量和理智力量的兴起。陈旧的传统和既定的社会组织抵制人类生活和社会中新生力量的出现,把它们当作是危险的,甚至是不共戴天的敌人,这个敌人跳出来争夺它们迄今为止独享的权力和特权。这个口号没有提出应对和解决这个历史斗争的办法,而仅仅对这个冲突的本质作了理论重复。正如我说过的,作为理解和行动的指导,这个口号是荒谬的。但是作为历史事件的一个象征,它很有启发性。

不幸的是,当这种斗争一开始进行时,新生的力量就倾向于按照它们自己的评价来对待既定的制度,即把既定制度当作权威原则的必然表达。这个新运动发现当时的制度是压迫性的,就奋起反对权威本身。它开始认为权威本来就外在于个体性,本来就敌视自由和社会变化,而这些社会变化是自由的公开表达和使用要达到的目的。因此,新运动本该受到赞扬,因为它们打破了僵化的、呆板的制度,解放了潜伏的个人能力。但是,由于它们实际上否认任何体现权威和社会控制的东西能构成一个有机体的重要部分,造成了一种智力上的混乱,这是任何过渡时期都会出现的实践事实问题。更具体地说,像我在稍后即将阐明的,这个新运动没有认识到,那种给予它生命力的力量也是一种权威,这种力量就是有组织智力的力量。这就是我想要提出的命题。

首先,我认为,历史的考察表明,尽管个人主义哲学把权威和自由、稳定和变化错误地对立起来,但是它有根据认为,权威在组织制度上的体现是外在于活跃的新需求和新目的的,从而在事实上是压迫性的。那些由于拥有权威而行使权力的个人和阶级,对首创、发明、进取这些引起变革的求变、求新的品质充满敌意。如此行使的权力就成为更大的压迫、更大的阻碍,因为它不仅是身体上的,而且那些本质上属于权威原则的东西也施加在想象力、情感以及目的上。在深层次上,它不是社会组织与个人、权威与自由之间的冲突,而是在个人精神结构中两种因素之间的冲突,一种是保守的因素——这些因素的力量源自长期存在的、根深蒂固的习俗和传统的惯性,另一种是解放的、求变的、革新的因素,它是新与旧之间、维护旧价值的势力与创造人类交往的新信念和新方式的势力之间,为取得权威力量而进行的斗争。它也是个人组成的团体和阶级之间的斗争——一群人享有权力带来的好处,权威的权力增加了他们的权力;而另一群人觉得自己有资格享有权力,却被排除在外。我们必须对旧势力和新势力进行调整,从而和谐地处理由维护既定的东西产生的稳定性和由个人新需求和新努力产生的多变性——这种必要性是生活结构所固有的,或者说,是生活结构的一部分。在过去的几个世纪中,实现这种调整的必要性在人类文化舞台上以空前的规模显示出来。那种把历史的、相对的斗争转变成权威原则和自由原则之间固有不变的冲突的哲学,如果被接受并得到遵循,就会把权威当作纯粹的限制力量,使自由处于毫无引导的状态。在相当大的程度上,这些不适当的状况反映了我们当前的处境。

我们说这个斗争是属于个人的各种力量之间的斗争,为了个人利益,这些力量需要相互调和。这里,我要简短地说明这些话是什么意思。把个人的结构简单地等同于那些寻求变化、使人与人彼此区分开来的人性要素,这样做在心理学和历史学上都是愚蠢的。习惯的力量导致个人坚守既定的东西,这种力量确实是个人的精神结构的一部分。大体上，与渴求变化的欲望相比，它是人性中更强烈、更深刻的部分。当传统和社会习俗成为个人结构的有效成分时，它们势必成为支配他的信念和行动的权威。施加这种权威并行使这种权威的力量作为个人的一部分，是如此之重并且如此之深，以至于我们根本不会想到也不会感觉到它们是外在的、压迫性的。只要它们成了个人习以为常的信念和目的，就不会被当作与个人敌对的东西。它们给予个人支持和方向。它们自然地获得个人对它们的忠诚和专注。因此，对体现习俗和传统的权威制度的攻击，自然遭到个人的怨恨；对个人最深入最真实部分的攻击，招致刻骨的愤恨。

在人类迄今生活在地球上的几千年的大多数年月中，人类常常在较大程度上对事情是满意的。甚至对于在我们看来任意实施暴力的社会组织来说，这也是真的。在史前年代，对于任何自称具有悠久的传统和习俗权威的东西，人类都倾向赋予它们神圣的起源和法令的效力。更普遍的情况是，个人往往不是寻求变化而是惧怕变化。假设我们有理由把权威和自由、稳定和变化对立起来，那么，我们就要被迫得出如下结论：在人类历史的更多时期，个人更偏向于权威和稳定。

这种状况在理论上反映出来。从开始一直到近期，公认的学说是：权威是出于自然或出于自然之上的东西——超自然的东西。这两个学说都主张，权威的存在是由于宇宙和作为宇宙一部分的个人的固有结构。在哲学上，亚里士多德论述了权威出于自然这个观念。后来，斯多葛派以半唯心主义、半唯物主义的形式重新论述这个深层的观念，这种形式一直是——现在仍然是——使一些观念最牢固地扎根于大众心灵的手段。中世纪基督教哲学家再次继承亚里士多德的学说——但是做了一个重要的修正。他们说，我们必须在自然的超自然创作者和人类的救赎者那里寻求终极权威，因为只有在那里才有终极权威。这种权威的世俗代表、解释者和代理人，就是有着神圣戒律和建制的教会。

即使世俗王朝的产生挑战了教会至高无上的权力，这个基本的概念也没有受到怀疑，更不用说受到挑战了。世俗国家只不过宣称它的存在也是出于神授法权和权威，因此，它在今生的一切事务中拥有最高的权威，以别于来世的灵魂事务。即使民众政府兴旺发展起来，它们仍然以一种较弱的形式继续着旧的观点：上帝的声音现在成了人民的声音。

新科学声称自己跟随上帝思考上帝的思想，试图以此拓平充满荆棘的道路。新经济力量的产生转而对现存政治制度至高无上的权威构成威胁。但是，新经济力量也宣称它们有权利拥有最高权威,因为它们是自然律纯粹的、如实的表达——与之形成鲜明对照的是政治法令和制度与法律,只要后者不顺从经济力量的运行,就是不自然的、人为的。经济力量通过它们的代表、解释者和代理人——官方经济学家和企业家——要求享有神圣的最高特权来管制地球上所有的人类事务。经济学家、企业家和金融家是新生的自诩拥有古老的神授王权的人。

从这个简短的历史考查中得出的结论是——该领域的任何深入研究都将证实这个结论——把个人等同于使变异和变化自由发生的力量,在个人的结构中排斥习惯的、保守的力量,这种观点是新近出现的学说。概括地说,这种等同论是特殊的、具体的历史事件的表达。这些事件可以浓缩和概括。自然科学中的新方法和新结论伴随着它们在新工业生产方式和物品与服务的商业交换上的应用,发现自己受到制度性的教会和国家机构的监管和限制,而教会和国家是实际社会权力的拥有者,它们声称自己是人类事务所有领域中唯一合法的权威。在这种冲突中,新生力量进行自我维护和辩护,它们把权威这个概念限定为对它们的自由表达持敌对态度的教会权力和政治权力;它们声称,只有它们才代表和增进个人利益及其自由。演说开头提到的那个口号,即权威和自由是两个彼此分离、相互独立的领域,如果遇到问题,个人和自由应该具有优先性——这个口号是历史冲突的净产物。

最终结果是一种社会政治哲学。以任何形式出现的权威,只要不是个人由其私有能力得出的自觉需求、努力和满足而产生的和批准的,都会受到这种政治哲学的质疑——这种哲学在经济学中采取了自由放任的形式,在其他社会政治事务中采取个人主义的形式。这种哲学断言它自己是自由主义的统称。

在我看来,两个普遍的结论清楚地浮现了。第一,行使权威的机构权力,其先前的形式暴露出它对于以个人为载体的新生势力是外在的和压迫性的,因而是敌视一切重要的社会变化的。第二,这种新哲学如此急于谴责权威原则,以至于使个人丧失了一些必要的引导和支持,这些引导和支持对个人的基本自由和社会稳定性而言,都是普遍的和必不可少的。

结果是现在出现的混乱、冲突和不确定性。虽然这种新哲学谴责权威原则,主张必须把权威实施限定在维持政治秩序的最小需求上,它事实上树立了个人寻求个人收益的欲望和努力,使他们成为社会生活中的最高权威。因此,这种新哲学声称自己完全、忠诚地代表个人自由原则,实际上是在为一种新形式的集权活动作辩护——经济权力用温和的方式来说,这种新形式一贯而坚定地否认拥有较少的经济权力和特权的人可以得到有效的自由。虽然经济权力崛起之初，对抗和蔑视当时拥有权威的权力，引起了广泛的社会变化，但它现在反过来变成一种有组织的社会制度，抵制所有与它不一致的、不能促进和支持它的现有利益的进一步社会变化。

正是由于这些原因，我断言，真正的问题不是为权威和自由、稳定和变化分别划出独立的"领域"，而是实现两者的相互贯通。我们需要一种权威，不是那种旧式的运行形式，而是要能指引和利用变化；我们需要一种个人自由，不是无限制的个人经济自由所产生和辩护的那种自由，而是普遍的、共有的自由，支撑和引导这种自由的是具有社会组织性的明智的控制。

如果我们认为过去的人类历史提供了决定性的证据，那么，它将表明：自由和权威联盟的问题是不能解决的，也没有被解决。我们有被组织起来的社会权威，它限制了个人中可变因素的表达，而有序的、有意的变化是从这些可变因素开始的。我们有一段时间拥有相对无局限的、不受抑制的个人主义，它的结果是变化大规模地迅速发生。政治类型的制度权威引起的压抑和淤塞后果被削弱了，但安全、合作、整齐有序的变化显然还没有出现。

在我看来，我们完全有可能认识到个人主义运动的必要性及其社会后果的重要性；同时又看到，就它过去的运行方式来说，它已经走上了得到和可得到社会辩护的道路。我们有可能不仅认识到它发挥了有价值的历史作用，而且认识到它对人类可变倾向的价值——那些把人与人彼此区分开并表现为独创、发明和斗志的东西——所作的实践和理论断言，是所有未来社会秩序应该包含的一个永久成分——我是说，我们有可能既认识到个人主义运动所有值得赞美的特点和产物，又坚信这个开展到现在的运动有一个重大的缺陷，这就是把权威原则当作它的绝对的对立面。

几乎不需要什么论证就可以证明，过去，制度形式体现权威，它们敌视变化。那些努力改变权威权力采用的形式的人，被指责为异教徒，被指责为社会秩序的破坏分子。也许回想这些就已经足够了。并且，我几乎不用再说，今天那些作出同样努力的人也遭到同样的谴责。特别需要注意的一点是：尽管拥有权力，尽管迫害异教徒和激进分子，实际上没有一个制度能成功地阻止重大变化的发生。制度由抵制变化而成功地完成的，不过是压制社会的力量，直到它们最终不可避免地爆发为重大的变化，通常这种变化都是暴力的、灾难性的。

我们也无须通过论证来证明，个人主义运动在一段时期伴随着巨大的、迅猛的变化，一个一个地看，这些变化多数为社会带来了正面的利益。事实如此清晰地为自己辩护，我们根本无须论证。新个人主义运动和社会变化之间的紧密联系在这个运动的标语中可以看到：首创、发明、进取。这些词语都代表了个人构成中的求变因素；它们意味着偏离业已形成的东西；它们是一些符号，指示着创新的源泉。正由于它们是这样一些符号，所以能如此有效地成为标语，成为激发个人努力并行动的信号。的确，这个运动与变化的联系是如此紧密，以至于产生了对变化的赞美，称其为确实无疑的必然过程。这标志着它产生的影响已经达到了鼎盛时期。但是我不揣冒昧地说，过去，权威原则的表现方式正是在其最强烈的主张上失败了，即它未能阻止变化，至少未能引导变化；同样，历史地看和从总体上看，个人主义运动也未能——以任何确定的方式——确保可以公共度量的个人自由，即使对它暂时的拥有者而言也是如此。个人主义运动倾向于把行使自由等同于没有任何有组织的控制，这样，它事实上是把自由仅仅等同于经济权力的实际拥有。它不是把自由带给那些缺乏物质财富的人，而是强迫他们屈服于物质生产和分配机构的所有者。

现在，观察者眼前展现出来的世界图景显然是如此普遍的不稳定、不安全，以及日益加剧的冲突——既有国家之间也有国家之内的冲突——以至于我不能想象任何人会否认实现自由和权威的某种有机结合是值得向往的事情。然而，我们有多大的可能建立一种在实践上体现这种结合的社会系统，这是很值得怀疑的。我们有理由强烈主张，即使我们承认迄今为止提出的观点的实质有效性，这个问题也会出现。事实上，我们甚至有理由强烈主张，正是因为我此前的论证的有效性得到认可，或者说在它得到认可的程度上，这个摆在我们面前的问题是一个调控性、决定性的问题。

厚重的历史证据确实强有力地反对这种可能性的实现。就有组织的权威这个观念而言，地球上人类集体生活的悲哀在于它显示出人类亟须某种权威；而它的日益加深的悲剧，是由于那些声称能满足这种需要的制度一而再再而三地出卖它。另一方面，个人主义的自由原则所采取的迄今为止有影响力的形式也不尽如人意，在不和谐也不安全的当代图景中，不止一个事实表明了这一点。最重要的是，权威原则以最极端、最原始的形式再次出现——独裁的兴起。

似乎为了验证自然憎恶虚空这个古老的观念，有人可能会争辩说，经济上有竞争力的个人主义不受社会约束,产生了一种道德和社会虚空,凭借独裁将填补这个虚空。很多国家迫切需要集体的、有组织的引导和支持,以至于个人自由的观点被抛弃了,它成了一个不是受赞扬而是受鄙视的观点。经济个人主义的自由体制遭到左、右两种独裁的攻击。而在那些没有明目张胆地实行独裁的国家,自由和个人主义概念似乎正在丧失魔力;通过社会援助机制,安全、纪律、秩序和团结取而代之,并正在获得魔力。产生独裁要求的实际具体条件在不同的国家各不相同。但是,这种现象却是如此普遍,它需要一种普遍的解释。最明显的现象是:为获取私人利益建立的、不受公认的集体权威控制的、个人首创和进取的体制,其政体实际上已经破产,处于垂死的状态。

那么,过去和现在没有提供依据,使我们期待用老套路来实现权威和自由、稳定和变化之间的调和。在某些人看来,能获得某种解决办法的想法,似乎是不切实际的,是乌托邦式的。但是,所有想法中最不切实际的是一个广泛流行的信念,即我们通过使用或重新发掘过去尝试过的制度手段,可以获得持久稳定的权威;同样荒诞的是如下信念:在争夺物资和经济权力的冷酷斗争中,个人之间相互竞争可以保障个人确实的自由。在我看来,这个问题可以被缩小为如下问题:在人类关系这个大领域中,还有未尝试过的办法可以利用从而有可能获得成功吗?

提出这个问题的时候,我意识到一种印象几乎是不可避免的。我说过,人类迫切需要某种集体权威,它指导个人之间的相互关系,给予个人那种源自团结感的支持;我说过的话看起来像是某种借口,以图恢复通过外在制度手段产生并得以保持的某种社会控制。如果这样看待我的问题,那么,对于个人自由原则与经济事务的私人首创和进取之间发生的联盟,我的批评必然看起来像是通过集体计划经济来实现社会控制的论证——当然,在措词上有某些变化。然而,这个论证事实上在这两个方向上都用力了。它指出,集体计划经济方向的运动可以治疗我们现在患上的恶疾,但最终它将重走过去组织权威权力所走的老路,除非我们大规模系统地使用某种迄今未试验过的方法,给生活带来想要的并值得向往的有机联合。否则,我们将最终发现:我们是在另一个平面上重复着社会组织和个人自由之间的争斗,在一个原则和另一个原则之间摇摆,这本是过去相当显著的特征。

在人类社会关系的宽广领域中,至今还未大规模试验过的方法来使用有组织的智能。我们在科学这个较窄的领域里,已经有大量可靠的证据可以说明它多方面的好处和价值。

在有限的范围内,科学方法的成长和应用体现的集体智能已经成为权威性的了。在我们关于自然结构的信念领域,以及我们对物理事件的理解上,它是权威性的。在相当大的程度上,同样的陈述适用于关于历史人物和历史事件的信念——特别是那些离现在足够遥远的人和事。当我们转向实践方面时,我们看到,同样的方法是控制和引导我们主动地处理物质事物和物理能源最重要的方法。培根预言,知识就是控制力量。在相当大的程度上,培根的预言在这个特殊的、范围较小的领域里实现了。当然,我们不能说,即使是在有限的物理领域,运用那些构成科学的方法,理智已经完全获得了无可置疑的控制信念的权力和权威。但是,有组织的智能取得了惊人的进展。如果我们考虑到它运行的时日尚短,考虑到它前进的道路上存在着强大的敌人——惯性、根深蒂固的传统和习惯,所有这一切,都牢固地采取了制度生活的形式,这种形式在历史的长河里熠熠生辉,环绕着激发想象的魅力,单独地或簇拥着共同地佩戴着闪闪发光的、由人们最珍爱的材料打造的桂冠。

以"科学与宗教的冲突"的名义进行的斗争,只要你愿意,也可以说是以"神学和科学的冲突"的名义进行的斗争,本质上是各种行使社会权威的主张之间的冲突。它不仅仅是两套理论信念之间的冲突,而且是两大社会力量阵营之间的冲突——这两个阵营中,一个是古老的,它拥有可以毫不犹豫地使用的制度力量;另一个是新生的,它对抗着庞大的对手,竭力求得认可。

对于集体权威和自由的关系问题,极为关键且意义深远的一点是智能的进步——这个科学进步的简短故事就是例证——展示了两者有机的、有效的联合。科学开辟的道路是释放个人中变化、发明、革新和创造的元素,而不是压制它们。就像绘画或音乐的历史一样,现代科学前进的步伐是由个人迈出的,只要他们发现传统和习俗阻碍了他们反思、观察和建构的能力,他们就摆脱传统和习俗的束缚。

尽管科学的发展依赖于探索者个人自由的独创、发明和进取,但科学的权威还是产生于合作地组织起来的集体活动,并以此为基础。即使个人提出的科学观念暂时极大地偏离公认的信念,但他们使用的方法是公共的、开放的;这种方法只有导致在同一个领域奋斗的所有人员的信念一致和统一时,它才是成功的。每一个科学探索者,甚至在他最大地偏离了现行观念的时候,他所依赖的也是公共拥有的方法和结论,而不是私有的东西,即使有时候,这些方法和结论最初都是私人发明的产物。科学探索者作出的贡献是得到集体检验和发展的,其中得到合作验证的部分就成为共有的智力财富。

　　开动脑筋去想象一个科学探索者采取企业商人的标准,我们就可以毫不费力地认识到,科学领域里自由的个人目标和行为不同于现行个人主义经济事务中的目标和行为。我们设想,某个科学工作者说他的结论是科学的,他这么说是因为那个结论是他的私人追求和奋斗的产物,出于寻求他的私人利益。单是这样一个荒谬的想法,就生动地揭示了个人自由在两个人类活动的领域所表现出来的鸿沟般的差异。这个想法以典型的形式鲜明生动地展现了这样一种个人自由,它一方面受到集体的机构权威的支持,另一方面通过自身的运行来改变并发展它所依赖的权威。

　　科学展示的合作智能的运行,是把自由和权威统一起来的作业模型。这个论题并不轻视如下事实:这种方法迄今为止,还只是在一个有限的、技术性较强的领域里起作用。相反,它强调了这个事实。在社会生活和社会制度中,在人与人的关系这个广泛的、基本的领域中,如果智能方法已经得到大面积的运用,那么现在就不需要我们来做论证了。它的有限的使用范围和它在人类关系上的可能应用范围——政治的、经济的、道德的——之间的对比,是显著的、令人沮丧的。正是这种对比,明确了这个仍然有待于解决的重大问题。

　　这个问题的考虑,如果不注重工商业中现代个人主义运动发展的事实,就是不恰当的。个人主义学派的所有断言和推理,有一个掩盖的前提。个人是孤立的个人,把追求自己的利益放在第一位,迄今产生的所有的有利变化都归功于个人的活动。但事实上,整个现代工业的发展都是科学技术应用的成果。总的来说,近几个世纪的经济变化依赖于自然科学的进步。物品生产和分配所涉及的每一个过程都依赖于一些结果的利用,这些结果是由数学、物理和化学中有机的、集体的智能方法产生的。直截了当地说,现有体制的辩护者们把某些进步当作维持这个体制的理由,这些进步仅仅归因于个人的首创精神和进取心,这是完全错误的。个人主义的首创精神和进取心把集体合作智能的成果据为己有,似乎这些成果是它们单方面获得的。但是,没有组织起来的智能的帮助和支持,它们将是无能为力的——即使在那些显示最强大的社会力量的活动中,也是如此。

　　总而言之,这个运动以自由主义自居、宣称它的努力目标是确保和维护个人自由。这个运动的一大缺陷是:没有认识到变化的真正的、最终的根源,过去是、现在仍然是科学体现的团体智能。我已经说过,这个原则在两个方向上都用力了。只要目前在有组织的社会控制和计划经济方向上所作出的努力忽视了科学智能的作用；只要这些努力依赖主要靠暴力来达到的外在的制度变化，并从中寻求支持，那么，这些努力就是重蹈依赖外在权威的覆辙，而外在权威的方法在过去总是被打破。曾经有一个时期，由于需要安全，需要团结一致的意识和感觉，人们屈服于这种权威。但是，如果历史表明了什么，那么，它表明个人的求变因素不可能永远被压抑，不可能完全被根除。在现代，个人主义运动表达的个人自由原则深深地植根于人类的构成。不论用多少武力来镇压，它体现的真理永远不会死亡。这个运动的悲剧，在于它误解了这个自由原则的来源，把这个自由原则放错了位置。但是，为了确保安全和获得团结，企图用外在权威来根除和消灭这个原则，这种做法最终注定是失败的，不管它暂时取得了怎样的胜利。

有组织的智能控制，是通过释放个人能力和才干来发挥作用的。要将这种智能从目前的有限领域扩展到人与人的关系这个更大的领域，前进的道路上面临着巨大的障碍。这一点，我们没有必要详细论述。这个人类想要而亟须的任务有多大的可能来完成，过去的历史似乎偏向于那些持怀疑态度或悲观态度的人。我并不是预言说，这种扩展将会有效地实现。但是我的确认为，权威和自由、稳定和变化的关系问题如果能得到解决，就将以这种方式来解决。其他方法的失败和现在令人绝望的情形，都将激励一些人尽全力来实现这种扩展。他们知道，在试验之前就认定成功不可能，这实际上是宣判人类将永远在权威权力和紊乱的个人自由之间作徒劳的、毁灭性的摇摆，而我们有足够的理由把历史上的大多数痛苦和失败归因于这种摇摆。他们知道，摆在人类面前的，是历史的缓慢进程和无止境的时间延伸。他们并不期望，在完成人类下决心努力完成的最困难的任务的过程中，有任何快速的胜利。然而，他们满怀信心，不论他们的努力得到的直接成果是多么微小，他们自己的试验就是科学智能方法的第一原理的例证。因为他们通过实验方法向事件注入一个博大而厚重的观念，正是在试验过程中，这些实验方法使科学智能方法和观念得到修正、变得成熟。由于诸如此类的原因，状态之绝望反倒激发持久的、勇敢的努力。

（熊文娴 译）

四、自由

学术自由*①

在探讨学术自由这一用语所涵盖的问题时,有必要对真正的大学和那些教学机构作一区分。前者的目标是发现和交流真理,并使得其受众(recipients)能更好地判断真理,能更为有效地把真理应用于社会事务;后者不论叫作什么,其主要事务都在于反复灌输一套固定的观念和事实。后者的目标是把流行于给定团体中的某种看待事物之方式加以永续化。它们旨在培训信徒而非进行规训(to disciple rather than to discipline)——也并不是真的要损害真理,而是借此把已经由数量可观的某个团体视为真理的东西加以保存。探究和教导的自由问题显然在这两种类型的体制(institutions)中呈现不同的形式。视某宗旨为当然之理的教会体、政治体甚或经济体,都有权维持一种体制以主张和宣传其信条。这与其说是思想自由的问题,还不如说关系到它能否找到胜任的教师愿意在其中工作,能否支付账单,能否拥有从中招收学生的顾客群(constituency)。不用说,这两类体制之间的实际界限并非如理论上那样截然分明。许多体制都处于转变中。历史上,它们都系于某种特殊的信念体,通常是系于某个宗派组织。名义上,它们仍旧要在某种程度上效忠于某个特定团体。但它们也承担了许多严格的大学的功能,因而接受了对于学术界以及社会更大的义务。在这些方面,体制所给予其教学团队的并不仅仅是权利,而且是一种责任,以全身心地维护自由探究、自由交流的大学理想。但在其他方面,历史上的教派纠结虽然有所弱化,却仍旧存在;而正是通过这些,教导者受

---

* 此文选自《杜威全集·中期著作》第 2 卷,第 40—49 页。

① 首次发表于《教育评论》(*Educational Review*),第 23 卷(1902 年),第 1—14 页。

到一定程度的约束。因而，隐含的（如果不是明确的）义务是要承担的。在此情况下，在大学的这两种事务关照之间会发生冲突；在这种冲突间不知所措，就难以确定教导者在道德上必须直面的何去何从问题。然而，整体上，很明显有一种重担落在个体身上。如果他发现那种特殊的局部约束如此之强，以至于限制了他去追求他所认为绝对必要的东西，那么他有一种自由是不可能被夺去的：寻找更为相宜的工作领域的自由。只要体制坦承持有教派上的联系，他就不能摆脱自己对于它的责任。然而，他以及具有类似想法的人有权谴责他们视为限制的东西，并期望有朝一日有一种为了全社会之全部真理的义务感要比那种为了局部社会之局部真理的义务感更为迫切。

但我们不能由此推断，这个问题是完全简单的，甚至属于公然宣示的教派体制之内的问题。界线几乎任何情况下都可变动。我听说，有某个教派性学院允许并鼓励大量传授解剖学和生理学，因为宗教权威说过，人身体是以可怕而奇妙的方式制造出来的；而对地质学的教学却不高兴，因为在它看来，公认的地质学说与《创世记》的浅显说法相冲突。至于解剖学和生理学，处在此种体制之下的教师自然会觉得，他受惠于学术界而不是他自己的教派，而这时可能就会产生冲突。或者历史教师会发现，在其教派所要求的利益与由他掌握的最佳研究来决定的历史事实之间存在着冲突。这里，他会又一次发现自己很自然地被拉向两个不同方向。任何来自他自身体制所特别代表之物的可能限制，都不能把抑制他所见真理的义务强加在他身上。我引用这些例子只是要指出，虽然一般来说在所提到的两类体制之间存在一种分界线，因而学术自由的问题在其中一种类型下并不必定产生，然而即便在这一情形下，由于一切皆变，这样的问题仍旧会出现。

在接下来的讨论中，我将专门论及大学型的体制。显然，在该范围之内，对学术自由的任何攻击甚或限制都是指向大学本身的。调查真相；批判性地查证事实；通过所掌握的最佳方法获得结论，并不受外界好恶的约束，把这种真理与学生交流；向学生解释他与他在生活中必须面对的问题的关系——这就是大学的目标所在。破坏这些作用中的任何一个，就是对大学本身的致命伤害。大学功能是真理功能（truth-function）。它有时更多地关注真理的传统或传播，有时更多地关注真理的发现。两种功能都是必要的，两者都永远不能完全失去。两者之间的比例取决于局部的临时考虑而不是大学内在的什么东西。其所固有的、不可或缺的一件东西就是真理的概念。

这些道理很清楚,因此抽象来说可能不会产生任何理论问题。困难源自具体的两点。首先,不容否认的事实是,大学中所传授的某些学科固然远比其他更具科学条件。其次,对科学地位的大众或普遍的认同,在某些主题上比起另一些要广泛得多。整体来看,在数学、天文学、物理学或化学领域,实际上是不可能出现有关学术自由的严重问题的。这些学科每一个现在都具有明确认定的技术以及自身的领域;这些学科在其领域里地位崇高。实际情况就是这样;通常所有在教育界内有影响的人物也都是这样认为的。因此,我们无法对这些学科中任何一个的学术自由发起指责。当然,这在几个世纪以前并非如此。我们还记得天文学上的狂风暴雨。我们知道,只是通过伟大的考验和磨难,这些科学才出现了如此确定的大量真理以及如此确定的探究和证实手段,确保它们的立场不受攻击。

生物科学显然正处于过渡状态中。进化概念就是明例。可以有把握地说,任何称得上大学的学校都不会限制传授这一理论或将其用作一种研究和划分手段。至于攻击大学鼓励运用这种理论的论调,几乎找不到同情者。然而,许多小一些的学院会因为有关生物学说之信念的某种类似的公开声明而动摇立场。这些事实似乎意味着,大学所真正依赖的共同体中的那些更有影响力的部分已经接受了一个事实,即生物学是一种必须由其自身工作方法加以判断的科学;其事实以及对事实的检验要在其自身的科学运作内而非某种外部来源中寻求。不过,社会上仍有相当一部分人没有意识到生物学是一种已确立的科学(established science),他们不承认它有权来决定与公认意见及其情感相冲突的宗教信念。

另有一组学科,从确定的方法及明显公认的已证事实来看,它们更不像是具有科学地位的。这尤其是指社会性的和心理性的学科,以及某些时期的语言研究和历史研究——这些都与宗教的历史和文学具有最为紧密的联系。而且,对它们科学地位的公共认同要落后于实际情况。与数学和物理学相比,我们只能在尝试性的并且有点预言性的意义上——其愿景、其趋势、其动向是科学的——使用"科学"一词。但对公众整体来说,这些话题所处理的事实和关系仍旧完全处于意见、偏见和公认传统的领地。整个共同体还很难意识到,科学对社会性和心理性问题可以有什么发言权。一般公众很愿意抽象地承认存在一种关于政治经济的科学、社会学或心理学,但当这些科学勇于走出偏僻的技术空间而对日常生活事务作出权威判断时——也就是说,当它们接触到日常生活的利益时——它们所遭遇到的差不多只是怀疑声或敌意,或更有甚者是危言耸听的宣传(sensational exploitation)。

有关学术自由的具体问题正是源于这样的两个事实:我们一些科学的落后,以及公众甚至认识不到科学实际上所取得的大量进步。情况可以这样来陈述:站在学术自由一方,有人可能主张,较为落后的学科要想达到数学和力学的那种科学地位,唯一办法就是极力鼓励自由探究以及发表(不论口头的或书面的)探究成果。有人可能主张,公众认识不到科学方法和结论的合法权限,而这正是我们要特意追求真诚表达、充分表达的理由。因为公众非常落后于科学时代,他们必须得到培养。有人可能主张,社会科学和道德科学比起数学科学和物理科学来说,它们与社会需求之间的接触点,甚至要更为众多、更为紧迫。后者获得它们的独立性是通过某种抽象性、对于社会性问题的某种漠视。政治经济学、社会学、历史解释、具有各种不同应用的心理学,它们直接处理的是生活问题,而不是有关技术理论的问题。因而学术自由的权利和义务在这里比在别处更为重大。

站在相反的立场,可能有人指出,只要这些学科还未达到科学地位,就大学教导者而言的意见表达就最终不过是一种意见表达而已,论资格很难说比其他具有理性智识的人更有分量。然而,这种表达往往肯定被看作一种官方判断。因而它对教导者所属的那种体制作出了承诺,也可能作出了妥协。况且,至今未处于公认的科学控制范围内的那些观念,正是与根深蒂固的偏见以及强烈的情绪反应紧密相联的那些。反过来,这些观念之所以存在是因为人们所已适应的那些习惯和生活方式。攻击这些观念,似乎就是对其生活品格所系的那些体制怀有敌意。

约翰·斯图亚特·密尔具有独到的见地,他在某处指出,德国人容易宽容和接受各种新观念和新理论,因为观念理论存在于一个分开的区域,它们不影响有关生活的实践操行,间接影响除外。对于英国人却不一样。他们在新观念面前具有本能的不自在;新观念所涉范围越是广泛,他们的这种不安就越是容易变成怀疑和敌视。他们意识到,接受新观念就意味着改变生活体制。观念乃不可小视的严肃问题。美国人显然继承了英国人对于理论与实践的联系的认识,他们对于把超出公众分配给科学的领地范围之外的观念提出作公共讨论(在现代条件下甚至教室讨论也是准公共的)这样的事情,持保守态度。

凡是仅仅部分实现科学方法的地方,过度的教条主义和门派性的危险就很大。有可能,会把纯粹源于门户之见的观念加以神圣化,套上按科学确定之信念的光环。有可能,对于通常所认为的科学真理的陈述方式会有悖于我们大多数同行最为神圣的信念。这种传播真理的方式会造成一种与真理自身实质完全不符的不适感

(irritation)。很可能正是在这种时候，得以突显的是其负面而非正面作用；也正是在这样的地方，我们强调的是新真理与确定体制之间的分歧，而非新观念的内在意义。此种结果不是建设性而是分裂性的；而这样的方法必然滋生不信任和敌对性。

譬如，我们可能从科学上相信，现有的对于工业事务的资本主义控制及其所反映出的对于政治生活的影响具有过渡性特征；我们可能相信，其中许多重大恶行和不公的发生是难免的，却不曾引发学术自由问题，虽然使得我们的观点更为确定而明晰。我们可能以一种客观的、历史的和建设性的方式处理问题，而不会对甚至完全不赞同我们的那些人产生偏见或抱有情绪。另一方面，根本上完全相同的诸观点可用一种方式得到陈述，以至于挫伤行使资本主义功能的每一个人的感情。作为客观的社会进化的一个例子来看，那些因自身科学品质而产生或消失的东西，如果是作为有意识的、强烈的阶级自私性的结果而提出的，都混杂着各类外在的情绪化因素。

作为此种影响的结果，学术自由的问题在很大程度上变成了个人之事。我是说，这种事情涉及个人在处理问题中的学识、判断和同情：那些问题要么只是刚刚出现在严格的科学处理范围之内，要么即便明显附加在科学领域内但仍未被同时代舆论认识到其归属于此。各种类型困难的出现，是在我们试图为事情的个人方面制订规则或发表断言时。这些规则有可能是无害的自明之理(truisms)。我们可以坚称，一方面，个人必须忠于真理，个人必须有确信之勇气；另一方面，个人必须不能因为它们可能有的不合流即它们的自由表达可能会给他的职业带来不利的影响而令自己偏离对于真理的专注和献身。我们可以详述道德怯懦以及背叛每一位学者所加入之事业的危险性。我们可以指出在对有关争论点特别是涉及当前宗教和政治讨论的论点表达观点时运用常识的必要性。我们可以强调说，人需要学问(scholarship)也需要机智(tact)；或者用我们的话来说，需要同情于(sympathy with)人类利益——由于"机智"或许指的更多的是针对所讨论问题的一种戏法。

可能会把对真理的忠实与断定个人意见时的自负混在一起。可能会把勇气等同于傲慢。对于关系人性的重大事情缺乏敬畏，再加上渴望声名远扬，这可能使得一个人看样子像是真理的殉道士，而实际上他是自己缺乏应有的精神和道德均衡(poise)的牺牲品。哈珀校长在他1900年同学会演讲[1]中有一次清晰而全面的讨

---

① 《芝加哥大学档案》[*University* (*of Chicago*) *Record*]，第5卷，第377页。

论,他明确指出了此类个人错误的根源,我愿意在此引用他的说法:

（1）教授把尚未由他同一研究或调查部门的同事们加以科学检验的观念或意见,作为真理来传播,他要对滥用特权感到内疚。（2）教授利用课堂练习来宣传某某政党的宗派之见,他就是在滥用特权。（3）教授以任何方式试图通过煽情方法（sensational methods）来影响其学生或公众,他就是在滥用特权。（4）教授虽然是某部门或某部门群里的一位学者或可能是一位权威,但若要是对于与其所指定教导领域毫无关系的主题发表权威言论,他就是在滥用自己的意见表达特权。（5）若教授虽然在很大程度上与世隔绝并在狭小领域内从事研究,却要在其对之毫无经验或接触甚少的大千世界事务方面教导他的同事或公众,他在很多情况下就是在滥用特权。

现在,当哈珀校长说"表达自由必须给予大学教师每一成员,即便可能被滥用,因为这种滥用作为一种恶并不如限制此类自由那样大"时,所有大学同仁（men of university）无疑都会同意;然而很清楚,这些个人因素的出现严重损害了有关学术自由议题的直白性和重要性。出于我难以全部涉及的一些理由,我深信,现在这个国家任何一所真正大学都近乎不可能出现一种彻底的学术自由议题。科学探究的动力不断增长,日益彰显的大学精神把全国分散在各个不同专业的成员结合为一个整体,对于舆论的敏感性得到增强,大多数公开出版机构主动愿意抓住甚至夸大任何有可能侵犯自由探究权和自由言论权的事情——诸多理由中的这些理由使得我完全不赞同有时如此表达的一种意见,即学术自由面临着越来越大的危险。

依我之见,正好相反的情况是关于通俗意义上的学术自由,也就是说,有钱的捐助人对特定个人言论的独裁式干涉。

然而,这并非就意味着,在现在这一情境下就没什么危险了。学术自由并不限于表达意见的权利。更为根本的是有关工作自由的问题。细致精微的危险,比起公开显明的危险,总是更需要了解。无意识地源于非个人情境的那种侵犯,比起来自个人有意识行动中的侵犯,要更为可怕。侵蚀和破坏自由工作条件的势力,比起公开攻击个人的那些势力,要更加有威胁。能够自由谈话是一件重要的事情,但它很难与自由工作的能力相比。而工作自由这一话题并不在轰动性的报刊文章中涉及。它是一种难以捉摸、不可界定的东西;这种东西处于氛围之中,是作为一种连续性的无意识刺激而起作用的。它影响的是大学整体得以发挥作用的那种精神，而不是某一个体的公开表达。帮助和阻碍这种自由的那些力量，是内在的、有机的，而非外在的、个人的。

我并不是一位悲观主义者，但我认为大学同仁（university men）共同体应该对这一方面有所警惕。整体来看，我们非常相信，现有的表达自由不会因任何直接外在势力的强制而中断，即便是伴有巨额金钱的预期回报。那样的事情太不可能了。有钱人很少敢直接干涉探究自由，即便他希望如此；任何好的大学行政部门都不会有勇气顶住其他大学以及一般大众的联合指责，即便它愿意如此。

现代大学管理中，金钱因素的重要性依然在持续增长，而且在把金钱因素与严格的教育理想相适应时出现了非常严重的问题。金钱作为一种手段绝对是必不可少的。但它仅仅是一种手段。危险在于，要把金钱充分用作一种工具而又将其控制在合理位置——不允许它篡夺仅仅属于教育目的的任何一种控制功能——是很困难的。对于这些功能来说，如果大学属于真正的大学的话，金钱以及其中所关涉的各种东西都必须是次要的。但获取此种手段的压力往往会令其成为一种目的；而这就是学术唯物主义（academic materialism）——广义工作自由的死敌。

加菲尔德（Garfield）把大学视为一条长凳，学生坐在一端，大师坐在另一端，这仍旧是一个餐后追忆的好话题；但它与现有情境没有关系。现代大学本身是个大型经济工厂。它需要大量的图书馆、博物馆和实验室，而要创建和维持它们也是昂贵的。它需要一支庞大的师资队伍。

对于钱的需要本身并不处于真正的大学关注之外；它更不是与其对立的。大学要坚持自己，就必须拓展；而要拓展，它就必须有钱。危险在于，手段受到关注并因而会拥有专属于最终教育目的的那种价值。公众很看重教育机构的金钱方面，而这又不知不觉改变了大学校园内外的判断标准。作为一种教育机构之重大历史事件的，现在很可能是一大笔捐赠，而不是一项崭新的调研或者一支强有力的师资的形成。各教育机构被按照它们外部看起来的物质繁荣来排序，直至这种赚钱和花钱的氛围把金钱因之才有一席之地的那些兴趣隐藏起来。我们的想象或多或少被有关这种模糊而有效的力量的想法占据着；我们的情绪被对潜藏在金钱之中的可能性的宏大构想所点燃。不觉中，无意间，这种金钱论证变成了一种不成样、不合法的论证。它在许多可见和未见的方面与教育机构的荣耀和尊严联系在一起，实际上是源自于一种它本身毫不看重的联想。

这种模糊的潜力、侵入的想象以及惑众的情绪，抑制了进取心，也限制了责任感。许多个人追求自己的直接行动路线，他们并未因想到个人伤害而受阻，但却因为害怕伤害他们所归属的教育机构而发生转变。这种诱惑之所以吸引人，是因为它没有诉诸低级自私的个体动机，而是掩盖在机构理想的装扮之下。忠于机构，团队精神，在大学里很盛行，正如在陆军和海军中一样。因为普通大众往往对个体的个人能力和职业能力不作区分，一种对伤害到个人与之相联的机构的模糊忧惧一直存在。无论他说什么和做什么，一般都被看作他与之相联的那一机构的官方表达。所有这些往往阻碍着独立性并把个体挤压到一个狭隘的工作角落里。

再者，一种新型的大学行政化也因为对物质方面的极力拓展而得以产生。一套笨重的机器开始出现，用以开展大量的事务性和准事务性工作，而若没有这些，现代大学就会停顿下来。这种机器往往出现在个体与他在其中表现自我的道德目标领域之间。比起有时看起来个体唯有借此才能完成某事的那些工具，个性就不那么重要了。而且，此种机器的细枝末节和常规运转消耗时间和能量。许多现代大学同仁自问，要在哪里找到那么多时间和精力以投身于其终极目的，他们无可奈何，只能消磨在那些中间手段里。个人能量被动转轨至学术机器例行公事，这是一个严重的问题。

所有这些把本应在处理更大生活问题时释放的能量吸收掉了一部分，但要不是因为与其当代的专业化趋向联系在一起，它并不怎么可怕。专业化，就其范围和程度来说，意味着撤回（withdrawal）。它意味着以相对精确的细节全神贯注于一个比较遥远的领域。我不怀疑，专业化方法最终将不仅在科学上而且在实践上得到证实而正名。但是，以最终结果来衡量的价值，并不能成为掩盖对勇气以及唯有来自勇气的那种自由的直接危险的理由。不论怎样，教学属于有点受保护的产业；它是受到庇护的。在某种程度上，教师把生活中所发生的最为激烈的压力和紧张抛在一边。他的问题大多是理智上的，而不是道德上的；他的同伴多半是不成熟的。教师总是容易丧失某种阳刚之气（virility），而这种阳刚之气要出现就必须在同等竞争条件下直面和处理经济和政治问题。不幸的是，专业化增加了这种危险。它把个体引向小路，如果他毫无保留地追随的话，这些小路更加远离于人们在那里联合斗争、积蓄力量的正道。有一种诱人的信念是，某些对于人性来说具有根本意义的问题不属于我的任务，因而完全不是我所关注的；这比起任何所设想的对于有钱捐助人干涉的担忧，可能更为有害于有关学术工作的真正自由。

现代大学物质方面的拓展也伴随有强烈的集权化倾向。旧式的大学院系十分肯定曾是一种独特的彻底民主制。其教师的挑选经常是因为他们显著的个人特色而不是因为纯粹的学问。每一个人自立而又自主。其执行官只是同事中的出类拔萃者（primus inter pares）。这个问题不涉及组织或行政（甚或任何广义的管理），而关系到个人（不论教师或学生）在人际接触中展示自身价值。所有这些现在都变了——必然如此。要把现代大学的行政资源运作好，需要有非常专业和强化秩序的操控能力。这种状况不可避免产生集权化。我们很难区分为经济高效地运用资源所必需的行政集权与限制进取心和责任感的道德集权。个体享有立法权并参与立法，是对强大、自由而独立的个性的保证。旧式院系是真正的文学共和国（republic of letters），现在有可能变成一种寡头政治 ——从其所能达到的物质结果来看是更加有效的，但在培育人方面却乏善可陈。这种情况以无数种方式影响到工作自由，而后者对大学同仁成为共同体实际生活中的一支力量是必要的。它剥夺了大学同仁的责任感，并随着责任感的弱化出现进取心的丧失。

此乃事情的一个阶段——好在不是全部。在世界史上还从未出现过一个时期像今天这样认识到社会需要有专家指导。尽管我们在理智上是混乱的，尽管我们不断在每日出版物上看到无意义的喧嚣之见，但现在对于光明有着一种极其真诚的渴望和欲求。拥有智慧之言的人相信他的听众。如果他能在藏匿的深处探寻到光明，光明就会引领我们前进。由这点来看，我们有种强大影响力可把大学精神即探究和表达真理的精神从其纠缠和隐蔽之处解放出来。需要是紧迫的，因而动力强劲。适度的勇气、适量的进取精神和个人责任感是对它自然的响应。随着纯治理形式的外在权威的衰退，对智慧和理智型权威的需求在增长。这一力量必定能克服那些会把学者推开并拘于私自空间的影响力。

抵制威胁学术自由的风险的一个直接办法，也可在不断增长的大学校际感想和意见中发现。最为意义重大的一个事实是，科学协会越来越倾向于设定一种权责，以查明何者（不论其以什么方式或在什么地方发生）影响到了其自身探究路线的繁荣。这是科学团体意识的增长，是真理团结感的增长。对于真理肌体任何一个部分的任何一种损伤，都是对于整个有机体的攻击。可以预想，到时候，对于真理探究者组织化社会的归属意识将把否则会散乱不羁的努力加以巩固和强化。这并不是妄想。

鉴于我们很难想象个人进取心会在盎格鲁撒克逊共同体中一直减弱，再加上有两种力量，即对于共同体的指导需要以及对于每一位探究者所属的广义大学的隶属感，这些无疑足以战胜各种有损学术自由的危险。

（张留华 译）

教授的自由

理事会能够辞退的教师从道义上讲是公共雇员*①

哥伦比亚大学,1915 年 10 月 11 日

致《纽约时报》编辑:

每当大学学者的调查结果让他们质疑整个现有经济秩序的时候,《纽约时报》(*New York Time*)就会感到,这些大学教授是"享有特权的语言浪子","大放厥词喋喋不休",毫无疑问,这种态度是相称的和自然的。对于这些问题,《纽约时报》的立场无疑是坚定的、明确的。我相信,没有人会反感这样一个合格媒体对于经济问题的关注。

10 月 10 日,贵报就学术自由问题发表了题为"费城殉难者"的社论,其中有些说法和影射值得商榷。在我看来,贵报显然认为,现代大学如同工厂一样,是社会公共机构。无论何种缘由,无论在校内还是校外,倘使教师发表的言论引起了理事会的反感,自当缄默其口。这种观点实际上把理事会变成了一个私有企业的拥有者。也许,我对《纽约时报》的立场理解有误。我希望是如此。不过,贵报社论说理事会不再续聘尼尔林博士是"正确的";许多教师发表的观点"激怒了校务委员会那些生性严肃的成员","理事会没有义务对解雇人出具理由"云云,此等言论给人如是感觉。

究竟该把现代大学视为私有和私营的机构,还是看作本质上对公众负有责任的公共机构?《纽约时报》把这个问题提出来讨论,无论如何应该受到欢迎。

---

* 此文选自《杜威全集·中期著作》第 8 卷,第 321—322 页。
① 首次发表于 1915 年 10 月 22 日《纽约时报》,后重印于《学校与社会》(*School and Society*),第 2 期
(1915 年),第 673 页。标题为"对大学的控制"。

大学教授无疑要依附其工作和工资。即便他们像《纽约时报》影射的那样特立独行，我也确信，除了合法管理之外，如果承认现代大学在各个方面都是社会公共机构，对公众负有责任，那么，由于大学管理面临许多困难，教师乐于接受任何调整。他们也极为清楚地意识到，在我们许多高等学府里面，从法律上说，有一个机构(其成员都是教育的门外汉)有权解雇任何发表带刺观点的教师，而且不必出具任何理由。不过，教师都训练有素，他们把对真理的追求和表达看作是代表其道德上的雇主——整个社会——的利益来行使公共职能。因此，如果按照雇主与雇员关系的观念而武断地行使一种法律权利，他们对此将感到遗憾，而且，这种遗憾将迅速变为愤慨。他们并没有为自己要求特殊的豁免权，也没有要求什么特权。出于自保的目的，如果任何一种制度能够保护现代大学与公众整体的关系，他们便心满意足了。

美国大学教授联合会主席

约翰·杜威

(何克勇 译 欧阳谦 校)

思想与工作的自由*①

一位有钱的美国自由派人士最近承认，现有的工业机构在相当的程度上都是不公正的。他承认，这种不公正是当前世界动荡的一个重要原因，其补救的办法是更公平地分配工业产品。然而，在基本方向上，他认为，为了使世界得以运转得像目前的制度这样的东西，还有长久存在的必要性。这种立场在过渡时期是不可避免的。实际上，这是一个进步。它是受欢迎的，看来很少受到批评。

然而，这一步会迈得很尴尬，在其宣称的应对不安定的目标上，很可能是徒劳的，除非它坦率地承认，它仅仅是迈进了一小步。其意义在于，它将使一个更进一步和意义更深远的运动变得更为容易。如果没有一个更长远的目标，它可能容易强化阶级对立。它将增强工薪阶层要求享有更大份额的物质产品的力量，却没有在他们中间建立起对行业本身的责任感。它会增加雇主在处理那些不讲道理的、愚蠢的和不知感恩的劳动者情绪时的痛苦，这种情绪会为了一己之私而将一把活动扳手扔到整个工业机器中去。作为一个"解决方案"所提议的补救措施，非但没能解决问题的根源，反而远远地偏离了它。

持有这种观点的胡佛（Hoover）先生，在被指责他的活动的动力就是他工作的物质产品的情况下，还能被人赞同吗？巨富们可以公然蔑视那种把他们看作一直是美元追逐者的观念，或者那种认为他们的行动准则（甚至在募集证券的时候）一

---

* 此文选自《杜威全集·中期著作》第 12 卷，第 7—9 页。

① 首次发表于《新共和》，第 22 期（1920 年），第 316—317 页；重新发表于约瑟夫·拉特纳编，《人物与事件》，1929 年，第 2 卷，第 522—525 页。

直是利欲或安全的观念。与此同时，又假设工薪阶层是与之不同的，这是一个恶作剧般的错误。不是理想主义而是人类的心理宣告了这样一个事实，即人不仅仅是为工资而活着的，人所需要的是在他们身上找到一条人性的出路。任何时候都不能用工资贿赂来代替这一出路；现在，这种情形几乎也不存在。因为工人现在已认识到，工资的增长是自身力量的见证；而且，这个已经觉醒的权力意识，正是要求践行自身力量的机会。这意味着在管理活动中要共担责任。

在每一次新的危机中，人们似乎都会忘记，对自由的要求意味着延伸至精神活动，即更大的思想空间。这就是为什么保卫自由的战斗从来都没有胜利过，为什么老一辈的捍卫者总是在危机中失败。对于保守派和激进派来说，它们都是不合时宜的。前者认为它们被用于他确信从来都没有想到过的目的，后者则感兴趣于一些更深远的东西。可以把这一论述应用于现在的情形，诸如言论自由。以前的言论和出版自由的法律捍卫者自然是神圣的，他们被认为是保守派，但目前的情形与他们没有关系。权利法案的创始人没有体验过当代的劳工状况，更不会想到苏维埃主义（sovietism）的存在与蔓延。因而，公民权利自以为已经达到的缓解受到了践踏。而如果群众攻击这些权利的时候，心里的怨愤比我们所能想到的少一些的话，那是因为，毕竟他们还有一种本能的感觉，即认为当前捍卫心灵自由的斗争中心在其他某个方面。当然，怀疑和恐惧的战争心理的后遗症是威胁自由社会思考的一大因素；另一大因素则是统治阶级希望利用这一后遗症来创造一种心理上的恐怖统治，这种恐怖会对同情自由的人中一些胆小怕事者造成影响，并干扰法院。但是，现在的情况并不能只凭这些因素来解释。它们需要别的东西来赋予足够的现实运作的力量。这一别的东西事实上就是：在政治行动或演讲和写作中，再也不能充分表现心灵自由了。很多人已经感觉并开始明白：只有当他们在与其日常工作有关的事情中实践自己想法的时候，才能够得到真正的心灵自由。行政领导、经理人、科研工作者、艺术家享有这样的自由，而别人为什么享受不到呢？因为这种意识不能通过增加对工业化的物质产品的拥有份额而获得。这也说明，为什么原来的言论、出版和集会自由的捍卫者越来越少。

这是新一轮的斗争，它不可能被阻止在旧的法律限度以内。保守派首先认识到这点，而且是他们教会了其他人；如果没有他们的传授，其他人可能在更长的时间里仍然很呆滞。通过这一事件说明，保守派往往对新潮流的意义更为敏感；而且，正是由于其对新兴运动的攻击，才能教导群众理解新潮流的真正意义。他们现在正声嘶力竭地狂喊,心灵自由只有在实现了对自己工作的控制后才能达到,与此相比,言论自由和选举权则是无足轻重的。

就像其他言论自由的倡导者一样,作者碰巧利用了关于安全阀的争论。一场社会危机,一个社会的转折点,使得这一争论变得滑稽。那恰恰是一股所谓伟大的新生力量不应该想要的——一个廉价的安全阀。水蒸气是用来克服障碍物的,而不应被耗费在吹出蒸气的谈话中。耍嘴皮子是消耗气力的一种简单方法。在阻止走这种廉价和简单的道路方面,真正重要的事情是反对派注定会帮助激进派,并且被信赖。它使人们必定寻求现实的自由,而不是满足于那种吹嘘,即当言论不受限制时,自由就实现了。

由于自由在本质上是精神的,是思想的事;而且,由于仅当思想可以体现在行为中的时候,才算得上是自由的,因此,每一次争取自由的斗争都得在不同的层面上再次进行。过去争取言论、集会和出版自由的斗争,意义是重大的,因为它是争取信仰自由和保护财产权的斗争的一部分。那种以为指出这背后的经济动机就认为以前的斗争是廉价的想法,是愚蠢的。那些通过辛勤工作赢得了财富的人,想要保护自己的财产,不被那些曾经靠征服获得财产并希望继续其掠夺生涯的人强占。他们的斗争需要得到尊重,而不是被轻视或否定。但是,假设思想和努力将总是按照已经指明的路线传播,那同样是愚蠢的。

言论和选举自由现在非常重要,因为它是争取行业中的心灵自由以及自由参与规划和经营的斗争中的一部分。如果共和党人不是出了名的忘恩负义,将完全可以预测:人们将来会竖立纪念碑来纪念帕尔默(Palmer)先生、斯威特(Sweet)先生和其他看似付出了无谓的艰辛而使得民众明白这一事实的人,如果没有他们的话,民众可能长时间看不出这一即将到来的事实。因为我们可能确信,老一辈的公民自由的捍卫者不会那么容易就被瓦解,即使在恐惧和激动的战争心理的助攻下,除非其背后有其他极为重要的事件。当反对派认为自己是在阻止一个危险敌人的时候,他实际上展示了思想自由只体现在言论中而不是工作中的想法是多么地肤浅。

（郑国玉 译　马　荣 校　刘放桐 审定）

自由是什么 *

　　自然的事实与自然的规律在道德中的地位问题，把我们引向了自由的难题。我们被告知，严肃地把经验事实引入道德之中，就等于废除了自由。我们还被告知，事实与规律都意味着必然性。自由之途就是要我们从事实与规律中摆脱出来，并飞升到一个单独存在的理想王国之中。即使我们能够成功地实现这一飞升，这一方法的效力还是值得怀疑的。因为我们需要的是在实际事件之中和实际事件之间的自由，而不是在实际事件之外的自由。因此，我们可以希望仍然存在着另外一条通往自由的途径，即我们可以在那种关于事实的知识中找到这条通往自由的途径，而那种知识使我们能运用与欲望和目的相关联的事实。一位医生或工程师在他的思想与行动中的自由，依赖于他对他要处理的事情的认知程度。我们或许在这里发现了通往任何自由的钥匙。

　　人们以自由的名义所敬重并为之而战的东西是多样而复杂的——但无疑它决不是一种形而上的意志自由。它似乎包含有三种重要的因素，尽管从表面上看，这三种因素彼此不是直接相容的。(1)它包括行动的效能，实施计划的能力以及消除限制性和阻挠性障碍物的能力。(2)它包括改变计划、改变行动路线与体验新事物的能力。(3)它意指欲望与选择的力量成为事件中的因素。

　　很少有人愿意以单调乏味为代价去获得许多按照确定的路线就可以达到的有效行动，或者，如果行动的成功是以完全放弃个人的喜好而获得的，那么很少有人愿意这样做。他们可能会觉得，如果选择有一个过程的话，那么，一种更宝贵的自

---

　　* 此文选自《杜威全集·中期著作》第 14 卷，第 184—189 页。

由就只有在缺乏保障且客观的成就的生活中才会获得,这种生活包含着冒险的任务、在新领域中的探险、个人选择与偶然事件的互相斗争、成功与失败的混合。奴隶就是一个执行其他人的愿望的人,他命定要根据预先规定的常规而行动。那些把自由定义为行动能力的人,无意之中已经假定了这种能力在运用时是与欲望一致的,并且假定了它的作用就是把行动者引入以前未曾探索过的领域之中。因而,自由的概念中包含着三种因素。

然而,执行的效率可能会被忽视。说一个人自由地选择去散步,而他所能走的唯一散步之路就是将带他到悬崖边上的路,这就是在曲解事实和曲解语词。理智是行动自由的关键因素。我们是否有可能成功地前进,依赖于我们考虑到条件与制订出它们同意合作的计划的程度。我们不能轻视未预料到的环境所提供的免费帮助。无论是坏的还是好的运气,将总是与我们相伴随;但是,运气的方式是支持聪明人,讨厌愚蠢人。而且,当幸运的赐予来临时,它是稍纵即逝的,除非通过理智地改变条件而使它变得简洁。在中性与不利的环境之下,研究与预见是使行动畅通无阻的唯一路径。坚持认为有一种形而上的意志自由,一般来说,就是那些最极端的蔑视无可争辩的事实知识的人。他们通过阻止与限制行动而为自己的轻蔑付出了代价。以特殊的积极能力为代价而高扬一般意义上的自由,往往已经成了历史自由主义的官方信条的特征。它的外在标志就是政治学和法学与经济学的分离。事实上,19世纪早期的许多所谓的"个人主义",与个体的本性并没有多大关系。如果对人的某种人为的限制一旦被消除,它就会返回到那种认为人与自然的和谐是理所当然的形而上学之中。因此,它忽视了研究与调节产业条件的必然性,以至于使一种名义上的自由变成了现实。如果找到一个相信所有人的需要都是免于压迫性的法律措施与政治措施的束缚的人,你就会发现,如果他不是在仅仅固执地坚持自己的私人特权的话,那么,在他大脑之中就承载着某种形而上的自由意志学说的遗产,并且还有对自然和谐的一种乐观的自信。他需要一种哲学,这种哲学认识到自由的客观特征,认识到自由对环境与人类需要相协调的依赖,并认识到这种一致性只有通过深刻的思想与不懈的运用才能够获得。因为,作为一种事实的自由,依赖于社会与科学所支持的工作条件。既然工业涉及人与其环境之间最广泛的关系,那么,没有使对环境的有效控制成为其基础的自由就是不真实的。

我不希望给解决自由与组织之间表面冲突的廉价且容易的现存方案再增加另一种方案。组织也许变成了自由的一种障碍,这是相当明显的;但还不至于让我们说,麻烦不在于组织而在于过度组织。同时,我们必须承认,如果没有组织,就没有有效的或客观的自由。批判国家契约理论是很容易的,这一理论主张个体至少放弃了一部分天然的自由,以确保他们所保持的市民自由。尽管如此,在放弃与交换这一思想中仍然包含着部分真理。人拥有一种确定的天然的自由。也就是说,在某些方面,和谐存在于一个人的精力与他的环境之间,以至于环境支持和实现了他的目的。就此而言,他是自由的;如果没有这样一种基本的自然的支持,那么,有意识的设计立法和管理以及深思熟虑的社会安排的人类制度就不能出现。从这一意义来说,天然的自由在政治自由之前,并且是政治自由的条件。但是,我们不能完全信任由此而产生的一种自由。它受偶然性的支配。在人们之间有意识地达成的一致必须补充,并在某种程度上取代作为自然的恩赐的行动自由。为了达到这些一致,个体不得不作出让步。他们不得不同意缩减一些天然的自由,从而使所有的自由都得以稳固而持久。简言之,他们必须与其他人一起进入一个组织之中,以至于他们也许永久性地依靠其他人的活动来保证行动的规律性,以及计划和行动路线的广泛的范围。就此而言,这一程序就像人们拿出一部分收入来买保险以应对未来的突发事件,并因而使未来的生活获得更稳定的保障一样。认为没有牺牲的看法是愚蠢的;然而,我们能够辩称这种牺牲是一种合理的牺牲,是被其结果证明为合理的牺牲。

据此来看,个体自由与组织的关系就被看作是一种实验性的事务,这种关系不能被抽象的理论所解决。考虑一下劳工联合会与被关闭或开放的商店。认为在这种特定形式的组织的延展中不存在对先前自由与未来自由的可能性的限制与放弃,这一看法是愚蠢的。但是,谴责以必然导致对自由的限制为理论根基的这类组织,就是采取了对文明中每一前进步伐与每一纯粹获得的有效自由来说是致命的一种立场。对所有这类问题的判断,都不是以先前的理论为基础的,而是以具体后果为基础的。与实际可行的办法相比,这个问题就是要在所达到的自由与可靠性之间取得平衡。一个组织中的成员资格不再是一个自愿的事情而变成被迫或必需的事情了,甚至就连对这一点的疑问也是一个实验性的问题,即是通过科学地研究后果以及有利和不利的条件来确定的事情。它无疑是一个特定细节的事务,而不是规模宏大的理论问题。看到一个人以纯粹理论为由公开指责劳工联合会对工人们的压迫,而他自己则利用由于在事务上的集体行动而增加的力量,并赞美政治国家(political state)的压迫,这是十分滑稽的;而且,看到另一个人公开抨击政治国家是纯粹的暴政,而赞美产业劳工组织的力量,也同样是十分滑稽的。这个人或另一个人的立场可以用特殊事例来证明其合理性,但这种合理性证明是由于实际的结果而不是一般性的理论所致。

然而,组织总是容易变得僵化并限制自由。除了行动的安全性之外,新奇、冒险与变化也是人们所欲求的自由的组成成分。多样性不仅仅是生活的调味品;它在很大程度上是生活的本质,并使自由与奴役得以区别开来。不变的美德似乎就像不断的邪恶一样是机械的,因为真正的美德随着环境的变化而变化。如果性格无法达到克服某一新的困难或征服某一从未预料到的诱惑这一程度,那我们就会怀疑,它的特征(grain)只不过是一种虚饰罢了。选择是自由中的一种要素,而且,如果没有未实现的和不可靠的可能性,就不会有选择。在关于一种冷漠的自由、一种在任何习惯与冲动之外选择这种方式或那种方式的力量,以及就意志而言甚至没有炫耀的欲望的正统学说中,恰恰是这种对真正偶然性的需求受到嘲讽。选择的这种不确定性,不是热爱理性或刺激的人所欲求的。任意的自由选择理论表现出了条件的不确定性,这种不确定性是以一种模糊而懒散的方式被领会的,并固化为意志的一种值得欲求的属性。在自由的名义之下,人们赞美条件的这种不确定性,因为这些条件给思虑与选择提供了一个机会。但是,作为不仅仅是反映条件不确定性的意志之不确定性,是一个由于长期弱化他的行动源泉而获得了无能性格的人的标志。

不确定性是否在世界中实际存在,这是一个难以解决的问题。我们更容易把世界看作是固定的或永远稳定的,而认为人在他的意志中累积了所有的不确定性,并在理智中累积了所有的怀疑。自然科学的兴起已经使这种二元式的区分更为便利,并使自然成为完全固定的,而心灵成为完全敞开的与空洞的。幸运的是,对我们来说,我们不必非得解决这个问题。一个假设的答案就足够了。如果世界已经被制造出来并符合需要,如果它的特征完全被实现了,以至于它的行为就像一个迷失于常规的人所做出的行为一样,那么,人所能希望的唯一的自由就是在公开行动中的效率的自由。但是,如果变化是真实的,如果解释仍然在形成的过程中,并且如果客观不确定性是反思的刺激物,那么,行动的变化、新奇以及实验就具有了真正的意义。无论如何,这个问题都是一个客观问题。它涉及的不是与世界相分离的人,而是与世界相关联的人。一个在时间和地点上都不确定的、并足以唤起思虑和运用选择去塑造未来的世界,就是一个意志自由的世界。这不是因为它先天的就摇摆不定和不稳固,而是因为,思虑与选择是决定性与稳定性的因素。

根据一种经验性的观点,不确定性、怀疑、犹豫、偶然性、新奇性以及不单单是作为纯粹伪装起来的重复的真正变化,这些都是事实。只有从某些固定前提出发的演绎推理,才会导致一种支持完全确定和终极性的偏见。说这些事物仅仅存在于人的经验而不是世界之中,并认为存在于那里只是因为我们的"有限性",这就如同用语词来称赞我们自己一样危险。从经验来说,人的生活在这些方面像在其他方面一样,似乎表明了自然界中事实的终点。承认在人的身上存在着无知和不确定性而否认它们在自然界中的存在,这就包含着一种奇怪的二元论。易变性、首创性、革新性、偏离常规以及实验,从经验上来说都是事物中一种真正的努力之显现。无论如何,恰恰就是这些事物在自由的名义之下对我们而言是宝贵的。由于从一个奴隶的生活中消除了这些事物,他的生活就成为奴役式的;并且,这种生活对于一旦已经独立的自由人来说是难以容忍的,不管他的动物性的舒适与安全如何。一个自由人宁愿在一个开放的世界中去冒险,也不愿意在一个封闭的世界中保证他的机会。

这些考察都指向了热爱自由的第三种因素:使欲望算作一种因素,即一种力量的欲望。即使意志的选择是无法解释的,即使意志是反复无常的冲动,也不能推导出:存在着在未来是开放的其他真实的选择和真正的可能性。我们所需要的是在这个世界之中而不是在意志之中开放的可能性,除非当意志或深思熟虑的活动反映了这个世界时。预见未来的其他客观的可供选择的办法,通过思虑而能够选择其中一种办法,并以此来增加它在为未来存在的奋斗中的机会,这就是衡量我们自由的标准。人们有时假定,如果能够表明思虑决定了选择,而思虑又被性格与条件所决定,那就没有自由。这就像说因为一朵花是从根与茎生长出来的,所以它就不可能结果实一样。问题不是思虑与选择的前提条件是什么,而是思虑与选择的后果是什么。思虑与选择所做之事有什么独特性吗?回答是,它们使我们完全控制了对我们来说是开放的未来可能性。而且,这种控制是我们自由的关键,如果没有这种控制,那我们就是被从后面推着前进的;如果拥有了这种控制,那我们就是在阳光中行进的。

这种认为是知识和理智而不是意志构成了自由的学说,并不新颖。许多学派的道德理论家们都曾经宣传过这种学说。所有的唯理论者们都把自由等同于通过对真理的洞察而得以解放的行动。但是,在他们看来,对必然性的洞察已经取代了对可能性的预见。例如,托尔斯泰曾说,只要牛拒不承认牛轭并在牛轭之下焦躁不安的话,它就是一个奴隶;但如果它把自己等同于牛轭的必然性并自愿地而不是反叛地去拉犁,它就是自由的。当他这样说时,就是在表达斯宾诺莎和黑格尔的观念。然而,只要这个轭是一个轭,就不可能出现自愿认同它的情况。所以,有意识的屈服,要么是宿命论式的顺从,要么是怯懦。牛实际上接受的不是轭而是厩和干草,而轭是厩和干草必然附带的东西。如果牛预见到运用轭所产生的后果,如果它预料到收获的可能性,并把自己等同于收获的可能性的实现而不是等同于轭,那它就可以自由地和自愿地去行动。它没有把必然性当作是不可避免的东西;它欢迎作为一种值得欲求的可能性。

对必然规律的认知,的确起到了一定的作用。但是,哪怕再多对必然性的洞察本身,除了一种对必然性的意识之外,并不会带来什么别的东西。只有当我们运用一种"必然性"去改变另一种必然性时,自由才是"必然性的真理"。当我们运用规律去预测后果并思考如何可以避免或获得这些后果时,自由就出现了。运用关于规律的知识去强化执行中的欲望,会给精明干练的管理人增加力量。运用关于规律的知识去顺从欲望而不是促进行动,就是宿命论,无论人们怎样对它进行装饰。因此,我们又重新回到了主要的论点上。道德取决于事件,而不是取决于外在于自然的命令和理想。然而,理智把事件看作是运动着和充满着各种可能性的,而没有看作是终点与终结。在预测事件的可能性时,好与坏的区别就出现了。人的欲望与能力是根据这种或那种可能发生的事件被判断为比较好,而与这种或那种自然力量进行合作的。我们没有运用现在去控制未来,而运用对未来的预见来改良和扩展现在的活动。在对欲望、思虑与选择的这种运用中,自由才得以实现。

（罗跃军 译）

自由的哲学*①

最近一本关于主权的书在考察了关于主权的几种理论之后,得出结论:"主权概念的发展反映了政治思想的一般特征。一直以来,这一概念的不同形式表达的都是对于各种事业的辩解,而不是对于知识的无偏向的喜爱。这一概念在不同时期意味着许多事情,而对于它的攻击也来源广泛,且指向不同的目标。我们要从它们的用途而非真假来理解所有政治观念的起源。"②道德概念也许同样如此。毫无疑问,"自由"这个词被用在了许多事情上,这些事情披着各色羽衣;并且,"自由"这个词的魔力在很大程度上来自它与不同事业之间的联系。因为需求不同,它的形式也不同,它的"用途"在于帮助人类处理许多困境。

自由主要被用来满足道德需求和促进道德兴趣。道德需求和道德事业的核心是选择,这一断言假设了很多东西。赋予选择以尊严、表达选择在人类事务中的意义,将选择置于人类道德斗争和成就的中心从而来放大其意义,这些愿望都反映在自由的观念当中。我们有一种不可战胜的感觉,那就是:选择就是自由;没有选择的人是一个傀儡,这个人的行动没有一个可以被称作是他自己的。缺少真正的选择,也就是那些表达在行动中的、让事情变得与原本不同的选择,人只不过是由外在力量运作的被动载体。上面这种感觉既无法自我解释,也无法自我证明,但它至少为关于自由的问题提供了一个元素。在需要我们对此进行检查的事情中,选择

---

* 此文选自《杜威全集·晚期著作》第 3 卷,第 69—85 页。
① 首次发表于《现代世界中的自由》(*Freedom in the Mordern World*),霍勒斯·M·凯兰(Horace M. Kallen)编,科沃德-麦卡恩出版公司,1928 年,第 236—271 页。
② 保罗·沃德(Paul Ward),《主权》(*Sovereignty*),第 167 页。

是其中一件。

然而,关于自由的核心是选择这一观点的理论证明从一开始就与其他兴趣混在一起;正是这些其他兴趣,而不是对于选择的无偏见的检查,决定了广泛流行的自由哲学的形式。人天生要去表扬与指责、奖励与惩罚。成熟的文明设立明确的公众代理人去"审判"人的行为模式,有罪的人就会受到惩罚。人们根据自己的行为受到表扬、指责和公共性惩罚,这一事实表明他们是可靠的或负责的。如果我们进一步追问可靠性(reliability)的基础,惩罚的事实就引起了我们的注意。除非人类对他们的行动负责,否则对他们的惩罚就是不公平的;如果人们的行为是不得已而为之的,那么让他们为自己的行为负责、指责并惩罚他们的过程中哪里有公正可言? 因此,关于自由选择的哲学就发展成为一种对于法律兴趣的辩解——惩罚责任(liability to punishment)。这种发展的结果就是自由意志的理论,即意志作为一种力量处于选择的背后,是选择的发起者,是责任的基础,也是自由的本质。意志具有进行中立选择的力量,也就是说,它可以自由地选择一种或另一种方式,不由任何愿望或冲动所支配,而仅仅出于驻留于意志本身之内的因果性力量。这种看待选择的方式已经根深蒂固,以至于人们普遍认为选择与任意的意志自由是一回事。①

我们的调查值得在这里停一下,让我们在刚才所说的选择与自由意志(这里的自由意味着无动机的选择)的联系中更为仔细地检查一下选择的本质。我们无须进行深入的分析,就能发现这一理论中存在着两个严重的缺陷。要负责的是人、一个具体的人。如果行为不是来自人,来自由具体的习惯、欲望和目的所组成的人,为什么这个人要负责并受到惩罚呢? 意志表现得像是外在于实际个体的力量,而这一力量却是行为的真正而终极的原因。因此,意志所拥有的随意选择的自由并不能让一个具体的人为他的选择负责。无论还要说什么或还有什么没说,选择同实际的人类性情和特征的联系一定要比这种意志哲学所允许的更紧密。

我们似乎陷入了一种绝望的两难。如果一个人的本性(nature),无论是天生的还是习得的,让他做了他所做的事,那么他的行为同一棵树或一块石头的行为有

① 这种把对自由概念之发展的阐释与法律主题联系在一起的做法,也许会受到质疑。从由罗马帝国成长起来的法律思想对于道德观念的入侵中,我们可以找到这两者之间的历史性联系。罗马法和各种道德思维模式的影响,以及后者与基督教教会(欧洲道德的养护者)之神学和实践的结合,将这一联系永久化了。

什么区别呢？在这种情况下还存在需要负责的理由吗？但是，如果我们从事实的角度而不是从概念辩证的角度来看这一问题，就会发现其中并无任何可怕之处。要人承担责任也许会给他们的未来行为造成决定性的不同，而要树或石头承担责任则毫无意义，因为它没有后果，也不会造成任何不同。如果我们把未来的后果而不是先在的因果条件作为责任的基础，就会发现自己同实际的实践是一致的。婴儿、白痴、精神失常者和完全错乱者不需要负责，要求他们负责是荒谬和毫无意义的，因为这对他们的未来行为没有任何影响。当孩子渐渐长大，他就会发现压在他身上的责任。当然，这并不是因为自由意志突然进入了他的体内，而是因为他对责任的假设是他未来生长和运动的必要因素。

我想，通过将问题之所在从过去转移至未来，从前提转移到后果，我们完成了一些事情。我们可以通过圈养方式改变有些动物，比如说狗和马的未来行为。我们可以想象一个人的行为因为他被对待的方式发生了改变，他的行为与原本的行为不同了，但是，像狗或马一样，这种改变也许只是由于单纯的外部操纵，就像由线拉动的木偶一样。因此，整个故事还没有被完全讲出来。肯定有一些内部的实际参与引发了同选择和自由相关的改变。来自内部的这一事实，排除了诉诸作为原因的意志这个容易的解答。只有人自己参与的选择才是真正的选择，那么，这一论断又意味着什么？

为了回答这一问题，很明显，我们至少要走得再远一点。优先选择的行为是所有事物的一个普遍特征，对于原子、分子、植物、动物和人类来说都是如此。我们知道，存在物普遍地在一些事物面前保持冷淡和中立，而对另一些事物则有正面或负面的积极反应。这些行为的"偏好"或不同反应，是出于存在物的自身构成——它们"表达"了事物的性质。选择性行为对实际发生的事情作出了显著的贡献。换言之，虽然我们对于某个事物变化的描述可能是基于其他事物的变化，但我们不能如此来解释让变化具有特定性质和方向的事物的存在。选择性行为证明了事物中至少存在着一种基本的个性或独特性。对人来说，这种偏好性行为并不完全等同于选择。但除非选择中至少包含一些在性质上同其他行为连续的东西，否则为了将真正的现实归因于它，我们只能将人与自然分离开来，并将人在某种意义上看成是超自然（按这个词的字面意思）的存在。选择不只是但至少是行为的选择性。

那么，选择中还包含了什么呢？我们也许还要再作一次迂回。从无生命物到植物，到动物，再到人，复杂的程度逐级递升；同时我们还发现，由于生活历史或过去经验的影响,选择性回应的种类也在增加。偏好的展现变成了整个生命历史的一个"功能"。为了理解一个人的行为,我们必须知道其生命的进程。人对于大量不同的条件,是易受影响的、敏感的,并且还会有不同的、对立的经验,而低级动物则并非如此。因此,根据过去经验的范围和种类,人的当前选择性回应能力就有了大量不同的可能性。人的当前偏好是其生命历史的一个功能,而生命历史则是复杂的,因而也就有了行为持续多样化的可能性,或者简言之,人的显著的可教育性。这一因素并没有涵盖由偏好转为真正选择的全部,但它涉及作为一种自由模式的选择中所包含的个体参与和个体贡献。我们之所以强烈地感到自己不是像无生命物那样被推着行动,在很大程度上是由于这一因素。然而,"背后"推动力的种类是如此多样,它们与自我的关系又是如此紧密,我们的偏好常常会变得犹豫,不同的偏好会同时出现在我们面前。

因此,在属人的语境中,选择表现为众多偏好中的一个,但这并不是说所选的偏好是既定的,并且比其他偏好要强,而是说在偏好的竞争中形成一个新的偏好。如果我们能说出这一新的、决定了的偏好是基于何种基础之上的,那么我们离所要寻找的东西就很接近了。答案并不遥远,也不难找。随着观察和预见的发展,我们不需要进入事物的实际流动,就有能力形成代表事物互动与运动的符号和象征。因此,新的偏好也许反映了心灵的这种运作,特别是预见各种互相竞争的偏好会产生的后果。如果要总结一下,我们可以说(未来的探究也许会验证或证实下面的说法),石头有它自己的偏好性选择,它的选择来自一种相对固定和严格的结构,它对以这种或那种方式行动的结果并没有预见。而人类的行为则恰恰相反。只要包含可变的生命历史以及智性洞见和预见,选择便意味着一种审慎地改变偏好的能力。我所提出的假设是:在以上两个特征当中,我们可以找到构成了自由选择本质的要素,也就是个体参与的要素。

但是在进一步检查这一观念之前,我想先讨论一下另一种自由哲学。到目前为止的讨论都是关于选择的事实,这种排他的强调也许会让一些读者变得不耐烦。有人也许会认为这样一种自由观过于个人化和"主观化"了。这与人们为了摆脱压迫和专制,争取体制和法律自由而斗争、流血和牺牲的那种自由有什么关系呢? 这一问题马上会让我们注意到一种自由哲学,这种哲学将问题由选择转向了公开和公共意义上的行动。约翰·洛克的观点足以体现这种哲学,可以说,洛克是古典自由主义的创始人。自由是与选择一致的行动的力量,是将愿望和目的付诸运作,并执行所作出的选择的实际能力。经验表明,有些法律和体制会阻止这样的运作和执行。这种妨碍和干预构成了我们所说的压迫和奴役。事实上,值得我们为之斗争的自由是通过废除这些压迫手段、专制法律和政府形式得到保证的。这是一种解放,是拥有并主动展现行动中自我决定的权利。对许多人来说,强调与自由相关的选择的形成看起来像是一种逃避;并且,与下面自由的形式比起来,是一种无用的形而上学碎屑。这种自由的形式是引发革命、推翻王朝的愿望,也是衡量人类自由事业进步程度的标准。

但是,在检查这一观念与已经提出的选择观念的关系之前,我们最好考虑一下另一个要素,该要素与之前提到的古典自由主义的政治主题混合在一起。这一要素就是经济。即便是在洛克那里,财产、工业和贸易的发展在很大程度上创造了下面这种感受:既存的体制是压迫性的,我们需要改变这种体制,赋予人在行动中表达选择的力量。大约一个世纪之后,洛克所写的这一隐含的要素开始变得明显,且占据了主导地位。19 世纪后期,人们的注意力从执行选择的力量转到了通过自由(即无阻碍的)劳动和交换实现需求的力量。检测一个体制是否自由就要看它是否阻碍了工商业需求的运作,是否能够享受劳动的成果。这一观点与早期的政治观念混合在一起,形成了风靡大半个 19 世纪的自由主义哲学。它进一步导向了下面这一观念:政府的所有积极行动都是压迫性的,政府的原则应该是"放手",其行为应该尽可能地被限制为保证个体的行为自由,使其免受他人因为行使类似的自由而对其造成的干涉。因而也就产生了放任主义(*laissez-faire*)和将政府限制为只行使法律和警察功能的观点。

在大众的眼中,上面这一观念同样也以非经济的形式出现,只不过是用直觉或冲动代替了需求。这一形式与经济上的自由哲学拥有同样的心理学根源,且在流行的"自我表达"哲学中占了很大的比重。然而,对于这一思想基础和思想起源上的共同体来说,却存在一个讽刺性的事实:最热情地支持个人和家庭关系中自由地"自我表达"的人,往往是工商业中同类自由最激烈的反对者。他们很清楚,在后面的领域中,一些人的"自我表达"(尽管严格地与法律保持一致)也许会阻碍其他人的自我表达。一般的观念是:个人自由在于"自由地"表达冲动和欲望,不受法律、习俗与社会反对限制;并且,我们不需要通过技术性的经济概念,就可以更为直接地得出这一观念。

无论我们如何定义直觉和冲动,它们都是人的"自然"组成部分,这里的"自然"

指的是"天生的"、原始的。这一理论赋予了这个原始结构一定的内在正确性,即给了冲动一个头衔,让它除了在直接而明显地干涉到其他类似的自我表现的时候,可以进入直接的行为当中。但是,这一观念因此便忽略了自我在产生冲动和欲望时与周围介质的互动,特别是社会性介质。这一观念认为,冲动和欲望是内在于人的"本性"当中的,它们处于原初的状态,并不受与环境互动的影响。与环境的互动因此被认为是完全外于个体的,且与自由无关,除非它干涉到了天生的直觉与冲动的运作。我们只需研究一下历史就会发现,这一观念同它在经济自由主义和政治自由主义中的理论同类一样,是一个"虚弱的谣言",是正在消失的理论教条在道德和政治中的残留;这种教条认为,来自上帝创造之手的"自然本性"是完美无缺的,邪恶乃是来自外在或"社会"条件认为的干涉和压迫而产生的堕落。

上面这一论断的要点,在于指出了古典自由主义所阐发的政治、经济理论的根本谬误。这些理论认为,个体被赋予了固定而现成的能力,自由就是在不受外部限制阻碍的情况下运作这些能力;并且,这种自由几乎能够自动地解决政治和经济中的问题。政治理论和经济理论之间的区别在于:前者认为自然权利是原初而固定的,后者则认为自然需求是原初而固定的,但在涉及两者关于自由本质的共同前提时,这一区别是可以忽略的。

自由主义运动几乎在每个方向都取得了很大的成就。它激励并指引改革者去改变那些已经变得具有压迫性的体制、法律和安排。它所做的解放工作是伟大而必需的。那些"自然的"政治权利和人类的"自然"需要(人类作为自然的存在被定义为一个原初而天生的、道德或心理上的固定结构),实际上标志着一种新的潜力:基于某些原因所引发的社会生活的改变,这种潜力只被少数阶级所拥有。在政治方面,少数阶级发现自己的活动受到了封建体制残余的限制;在经济方面,新兴的制造业和商业阶级发现自己的活动也受到了来自相同体制的妨碍和阻扰:以牺牲商业和贸易的财产利益为代价,来保护与土地相关的财产利益。这两种阶级的成员大致相同,并且都代表了新兴力量,而他们的对手则代表了过去既有的、体制化的利益,且对这些新力量一无所知。在这种情况下,政治自由主义与经济自由主义随着时间的推移而融合,而它们的融合又必然促成了解放的工作。然而,历史事件的进程足以证明,它们解放的是它们所代表的特殊阶级,而不是全人类。事实上,当这些新的获得解放的力量发动起来的时候,实际上是将新的负担和新的压迫形式强加给了没有特殊经济地位的广大民众。然而,要想恰当地搜集证据来证明这一论断是不可能的。幸运的是,我们并无必要来援引相关的事实。几乎每个人都承认存在着一个新的社会问题,这一问题对任何政治和法律问题都有影响;并且,无论这一问题被称为劳资关系、个人主义对社会主义,还是雇用劳动者的解放,其基础都是经济的。这里的事实就足以证明,早期自由主义学派的理想与希望已经被事件挫败,事件的进程确确实实地否认了他们所设想的普遍解放与利益之间的普遍和谐。过于"个人主义"是通常对自由主义学派的批评,但我们也可以说它不够"个人主义",这种说法同样贴切。自由主义的哲学是这样的:它帮助那些拥有优先、特殊地位的个体获得解放,但并不促进所有个体的普遍解放。

因此,反对古典自由主义的关键并不在于"个体"与"社会"这些概念。

古典自由主义的真正谬误在于认为个体天生或者从一开始就被赋予了权利、力量和需求,人们要求体制和法律的,不过是消除那些阻碍个体自然才能"自由地"活动的障碍。障碍的消除的确能够解放那些之前就拥有思想和经济手段的个体,让他们利用改变了的社会条件;但是,其他人则只好听命于那些占据有利位置的人通过解放后的力量所带来的新的社会条件。有人认为,只要将同样的法律安排公平地运用于所有人(不管他们在所受教育、资金掌握,以及控制由财产体制构成的社会环境上的差异),人们就能平等地自由行动。事实证明,这一观点完全是荒谬的。实际的(也就是有效的)权利与要求是互动的产物,它们并不存在于人性原始而孤立的构成当中(不管是道德的还是心理的),并且单单消除障碍是不够的。障碍的消除,只是解放了那些碰巧由过去的历史事件分配的力量和能力。很多人认为,这种"自由"行为的运作是灾难性的。无论在理智上还是在实践上,唯一可能的结论是:自由(也就是根据选择而行动的力量)的获得依赖于积极而建设性的社会变革。

我们现在有了两种看起来相互独立的哲学,一种认为自由就是选择本身,而另一种则认为自由是根据选择而行动的力量。在探究这两种哲学是否一定要相互独立,或者是否可以在一个单一的概念中联系起来之前,我们最好思考一下另一学派的另一条思路,这条思路同样将自由等同于行动中的运作力量。这一学派清楚地意识到,这种行动的力量依赖于社会条件,并试图避免和纠正古典自由主义哲学的错误。它用一种体制的哲学来取代个体的原始道德或心理结构的哲学。这一思路首先是由 17 世纪伟大的思想家斯宾诺莎(Spinoza)开辟的。虽然当时自由主义哲学还没有成型,但他的思想却预见了极为有效的批评自由主义的手段。在斯宾诺莎看来，自由就是力量。个体的"自然"权利就在于做任何他能做之事的自由，霍布斯可能也持这样的观点。但是，人能做什么呢？要回答这一问题，显然要看他实际拥有多少力量。斯宾诺莎的整个讨论就是基于这一点展开的。实际的答案是：原始状态下的人只拥有非常有限的力量。"自然的"，也就是天然的人不过是他们所属自然的一部分，几乎是无限小的一部分。用斯宾诺莎的术语来说，他们是"样态"（modes），而不是实体。由于仅仅是一部分，任何部分的行动都受制于其他部分的行动和反行动。即使部分有产生行动的力量（这种力量存在于任何自然事物中，无论是无生命物还是人），也没有将其完成的力量。行动始终处于无限而复杂的互动网络当中。如果一个人仅仅根据他的私人冲动、胃口或需要，以及他对行为目的和行为手段的私人判断来行动，那么他就只是无限复杂整体中的一个从属部分，与一根树干或一块石头无异。他的实际行动取决于自然中其他部分同样盲目而片面的行动，其结果是奴役、虚弱和依赖，而不是自由、力量和独立。

这条路并不通向自由。然而人有理智，有思考的能力。人不仅是物理存在的样态，也是心灵的样态。只有拥有了力量，人才是自由的；而只有当人根据整体而行动，并通过整体的结构和动力得到强化时，人才有力量。作为心灵的样态，人具有理解其所属整体之秩序的能力；通过理智的发展与运用，他可以认识到整体的秩序与法则，从而让自己的行动与其保持一致。只要人分享了整体的力量，他就是自由的。这种将自由等同于理性运作的观点，具有一些明确的政治含义。没有一个个体能够克服他想要作为孤立部分而行动的倾向。关于整体构成的理论洞见既不完整也不稳定，它会屈服于直接境况的压力。对于一个理性的生物来说，没有什么比有效地维持他的实际理性（或者说有力的理性），并将这种理性当作另一种合理的存在更为重要了。我们作为整体的部分而联系在一起，并且只有他人在关于整体与部分的性质上得到启蒙从而获得自由，我们也才能获得自由。法律、政府、机构等所有的社会安排都是有理性的，并且与整体的秩序一致；而整体的秩序则是真正的自然或上帝，我们在其中的任何地方都可以找到不受阻碍而行动的力量。要想更为完整地挑战洛克和自由主义学派的哲学是困难的。人的自然（这里的"自然"是这一学派所理解的自然）状态不是力量而是无能，不是独立而是依赖，不是自由而是服从。无论法律多么不完善和糟糕，它至少认识到了普遍性以及部分之间的相互联系，从而像教师一样，将人引向理性、力量与自由。最坏的政府也比没有政府要好，因为认识到法律和普遍关系是绝对的先决条件。自由并不是通过单纯地废除法律和体制,而是通过将对于事物构成的必然法则的认识逐渐浸透到法律和体制中去而获得的。

除了带来非难,很难说斯宾诺莎的哲学(不管是作为一般的形式,还是在社会层面上)有任何的即时效应。然而大约两个世纪之后,德国兴起了反自由主义哲学及其所有相关观念和实践的运动,斯宾诺莎被整合进了新的形而上学体系中,从而获得了新的生命和意义。这一运动可以被称为体制化唯心主义(institutional idealism),其代表是黑格尔。黑格尔用被称为精神的单一实体取代了斯宾诺莎的双面实体,并用一种进化的或展开的方式,而不是用几何图形式的关系,来重述整体的秩序和法则。根据黑格尔所理解的辩证法方式,这种发展在本质上是无时间性的或逻辑的,然而这种整体的内在逻辑发展又连续或暂时地外显在历史当中。绝对精神通过在法律和体制中一连串的零星步骤来体现自身;法律和机构是客观理性,通过参与这些体制,个体变得理性而自由,因为他通过参与吸收了体制的精神和意义。财产体制、刑法和民法体制、家庭体制,以及最为重要的国家体制,都是外在行为和自由的理性工具。历史记录了自由通过体制发展而获得的发展。历史哲学则将这一记录理解为绝对精神之客观形式的逐渐显现。这种对于古典自由主义观念的批评和挑战并不是可预见的,而是一种审慎的反思和反应。自由是一种生长和成就,并不是原始的拥有。自由的实现要通过法律和体制的理念化过程,以及个体对这一过程始终如一的积极参与;同时,这种参与不能废除或削减个人的判断和需要。

现在,我们要面对的是自由哲学中的关键性困难:作为选择的自由与作为行动力量的自由之间的关系是什么,或者它们之间有没有关系? 除了名称之外,这两种理解自由的方式有任何共同之处吗? 因为很少有材料来引导我们,对于这一问题的处理也就变得更为困难。总体来说,这两种自由哲学的发展都很少考虑对方的观点,但它们之间一定有某种关联。如果不表现在外部行动上,不通过行动上的表达给事物造成不同,选择就毫无意义。行动的力量并不像雪崩或地震那样,否则它的力量就不会那么珍贵。形成自由的力量(指挥问题与后果的能力)必须同表达在选择当中的人格有所联系。在我看来,无论在何种情况下,自由的根本问题在于选择与无阻拦的有效行动之间的关系。

我先要解决这一自动向我呈现的问题,然后再对此进行进一步的讨论;这样做并不是为了证明这一解决方案,而是为了指出坚持它的理由。作为选择的自由与作为行动力量的自由之间，有一种内在的联系。一个智性地表现个体性的选择能够扩大行动的范围，而这种扩大反过来又会给我们的期望带来更好的洞见和预见，使我们的选择更为智性。这是一个循环，但是一个不断扩大的循环，你也可以说是一个不断扩展的螺旋。这一论断当然只是一个公式，为了赋予其意义，我们不妨先从负面来看。比如，一个来自盲目偏好和未经反思的冲动的行动如果没有和周围的条件发生冲突，那就算幸运了。条件也许会反对偏好的实现，切断它，阻碍它，使它偏离轨道，从而陷入新的、也许更为严重的纠缠当中。但也有幸运的时候，情况也许碰巧很顺利，或者有人天生就有扫除障碍与阻力的力量。这个人因此获得了一定的自由，因为他有行动的力量。但这种结果是由于偏爱、恩惠和运气，与他自身并没有任何关系。他迟早会发现，自己的行为不符合条件。一次偶然的成功只会强化鲁莽的冲动，使人更有可能在未来屈服，当然持续好运的人除外。

另一方面，假设上面这个英雄的行动通过一个选择，表达了他对后果进行思考之后得出的偏好，也就是一个智性的偏好。后果依赖于他与环境之间的互动，因此他必须将环境也考虑在内。没有人能预见所有的后果，因为没有人能意识到产生后果的所有条件。每个人的行为都要比他所知的更好或更差，好运或者环境的合作仍然是必要的。即使带着最好的想法，行动还是有可能失败。但是，只要一个人的行动真正体现了智性的选择，他就能学到一些东西，就像一个探究者可以通过由智性指引的行动从科学实验中学到些什么，无论实验失败还是成功，失败的实验甚至帮助更大。他至少可以找出之前选择的问题所在，他可以选择下次做得更好。"更好的选择"意味着更具反思性的选择，而"做得更好"则意味着与那些实现目的相关的条件更好地协调。这种控制或力量永远都不可能是完全的，运气以及来自环境的无法预见的有利支持总是会存在的。但是，这个人至少养成了在意识到环境实质与事务进程的情况下进行选择和行动的习惯。更为重要的是，这个人能让挫折与失败为他将来的选择和目的所用。之前的每一件事都服务于他的目的——做一个智性的人。外部的任何失败，都不能阻止他去获得这种力量或自由。

刚才有句话中暗示智性的选择可以在不同的层面或不同的区域中运作。比如，有人擅长在经济或政治事务中进行智性的选择，在这些情况下，他是精明而有策略的，因而也就拥有行动的力量或者说是拥有自由。但道德家们总是说，在终极意义上，这种成功不算成功，这样的力量不是力量，这样的自由也不是自由。

我们不需要进入伟大的道德导师的劝告性说教，便可以引申出他们的以下两个观点。第一，环境中的条件是多元的，因此存在着不同领域中的自由。智性的选择可能选择由一组特殊条件构成的特殊领域——家庭的、国内的、工业的、金钱的、政治的、慈善的、科学的、教会的和艺术的，等等。当然，我并不是说这些领域是截然分离的，或者说它们之间的分割没有任何人为的因素，但在这些界限之内，特殊形式的选择以及特殊形式的力量或自由得到了发展。第二（在划分真假力量和自由时强调这一点），可能存在这样一个领域（这些道德唯心主义者认为，这一领域肯定存在），其中任何人都能获得自由和力量，不管他们在其他的领域中受到怎样的阻碍。这一领域当然是他们特别地称之为道德的领域。更粗略但更具体地说，任何人都可以选择友善、助人、公正和有节制，并在行动中获得成就和力量。我不会这么轻率地说这些伟大导师的洞见中缺少对实际的观察。但是避开这一点，任何人都可能会有信心作出一个假设性的论断。如果这一观点是正确的，我们就有方法来削减幸运境遇与天生能力的力量，使它们弱于个体性因素本身的力量。在特殊领域中，即便是最大程度的成功、力量和自由，也相对听命于外部条件。在这些领域中，除了友善和公正之外，其中再没有其他法则了，也就是说，其中既没有对立的事物，也没有事务的进程。不管挫折与失败是否存在于其他行动的模式中，这些领域中的选择依然可以获得自由和力量。这就是道德预言家们的实际主张。

有一种观点否认两种自由模式（作为智性选择的自由与作为行动力量的自由）之间存在着密切联系，一个例子也许可以帮助我们厘清这一观点。在决定某个偏好在行动中到底是无用的还是有利的条件方面，他人的态度与行为当然是最为重要的一部分。比如在某个家庭中，由他人形成的环境对孩子的所有选择一味迁就，这个孩子就能轻易做他想做的，极少遇到阻力，大家总体上都是配合他实现他的偏好。在这一范围内，这个孩子似乎拥有自由的行动力量，因为他不但没有受到阻碍，甚至还得到帮助。但是很明显，他只不过是幸运罢了。他是"自由的"，仅仅是因为他的周围环境碰巧就是这样的；对于他的性格和偏好来说，这只不过是碰巧或偶然。很明显，在这种情况下，并不存在智性运用偏好的生长，相反，这只不过是将盲目的冲动转化为规则的习惯。因此，孩子获得的自由只不过是表象，当他进入其他社会条件时，这种自由便会消失。

现在再来考虑一个反例。另一个孩子的自发偏好不断受到阻碍、禁止、干涉和唠叨，他总是受到与其偏好对立的情况的"教训"（这种教训的意味并不少见）。那么，我们是不是可以说这个孩子凭借经过深思的偏好与目的发展了"内在"自由呢？

这一问题自己就能回答:这种情况的结果毋宁说是病态的。对于自由(并非只是无限制的外在力量)来说,"教训"的确是一个必要的初步条件。然而,我们对于教训的主要认识存在着歪曲。只存在一种真正的教训,那就是能够产生观察和判断的习惯以确保智性期望的教训。简言之,人们不会考虑去获得行动中的自由,除非他们在行动中遇到的条件阻碍了他们的原始冲动。教育的秘密在于调和那些影响思想和预见的偏好与阻碍物,并通过这种对于性情和观点的改变来影响外在行动。

我举的例子都是家庭中或学校里的孩子身上发生的情况,因为这些问题都是我们熟悉的,辨识度也高。但这些情况与成年人的工业、政治和教会生活并无二致。如果社会条件为一个人的自发偏好准备了有利的前景,并且体制及赞美和认可的习惯也让他做事变得容易,这个人获得的正是行动相对不受阻碍的外在自由,就像那个被宠坏的孩子一样。但是,就选择的多样性和灵活性而言,他并没有多少自由:偏好被局限在已经铺好的路线上,最后个体变成了成功的奴隶。除此之外的绝大部分人,仍处在被"教训"的孩子的状态。他们要想实现自发的偏好就很费劲,环境,特别是既存的经济条件,都不利于他们。然而,禁止他们直接运作自然偏好,并没有赋予他们以智性的选择,就像一个没有机会来自己尝试的孩子一样。这样只会让他们崩溃,让他们变得漠不关心,并转向逃避和欺骗;并且,他们还会对那些对偏好不加限制、放任自流的情况产生补偿性的过度反应。精神和道德病理学文献已经让我们对这一后果以及其他的后果很熟悉了。

我希望这些例子至少已经将我们的公式解释得很清楚了:自由是一种让选择变得更为灵活多样、更具可塑性、更能认识到自身意义的行动倾向,这种行动倾向同时也扩大了选择能够不受阻碍地进行运作的范围。这一自由观有一个重要的含义。正统的自由意志理论和古典自由主义都在某些已经给予或已经拥有的东西的基础上定义自由。在内容上,前者非难无动机的选择自由,后者则非难自然权利与自然需求,这两者之间存在着一个共同的重要元素:它们都认为,自由存在于先在的、已经被给予的东西。而我们的观点则恰恰相反:自由存在于尚未存在的、处于生长中的东西;自由在后果中,而非在前提中。我们自由并不是因为我们静止不变,而是因为我们正在变得与原先不同。康德的自由哲学也许可以帮助我们发展这一观点。从年代上看,康德要比黑格尔和他的体制化唯心主义早一辈。避开繁琐的技术细节,我们可以这样来看待康德:他深受自然科学的兴起以及因果性观念(被定义为现象之间必然、普遍或不变的联系)在科学中所扮演角色的影响。康德认为,因果性原则可以被用在所有的人类现象和物理现象中,它是所有现象的法则。这样一条现象之链并没有给自由留下空间。但是康德相信责任,而责任则预设了自由。作为一种道德存在,人并不是现象,而是本体王国中的一员;而作为物自体的本体,则具有自由的因果性。我们这里关心的是康德的问题,而不是他的解决方案。基于自然主义的立场,我们如何能够说一个行为既是由因果性决定的,又超越地自由于任何决定性? 这个问题太过神秘,我在这里将此略过。

然而康德所指出的问题,对于当代意识具有最为重要的影响。包含所有事件的法则观念几乎已经变得无处不在了。在这一观念下不存在任何自由,除了说人在其构成中有某种超自然的东西。而康德的本体人和超越人,不过是将这一观念用让人印象更为深刻的措辞表达了出来。

这种陈述自由问题的方式公开指明了下面这一假设:自由要么是先天拥有的,要么就什么都不是。这一观念如此流行,要想质疑它的价值似乎是没有希望的。但是,假设我的每一个想法、说的每一个词在某种意义上都是由因果性决定的,因此,任何有足够知识的人都可以解释每个想法和每个词的来源,就像科学探究者在理想状态下有望解释物理事件一样。我们还可以假设(这一论点是假设性的,因此我们也许可以让自己的想象大胆一点),我说的话也许会影响那些更为有心、更能认识到其他可能性的听者的未来选择,从而让其未来的选择更为多样、灵活和恰当。先在的事实会剥夺未来偏好实际的质吗? 会拿走它们的实在性,使它们产生不了显著的效应吗? 我认为,没有比下面这种迷信观念更为僵化的了,即事物并不是其所是的样子,它们所做的也并不是我们看到的那样,因为事物本身的存在也是基于因果性方式之上的。水之所以是水,是因为它做了什么,而不是因为它的成因是什么。智性选择同样如此。对此,在前提中寻找自由的哲学与在后果和行动的发展中、在生成而非静态存在中寻找自由的哲学,会有非常不同的观点。

然而,我们不能将生成的力量同对于先在事实的考量分离开来。变得不同的能力,即便我们据此定义自由,必须是一种现存的能力;在某种意义上,它必须是当下存在的。探究到这里,所有存在都具有行动中的选择性这一事实再次出现,不过带上了新的含义。说电子和原子有偏好听起来也许很荒谬,也许还会带来偏见。但是,这种荒谬完全是由词语的使用造成的。其实,根本之处在于:电子和原子具有某种晦暗而不可削减的个体性,这种个体性体现在它们的活动以及它们以一种方式而非另一种方式活动的事实当中。在描述因果性序列时,我们仍然要从个别的、特殊的存在物和事物开始。我们能够以某种一致性和规则性来陈述变化的事实,并没有消除偏好与偏见中原始的个体性元素。相反,法则本身就预设了这种能力。我们不能企图通过将每个事物都视作是其他事物的作用来逃避这一事实。无论我们追得多远,都不得不承认个体性;因此,我们还不如省下这功夫,就从这一不可逃避的事实开始。

简言之,任何事物都具有某些独特的东西,并且这些东西会进入事物的行为当中。科学关心的不是事物的个体性,而是它们之间的关系。法则或一致性的声明(就像所谓的因果性序列)告诉我们的,并不是事物的内在所是,而仅仅是这一事物的行为与其他事物的行为之间的某种不变关系。这一事实暗示了存在的一个终极而不可削减的特征,那就是偶性,但这一点过于复杂,这里就不再深入了。不过,我们可以在许多当代科学哲学家那里找到证据证明(这些哲学家并没有特别地考虑自由,他们只是在解释科学方法与科学结论),法则并没有解释事物的内在存在,而只处理事物与其他事物的关系。如果在适当的场合,而且也有足够的知识,我想我能够指明,物理科学中正在发生的巨变正是与这一观念联系在一起的。旧的理论带来的是混乱,它们将关于事物之间关系的知识当作关于事物本身的知识。正是因为认识到了这种混乱,现在的物理理论中出现了许多更正。

如果要清楚地把握这一点对于自由观的完整意义,我们需要更进一步的详尽阐述,虽然不是在这里。然而,这两者之间的联系是存在的,我们也能看到这一联系的一般性质。所有事物都有偏见、偏好和反应上的选择性,这一事实虽然不是事实本身,却是任何人类自由不可或缺的条件。目前存在于科学家当中的一个趋向,是将法则理解为统计学上的,也就是说,法则陈述的是在大量事物(这些事物中没有两个是完全一样的)的行为中找到的"平均数"。沿着这条思路,我们可以得到的结论是:法则以及自然现象(包括人类行动)中的一致性和规范性绝不会排除作为具有特殊后果的特殊事实的选择。没有法则会排除有其特殊运作方式的存在的个体性,因为法则涉及的是关系,而关系则预设了个体的存在与运作。如果选择是一种特殊的行为,具有特殊的后果,那么科学法则的权威不会以任何方式对这一现实产生不利的影响。问题被还原为一个事实:什么是智性的选择? 它对人类生活的作用又是什么? 我不能再叫你们去走已经走过的地方,但是我想说,之前我们提出的这些思想揭示出:在自由的名义下,人们实际珍视的是那种多样而灵活地生长,且能够改变倾向与性格的力量,而这种力量正是来自智性的选择。因此,对于自由的常识性实践信念已经有了良好的基础,虽然关于这一信念的理论证明常常是错误的,甚至是荒谬的。

我们也许还要再进一步:变化中的一致性关系不但不是实现自由的障碍,还为——在它们被认识之后——发展自由提供了帮助。再以之前提到的假设性情况为例。"我的想法是有原因的"这一说法指的是想法的产生与起源(并不是想法的本质),这是一种与其他变化联系在一起的变化。即便只知道关系,我们获得所要观点的力量也会大大增强,同时我们的观点对于他人观点和选择的影响也会增强。对于产生选择的条件的认识同智性地引导选择的潜在能力是一样的。但这并没有消除选择的特殊性质,选择仍然是选择。但这时的选择是智性的选择,而不是麻木而愚蠢的选择;同时,这种选择将我们引向无阻碍的行动自由的可能性也增加了。

这一事实解释了思想自由与言论自由在我们的社会和政治生活中所占据的战略地位。用赞美或劝告来谈论这种自由的重要性,是没有必要的。如果我们之前的立场——自由存在于由偏好到智性选择的发展过程当中——是合理的,那么这种特殊自由的核心特征就能够得到解释。根据整个自由主义的理论,保证思想和表达自由所必须的就是移除外在的障碍:移除人为障碍,思想就能运作。这一观点包含了个体主义心理学的所有错误:思维被认为是一种天生的能力或官能,为了运作它,只需要一个外在的机会。然而,思想是人类工作中最为复杂的。如果说其他技艺是通过有序的训练获得的,那么思维甚至需要更多自觉而连贯的注意力。同其他技艺一样,思维并不是从内部发展的。它需要有利的客观条件,就像绘画需要颜料、画笔和画布一样。思想自由中最重要的问题是:社会条件是阻碍了判断和洞见的发展,还是有效地推动了它们? 我们理所当然地认为,为了保证特殊工作(比如数学)中的思考能力,特殊的机会和长期的教育是必须的。但是,我们似乎认为在社会、政治和道德问题中有效思考的能力是来自上帝的礼物,并且这种赠予是自发创生的。很少有人会去辩护这一粗略陈述的理论,但在总体上,我们都是将它当作真的一样在行动。甚至我们审慎的教育和学校的运作都是在灌输某些信念,而不是在促进思考的习惯。学校是如此,其他社会公共机构对于思想的作用何尝又不是如此呢?

在我看来,这一状况解释了当前对于自由的实际核心——思想自由——的冷漠。有人认为,某些法律上的保障足以保证这种自由的可能性。对于法律保障的破坏,即使只是名义上的,所激起的不满似乎越来越少。的确,法律限制的单纯缺乏也许只会激起一些不成熟而愚蠢的观点；并且，这些观点的表达可能是无用或有害的，因此大众的情绪似乎越来越不反对公开审查的执行。对于人类自由事业的真正强烈兴趣，会体现在社会机构对于证据的好奇、探究、估量与检测善于怀疑而永不停止的关心上。当我看到我们的学校和其他机构的主要目的是发展永不停止且有辨识力的观察力和判断力，我开始相信，较之于为了让他人服从我们的意志而将我们的信念强加于他们之上，我们更关心自由。

还有另一个相似点。人们常常认为，言论自由（无论是口头，还是书面）独立于思想自由，并且在任何情况下，我们都无法拿走思想自由，因为它存在于我们无法触及的心灵当中。没有任何观念比这一观念更加错误了。交流中的想法是思想觉醒（不管是别人的，还是我们自己的）的一个不可或缺的条件。产生的想法如果不能获得交流，要么逐渐消失，要么就会变得歪曲或病态。公共讨论与交流的公开气氛是观念和知识诞生不可或缺的条件，也是其他健康与充满活力的生长所不可或缺的条件。

总之，自由的可能性深深地扎根于我们的存在当中。它伴随着我们的个体性，我们就是独特的自己，并不是他人的模仿者和寄生虫。然而，像其他所有的可能性一样，这一可能性必须得到实现；并且像其他所有的可能性一样，这一可能性只有通过与客观条件的交流才能实现。就个体自由的问题而言，政治与经济自由的问题并不是补充或事后的想法，更不是偏离或累赘。因为为了实现我们每个人的结构中所带的自由的潜力，那些形成政治和经济自由的条件是必需的。变化中持续而一致的关系以及将这些关系认识为"法则"，并不是对自由的阻碍，而是使我们具有生长能力的必要因素。只有当个体的偏好（个体的偏好就是个体性）发展成了智性，不再是抽象的知识和思维，而是预见和反思的力量，它们与社会条件的互动才能以有利于实现自由的方式进行，因为预见和反思的力量让偏好、愿望和目的更为灵活、机警和坚定。长久以来，自由都被认为是一种运作于封闭而终止的世界中的不确定的力量。实际上，自由是一种运作于世界中的坚定意志。这一世界在某些方面是不确定的，因为它是开放的，并且朝新的未来而运动。

（孙　宁　译）

自由^{*①}

有句老话说:"自由的代价是永无休止的警觉。"这句话现在有特殊的意义。从压迫中获得解放是建立美利坚合众国的主导目标,自由与民主制度的观念如此紧密地联系在一起,以至于我们国家似乎把它看作理所当然的社会目标,并且人们理所当然地认为无需过多地考虑它,只需几句话就够了。但是,历史的教训是:随着人类关系每一个重大的变化,限制个人的生活因而阻碍自由的势力也随之而改变。因此,自由是一个永恒的目标,需要不断地奋斗和更新。它并不自动地使自身永存,除非它不断努力地战胜敌人,否则必将消失。

随着社会变得越来越复杂,破坏自由的势力越来越以精细的形式出现,它们的运行越来越阴狠。由于它们乍看起来似乎并不压制自由,所以也就越来越有效了。的确,初看起来,在运行的初期阶段,它们很可能大受欢迎,因为它们带有一些明显的优点——甚至可能有更大自由的前景。我们的先辈们为之奋斗的自由,主要是摆脱极其粗暴而明显的压迫形式,即由遥远的中央行使的政治权力的压迫。结果,我们就形成了这样的传统:自由的主要敌人是政府权力,自由的维护几乎等同于对每一次政治行动的扩展都怀有嫉恨的畏惧和反对。经过若干代人,我们才意识到:一个人民的政府,由人民主导的政府,应该是一个提供并保障个人自由的、积极的、必需的机构,而个人既是统治者又是被统治者,不是压迫的工具。这个教导至今还

---

* 此文选自《杜威全集·晚期著作》第 11 卷,第 192—197 页。
① 首次发表于美国教育协会(National Education Association)《社会经济目标对于教育的意义:美国社会经济目标委员会报告》(*Implications of Social-Economic Goals for Education:A Report of the Committee on Social-Economic Goals of America*),第 9 章,美国教育协会,1937 年,第 99—105 页。

远远未被完全学好。

美国人民赢得独立的那些条件,其直接后果在很大程度上把自由等同于政治自由,甚至在很大程度上以一种消极的方式考虑这些自由。它的正面表达,主要局限于选举权和选择公职人员,从而间接地参与公共政策形成的权利,以及自身被选为政府官员的可能。选票成了自由的光荣象征。每年7月4日的演讲魔幻般地唤来一道奇景:自由人鱼贯而去,走向投票点,去领取无价的自由礼物。然而,人们却忽视了公民是在哪些条件下行使选举权的,那些条件在很大程度上限制和控制着选举权。对于很多人,也许对于广大民众来说,这种权利削弱成完全流于形式的东西。腐败现象开始蔓延;首脑和由首脑在幕后操纵的宗派政治机器成长并繁荣起来。只有阅读过一百年前霍拉斯·曼的著作和演讲,理想化地看待共和国早期的那些人才注意到,他在多大程度上把当时普遍的恶劣政治条件看作他呼吁建立并扩大普通公立学校的大部分理由。他抱怨的很多罪恶减少了,尽管还没有被消灭。但是,现在的政治情形以及过去的历史都使我们相信:把自由仅仅等同于政治自由,最终甚至连政治自由都会失去。

在我们国家的早期历史中,居民的重要自由实际上处于非政治领域。无主的土地,稀少且散居的人口,大多数是农村的,一个有待于被征服的大陆等等,这些表明:每个人都有空间——不仅仅有物理的空间,而且有个人的精力和首创性得以施展的空间、开拓事业的空间,似乎每一个有活力有才智并勤奋地将其利用的人都有无限的机会。荒地边界在不断地召唤。虽然边界是指地理上的边界并要求物理运动,但边界不只是边界,它还指经济的和道德的边界。事实上,它宣告美国就是机会。它展现出这样的前景:每一个为成功而努力的人都将获得成功的回报。机会的自由比政治的自由更多地缔造了真正的"美国梦"。即使在条件改变以后,并且在彻底地改变以后,它仍然持续地印刻在"机会自由"这一美国特色的观念上。这种机会自由是所有人的自由,它不因社会地位、出生、家庭背景不同而受到阻碍;最后,至少在名义上,没有种族和性别的歧视。

但是,社会情形的确改变了,并且是彻底地改变了。无主的土地几乎消失了。召唤人们去开垦的地理荒地实际上不复存在了。人们的习惯改变了,从适合农业条件改变为适合机械化工业的要求。人口显著地城市化,不仅仅在地域上,而且在标准和品味上。大规模机器生产的工业越来越集中,并且这种集中越来越多地处在集中化的金融的控制下。当机会平等所包含的自由在很大程度上是实际条件的表达时，它可以是理所当然的，而现在不再是这样。自由是需要运用所有可用的手段来奋力获取的东西。如果没有达到它，那么，独特的美国梦就变成一种记忆，美国式的、民主的自由理想最显著的特征便会遭受毁灭性的灾难。直到为机会平等而进行的自由之战获得胜利，自由的确就是社会的、经济的目标，美国教育体系必须尽其最大的努力来达到这个目标。

也许在某一时期，经济和社会条件使机会自由充分地接近实际的事实，以至于人们可以沾沾自喜地认为，这种自由是美国制度运行中固有的东西。即使如此，这些条件也只是过度地强调了机会的一个方面，即物质的、金钱的经济机会这一狭隘方面。大众衡量成功的尺度，主要是财产的占有、收入的扩充以及数量的增加。在片面强调物质机会造成的条件的影响下，人们形成了这样一种观念：只要正式的法规平等地应用到所有的人，只要政府不对人们自然的行动自由进行所谓的干预，一切个人天生拥有了平等的自由。这种自由观念认为，每个人都有同等权利不受社会限制的束缚去从事商业活动和挣钱，只要他不违反成文法的条例。这种自由观念与政府是压迫的主要来源这个观念相吻合。这两个信念结合产生的结果是：把自由等同于自由放任的个人主义。查尔斯·A·比尔德(Charles A. Beard)引用约翰·R·康芒斯(John R. Commons)在《教育在美国民主中的独特作用》①中的话说，这种哲学把民主自由等同于"个人主义、自私、分工、商品交换、平等、流通、自由的各项机械原则，等同于上帝安排，它使个人没有互利的意图而能够互利"。特权阶级的代表把这些观念当作自由哲学的本质。他们对法庭、对大众的道德信念产生了巨大的、有时是最大的影响。这种自由观念越有影响力，对大多数个人实际自由的侵犯就越为迅速。

正是在这种条件(刚才作了大致的描述)下，自由成为一种需要奋斗获得的目标，而不是理所当然的事实。

正是在这种条件下，获取自由的问题越来越复杂、越来越微妙，几乎涉及生活的每一个方面。达到自由目标的问题现在呈现出许多方面，即使提一提这些方面也超出了本文的范围。这里仅通过举例来说明几点。

经济的、个人主义的自由在全盛期，毫无疑问推动了发明、独创精神以及个人

---

① 美国教育协会和校长部、教育政策委员会，《教育在美国民主中的独特作用》(*The Unique Function of Education in American Democracy*)，华盛顿哥伦比亚特区：该委员会，1937 年，第 38 页。

活力，促进了国家的工业发展，但也鼓励了一种不计后果的投机精神，给现在和将来的人们带来了沉重的负担。它助长了自然资源粗暴、过度地利用，似乎自然资源真的能够永不枯竭。公共领地要保护，贫瘠的土地要修复成肥沃的土地，要与洪水进行战斗，要遏制我们的民族遗产大部分变成沙漠的势头，这都是我们为过去沉溺于所谓的经济自由的放纵行为交付的罚金。没有自然资源的富足存贮，所有人的平等自由就无从谈起。只有那些已经拥有它的人，才能享受它。如果要获得真正的机会平等，我们传统的浪费和破坏政策不仅必须修改，而且需要逆转。

如果工作和收入不能在一个合理的程度上得以保障，那么就几乎没有真正自由的可能。上一次的大萧条使我们清楚地认识到这一教训，我无需作详细的论述。对于把自由等同于没有社会限制的个人主义，这里作一个令人痛苦的点评：数百万人失业了，积蓄也耗尽了，他们主要依靠非官方的施舍和公共救济为生。对自由的限制，不限于失业和无保障的直接牺牲者。商人中掀起了一股浪潮，反对公共救济施加的税务负担；这表明，他们也觉得他们的生产活动范围受到了限制。

然而，不幸的是，他们之中很少有人表现出倾向寻找造成这种情形的原因。他们通常满足于抱怨他们不喜欢的征兆。

工业的集中和中心化也给他们通往真正的思想和行动自由的列车带来了极大的危险。应该指出一些来自宰制（regimentation）的危险，其根源是过度的政治集中。但是，我们不应该忽视工业和资金的集中化造成的极其大量的宰制。托马斯·杰弗逊（Thomas Jefferson）颂扬农业政体以及独立的小生产者和店主，并预言工业化伴随的邪恶，而造成邪恶的一大理由是道德的理由。在早期政体下，个人也有机会要求亲自实施他的决策，这种行为伴随着满足感。在高度集中化的金融和工业政体下，大多数个人不过是附庸，他们势必成为一个巨大机器里的齿轮；而他们不理解这个巨大机器的运转，在它的管制下，他们没有职守，只有听天由命。如果普遍的自由要成为现实，就必须找到方法，使大多数个人比现在更好地参与工业过程的导向。对他们而言，仅仅获得更多的工业生产的物质产品和金钱产品，并不能保障他们的真正自由。

再举一例来说明现行条件限制个人自由的方式，使它成为一个有待于达到的目标，这就是狭隘民族主义的快速膨胀。这种限制推到了完全否认个人自由的极端，在独裁者统治的欧洲极权国家中就有这种极端形式。但是，如果以为对自由的束缚只限于这些国家，那就大错特错了。由于严重的民族主义，现在每一个国家都生活在过去战争施加的重负之下,也生活在未来战争威胁的笼罩之下。没有什么单一的力量像现代战争一样,对个人自由造成如此彻底的毁灭。不仅仅是个人生命和财产遭到战争带来的外在控制,他们的思想和表达能力也遭受同样的控制。战争是对整个人类施加的一种大规模的道德奴役。和平是获得自由这个目标必需的、紧迫的条件。

然而,美国生活中有一个领域,在那里,人们对政府行动的恐惧从来没有占优势。这就是教育领域。在这个领域中,建国之父们用几乎全体一致的声音宣称:政府,即使不是全国的,也是地方的和各州的政府,应该积极地、建设性地采取行动。这种声音在我们整个历史过程中得到了政治活动家和教育活动家的不断响应。这种声音在美国人民心里唤起了热烈的回应,其热烈度超过了任何其他号召产生的效果。毫无疑问,很多家长响应这个号召,因为他们觉得学校教育打开了物质机会和成功的大门,否则这扇门对他们的孩子是紧闭的。但是,这种号召和响应不仅仅是物质上的。美国教育信仰赖以建立的信念是:没有教育,自由和平等机会的理想就只是空洞的幻想;自由发展最可靠、最有效的保障就是教育。

这个事实给学校和办学的教育者们施加了重大的责任。学校为自由这个社会经济目标的实现做了什么? 它们在哪些地方失败了? 与危及自由的威胁进行斗争的过程中,他们可以并且应该做什么? 仅仅这些问题的提出就使我们注意到自由的一个方面,这是在此前的讨论中没有触及的一个根本方面——智力自由。尽法律所能保证的限度,联邦宪法里的自由和权利法案(很不幸在所有的州立宪法中都没有)保证信仰自由、言论自由、出版自由、集会自由、诉讼自由。这些都是我所说的智力自由的一些方面,称之为道德自由也许更好一些。比起外在的行动自由,永远的警觉更是这些自由付出的代价。在有些领域,人们感到,思想和表达的自由可能侵犯既得的特权并扰乱现行秩序。在这些领域,自由的敌人是有组织的、坚决的。学校是这些自由最终停泊的港湾和依托。因为学校比任何其他单一机构更关注自由的求知、争论和表达的发展。

学校通过模范和训导来灌输对这些自由形式的珍贵品质的信念,甚至学校自身成为实践自由求知、自由实验、自由交流的生动模范,这都是不够的。这些东西的确应该培养。但是,学校也有责任保证那些离开学校的人知道哪些观念是值得思考和表达的,有责任勇于用这些观念来打破反动势力和保守分子的阻碍。从长远看来,一切公开露骨的或私下阴暗的检查制度的最大帮凶和思想与表达自由的最大敌人,很有可能不是那些由于这种自由对自身地位和财产可能构成影响而感到害怕的人,而是人们抱有的无关痛痒和毫不相干的观念,以及表达这些观念无效的、甚至腐朽的方式。

思想和表达的自由的确是必要的。但是,正是由于它们对社会的健康和进步是必要的,所以,更加必要的是:观念应该是真正的观念,而不是虚假的观念;它应该是探索、观察和实验、收集和权衡证据的结果。与其他单一的机构相比,学校更有任务和责任在这个方向上形成稳定前进的态度。循规蹈矩的教学,不民主的学校行政,也许是产生某类人最可靠的方式;他们欣然屈服于外部权威,不管这种权威是武力施加的,还是习俗和传统施加的,抑或是现存经济体系产生的各种社会压力施加的。如果自由智力的精神没有渗透学校的组织、管理、学习和方法,那就只能徒劳地期待学校培养出来的年轻人在面对社会问题和达到自由目标时积极进取地支持自由智力事业。

教育者在这方面有重要的责任。关于美国社会的经济目标,最初的简洁陈述中有这样的话:"教师应该越来越多地成为社群思想的领导者。"但是,教师不可能单独完成这个任务。同一段陈述进一步说,"为了这项任务,他们需要群体的团结以及公共舆论的支持,唤起人们认识自由这个方面的根本重要性"。重点在于大众有更大的经济自由,但这并不是最后的重点。它并不单独成立。最终,经济自由(它依赖于经济保障)是文化自由的一个手段。通过科学、艺术以及无限制的人类交流,人类精神获得全面的解放从而得以发展。学校是促进这种自由最卓越的潜在社会机构。

归根到底,自由是重要的,因为它是个人潜能得以实现的条件,也是社会进步的条件。没有光,人将毁灭。没有自由,光亮就会变得暗淡,黑暗开始笼罩。没有自由,古老的真理就变得陈腐破旧,从而不再是真理,仅仅是外在权威颁布的命令。没有自由,新真理的寻求,人性可以更安全正当行走的新路径的开辟就到了尽头。自由是对个人的解放,是社会朝着更加符合人性的、更高贵的方向前进的最终保障。束缚他人自由、特别是求知和交流自由的人所创造的条件,最终将危及他自己和他的后代的自由。永远的警觉是为维护和扩大自由付出的代价,学校应该是这种警觉永不停歇的看护人和创造者。

(熊文娴 译)

自由与社会控制 *①

如今没有哪个词比"自由"更流行了。每一种力图有计划地控制经济力量的做法,都受到某个群体以自由之名发起的抵制和攻击。观察表明,属于这个群体的人出于显而易见的理由,热衷于维持经济现状;这就是说,维持他们已经拥有的习惯特权和法定权利。回顾历史全局,我们发现,自由的要求和求取自由的努力都来自那些希望改变制度结构的人。这种显著的差异,触发深入的思考。自由到底是什么意思? 为什么在过去,自由的事业等同于努力改变法律和制度,而现在,某些群体竭尽所能要公众相信经济制度的改变是对自由的攻击呢?

首先,自由并不仅仅是一个观念、一个抽象的原则。它是一种权力,一种做具体事情的有效权力。并不存在一般的自由,或者说笼统的自由。如果一个人想知道在某个时间自由的条件,那么,他需要考察人们能够做什么、不能够做什么。一旦从有效行动的角度来审视这个问题,很明显,对自由的要求就是对权力的要求,或者是要求取得尚未获得的权力,或者是要求保持和扩大已经获得的权力。如果你把现行经济体制的经营者和受益者的所作所为看作维持他们已经拥有的权力的要求,那么,他们目前在自由方面的言行就清楚明白了。既然现行经济体制给予了他们这些权力,自由就不可避免地等同于该体制的长久延续。把现在关于自由的叫嚣翻译成他们争取维持已有权力的行为,事情就好理解了。

第二,有效权力的拥有总是关系到当时存在的权力的分配。一个物理的类比,

---

* 此文选自《杜威全集·晚期著作》第 11 卷,第 282—284 页。

① 首次发表于《社会前沿》,第 2 卷(1935 年 11 月),第 41—42 页。

可以使我的意思更加明白。水向山下流,电流流动,都是由于位差(difference in potentials)。如果地面是水平的,那么水就会停滞。如果在平静的海上出现了剧烈的波浪,那是因为有另一种力量在作用,那就是风,而风是由不同地点的温度分布不均引起的。在物理上不存在这样的情况:一个事物的能量或有效力量的显示,不与另一些事物的能量显示相联系。不与另一些个人、群体或阶级的自由或有效权力相联系,也就不存在某个个人、群体或阶级的自由或有效权力这样的事情。

因此,一个特定群体要保持已有权力的要求,意味着其他个人或群体继续拥有的仅仅是他们已有的行动能力。在某一处要求增加权力,意味着要求改变权力分配,即要求在另一处减少权力。讨论或衡量某个个人或群体的自由,就不能不提出他人自由所受到的影响的问题,正如你要测量上游水流的能量,就不能不测量水位差。

第三,自由相对于现有行动权力的分配,这种相对性意味着不存在绝对的自由,同时必然意味着一个地方存在着自由,则另外一个地方存在着限制。无论何时,那个时间存在的自由制度总是同一时间存在的限制或控制制度。你能做什么,总是与别人能做什么和不能做什么相联系。

这三点都是一般性的。但是,它们不应被仅仅视为抽象概念而不予考虑。因为这三点如果应用到观念上或者行动上,就意味着自由总是一个社会的问题,而不是个人的问题。因为任何个人实际上拥有的自由依赖于现有自由或权力的分配,而这种分配等同于实际的社会安排,即以特别重要的方式进行的法律、政治——和经济——安排,如今经济尤为突出。

现在回到一个事实,即历史上争取自由的伟大人类运动总是改变制度的运动,而不是原封不动地保留它。由以上论述可知,有一些运动曾经产生了行动权力分配的变化——思考和表达的权力也是一种行动权力——以图达到一个更平衡、更平等、更公平和更公正的人类自由的制度。

当前争取工业、货币和信用的社会控制的运动,只是这个无止境的人类斗争的一部分。现在试图用现行自由分配来定义自由的做法,就是企图维持现行的权力控制、社会限制和管制制度。我不能在此讨论这个制度的本质和后果。如果你满意这个制度,那么,你就去支持(比如说)自由联盟提出的自由概念吧,它代表现行的经济制度。但是,请你不要受愚弄,以为问题在于自由与限制和管制相对立。因为对立的一方是自由分配所依赖的一种社会力量控制体系,而另一方是另一种社会控制体系,它实现另一种自由分配。并且,那些力争用合作的经济体系取代现行体系的人也要记住:在力争建立社会限制和控制新体系的时候,他们也是在力争建立一种更公平、更公正的权力平衡,提高和增加广大个人的有效自由。请他们不要受蒙蔽,站在为支持社会控制而牺牲自由的立场上,因为他们想要的是一种不同于现状的社会控制方法、一种将增加人类自由的重要的方法。

以为我们现在没有社会控制,这种想法是荒谬的。麻烦的是,实行社会控制的是少数拥有经济权力的人,他们牺牲多数人的自由,以混乱的增加为代价,其顶点是战争的混乱;而那些占有者阶级的自由代表,却把这种战争混乱等同于真正的纪律。

（李　楠译）

五、民主

民主伦理学 *①

明显的矛盾总是值得我们注意。当矛盾发生在表面上是普世的生活方式与使这种方式变得几乎毫无价值的理论之间时，这个矛盾便更加引人注目。当前的民主制度就处于这样的矛盾之中。一方面，在社会事务中发挥越来越大实际影响的同时，民主制度所获得的理论评价却越来越低。当前，民主制度对生活的实际控制是前所未有的，但我相信，没有观察家会否认，民主制度的追随者从未像今天这般谦卑；民主制度的诋毁者也从未像今天这样蛮横而悲观。对他们而言，毫无疑问，这种情形是对他们所采取态度的进一步佐证；人们越是认识民主制度，就越不喜欢民主制度。因此，我们可以容易地说明这个矛盾。但是，那些相信人类实践本能不会轻易走向彻底错误的方向的人——正如历史长河与政治存在的广泛领域所证明的那样——那些相信在实践生活与理论批判之间存在的冲突中，后者更容易走向错误的人，将可能要求对理论作出修正。抛开对受到良好教育的人的信仰与政治有机体的现实趋向之间存在断裂的原因作进一步的探索，我希望用这个断裂最近的一些表现中的一个措辞来验证那个基本观念，即民主理想。它就是亨利·梅恩（Henry Maine）先生的著作《民众政府》（*Popular Government*）。

这本书清晰地解释了我所知道的一个政治哲学流派。它从广泛的历史知识出发，有着敏锐的分析。对该书的相应检验，将不会产生对亨利·梅恩先生个人观点

---

* 此文选自《杜威全集·早期著作》第 1 卷，第 175—192 页。

① 本文最初作为《密歇根大学哲学论文集》第二组文集的第一篇发表，安德鲁斯出版社，1888 年，第 28 页及以后。后来一直没有重印。

的批判，而是去批判该书得出关于民主制度本质一些结论时所采用的方法。也许可以从梅恩认为民主没有任何历史意义、不能实现任何理想，可以看出他的立场的彻底性。民主制度只是"一系列偶然事件的产物"。民主制度的前景与民主制度的过去一样不确定。民主制度是所有政体中"最脆弱、最不可靠的一种"；由于民主制度的引入，政府比古罗马执政官时期更加不稳定。从历史经验判断，民主制度总是"以产生恐怖而病态的君主制与贵族制形式而告终"。他对民主制度的真实趋向的论述，也许会导致我们去期望他对民主制度历史的总结，以及对民主制度未来的预言的发生。"民主制度的合法性在于巨大的破坏性狂欢的爆发；在于对所有现存制度的随意颠覆，随之而来的是民主规则终结了所有社会与政治活动的冗长岁月，并导致致命的极端保守主义。"这是因为，正如他隐晦地评论道："那种认为民主制度是一种进步政体的想法，绝对是一个最明显不过的幻觉。""对所有建立在科学观点之上的合法性而言，群氓掌握权力是一个最黑暗的征兆。"他对这整个事件的总结，可由施特劳斯（Strauss）的那句让他推崇备至的名言来表达，"历史是正统贵族的历史"。

尽管我承认他关于民主制度起源的想法似乎建立在一种历史观的基础上，这种历史观除了承认民主源自于那些偶然的周边环境之外，否认民主制度具备任何意义；我承认，他对民主制度未来的预言建立在一个离题的基础上；我承认，那个可能的破坏性是一种为了消除贵族制引发的邪恶的偶然必要性；我还承认，民主制度被认为是缺乏合法性的这个事实反倒证明了，在除民主制度之外的所有政体中，人民大众比那些少数派更加反对变革与进步。但是，作为他理解这个问题的理论与哲学的根据，这些观点本身没有任何问题。这个根据也许无懈可击。但是，那个指控针对的是教养出如此一批大众的政体形式，而非民主制度。

但抛开这些考虑不说，我们必须先来看看梅恩关于民主与政府的哲学。梅恩的根本立场，他所认为的理解这个事情不可或缺的立场，就是"民主制度仅仅是一种政体"。所有那些不是从"民主制度只是不同政体中的一种"这个清晰洞见出发而赋予民主制度以任何意义或功能的观点，都必须取消。这是我们的出发点。下一步就是关于政府的意义。这里事实上采用了霍布斯的观点，这个观点被边沁与奥斯丁的分析学派所说明。政府仅是用来处理被统治者与主权者的关系、政治上级与政治下级的关系的。这是第二点。第三点是关于各种政府的区分特征是什么——即如何把民主制度与其他政体形式区别开来。这是一个数量或数字问题。

假如主权者是一个或少数几个,被统治者是大多数,那么就是君主制或贵族制。假如主权者是大多数,而被统治者是小部分,那就是民主制度。因为民主制度的特征在于,表面上的统治者实际上是仆人;而表面上是被统治着的则是事实上的统治者。

在此,我们已经对这个政治哲学流派的主要观点有了轮廓性了解。但是,一定要进一步拓展这些主要观点。民主制度是多数人的统治,是大众的统治。这是基本点。民主就是数量的聚合,就是诸多个人的聚合。因此,民主制度是难度最高的政体。因为假如可以假设一个人或一小撮人应当拥有一个共同意志,而群众被认为去实践那个意志,①这种说法绝对不可理喻。所有政府的基础在于对意志的实践,而群众则不可能拥有一个共同意志。② 然而,那个共同意志必定是一个杜撰物,用来给政府披上伪装。梅恩说,唯一能制造这个统一的力量的是政党与腐败——依他之见,政党对治国有害,而腐败则对统治大众的道德有害。③ 作为乌合之众的民主制度,它当然会把它的主权或政治力量切成许多碎片,每个人所占比例几乎是无穷小的。④ 民主制度的公民是"政治力量的碎片";民主制度的成长就是"把政治力量切碎成各个渺小的碎片的过程"。在此,我们对民主制度的不稳定性与非进步性有了充分的理论解释。在作为乌合之众的民主制度中,大众尽管是统治者与主人,但他们必须把权力代理出去,交给所谓的统治者,因为大众作为整体不可能亲自实施权力。⑤ 简言之,在民主制度中,政府是通过一个代理过程而形成的外部力量。

因此,这个问题的关键是:民主制度是否可以被描述为大多数人的统治,民主制度的数量属性是首要的、本源的,还是次要的、派生的。决定这个问题之后,将随之产生另外三个问题的答案:首先,关于主权的性质问题;其次,关于政府与国家的关系问题,或代理理论的恰当性问题;最后,关于民主制度是否可以被描述成仅仅是一种政体的问题。

值得注意的是,梅恩借用亚里士多德的权威,把民主制度定义为大多数人的统

---

① 亨利·梅恩,《民众政府》,第 88 页。
② 同上书,第 202 页。
③ 同上书,第 98 页。
④ 同上书,第 29 页。
⑤ 同上书,第 81 页。

治,这是十分浅薄的。实际上,亚里士多德把那个数量特征当作分类的基础,但梅恩从未认识到亚里士多德通过分析后获得的认识:实际上,统治国家的是各种法律,而人们不管是一小撮人还是大多数人,都只是法律的工具。当然,后者的这个特性导致了许多结果。并不是说少数人统治或多少人统治是一个无关紧要的问题;而是说,毕竟每个国家的本质特征都存在于它的宪法与基本法中间。当然,自从法国大革命抽象的自然权利哲学产生以来,政治理论的整个主旨已经朝着这个观念发展:社会是一个有机体,而政府是社会有机体本质的表达。假如事实果真如此,那么利用纯数量概念来定义民主制度,就像通过计算构成树木细胞的多少来定义一棵树那样,是微不足道的。

如果梅恩采用那种数量聚合观和大众观,那么以下事实将更加令人惊讶:在过去的岁月中,他如此激烈地反对由这个观念自然而然、不可避免地衍生的一个理论。没有人比梅恩更加强烈地反对关于国家起源的"社会契约论",而这个理论唯一的来源就是把社会看作由诸多个人组成的大众的社会观,正是源于梅恩在此所采纳的那个观念。"社会契约论"的本质不是关于某个契约形成的思想,它是这样一个思想:人们在形成契约之前,仅仅是没有任何社会关联的诸多个体。人们借助于何种方法使自身脱离个人主义状态,这并不重要;重要的是以下事实,即人们处于他们必须摆脱的个人主义状态中。简言之,那些认可这个理论的人的脑海中存在的那个概念是:自然状态中的人是非社会的个体,是纯粹的乌合之众;必须发明某些技巧来把人们整合到政治社会中。人们在他们互相签订的契约中,找到了这个技巧。梅恩认为这个技巧是不真实的并否认它,但他保留了那个根本思想,那个认为人们是纯粹的乌合之众的思想,而正是这个思想导致了那个技巧的产生。

然而事实是,那个"社会有机体"理论,即认为人们不是孤立的非社会原子,而只有在人与人的内在关联中才可称为人的那个理论,已经彻底取代了把人看作一个聚合体、看作一堆需要通过人造泥钵把他们汇聚成秩序表象的沙砾的理论。实际上,这并不会迫使某人接受一个理论,而放弃另一个理论。对权威的争论总是可以询问的;但这确实使我们有责任不要把问题的基础置于某个回避问题本质、通过捏造来武断肯定那个问题的解释上。因为勾勒出民主制度的那个远景,正是对无政府主义的有效说明。把民主制度简单地定义成多数人的统治,定义成主权被切割成碎肉,就是把民主制度定义成社会的废除、消解与毁灭。当如此定义时,民主制度将很容易被证明是最不稳定的,必须被制造出来的一个共同意志——不是通过订立契约的方法达成,就是通过政党与腐败的合伙行动的方法达成——是如此难以达成。

但是,假如不是从一开始就把民主制度界定为等同于社会的破坏这样的定义,那就不可能如此轻易地从民主制度推导出所有这些邪恶的后果。假如我们从社会有机体概念出发,那么我们对这个问题的初步印象将截然不同。因为在大众中,在乌合之众中,根本现实是个体单位,而那些孤立的原子是"那种状况的要素"。在一个有机体中,人本质上是一个社会存在,那个社会实际上是统一性与结构性的社会;非社会的个体是通过想象假如人被剥夺所有人类属性之后的样子而达成的抽象物。作为真实整体的社会是那个正常秩序,而作为孤立个体之乌合之众的大众则是那个虚构物。假如事情真是如此,假如民主制度是一种社会形式,那它不仅确实拥有,而且必须拥有一个共同意志;因为正是这个意志统一体,把社会变成一个有机体。只要人们互相间发生有机联系,或具备目标与利益的统一体,那国家就代表了人们。但是,梅恩对民主制度的先验定义建立在一个破碎的社会理论基础上,这个定义不足以谴责民主制度;而且建立在一个公认理论基础上的观念,也不足以证明民主制度的合理性。没人能宣称所有社会都是完全组织化的,或拥有一个利益或意志以排除所有的斗争、对立与敌意。社会中还存在阶级,阶级中还存在派系,派系中还存在更小的圈子。假如可以证明,民主制度比其他形式趋向于增加这些细分,那么这个证明将趋向于增加对民主制度的抵制;将以那个有机体的运作力为代价来加强它们的有效性——总之,它的这些趋向朝向的是瓦解,一方面朝向纯粹大众的统治发展,另一方面以无穷小的碎片而告终,那将有充足的理由反对民主制度。但是,这种随意的定义与评论将不会出现。

毫无疑问,使民主制度相对于其他政体而言,更像一种纯粹的群氓或群众统治的原因是:它一方面利用了个体投票方式,另一方面利用了少数服从多数的原则。由于它看起来似乎纯粹通过数量的比较来确定所有政治问题与人类问题,因此我们容易把民主制度的大部分内容误认为是一个算术问题。分析的抽象,恐怕已经由于人们的社会关联而剥夺了他们所有的特性。现在,这个抽象更进一步把人们简化成纯粹数量的个体,简化成投票工具的单元。因此,通过纯粹数量的优势,凭着这边或那边更多一点或更少一点的偶然事件,似乎就足以形成人民意志的方方面面。这就是最常见的置于我们面前的对民主制度的理论分析。这个分析的大部分支持者,对这个问题的想法仅到此为止,而且他们将其终极支持建立在如下事实上：毕竟那个数量的多数可以借助于武力的粗暴力量去胁迫少数。当与贵族制观念框架相比较时，以上论述就显得无力，因为贵族制不仅压制多数人，而且强调少数人所具备的智慧的优越性、仁慈的禀赋，将使他们有资格支配不具有这些品质的大多数人。卡莱尔所有的政治著作都对这个数量上的民主制度观念加以哀悼，而且他把这个观念加以多方面的、形象的、有说服力的阐发。这些阐发是亨利·梅恩先生所没有的。当今有教养的人们，在自然科学方面接受了独特训练之后，有着导向机械和数学抽象的趋势，几乎无一例外地持有以上民主制度观念。

但是，对于从物理学引入的抽象而纯机械的概念，社会研究者一直在进行不懈的抗争。假如社会研究者意识到这些抽象物，他们要记住，不应当为了政治目的，也不能为了其他目的，而把人类还原为纯粹的数字个体，就像把人们挨个儿排进一列列的队伍当中。在投票中，一个人不能像脱掉一件旧大衣那样把他的个性、财富、社会影响、对政治利益的投入等拆除，从而变成一个空洞的个体。他带着他所有必定拥有的影响力去参加投票。假如他的影响力相当于另一个人的两倍，那就足以说他有另一个人两倍的决定权。即使他的品质是卑劣的，即使他对政治的投入出于金钱的动力，但无可否认的是，他不是作为一个纯个体去投票，而是作为社会有机体的代表去投票。因为社会允许他这么做，而且假如他在这个基础上掌握了权力，他就可以使用这个权力。他的本质腐败是通过他而体现出来的社会腐败。换而言之，一张选票不是一个非个人的个体计数，而是通过社会有机体的一个成员而展现出来的社会有机体的某些趋向。

但这只是触及了这个问题的皮毛而已。少数服从多数的规则依然是决定一切的工具，这个规则允许数量优势决定结果。然而，这个问题的核心既不在于投票，也不在于计算选票以发现多数意见是什么，而是在于多数意见的形成过程。少数人被推选出来，是为了使多数人所接受的那个政策成为一个多数意见；多数人具有"统治"权，因为他们的多数意见不仅仅是数量优势的体现，更是那个社会有机体目标的体现。假如事实不是如此，那么每次选举都将以内战而告终；就不需要写什么关于大众政府弱点的这类文章了；它就是民主制度唯一的显著事实了。在我所知道的人中间，没有人比最近的统治者狄尔登（Tilden）更清晰地论述了少数服从多数的规则——这里引用他的意见更体现其价值，因为他也认为民主制度仅仅是创制政府的工具。他提醒我们注意，一般而言，少数派与多数派之间在大选中的差异，不会超过整个票选的百分之五。他没有欣然接受人口中少数人事实上决定了整个政策的结果,而是发现那个微小的数字差异实际上证明了两个派系之间的一致性。他说:"少数派充分采纳了多数派的观念,目的是为了吸引中间派;而努力申明那些观念的多数派则作出让步。因此,论点经常随着论战大潮的起伏而不断改变,直到最终胜出最能代表整个大众普遍意识的那项政策被采纳为止。在形成从争论中产生的政策的过程中,少数派所扮演的角色几乎一点都不少于多数派。"①或如他对这整个问题的总结那样:"在试图获得统治途径的过程中,多数派变得有统治资格了。"②因此,当我们听到民主制度的嘲笑者通过宣称民主制度仅仅是借助成年人投票,以及多数规则的数量来决定一切,而贬低民主制度时,我们可以自信地认为,这些嘲笑者对这个问题的看法只是皮毛而已,并相信发现那项多数意见政策的过程,就是社会有机体掂量各种思考并形成其相应判断力的过程;我们还相信,个体投票行为实际上代表了整个有机体部分协商、暂时的观点。

现在我们必须回到这幅图画的另一面。一方面,它把民主制度社会看作由乌合之众组成的社会;另一方面,它把民主制度的公民看作一群乌合之众、一群无组织的乌合之众。然而,假如确实可以把社会描述为有机体,公民是这个有机体的成员,而且是这个有机体整体中的一部分,公民的内部浓缩了社会有机体的智力与意志。假如可以这么假设,那么这个理论的结果只有一个,即公民主权。有很多理论暗中支持这个假设,并试图隐瞒以下事实:通俗的美国式理解认为,每个选举人主权并不是由美国国庆日爱国主义精神天然培育出来的纯个人主义情感的爆发聚合体,而是社会有机体理论的逻辑产物。

法国理论认为,主权是人的天赋属性(即它是前政治的,甚至是非政治的);主权是根植于人民的本质属性,强调他们每个人都包含于他们自身内部而不必考虑组织状态。德国理论尽管承认那个有机体观念,但是,通过用人体概念来解释解剖学术语,通过给这个术语添加生理学意义,消解了主权的意义。因此,尽管布隆奇利(Bluntschli)的理论有自身的价值,但他无法使自身免除这个想法,即由于社会是一个有机体,它必然存在类似于性别、四肢、躯干、大脑等的区分。正如大脑代表了智慧与对身体的控制,因而只有依赖于君主的光环,那个与国家相混淆的主权的

① 狄尔登,《作品与演讲集》,第一卷,第290页。
② 这些论述唯一不能代表的例子是,当人们面对一个宪法修正案时,他们必须投票通过或否决,而不可能对它进行修改或修正。但这个论点只能用来反对全民公决,(因为这个过程实际上)不能用来反对民主制度。

神秘属性才能成为现实。以霍布斯(Hobbes)为代表并由奥斯丁(Austin)创立的英国理论,事实上把臣民依托在一个不可靠的力量上。根据第一种理论,主权作为一个整体存在于人民之中,可称之为群氓(乌合之众);根据第二种理论,主权作为一个特定政治体潜藏于国家中,只有通过国家的大脑才能显现主权;根据第三种理论(至少梅恩采取的就是这种理论),主权位于国家的每个勿需申请就有能力去创制、改变、强化法律的那些部分中。假如我们采纳第三种观点,那么主权就是有能力干这干那的力量。随即,在民主制度国家中(依照梅恩的群众民主观),这个力量必定被切割成各个碎片,每个公民仅拥有主权整体中他所能自由使用的那个部分。因而主权的运用就是一个切割问题,正如一个普遍意志的形成过程也是一个切割问题。假设存在定量的主权、定量的公民,那么,每个成员到底拥有多少主权呢?因而,个体,那个终极单元就变成了政治力量的几百万分之一。但假如我们真正采纳社会有机体观念,那情况就完全不同了。那种试图使有机体理论只起单方面作用的努力,即对社会适用而对社会成员不适用,将会否决这个理论。这个理论对社会整体起多少解释作用,它就对社会个体起多少作用。一个真正采纳这个理论的人比其他任何人都有资格说,社会为了个体并通过个体而存在。但正是由于他放弃了那个孤立的、非社会的个体虚构,并认识到个体在自身内部镶嵌并实现了整个有机体的精神与意志。

　　这里不是检验有机体观念的场所,但必须谨记的是:这个观念是一个彻底交互的观念。动物团体不是有机体团体,因为这个团体的成员、组成拥有各自的生活,毕竟它们只是受自身外部空间关联限制的分散零件。他们确实参与了整体生活,那个整体也存在于它们内部,并促成它们各自活动。但是,它们被这个整体所吞没。那个整体没有赋予它们以足够自由的生活,从而得以呈现独立空间的自主生活的表象。那个有机体联系是不完整的,但人类社会呈现的是一个更完善的有机体。那个整体真实地存在于每个成员中,不再仅仅表现为物理集合或延续。那个有机体呈现的是真实的自我,是理想生活或精神生活,是一个意志统一体。假如社会与个体确实是互相有机联系的,那么个体就是社会的缩影。个体不再纯粹是社会的影像或镜像。个体是社会生活的局部呈现。假如社会不再拥有某个意志(事实也正如此),而只是局部拥有一个意志,局部拥有大量零碎的、敌对的意志,那就将随之得出:只要社会拥有一个共同目标或精神,每个个体就不代表那个意志整体的某个特定比例份额。个体意志是意志整体的活生生的体现。这是一种认为每一个公民都是统治者的理论,它的表达往往粗俗,但实质上是真实的;这是一种美国理论,这个理论在历史中的伟大意义只有一个事物可以相媲美,即社会成员(每个公民)都是神的牧师。

至少,民主制度在观念上是最接近所有社会组织理想的;在民主制度中,个体与社会形成互相的有机联系。由于这个原因,真正的民主制度是最稳定而不是最不安全的政体。在所有其他政体中,个体不是作为那个共同意志的有机部分而存在,而是处于他们所生活的政治社会之外,实际上,个体与他们所属的共同利益是有出入的。他们不参与共同意志的形成和表达过程,他们没有在自身体现那个共同利益。由于他们不占有社会份额,因此社会与他们无关。这就是梅恩颠倒逻辑而赋予民主制度以那个矛盾的根源。

我们已经对把民主制度看作承载共同意志和主权概念的流行的数量民主制度观念作了充分评论。现在,我们必须从这个观念与那个政府理论关系的角度来检验它。从这个数量概念出发必定会得出:政府的形成是由于梅恩所述的那个过程,即委托过程。假如社会只是一个大众或是乌合之众,那么政府的形成必须通过某些虚假手段而完成。于是,存在着两个阶级,一个是统治阶级,一个是被统治阶级。唯一的问题在于,哪一个阶级是真正的主人,哪一个阶级是真正的仆人。如所有其他政体一样,民主制度也存在这样两个直接对立的阶级,但他们的关系与贵族制中的关系是相反的。但是,假如社会是有机的,那么就产生了一个问题:这两个阶级哪一个阶级比另一个阶级更加高级。其基本观念是,他们是一个统一体,所有的区别都必定发生于、发源于这个统一体内部。那个有机体必定拥有自身的精神因素;既然拥有一个共同意志,那就必须表达它。一个不能把自身表达成现实,一个不能将其自身客观化的国家意识,与任何其他处于类似困境的意识是一样的——是完全不存在的。实际上,存在一种流行但又极端浅薄的论调,把政府与国家等同起来。这种论调的荒谬,就像生理学家把视觉与眼睛甚至与整个身体等同起来一样。眼睛是身体用来观看物的组织,就像政府是国家用来宣布与实现其决定的组织。政府之于国家,就如语言之于思想;政府不仅传达国家的目标,而且通过这种行为首次赋予目标以清晰度与普遍性。

我们当下讨论的主要方面是废除内在于委托理论的二元论。政府不意味着社会的某个阶级或派系与另一个阶级或派系完全对立。政府不是由那些掌权的或立法机关人员组成的,而是由政治社会中的每一个成员所组成。这就是民主制度的真谛,是民主制度胜过而不是弱于其他政体的地方。正如政治公民的主权理论一样,"政府权力源于被统治者的同意"这个民主制度规则,遭到了民主制度的朋友及其敌人同等的攻击;但民主制度的真正意义并没有因此被消灭。这个规则意味着,在所有的民主制度中,统治者与被统治者不是两个不同的阶级,而是同一事实的两个方面——即社会拥有一个统一而清晰的意志这个事实。这个规则意味着,政府是社会的一个器官,它与社会一样易于理解。在此,我们一如既往地反对梅恩的论点,并判定:由于民主制度更符合那个社会理想,因此它比贵族制更稳固。无论民主制度是关于出生、遗传、财富或者高级"社会"地位的事情,即关于特权的事情,社会依然是无组织的;在这个程度上,社会是混乱的。存在两个不同的意志;统治者与被统治者是两个独立的阶级。除非完全的专制或者绝对的停滞,否则这两个不同的意志总是不断地发生冲突,总是造成权力的不断更迭。存在一个不稳定均衡的状态。柏拉图论述其理想国的那些语言,绝对可以被我们用来描述民主政治:"最简单不过的事实是,你所使用的术语'城邦'必须是我们的'城邦'!其他城邦实际上是言过其实的,是复数——因为它们在数目上有许多。任何一个普通的城邦,不管如何渺小,实际上都是两个互相交战的城邦。在每个局部之内,又存在许多更小的城邦。"①柏拉图又进一步评论道:"所有的政治变化都源于统治权力的内部划分,因为一个统一的政府,不管它如何渺小,都是不可变动的。"②

我们已经完成了检验的第一个方面。我们已经考查了亨利·梅恩先生提出的民主政府理论,这个理论的内容涉及共同意志观念、个体公民观念以及政府起源观念。我们现在不得不去探索,我们是否能止步于把民主制度仅仅看作一种政体,它是否意味着更多的含义。詹姆斯·罗素·洛厄尔(James Russell Lowell)是文学家,而不是公认的政治学家。他在谈到民主制度时说:"民主不是一种政体,而是一种情感、一种精神,因为民主制度是政体的派生物,而非政体的原因。"我们必须承认他的立场的历史与政治分量,这是梅恩所不具备的。这个观念——民主制与贵族制只是为了达到特定法律目标、实施特定政治权力、强迫服从的权宜之计,唯一的问题是何种机制能更有效地实现这一点,并同时保持最强有力的稳定性与最发达的经济——在抽象理论之外不存在任何正当性。把政体看作着装的衣物,经过

---

① 《理想国》,第四卷,第 423 页。
② 《理想国》,第八卷,第 545 页。

敏锐的政治裁缝们的裁剪与缝补，从而适用于任何国家，这种观点已经被扔进了历史的垃圾箱。那种认为可以特别地创制宪法，可以依照过去历史的模本来创建，并有某个特定参照模板来制定宪法的想法，也是历史遗物而已。政府源于一个巨大的情感、本能、欲望、想法、希望与恐惧、目标的集合体，其中大部分是模糊的，有些是确定的。政府是它们的映象与集合，是它们的影像与派生物。没有这个基础，政府就一文不值。没有这个基础，政府就像一阵偏见的狂风，就像一场成见的大风，就像一座纸房子一样轰然倒塌。说"民主制度仅仅是一种政体"，等于说"家只是一个或多或少的砖与泥的几何组合"，等于说"教堂只是一栋带有教椅、布道台、尖塔的建筑物"。这是对的，它们当然如此；但又是错的，它们当然意味着更多。像任何其他政体一样，民主制度被恰当地界定为对历史过去的记忆，对现存当下的意识，对将临未来的理想。总之，民主制度是一个社会观念，也就是说，是一个道德观念，其道德意义之上存在的是作为政府的意义。民主制度之所以是一种政体，完全因为它是一个道德与精神的联合形式。

但贵族制也是如此。区别何在？如何区分这两个政体的道德基础与理想？也许我们要采用迂回的方式来获取一个简单结果，从柏拉图与古希腊生活中提取资料来寻找答案；但我知道不存在捷径来说出我所认为是真理的那些东西。柏拉图式的理想国，是贵族政治理想的一个精彩而不朽的公式化的阐释。假如理想国对哲学理性没有任何价值，假如它的道德、现实与知识理论，就像卷走柏拉图与其门徒们坐而论道的那棵悬铃树下的那些落叶的微风一样彻底消失了，那么，那个理想国将作为古希腊生活中最完美、最永恒的部分，其思维与感觉方式以及它所有的理想的精要而永垂不朽。但那个理想国意味着更多，它抓住了道德问题的本质，抓住了个别与普遍关系的本质，并陈述了一个解决方案。那个理想国的问题是关于人类行为的理想；它的答案是，人类本质的这个发展将把人本身带入与精神关系世界的完全和谐之中，或用柏拉图的话说，就是带入"城邦"之中。这个世界依次是，首先显然是人类；其次它是个体能力的展现与实现。个体本质的发展应当在城邦中与他人保持和谐的状态，也就是说，个体应当把那个共同体的统一意志当作他自身的意志。这个发展既是政治的目的，也是道德的目的。可以毫不迟疑地断定，柏拉图式的理想使个体从属并献身于城邦。实际上，那个理想坚信，个体只有成为某个精神有机体——柏拉图所谓的"城邦"——的成员之后，他才可能成为他的应然状态，才能成为他的理想状态。只有抛弃他自身的个体意志，才能获得这个更大的本真实现。但这样做的结果，不仅失去了自性或个性，同时也失去了其实现的可能性。个体不是用来奉献的，他是在城邦中实现本真的。

当然，我们在此无法找到任何区分贵族政治理想与民主政治理想的根据。然而，我们不是在探询个别与普遍以及完美个人与完美国家这个统一体是如何产生的，而所探索的是这个区别本身。这不是一个目的问题，而是一个方法问题。依柏拉图看来（每个贵族政治思想都是如此），群众无法形成这样的一个理想，也无法去实现它。柏拉图是"边角料"理论的始作俑者。用他的话说，"在把照顾城邦的必要性放到那一小撮阶级面前之前，不管是城邦还是个体都没有任何机会来实现完美状态"。柏拉图期待某个或几个哲人来承担拯救众生的责任。一旦发现这些人被赋予绝对的控制力，并且他们注意到了这个控制力，那么，每个个体都在城邦中处于恰当的地位，可以与他人完美地和谐相处，同时去做他最适合做的工作，从而实现生活的目的——用柏拉图的话说，就是"正义"。

这就是历史提供给我们关于贵族政治理想最完美图景的最显著的轮廓。那一小部分最优秀的是贵族；他们博学多才并且适合做统治者；但他们去统治的目的不是为了个人利益，而是为了社会整体的利益。因此，他们代表了社会中每个个体的利益。他们不是把统治强加于其他人，而是向其他人说明最好如何行为，并指导其他人如此行为。没有任何必要去详述贵族政治理想的魅力与吸引力。最好的例证就是，许多伟大人物都不停地重复强调，除非那一小部分博学而强大的人掌握了权力，而其他人在明确其个性之前，必须服从于高级智慧与仁慈，否则一切都将走上歧途。

但历史却已走上了另一条道路。假如历史如施特劳斯所言，是正统贵族的历史，那么历史就是在自我毁灭。它走向的将是一条非历史之路。尽管贵族政治理想存在着自身的吸引力，但它并不等同于本真现实，也不等同于那些激活了历史中的人的真实力量。它之所以如此，是由于我们发现赋予那小部分智慧与仁慈以权力的实际结果，导致他们变得不再明智、不再善良。他们变得不去关注大多数人的需要和要求，把大多人阻挡于栅栏之外，不让他们分享共同利益。恐怕他们甚至会为自身、为了确保特权与地位而任意地使用其智慧与力量，损害公共的善。贵族政治社会通常限制参与国家、参与目的与使命统一体的人数；而且它经常对理论上包含在内的那些人实际上获得了他们的幸福这个事实视而不见。国家的范围每拓展一次，对每个公民确保属于自己的权利的有效忽视每进一步，民主运动就会向前迈进一步。

但假设人类可能是如此明智,以至于不会忽视存在于他们当下知识视野之外的那个悲惨与不幸;假设人类是如此善良,以至于他们只会为了共同体而使用权力,还是依然存在另外一个谴责贵族政治理论的事实。即便所有人宣告,他们与那个最高的社会善相和谐,如果他们尚未为自身实现这个断言,那个伦理理想也是无法让人满意的。假如承认贵族统治将带来最高级的社会与个体的外在发展,依然存在一个致命的反对理由。人性并不满足于一个从无到有的善,不管那个善是如何高级与完善。贵族政治的想法暗示着,人类大众需要由智者——如果需要的话,诉诸强力——把他们安置在社会有机体中恰当的位置。实际上,当个体找到他最适合的社会位置并去实践与那个位置相适应的功能时,他就获得了其最完整的发展。事实确实如此,但是以下这个也是事实(这个真理被贵族政治所忽略,但被民主政治所强调):个人必定主要是通过自身力量来寻找这个位置并承担这个职责。从目标而言,民主政治与贵族政治没有实质的区别。这个目标不仅断言个体将成为个体;它还没有忽视法律,没有忽视普遍性;它是法律的完整实现,即共同体统一精神的完整实现。但民主政治所采用的途径是不同的。这个普遍性,这个法律,这个目标统一体,这个为了社会有机体利益而献身的功能的实现,对人而言,不是无中生有的。不管社会的善与智慧提供了多大的帮助,它都必定开始于人本身。个人责任、个体开明,这些都是民主政治的应有之意。贵族政治与民主政治都暗示着,社会的真实状态为实现某个道德目的而存在;但贵族政治也暗示着,这首先需要借助于社会内部一些特别的机构或组织来达成这个理想目的。而民主政治则坚信,那个理想已经在每个个体中运转了,我们必须相信个体有能力照看他自身的理想。民主政治存在个人主义精神,而贵族政治则没有;但这是一个道德意义的,而不是数量意义的个人主义;这是一个自由的、负责任的、起源于伦理理想并为那个伦理理想而存在的个人主义,而不是无法无天的个人主义。简言之,民主政治意味着个性是首要而终极的本真现实。民主政治承认,个性只有作为存在于社会中的客观形式而展现在个体面前,个性的完整意义才能得到实现。它承认,个性实现的主要动力与激励源于社会;但它依然坚信,某人的个性(不管此人是如何微卑、弱小)不能通过任何其他人(不管此人是如何睿智、强大)得以实现。它坚信,个性精神永居于每个个体内部,发展个性的机会必须从那个个体出发。从个性的这个核心点出发导致了民主政治的另外一些意义:自由、平等、博爱——这些词不仅是用来形容群氓的,它们代表了人性已经达到的最高道德思想——坚信个性是一个价值永恒之物,每个人类个体都存有个性。

让我们通过例证的方法(本文其余部分的论述采用的也正是例证法)来看看自由这个概念。柏拉图为他认为的民主自由作出了一个形象的说明。他认为,自由就是去做某人喜欢的事,自由就是按某人的意愿去过自己的生活,自由就是去思考、实践某人想要的东西。民主制度中的自由是无限度的。自由的结果就是敬畏与秩序的丧失。自由是对节制的否认,对限度原则的否认。民主自由是最大限度的个体意志的、特殊愿望的产物。自由就是没有秩序,没有法律。① 总之,自由是绝对的个人主义主张,导致了无政府主义。他的这种自由观,为所有反民主学派所继承。但从真正的民主立场来看,必须谨记的是:个体不仅仅是个体这么简单,他还有更多的意义,即个性。个体自由不是纯粹的自我主张,也不是无规制的欲望。你不能认为个体不懂法;你必须说个体只知道他自身的法律,即个性的法;换而言之,不存在任何外部强加的法律,不管那些强加这些外部法律的人是多么权威、带有绝对的善意。法律是个性的客观表现。它不是对个体自由的限制;它与个体自由是相互关联的。自由不是一个孤立的数字概念;它认为个性是唯一的最高法律,每个人都是自身的绝对目的的那个道德理念。民主理想之所以把自由纳入其中,是因为如果没有人的内部启蒙,没有一个内部选择并在内部自由追求的理想,那么,民主就什么都不是。

我们再运用例证法来看一看"平等"概念。假如我们仔细观察贵族政治学派,我们将发现,他们所谓的"平等"的意思就是数量上的平等,即某人的自身利益与任何其他人的利益相当。他们借助于单个实体来设想平等,认为平等的必然逻辑结果——假如不可以说是历史结果的话——是对所有事物的等量均分,从美德到财富都是如此。民主制度之所以被诟病,是因为它把最低劣的人与最优秀的人等量齐观,给最睿智者与最无知者画上等号;民主制度之所以被诟病,是因为据说它的目标是对物质财富与环境进行等量均分。据说它既愚蠢又邪恶,利用平等的谎言试图蒙蔽人们的眼睛,使他们对人在智力、美德以及勤劳上的差异视而不见;实际上,正是基于这些差异,整个社会结构才须区分为各种必要的从属和服务的等级。唯一能保持稳定或者进步的社会,是各种不平等力量,不管是政治不平等还是生产

---

① 《理想国》,第八卷,第 557—563 页。

不平等力量,进行公平竞争。如梅恩所说的那样,驱使人类生产越来越多工业资源的动力,绝对无误地带来了分配上的不平等。生存是一场永无休止的战争,是使人努力爬到他人肩上并保住高人一头地位的私人战争,是人们行动的动力源泉。假如把这些拿走并引入平等概念,那你就丧失了前进的动力。

对这个谬论,我们能说些什么呢?简单地说,它是离题的。它连民主的边都还没搭到。平等不是一个算术观念,而是一个伦理观念。个性(人格)像人性一样是普遍的;个性同区分人的所有差别无关。只要你是一个人,你就有个性,不存在任何可能可以去判断两个个性到底哪个崇高、哪个低劣。这意味着,在每个个性内部都存在无穷而普遍的可能性,不管他是国王,还是囚徒。贵族政治是对个性的亵渎。它是一种筛选符合人性关系和某些未来生活的小部分人的理论。英雄崇拜意味着对人的极度轻视。平等的真正意义与詹姆斯·罗素·洛厄尔给出的民主定义是同义的。平等是每个人都拥有一个机会,而且他认识到他拥有这个机会的一种社会形态——或许我们还可以加上,这是一个没有附加任何可能限制的、一个真正无限地成为一个人的机会。总之,平等是一个人性理想,是存在于民主意识中的理想。

这个谬论的一个方面还有待于我们去探讨,即产业平等的本质,从民主制度到社会主义——假如不是共产主义——的可能趋向。坦率地说,在保证公民民主与政治民主的同时,除非再保证产业民主,民主制度才算名副其实。其实,这个条件远没有达到;在这一点上,民主制度是一个未来的理想,而非出发点。这样看来,社会依然是正统贵族的社会。这对我们的公民与政治组织的反作用是,它们只是民主制度的不完善形式。因此,出于对这些组织的考虑,也是出于为生产关系考虑,一个富裕的民主制度是必须的。

使这些断言似乎易受攻击的关键在于,这种富裕的民主制度的支持者经常对它产生误解,而它的反对者则一贯错误地误解,认为它意味着按照数量对所有财富进行等量均分和再分配。只有承认民主制度绝非只是一个数量概念,承认那种数量概念在哪里都是不适用的,否则前文所说的一切都是徒劳的。除非它成为更进一步的现实,否则我们就无从知晓富裕民主制度的细节意义。然而一般说来,富裕民主制度意味着且必定意味着,所有生产关系都应当被看作人类关系的附属物。不需要甚至也不允许数量上的一致;但生产组织应当具有社会功能这一点是绝对必需的。假如这个说法又容易遭到反对,那必定是因为它被人理解为:在某种程度上，由于废除了所有的个人主动与结果，社会作为一个整体将控制所有我们所谓的经济事业。这似乎暗示了以下意义上的社会主义：那种生活模式毁灭了现代生活核心的个体责任与行为。但当我们被告知家庭是一个社会组织，而且家庭生活是一项社会功能时，我们是否把这个说法理解成：家庭是一种断绝所有个性的实在形式，它是吞噬个体正当行为的人造实体。我不这样认为。我们的意思是，家庭是一个伦理共同体。只有个体认识到他与家庭在利益和目标上的一致性，家庭生活才是符合家庭理念的。

同样，这就是我们所谓的生产关系必须以社会形式出现的意义。我们的意思是，这些关系将成为实现某个道德的原材料；某个善（不一定是许多善）的共同体的形式与本质必须比我们现在所知的要宽广得多。正如家庭——最完美的家庭在很大程度上与国家有点相似——意味着目标与利益的共同体，那么，经济社会必定意味着利益与目标的共同体。事实上，我们对这些事物的讨论，依然在很大程度上拘囿于前基督教思想的范围。我们依然认为，生活具有两个方面，一是动物的方面，一是真正人类的方面，即真正伦理的方面。事实上，生活中物质利益的获取与分配被看作是通往更高生活可能性、通往特殊人类关系的人类生活的途径，但物质利益被看作完全外在于那种生活。比如，柏拉图与亚里士多德都认为，所有关于获取与分配财富的生产事务都理所当然地外在于公民生活，不仅如此，它还与公民生活相对立，亦即它与伦理共同体成员的生活相对立。柏拉图反对智者，因为他们利用教学工作收取学费。智者的做法败坏了人际关系（即伦理关系），师生关系堕落为生产关系；好像两者必然地敌对一般。亚里士多德否认工匠具有美德，比如实现社会功能的美德。实际上，机械工人对城邦不可或缺，"但不是所有对城邦不可或缺的人都是公民"（我们必须谨记，在亚里士多德那里，术语"公民"与"城邦"总是具有伦理的意义）。必须有某些人去从事纯粹物质的事务，即生产事务，从而使其他人有闲暇去从事社会事业、政治事业、伦理事业。我们至少已经在名义上放弃了以为必须有一个特定团体去从事这项必要工作的想法；但我们依然错误地认为，这项工作以及从属于这项工作的那些关系是外在于伦理王国的，是完全存在于自然王国的。我们不仅承认，而且经常主张，伦理法则将使用于生产领域；但是我们认为，它是一个外在的适用。我们依然不承认的是：经济与生产生活本质上是伦理的，它对通过形成更高级、更完善的人类统一体而实现个性是有贡献的；这正是民主制度必须成为工业化民主制度的断言的意义所在。

我之所以运用这些例证，完全是为了表明我所理解的民主制度观念的意义，并表明反对民主制度的普通理由的依据在于，他们把民主制度设想为类似于带有数量特性的个人主义类型；并且，我试图建言，民主制度是一种伦理理念，是一种带有真正无穷能力、内存于每个人的个性的理念。在我看来，那个唯一的、根本的人性理想与民主是同义词。民主、自由、平等、博爱的理念，代表了不再在精神世界与世俗世界作出区分的社会，正如在古希腊理论中，在上帝王国的基督教理论中，教堂与国家、神圣的社会组织与人类的社会组织是同一的。你会说这是唯心论。我只能再次引用詹姆士·罗素·洛厄尔的话来作为我的回答："这的确是唯心论，但我是以下说法的信徒之一：只有当真实意志置于理想的基础之上时，它才找到了永固的根基。"对任何社会形式的最佳验证是为我们提供社会生活形式的理想，以及社会在何种程度上实现了这个理想。

（张国清　王大林　译）

爱默生——民主的哲学家*①

有人说爱默生不是一个哲学家。我觉得,这种否认的错误或正确依赖于是以贬低还是赞扬的口吻来说的——依赖于所提供的理由。批评家认为爱默生缺乏方法,缺乏连续性和内在的逻辑,只有像松散串起来的珍珠一样的古老故事,故而把他看作是一个写作格言和谚语、记录闪光的洞见和支离破碎的名言警句的作家。然而,对我来说,这些批评家只是表明了他们不能理解一种经过精心设计的逻辑。"我们希望在任何人中都有一个长久的逻辑;我们不能宽容它的不存在,但是它不能被说出。逻辑是直觉的发展过程和适度的展开;但是它的优点是缄默的方法;一旦它作为命题而出现,并且具有单独的价值,那么它就变得毫无价值。"爱默生实现了他自己的要求。批评者需要单独提出的方法,但是并没有发现他的习惯性的引导线索已经丢失了。爱默生又说,"这里不存在什么赞美之辞,去认为人类的思想超出了特定的高度,并且假定他的智慧"——这个赞美之辞是爱默生的批评者所竭力避开的。但是,简要地说,我看不到任何一位作者的思想发展能够更加紧密和统一,也看不到有谁能够把理智工作更恰当的多样性同形式与作用之集中性相统一,不管我多么确信他在哲学史研究中的地位。我最近阅读了一封来自一位先生的信,他也是一位杰出的哲学家。在信中,他评论说,哲学家是一类愚蠢的人,因为他们希望每个原因都被仔细地指出并被标注,而不能把任何事物都当作是理所当然

---

* 此文选自《杜威全集·中期著作》第 3 卷,第 138—144 页。

① 在爱默生纪念大会上宣读的一篇论文(1903 年 5 月 25 日在芝加哥大学)。首次发表于《国际伦理学学刊》(*International Journal of Ethics*),第 13 卷(1903 年),第 405—413 页;以"拉尔夫·沃尔登·爱默生"为题再次发表于《人物与事件》(亨利·霍尔特出版公司,1929 年),第 1 卷,第 69—77 页。

的。在文学上,爱默生由于被批评为缺乏内在统一性而遭到贬低,这也许提醒我们:并不只是哲学家才拥有这种愚蠢。

但是,也许那些人才是更正确的,他们否认爱默生是个哲学家,因为他不只是一个哲学家。爱默生说,他可以通过艺术而不是形而上学来工作,"在十四行诗和戏剧中"找到真理。"我",再一次引用他的话,"在我的所有理论中,伦理学和政治学,我都是一个诗人"。我认为,我们可以确定地把他的话理解为他想成为一个创造者而不是反思者。他本人更愿意成为人类的预言家而不是推理家,因为他说:"我认为哲学仍然是原始的和初步的,它有一天将会被诗人来讲授。诗人处于自然态度之中,他相信,哲学家在经过努力之后只拥有相信的理由。"我并不认为以下另外一个言论是与上述言论不相关的,即他说:"我们必须知道,在话语中被表述的事物并不能因此被证实。它必须证实自身,或者说没有什么语法形式和表面的合理性能够证明它,也没有什么论证排列能够做到这点。"对于爱默生来说,直觉比推理更加有效;交流的解放比对论述的束缚更被我们所期望;接受的惊奇比意图性的证据之结论更加有说服力。正如他所说,"交谈亦好,沉默更佳,并且使之相形见绌。交谈的长度暗示了说者和听者之间思想的距离",以及"如果我说话,我进行规定或者限定,我变差了","沉默是一种溶剂,破坏了个体性而让我们可以成为伟大的和普遍的"。

我不会在哲学和诗之间进行严格而彻底的区分,但在思想的重点和语言的韵律之间还是有一些差别的。清晰表达的逻辑而非沉默的逻辑是哲学的内在要求。观点的展开必定被陈述出来,而不能仅仅被遵守和理解。有人也许会说,这种有意识的方法是抽象的思想者最终关注的唯一东西。不是思想,而是理性化的思想;不是事物,而是事物的方式;甚至不是真理,而是寻求真理的道路吸引了他。他精心地构建了思想的符号。他投身于建造和锐化精神的武器。产物、解释、成功是无所谓的。否则,它就是和艺术一样。正如爱默生所说,那是"创造者到达他的成果的途径",并且"通过爱细节之美的眼睛来习惯性地关注整体"。情感朝向符号的意义,而不是朝向它的构造。只有当他运用它们时,艺术家才打造精神的剑和盾。他要做的是发现而不是分析,是识别而不是分类。他阅读而不写作。

但是,有人一旦作了这样的划分,立即感到羞耻并且撤销他的划分。欧里庇得斯和柏拉图、但丁和布鲁诺、培根和弥尔顿、斯宾诺莎和歌德也都会提出反对。爱默生的精神,反对有人通过把他放到一个比哲学平台更高的艺术层面来夸大他的价值。文学批评家承认他的哲学，却反对他的文学。如果哲学家赞美他那敏锐而沉默的艺术，并且谈论他的形而上学的一些贬值，这也许是因为爱默生知道某些比我们对形而上学的传统定义更深刻的东西。反思的思想家把到达真理的方法作为他们的真理，这的确是真实的；生活的方法作为生活的行为——总之，已经把手段作为目标。但是，同样可以肯定的是：在它们的完全投入之中，它们补偿了它们的越界；手段变得和目标相同，思想朝向生活，智慧不是证明自身而是证明她的儿女。语言公正地保留了哲学家和智者之间的区别。不太可能从思想家的定义中消除爱和产生，就像不可能从艺术家的概念中消除思想和限制一样。是兴趣、关注、爱心造就了一方，而另外一方也是同样造就的。在哲学家和诗人之间的古老争论被这样一个人赢得胜利，他在自身之内而不是在其他个人那里统一了艺术家和形而上学家的特性，这具有很大的讽刺意味。实际上，这个争论不是关于目标或者方法的，而是关于情感的。爱可以分门别类，有爱心之人的统一性却是始终存在的。因为柏拉图是如此的伟大，在他的情感中，他被分离了。一个不那么伟大的人，也许不能容忍这种分裂的爱，因为这种分裂的爱而使他把诗人和哲学家看作是彼此对立的。放眼看看，我们在文学和形而上学之间设置的围墙显得很恰当——标志着人们努力把属性的合法性和公式附加给精神性事物。如果曾经存在过一位不但是形而上学家而且是形而上学教授的人，那么他就是康德。但是，他宣称，如果他不相信他在他的理论学科和专业分类中也是为人类获得自由（为了启迪人类）而进行奋斗，那么他将会把自己看作不如田野里的劳作者那么有价值。

对于爱默生来说，他首先对一种片面性和夸张性进行了嘲笑，并且过分地提升了他的创造性而牺牲了他的反思方法。实际上，他在某种程度上认为个体的人只是进行安排的一个方法或计划。这个说法是对爱默生的充分描述。他的唯心主义是对思想者之思想被极大提升能力的信仰。"历史，"他说，"和世界的状态在任何时候都是直接依靠在人类心灵中的理智分类。"并且，"当伟大的上帝对这个星球上的思想者放任自由的时候，我们要小心提防。那个时候，所有事物都处于危险之中。人的希望、他的心灵之思想、国家的宗教、人类的风俗和道德都受到新的普遍化的支配。"以及，"任何事物看起来都是持久的，除非它的秘密被认识。自然看起来是让人恼怒的稳定和长久，但是它像所有其他东西一样都拥有一个原因；并且当我理解了这一点，那么这些领域是否就会延伸得如此不可改变的宽广？这些树叶是否会如此独特而多样地悬挂？"最后，"在历史中，一个观念总是像月亮一样高高悬挂,并且控制着在一代人所有的心灵中同时产生的潮汐"。实际上,很多次,人们都倾向于把爱默生的整个工作看作是对理智的赞美,对思想的创造万有和扰乱万有的能力之赞美。

因此,为了补偿爱默生的灵魂,有人会描绘他的思想、他的方法,甚至他的体系。这一点可以在以下事实中发现,即他采用区分和分类,对于大多数哲学家来说,这些区分和分类在他们的体系中是真实的;并且使它们适用于生活,适用于普通人的日常经验。用他自己的话来说,"唯心主义中有很多等级,我们首先学会从学理上来使用它,就像磁铁曾经是一个玩具。接着,我们在青年和诗歌的繁荣时期看到它也许是实在的,它也许在部分上是有些实在的。于是,对它的支持变得坚定而重要,接着我们看到它必定是实在的。它现在表明自身是伦理的和实践的"。唯心主义本来对教授来说是学术理智的事情,对于高尚的青年来说是一种希望;而对于爱默生来说,是对在所有人生活最实在的世界中的事实所进行的精确描述。

这种与直接生活的相关性,是他用来试验任何哲学家的主题。"我们接近的每个新的心灵似乎都需要,"他说,"放弃我们所有的过去和现在的拥有。一个新的学说,一开始看起来是对我们所有的意见、趣味和生活方式的颠覆。"但是,当有人"毫无保留地屈从于牵引他的那个东西,因为它是他自己的;他将要拒绝那个不会对他进行引导的东西,因为它不是他自己的。我会为我的理智完整性而牺牲 1000 个埃斯库罗斯,否则,我就是愚蠢的。特别是对于抽象真理即心灵的科学,要坚持同一个立场。培根、斯宾诺莎、休谟、谢林、康德只是多少有些拙劣地翻译你意识中的某些东西。因此,不要胆小地钻研他的模糊意识,这是因为他不能成功地把你的意识重新呈现给你。总之,当最后它被完成的时候,你会发现,那些著述者所传递给你的东西并不是深奥的,而是一个简单的、自然的状态"。采用另外一个说法:"亚里士多德、培根或康德提出了一些作为以后哲学发展之基调的格言,但我更有兴趣的是认识到:当他们最后抛出他们的重要话语时,这些话语只不过是一些大街上的每个人都熟悉的经验。"我认为有人错误地理解了爱默生所谓的折衷主义,因为他并没有看到这是把所有种类的哲学家、甚至是那些爱默生认为最可敬的哲学家,例如柏拉图和普罗克洛,都要在现在的和直接的经验所提供的帮助下接受检验。至于那些因为爱默生习惯于在我们眼前像展示发光的珠粒一样罗列一连串的名字而谴责爱默生是肤浅地卖弄学问的人,他们只是显示了自己的迂腐,因为他们没有看到所有这些没有经过修饰的东西都是爱默生向普通心灵展示不同用途的符号。

爱默生像对待哲学家一样来对待他们的学说。柏拉图主义者宣称,绝对观念内在于世界和人类之中,任何事物和任何人都分有绝对意义;这种绝对意义个体化于个体之中,且个人借此来与其他人交流。但是,当这种宇宙的真理变得适合于宣讲时,它以某种方式变成一种哲学的真理、个人阐释的真理。它由某些人而不是其他人所获得,因此对一些人而不是所有人来说是实在的,也不是对于任何人来说都是完全实在的。但是,对于爱默生来说,所有的"真理存于大道(highway)"。爱默生说:"我们处于巨大理智的范围中,它使我们成为它的活动器官和它的真理的接受者。"这个观点不再是学术的,也不是诗歌,而是对当前经验的平实纪录,就像那些通过历史的传说、科学的工具、交谈的传播、商业的交换而丰富和增强了个体的东西。任何个体都是人类之长久而广阔的事业的焦点和路径,所有的自然都是为了人类灵魂的教育而存在——正如我们理解爱默生一样,这些事物不再是对分散的哲学的论述,而是成为事件的过程和人类权利的自然纪录。

爱默生的哲学与超验论者们的哲学有共同之处,他倾向于从他们那里而不是从其他人那里借用某些材料和描绘。但是,他是在大道上、在未被宣扬的努力中、在意外的观念中发现真理,这使他脱离了超验论者的冷僻性。他的观念不是固定于任何超越的、基础的或分离的实在之上,因此它们不必受到任何强迫。它们是此时此地的不同样式,并且自由地流动。爱默生担心精神的民主,他发现过分超越的和分离的所谓的超验价值拥有不可置疑的当前性。当爱默生谈论历史的年代时,认为在那里和在那时是"粗野、原始和荒谬的"。他还划出了把他与超验论相区分开的界限——超验论是等级(class)的唯心主义。令人遗憾的是,唯心主义者经常与感觉论者联合在一起,剥夺了急切而短暂的现在的精神性价值。通过这种有害的共谋的联合作用,普通人不能或者至少不知道他自己是一个唯心主义者。爱默生所召唤它们自身的是如此被剥夺的一个世界。"如果人病了、无能了,是卑鄙的或者令人讨厌的,那是因为他的本性中有很多东西被不正当地抑制了。"

爱默生反对宗教信条和体系、习俗和制度,他支持把某些被盗用的东西还给普通人,这些东西以宗教、哲学、艺术和道德的名义从日常生活中被窃取过来并且转移到宗教和阶级的用途之中。比我们所知道的任何人都高明的是:爱默生理解到并且宣称这种盗用如何使真理脱离它的简单性,变成偏袒的或者自我拥有的,变成神学家、形而上学家和文学家的迷惑或者诡计——一个强制法律的迷惑、一个不受欢迎或者被拒绝的善意的迷惑、一个只在遥远处闪光的浪漫的理念之迷惑,以及一个被操纵的技巧的诡计、专门化行为的诡计。

出于这些理由，将要来到的世纪也许会很好地揭示现在所显现的是什么，即爱默生不仅是一个哲学家，而且是一个民主的哲学家。我认为，柏拉图的同代人也许会发现很难对柏拉图进行分类。他是一个不切实际的空想家，还是一个狡猾的辩证学家？他是一个政治改革者，还是一个新的文学类型的创立者？他是一个道德的倡导者，还是一个学院的教授者？他是一个教育理论者，还是一个认识方法的发明者？通过很多世纪的说明和解释再来看柏拉图，我们发现，可以毫无困难地把柏拉图看作一个哲学家，并且赋予他以一个思想体系。我们就这个体系的性质和内容进行争论，但并不怀疑它是存在的。正是其间的这些世纪赋予柏拉图以他的方法，并且把柏拉图发展和构想为一个体系。100 年对于 25 年来说多不了多少，预测并不是可靠的。但是，至少认为爱默生作为新世界中一个可以和柏拉图相提并论的公民的人能够确定地相信：即使爱默生没有体系，他依然是某种体系的提倡者和传达者，这种体系可以建构并且维持民主。这些人还相信：当民主阐明自身的时候，我们可以毫无困难地发现，民主已经被爱默生所提出了。直到今天，这还是正确的，即爱默生说："我们最需要的不是命题、新的教条和对世界的逻辑说明，而是观察并且珍惜理智和道德的敏感性，并且使它们和我们并存。当它们和我们在一起的时候，我们不会错误地思考。"我们很容易说爱默生是第一个并且差不多是唯一的一个理性的基督教徒。从对我们的共同性质之本能和冲动的这种敬畏之中，适时地出现世界的命题、体系和逻辑展现。因此，我们将会拥有哲学，这种哲学不会受到宗教的指责，并且知道它与科学和艺术的联系。

爱默生讨论了特定类型的心灵："这种平静的、有根据的、视野广阔的灵魂不是急速的骑手，不是律师，不是地方长官。它存在于世间，并且思考着世界。"这些话语描述的是爱默生的灵魂。但是，这不是个人的价值或私人的荣誉。对于地球上成千上万个孩子来说，爱默生搬走了遮蔽太阳的屏障，从而使来自上天的光可以伴随着丽日和风，自由而欢快地徜徉。那些急速的骑手之所以肯吃苦耐劳，而又不屑于勾心斗角，是因为他们最终追求的就是这样一种状态，因为万物终将为之服务。他们不屑于为自己辩白，但最终审判日到来之时，所有的律师都将为他们进行辩护；因为尽管错误堆积如山，但真理是自然所能容忍的唯一存留物。对于那些拒绝被称作"主人、主人"的人，所有的地方执法官都将恭敬如命，因为他们的事业是情系所有人的事业，所有控制欲、强权、最高权力都将被踩在脚下。在这样的成功面前,即使那些对今日所谓的成功顶礼膜拜的人,那些对大众和帝国主义俯首帖耳的人,也会稍稍有所放松,因而至少暂时会赞同爱默生哲学的结论,那便是完整的、永恒的存在(*being*)与品性(*character*)的同一性。

（徐　陶译）

哲学和民主*①

为什么是哲学和民主这样的题目？为什么是哲学和民主而竟不是化学和寡头政治、数学和贵族统治、天文学和君主政体？哲学关注的不是真理吗？真理可以随着政治和社会制度的变化而变化，却不能随着纬度和经度的变更而变更吗？是否在人们普遍具有选举权的地方有一种终极实在，而在实行有限选举权的地方有另一种不同的实在？如果我们下个星期应该成立一个社会主义共和国，这不会对数学原理或物理定律产生影响，但会改变哲学研讨的那种终极的和绝对的东西的本性吗？

我想，今晚挑选的这个题目会引出这类问题，并渗入你们的头脑。最好不要让这些问题潜伏在下意识的隐秘处，而要使它们浮现出来。因为它们关系到一个专攻哲学的学生碰到的那种最初和最后的问题：哲学本身的任务和范围究竟应当怎样确定？它与哪类东西相关？它追求什么？它要怎样掌握才令人满意？今晚我首先要讲的东西，必定涉及诸如此类的问题。民主与哲学的关系这个主题，题目上很明确，却在很大程度上倒像是一种自然的推断或竟成为一种补足了。

如果我们回到我们出发时的那种揣想发问，我们将发现，这里存在着某种基本设定——或不妨说是两种基本设定。一种是说哲学乃属于一门科学，它追求的是一堆固定的最终的事实和原理。哲学并不像其词源上所说的那样，可使我们期待

———————————

* 此文选自《杜威全集·中期著作》第 11 卷，第 36—46 页。

① 首次发表于（加利福尼亚）《大学年鉴》，第 21 期（1919 年），第 39—54 页，录自杜威 1918 年 11 月 29 日对加利福尼亚大学哲学协会所作的讲演；重印于约瑟夫·拉特纳编，《人物与事件》，亨利·霍尔特出版公司，1929 年，第 2 卷，第 841—855 页。

它成为一种爱或者渴望的形式，而是一种知识的形式、理解的形式。较之人类对物理学真理的渴望和追究，它是对其本身有效的真理系统的承认。我认为，这就是第一种基本设定。另一种是说，既然哲学所知的实在或真理必定与物理学和数学的真理不一样，以至于它本身成了一种特殊的知识形式。哲学对实在的了解，出于某种缘故，要比其他科学更为根本。它倾力用更全面、更完整的总体眼光看待真理，比起那些正统哲学家喜欢称作特殊科学的学科所做的事，它将实在置于更深入、更具根本意义的层次上。特殊科学的零敲碎打多少含有差错（因为从有机整体上撕下的断片，不能真正说它包含着真理），哲学却一应俱全（teres et rotundus）。特殊科学接触的是事物的表层，因而是其显现的东西；哲学却将事物置于更深入的层次，由此即能发现其全部的连接和关系。

我想，许多哲学家都在鼓励这类推测。它们占据了开始研究哲学的每个学生的心灵。许多对哲学抱敌对态度的人同样怀有这类推测，他们也把哲学和科学加以比较，其用意不过是造成两者的对比——以牺牲哲学作为代价。他们说，哲学就是老调重弹，爱好争论；它什么事也解决不了，因为它仍如古希腊人那个时代一样，为了争辩同样的问题而分化出各种学派。科学是不断进步的，它将一些问题解决之后又移向另外的问题。哲学却是一片不毛之地。何处可以看到它的功效？何处可见它的具体运用和活生生的果实？于是，他们总结说，哲学是知识或科学的形式，但却是一种自命不凡的虚假形式，它竭力求取的是某种不可能的知识——人类心灵在任何情况下都不可能具有的知识。

可是，无论实证知识取得的进步有多大，特殊科学取得的胜利有多大，每一代人在他所处的时代都对这些已被证实和查明的结果感到不满意，并怀着无限的希望再次转向哲学，以求得一种更深入、更完满和最终的揭示。即使在最能得到证明的科学真理中，也存在某种造成不满足的欠缺的东西，由此引起了对更具总括性、更能充实心灵的那种东西的企盼。

面对这里出现的此类困惑，我想，要从另外的解决途径入手，才能找到别样的出路。如果不适当地表示，那就否认哲学是任何意义上无论何种知识的形式。人们说我们应回到哲学这个词的原初的词源学的含义，承认它是渴望的形式，是倾心投入——一种爱的形式，也就是智慧的形式；但彻底的附带条件是不能附和柏拉图对这个词的用法，好像无论何种智慧都不能成为科学或知识的样式。于是，意识到它自己的任务和本分的哲学会想象它抱有一种理智化的意愿、一个经受理性的辩别和考验的志向、一份归结为行动运作方案的社会希望、一套有关将来的预言。所有这些，经由严肃的思考和认识而可以使其变得有条不紊。

这些陈述随即大行其道，又变得含糊不清。让我们再提出这样的问题，是否类如哲学这样的东西特别说来，正是一种社会秩序的哲学、一种适合民主制或者封建制的特殊类型的哲学。我们不能从理论而应从历史上对它进行推究，就事实的角度说，没有人会否认存在德国、法国、英国的哲学，却不存在各个国家的化学或天文学。即使在科学中也没有完全的非个人的超然态度，科学中的某种观点会引出我们的期望。颜色和温度会随着人们各具特色的研究重点和偏爱方法而出现差别。但是，这些差别如果与我们在哲学中找到的差别相比，则可以忽略不计。哲学中的差别是观点、识见和理想的差别。它们显现的，不是因性情和期望的互不相合而导致多种多样的理智上的强调。它们是理解生活的不同方式。它们提出了关于生活的实践伦理学，并不仅仅是经理智同意而有所变形了的东西。当人们读到培根、洛克、笛卡尔、孔德、黑格尔、叔本华，他们会对自己说，这只能联系英国、法国、德国的背景来理解，事实也确实如此。政治史和社会需要方面，也显而易见地存在着相应的情形。

拿思想大的划分来说，哲学按常规，主要划分为古代、中世纪和现代哲学。我们可以对科学史作类似的划分，但此地的意义却截然不同。我们要么只是意指无知的阶段或某个发现了知识的时期，要么不是在说科学而是意指哲学的某个阶段。当我们提到公允的科学，天文学或几何学，我们在欧几里德的证明中没有看出他是个希腊人。但古代、中世纪和现代的哲学表达却并不如此，它们借各种大文明、大时代的特点而表达着不同的兴趣和意图，不同的宗教和社会的愿望及信仰。这类表达所以见于哲学，只是由于经济、政治和宗教的自身差异可以通过哲学得以显现出来，也可以通过其他的习俗建制得以显现。哲学体现的不是对现实不偏不倚的智力解读，而是人的最为激情化了的愿望和希望，是他们对那种欲求的生活的基本信念。他们并不从科学出发、从明断的知识出发，而是从道德的确信出发，由此诉诸其时最好的知识和最好的理智的方法。对那些本质上是意志态度的东西给出证明的形式，或是为褒扬某一种生活方式比他种生活方式更为高妙的那类道德诉求给出证明的形式，以求通过对一种明智生活方式的证明来劝说他人。

这就可以解释下述这种说法的意思了：对智慧的爱终究与对科学知识的渴求不是一回事。我们说，智慧不是有关事实和真理的系统化的已被证实的知识，而是对那种可用以引向更好的生活样式的道德价值的断言。智慧是一个道德术语，它像任何道德术语一样，与已然实存的事物的制式无关，纵使这个制式已被放大为永恒和绝对。作为一个道德术语，它相关于所做之事的选择，是宁愿采纳一种生活方式而非他种生活方式的偏好。它与已确立的现实无关，却与欲求的将来有关。当我们把这种欲求化作清晰的断定，这有助于使它成为实存的东西。

有那么一些人会认为，这样的表述泄露了整个哲学的实情。来自科学阵营的众多哲学的批评家和论敌会毫不怀疑地宣称，他们认可这样的主张，即哲学始终是虚幻之光、狂妄之想，从中获得的教训是哲学家们应该谦逊地做个学生，接受特殊科学的明察，不要逾越名分，并为把这类表述编成一块较有条理的词语的织物而操心。其他人还会进而在这类表述中，找到证明所有哲学劳作之无益的确凿的供词。

还有其他对待这类事的方式。有人也许会说，集体的目的和既定的某代人或某一群人的愿望决定其哲学这个事实，是这样的哲学保有其真挚和活力的证据；至于无力运用该时代已知的事实为被导引的正确生活的那种评价作出辩护，这只是表明通行的社会理念中缺乏任何吸引人、引导人的力量。甚而为某个目的发生争执，这样的事实诚然可厌，却也证明了高涨的热情，证明了人们保持着对被指明的那种正确生活的信仰。如果奴隶爱比克泰德（Epictetus）和奥勒留（Aurelius）皇帝正好持有同一种生活哲学，人们会为此而对道德的衰微进行争辩，尽管两人都属于斯多葛学派。"一个社会如果专事实业的追逐，商业贸易活跃，那它不会像一个具备高度美感文化、在把自然力转为机械的价值上少有进取心的国家那样去领会生活的需要和可能性。与一个对明显的决裂感到震惊的人相比，一个延续着相当久远历史的社会集团会以一种不同的方式来用心应付危机。"由此必定形成不同的哲学思想的色调。妇女对哲学仍然贡献甚少，但如果妇女不再甘心领受他人的哲学教诲，她们也来从事哲学创作，我们不能想象这种哲学会与从男子对于事物的不同经验见解出发形成的观点或意图相当。制度和生活习惯培植了某种系统化的爱憎方式。聪明人在阅读各种哲学史籍时，会探察到人的习常意图和高雅趣味的思想表述；他们不会用心去领悟事物的最终本性，或者有关实在的构造信息。拿哲学中那个笼统叫作"实在"的图像来说，我们便可确信它意谓世界的那些被挑选出来的方面，它们之所以被选中，是因为它们本身对人的那种有真实价值的生活的判断提供了支撑，于是得到了高度赞美。在哲学中，"实在"是一个表示价值或选择的术语。

然而，说哲学并非任何本质意义上的科学或知识形式，这并不表示哲学就是随意发抒的愿望或感情，或者事后无人可解的一声长叹。所有哲学都带有明显的智力痕迹，因为它要努力对某个人，也许就是作者本人，对某种源于习惯或本能的生活路径的合理性加以断定。由于它的表达对象是人的理智，它势必运用知识和已有的信念，势必遵从逻辑上有序的方式。文学艺术是在不知不觉之中将人吸引住，施展魅人的手段，把他们带到可真切感人地观赏到富含生活意义的某些画面的那一场景。但是，哲学家对这类神奇且可当下直观到的景象并不认账。他只是枯索地行进，指出可辨认的路标、规划的方向、用明确的逻辑标示到达的地点。这意味着哲学必定有赖于当时最有效的科学。只在它能对那些已被承认为真实的相关材料作出选择时，方能就它有关价值的判断提出建议，方能劝说性地利用通行的知识将其生活概念的通情达理之处解释明白。正是这种对逻辑表现方法的依赖，对科学题材的依赖，赋予哲学以知识的外表，纵使它还称不上是一种知识的形式。

科学形式是传达非科学的许诺的工具，这个载体有其必要，因为哲学不仅是激情，而且是要把自己展示为一种具有理智说服力的激情。所以，哲学总处在一个微妙的位置上，并给异教徒和庸人以表达愤恨的机会。它总能在诡辩、伪装和不合规范的知识与模糊、表达不清的神秘主义之间取得一种平衡——后者并不必然是指那种专门定义了的神秘主义，而是含有神奇恍惚并影响到一般人对世界持有的意义的那类见解的意思。当哲学过于强调智识形式，失去其原初的道德意图的活性，它就成了学问的事、辩难的事。要是哲学表露的是含混的希冀，那种无法用已有的科学的逻辑表现予以澄清、证实的希冀，它就成了用来进行激励、开导、感怀的东西，或奇异的半魔术化了的东西。人们也许很难做到完全平衡，并且有少数人确实还像柏拉图那样，以艺术家的才情有节律地时而强调这一方、时而强调那一方。但是，使哲学成为辛苦耕作，也使它成为会有收获的耕作，却正在于这样的事实：它运用当时最好的科学为完成十分不同的任务所使用的方法，运用具有其时代特色的知识，承担起为一种集体的善的生活宣示理想的责任。哲学家如想不靠辩术，想戒除对知识的自负，佯称只是一个将人引入超常直觉或者神秘启示的预言家，或是一个虔敬的怀有高尚情操的布道者，那他可就完了。

或许我们现在可以来看一看，为什么正是哲学家们屡屡走入歧途，以至会为哲学提出各种主张；这类主张如果照字面观之，就其无节制的视界而言，实际上是不正常的，例如称说哲学是与某种至上的整体实在打交道，超乎特殊科学和技艺所做的事。如和婉坦言的话,该主张带有这种陈词的形式:就对事实和真理的领会而言,知识如果仍旧是知识的话,就是不完全的、不能使人满意的。人的本性正在于他不可能仅限于发现事物之为事物,因之长久得到满足。一种本能的不安,驱使人超越对知识的把握和认可,即使是不着边际。甚至当人看到整个存在的世界,洞见到它那隐蔽的复杂结构,他会对这个向他敞露的宝藏表现出一阵狂喜后又变得不满足起来。他又会问自己:它是什么? 它关乎什么? 它意味着什么? 他提出这些问题并不表明要荒唐地去研究较之一切知识更伟大的知识,而可能指示着将已然最完整的知识扩及另一领域的需要——也就是行动上的需要。他会想:为此,我要做什么呢? 这种事态要求我确定什么样的活动方向呢? 如它已向我敞开,我自己那转换成行为的思想会成就何种可能性呢? 这个知识会造成何种新的责任呢? 它会邀我做何种冒险呢? 简言之,所有知识都会造成差异,它打开了新的视界,释放着新任务的能量。于是,总要发生这样的问题:哲学还是非哲学? 但哲学试着从主要的潮流中去寻觅线索,它会问:什么是对这股我们深感必要的知识潮流更带根本性的、总括的反应态度呢? 这股潮流会要求我们开辟怎样的新的行动场所呢? 正是在这个含义,即实践和道德的含义上,哲学声言能够给出普遍、基本而又高级的表述。知识是片面的、不完整的,要是不把它置于一种未知的将来的背景,无论何种知识都只是一种推测和决疑;在另一种意义上,如果以人们喜用的哲学术语来说,那它涉及的就是显象,因为它不是自我封闭的,而是对某一待做之事的指示。

本篇文章的开头即已示意,我会较多地谈到哲学,民主似乎还未提起过。然而,我希望其中的某种含意不难窥见。大致说来,现代实验科学的进展和民主的发展是相合的。哲学的重要问题莫过于对这种相合的程度、是否明示着真正的一致等问题作一思考。民主果真是一种相对来说表面化了的人类的权宜之计,是一种小心眼的控制术;抑或自然本身,如它已被我们最好的当代知识所揭露并理解的那样,是我们民主的希望和志向得以长存的保证吗? 或者,如果我们选择任意从另一端点开始,如我们把构筑民主制度说成是我们的目的,那我们又该如何对人的自然环境和自然史作一理解和释义,以便让我们努力地去合理劝说的东西获得一种智力的凭证:我们的作为与科学授意我们对世界结构所说的东西是否并不矛盾? 我们将怎样来辨认那个我们称作"实在"的东西(也即可被证实性的探究接近的存在世界),使我们可以断定我们那些深奥的政治和社会问题就其合理的限度来看乃是事物的本性使然,为其所存有? 是否作为认识对象的世界与我们的意图和努力的结果并不相合？它是否没有什么明显的特性,对一切无动于衷？它自身会同等看待我们所有的社会理想,也就是说,它自身会漠不关心,只是冷眼相向,对我们热烈且认真展示的那种琐碎而又转瞬即逝的期望和规划一味地加以嘲弄吗？或者说它本性上至少愿意合作,它不仅不会对我们说不,还会对我们加以鼓励吗？

你们可能会问:这样来谈民主毋乃太过严重,为何不来说说例如长老制或者自由诗之类的问题？是的,我并不全然否定涉及这类运动的相似问题的恰当性。所有心灵有意为之的行动,都不外是关于世界的一种实验方式。它要看看它做了何种代言,它促进了什么又阻止了什么。世界是宽容的,是相当好客的。它允许甚而鼓励各种类型的实验,但经过一段时期,某些实验较之其他实验更会被接纳和吸收。这样,就行动方案与世界的关系的问题而论,不存在什么深度和广度上的差别;无论这种方案是采取教会统治的形式,还是采取艺术的形式,或者与民主的关系的形式。如果说这里也存在差别,只因为民主是一种愿望和奋斗的形式。它涵盖面更广,内部浓缩着更多的议题。

这样的表述似乎牵连到定义的问题。民主意味着什么？它肯定要以这样的进路得到定义:该问题如果限于其与哲学的关系,那么,这种影响仅是有限的,仅涉及术语的运用方面。我要坦陈,在余下时间里,我用定义的方式所说的一切不无专断之处。然而,这种专断任性或许会因这个概念与历史上最伟大的自由运动制定的历史性用语——自由、平等和博爱——的关连而得到减轻。就此而论,我们所说的那些专断的地方,只是要换成"模糊"两字。人们确实很难对民主旗帜上写着的这三个词语中无论何者的意义达成任何判断上的共识。人们并没有对 18 世纪取得一致意见,以后的各种事件也使之大大地突出了不同的见解。这类事件纯粹是政治上的诉求吗？或者它们还有经济上的意义——以其造成 19 世纪的一个大裂变来说,它将自由运动分裂成两派,并以自由派和它一度曾加以痛诋的保守派的名义互相争斗着。

现在,我们就可以看到坦言这种模糊的好处了,并带些宽容的气度来使用这些词语。当我们把自由的观念作为传递某种已被认定的道德含义的东西时,什么是自由所需的哲学含义？大体上说,存在两种典型的自由观念,其一认为自由是按已确立的规律办事;人有自由是因为他们有理性,而他们有理性又因为他们承认必然性,并有意遵从宇宙所指示的种种必然性。托尔斯泰曾说过,一头牛也会有自由,只要它承认它脖颈上的那副轭套,把轭套当作它自己行动的规律,而不是硬去作徒劳的反抗。这种反抗不会驱走必然性,只会反过来造成苦难和毁灭。这是古典哲学中或公开或半遮半掩地呈现的那种高超的自由概念。这类看法只是把无论何种唯物或唯心的,把必然的关系看成是塑造宇宙之特性或精神的绝对论形式贯通了起来。它只是持这样的观点,认为实在有一种永恒的形式,如用专门的话来说,它突如其来(simul totum),是个一发以至永远的事件。无论它出自数学-物理的规律和结构,还是发自一种包罗万象、巨细无遗的神圣意识。对这样的概念,人们只能说,无论它多么高超,它都不会自发地和一个心系民主的社会的那种自由观念意气相投。

对那些为自由而奋力拼争的人来说,他们都会有意无意地为哲学贯注生气,用它把自由解释为一种宇宙的意义。那里有着真正的不确定性和偶发事件,并不是一个无所不包、了无新意的世界,而是一个在某些方面不完整、仍处于形成中的世界,是一个按人的判断、赞许、爱和劳动将上述方面这样那样创造出来的世界。在这种哲学看来,任何完满或绝对的实在的观念、终结的观念、不顾时间的变化而能永存的观念都是可憎的。它并不把时间看成实在的部分,是出于某种理由还未横贯整个实在的东西。时间是真正新奇之所在,是实存得以真实而又难以预测地生长的真正居所,是实验和发明的场地。它的确会承认事物中存有我们难以成功破解的东西,但它仍会坚持说,除非我们进行这样的新实验,再做努力,又再次出错。我们怎么也不会发现事物的质地到底是什么,我们的努力在当下活动中受挫,这一事实作为对规律进行谨慎观察的行动是真实的,正如世界具有某一成分那么真实,因为事物的质地正要求撇去那些耀眼的误导人的东西。它承认在一个真正有所发现的世界里,错误是实在的一个不可或缺的要素。人们的任务不是回避它——或营造那种不过是虚饰的幻象之类的东西——而是要去说明它,从中获得教益。这样的哲学不会甜言蜜语,它认为既然已经说偶然性是真实的,实验又必不可少,那么,好运和背运就都是事实。它不用操守或美德的字眼对所有成就作出解释,或用败坏或责罚来说明所有的失败和受挫。因为它断定,在实现每一项计划中偶发事件与理智形影不离,甚至在极细、精心制定的计划中也莫不如此,于是它避免了自大和恃才傲物。它不会耽于幻想,以为意识就是或者能够成为事件的决定者。这样,它不由就会感恩起来,这个仅会让最博识精密的思想和理性利用事物的世界,同时也是个能让人游走探看的世界,这里既有因新发现物的那份完美带来的欢悦,也乐于看到失败对于自大给出的警示。

与平等造成明显对比的是不平等。大概人们还不太清楚的是,不平等在实践上即表示卑下和优越。这种关系实际上是有利于权威统治和封建等级制的,在此,每个低等或卑下分子都要依附、仰靠某个优越的东西,从它那里取得指示并为此担起责任。我们要把这一观念牢记心间,这样就会看到哲学已在多大程度上成了封建社会的形而上学。我这儿说的意思是:它将事物置于这样一个世界来观照它,这个世界为某些价值等级所占据,或者说具有各种固定不变的真理的级别、实在的级别。我在本演讲开头已提到过这种传统的哲学概念,它把眼光完全集中在对最高实体或最终的真理大全的洞观上,以便显示哲学是多么彻底地献身这样的观念:那些比它物要高级的实在,理所当然地比它物要好。于是,这类哲学就无可避免地为权威的统治而忙活,因为优越者对卑下者发号施令才应是正当的。结果,就使很多哲学忙于去对碰巧存在于既定时代的宗教或社会秩序的权威的那种特殊意念作出证明。它在不知不觉中成了对既存秩序的揖让致意,因为它试着展示出了将现存的价值和生活计策或这或那地作出等级划分的合理性。或者当它质疑已有的秩序,它却是在对某种竞争性的权威原则作一番革命性的探究。老实说,历史上的哲学在很大程度上已成了对永不言败的权位的研究。希腊哲学起于当人们怀疑把习俗作为生活的规范者的时候,它在普遍的理性或当下的特殊物、在存在或流变中找寻堪与争锋的那种权威之源,但就这样的竞争者来看,它那确凿不移的地位与习俗相差无几。中世纪的哲学坦言要调和理性与权威,而现代哲学则始于人们对启示的权威的怀疑,它开始去寻找某种其重要性、确实性和正确性均无与伦比的权威;而这个权威,从前人们把它归为那化身为神授教会的上帝的意志。

这样看来,民主的生活实践大多会面临理智上的巨大不利。流行的各种哲学会有意无意地反对它。它们失之以合理的态度为它作出清晰的表达,盖因它们实际上承诺的是剥夺了所有低级权威的那种单一、终极和固定不变的权威的原则。一个质疑国王神圣权利的人,原来是以另一种绝对的名义才这么干的。民众的呼声神秘地化成了上帝的声音。于是,神圣的光环又保留给了最高统治者。由于他遥不可及,他不用被稍事察问便被超凡地供奉起来。而民众是近在眼前的,他们显然因其易于被观察而不会成为神化的对象。这样,民主在很大程度上就沦为了理智的畸形物。它缺少哲学基础和逻辑的连贯性,只因不知何故比其他方案实施起来更好,才被全体所接受。它似乎还要去发展一套更仁慈、更人性化的社会制度。当它要去创造一种哲学时,它自身裹着一件原子论式的个人主义的外套。它在理论上到处都是缺陷且前后矛盾，正如它被人指责的那样，按它的想法办事，结果总是令人讨嫌。

无论平等对于民主的意义何在，我以为，它示意不能按人种、品级等第的不变之理来解释世界。它示意每一种当得起存在物名义的存在物总有其独到和不可替代之处，它的存在并不是为了图解某个原理而呈现某个普遍物，或者化为某个种类或阶级。作为一种哲学，它一如严厉的封建社会那样，否认原子论式的个人主义的基本原则。因为个人主义传统上与民主的联系致使平等成了数量化的东西，于是个体成了某种外在的、机械的而不是具有独特性质的东西。但就社会和道德方面来看，平等并不表示物质上的均等。它其实示意不宜按伟大和渺小、优越和卑下等来思考问题。它示意无论在能力、实力、地位、财富上的差别有多大，这类差别如果与某个其他东西相比——个体的事实、某个不可替代物的显现——都可以忽略不计。它示意，简言之，在这个世界上，存在物必定会处理自身的利益。这个世界不是能制成等式的东西，或者可转化成其他什么东西。这就是说，它含有一门不按同一标准进行估算的形而上学的数学，其中每一个体自己发声，为自己考虑的事操心。

要是用个体性来解释民主化的平等，这不是非要把那种兄弟般的情谊理解为个体的连续性，换言之，理解成交往或无止境的互动。平等、个体性若趋于分隔和独立，它会产生离心力的。说一个特别的、不寻常的东西只有在与其他类似存在物的关系中才能展现出来并成为有力和现实的东西，我认为，这不过是基于这样一种事实的形而上学的说法：民主所论及的不是怪人，或者天才、英雄和神圣的领袖，而是和个体的人有关。它认为，每个人通过与他人交往的途径，使他的生活更加具有特色。

自然，所有这一切只是做了一种提示。不管其形式如何，它实在不能算是为了对某种类型的哲学加以研究而作的辩护。如果民主是认真、重大的选择和好尚，它便要及时地以生产出自己的智慧之子来证明自己，还要通过这个孩子——更好的生活方式来证明自己。它并不怎么关涉这样的问题：是否会有这样一种类型的哲学，那个创造此类哲学的哲学家正好与民主难解难分？最后，我不能不提到一个人的名字——威廉·詹姆斯（William James），正是他婉转有力地说出了这个新的生活样式的景象。

（马　迅　译）

民主站在失业者一边^{*①}

这两大老的政党的全国代表大会刚刚在适当的条件下举行。他们正在这个由帮派驱使、由老板控制的城市里显身手,多年以来,他们一直在这里与逃税者、寻求帮助的公司(corporations seeking favors)、从事敲诈勒索的违法者共事。教师、警察、市政管理人员的工资一直被拖欠,因为税务系统如此混乱和藏污纳垢,以至于该城市的财政一直是一笔糊涂账。20多家银行就在大会将近的时候破产。更多更大的银行在破产边缘步履蹒跚,只是由于一项联邦政府的资助才免于垮台;该资助为那些由于参与涉及巨额股票批发计划的公共设施并购而受损失的公司提供帮助,但该资助不愿为失去职业的普通男女提供帮助。

我的这些话不是给芝加哥泼脏水。相反,那儿的情形是典型的,我国大多数大城市的情况与之只有程度差别。在这次涉及政治、产业与金融的危机中,两大老的政党能够激发人们热情的话题只有酒精饮料。在一个半歇斯底里的岁月,我们接受了禁酒令以便打赢一场战争;而在另一个歇斯底里的年代,我们却要废除禁酒令以便维持繁荣! 所有其他的问题都只是敷衍应对,禁酒问题本身却激发起实实在在的火气和实实在在的争吵。但是问题在于,我们还处在任何生活这一时代的人所看到的最严重的危机——世界的和我国的危机——之中,它要求我们作出最严肃的思考和创建最彻底、最富有建设性的政策。

---

* 此文选自《杜威全集·晚期著作》第6卷,第197—202页。

① 首次作为传单印发(独立政治行动联盟,1932年),共4页。本文选自杜威1932年7月9日在克利夫兰市独立政治行动联盟第3届年会上的演讲。

所以,批评老的政党很容易,太容易了。它们如此软弱,如此无能,如此吹牛骗人,如此缺乏勇气与智慧,以至于不值得花费口舌去谴责。我们不能不指出它们的躲闪、它们的怯懦和缺乏建设性行动。但是,我们真正的任务更加重大、更加艰巨。我们必须向美国人民表明,在政治领导能力崩溃之后,他们所要完成的事业是什么,并且指出拯救国家的途径。

第一次世界大战以来,我国就不能说有真正的领导者。我们在政治上已经破产很长一段时间了。取消抵押品赎回权程序始于 1929 年,然而,破产开始还要早得多,它在欺诈性的政治账目和虚假的政治资产平衡表中已经肇始。我们有战后政治腐败的盛宴,石油的恶臭依旧在空气中弥漫。相应的,伴随着这场腐败的是两党都参与的对民事自由的全方位压制。于是,我们有了卡尔文·柯立芝的无为而治。由于行政当局完全消极怠工,国家就被移交了,捆住了手脚,封住了口,任由掠夺成性又不受监管的商业利益集团摆布。盲目投机的狂热被贴上了用大写字母拼写的繁荣的标签。人们被告诫说,这是新的经济时代的开始。在共和党和伟大的工程师——后者在该党之内继承神圣的天意——的保佑之下,贫困将被铲除。每个家庭的无线电扬声器,每一个锅中炖着的小鸡,放得下两辆车的停车房,是社会正义的内在精神恩惠和至高权利看得见的外部标志;而社会正义来自致力于粗朴的个人英雄主义。

实际上,我国的产业、金融和社会条件在这一时期变得日益恶化。1929 年的大崩溃只是一种提前告知,它向人们发出警告:随着国家被移交给仅仅关注私人利润在最短时间之内最大化的商业与金融利益集团,政治领导能力已经瓦解。破产通告发出以来的 3 年,只是被用于作为每一次崩溃的本质的清算。

政论家和经济学家可能会为导致悲剧性形势的这个或那个细节进行争论。然而就一般而言,原因如结果一般明显。尽管有许多规律,自然的或道德的,我们仍然假定通过个人的竞争性努力,每个人施展其个人的长处,社会和谐是可以实现的;通过在战争和产业的战场上使用毁灭性武器,人们可以占有其兄弟的福利;有特权的个人为实现他们个人的私利而设计的计划,是社会计划的有效替代;社会可以审慎地削弱其唯一的自我控制的机能,也就是得人心的政府,但依旧维持其秩序与健全;美国民众可以同时侍奉上帝和财神,物质成功还可能是上帝垂顾美国的最切实的证明。

我们正在收获我们所耕耘的。效法战争以结束战争,虽然身处普遍衰退的年代,每个国家在陆军和海军上花费的要比情况相对比较好的时候更多;每个国家也都把针对别国的关税之墙砌得更高,美国则弹奏起经济战争的基调。每个国家绞尽脑汁地寻求经济打击与报复的手段。军事与产业领域的战争是一种经济制度通过取得原材料以及进入市场的特殊许可,通过让享有特权的群体以自己的名义运用政府的征税权,不惜任何代价追求利润的直接结果。一句古老的格言说,征税的权利也是毁灭的权利。利用这一权利的贪婪的制造业利益集团,为人们证实了这一格言的真理性:借助于这一权利,它们授予自己以关税特权,于是导致对外贸易几乎完全被摧毁,美国国内工厂倒闭,而农夫们则失去国外市场。间接地,国际上的恐惧、嫉妒、猜忌、不受抑制的战争状态则是由推崇冷酷竞争,缺乏社会计划与监管的经济体制所滋生的心智习惯所产生的效果。所有的后果就在我们面前,其原因也同样平淡无奇,如果人们愿意睁开眼睛去看一看的话。

每一场布道、每一份报纸、每一个诚实的公众人物都表明,我们处在一个前所未有的法律无力控制的时代、一个未受指控的罪行由有组织团体实施的年代;这些团体不但蔑视法律,还时常控制着城市的立法者,以及城市的警察。敲诈勒索成为一种专业,违反法律是如此之有利可图,以至于以这样的方式惩罚大人物是去探查他们为自己不断膨胀的收入逃了多少税。为了钱财实施暴力犯罪者的年龄在不断降低。这一事实是如此普遍、如此令人震惊,以至于某些专家把不断增长的青少年犯罪这一事实与学校教育的扩展相对应,以此作为对于我们学校体制的一般性抨击的依据。然而,这些人在他们的研究中对原因的推究还走得不够远。他们忘记了:我们推崇个人物质成功的经济体制,连同它对于经受失败与磨难者的轻蔑,具有学校根本无法抵御的巨大而持久的示范力量。

人们,尤其是青年人,越来越难以分辨什么是正当商业交易、什么是敲诈勒索。按照我们的经济体制,利润不就是二者的共同之处吗?这块土地上有不止一座的城市,那里有组织的犯罪盛行,而控制那座城市的左翼政治势力则无一不与犯罪分子结盟,从他们那里得到支持。另一方面,同样的政治势力的右翼则与大的商业利益集团结盟。这些商业利益集团被授予特许权,可以得到减税待遇,其违法行为也被默许,还收到可以从中得利的信息以及其他优惠;它们让腐败的政治人物执掌大权,并且为向参与公开宣布的犯罪活动的无良之徒提供不受检查的许可负责。

于是就有接踵而至的产业崩溃,其后果如此难以抵挡,以至于对于它的思考一直伴随着我们——银行倒闭,住房与贷款协会破产,投资于国内与国外债券的储蓄变得一文不值；工厂倒闭，成百万的男人和女人失去工作，另外还有成百万的工作被降低了薪水或收入，被称为非全职的；贷款的赎回权丧失了，房子被收走了，田地被作为税款或贷款的抵押；相互的信任消失得无影无踪，到处是不安全、恐惧和漆黑一片的衰退。

所以这一切都显而易见，无须描述。原因呢？难道是我们肥沃的土地，难以匹敌的自然资源，充裕的粮囤与货仓，不计其数的工厂，包含令人赞叹的技术发明与机械效率的交通工具？难道是我们了不起的技术与工程能力和训练？难道是我们的秉赋、个性和教育导致过错？难道是恶魔的惩罚？在给出肯定答案之前，让我们注意两个事实。一个是工业和商业要依靠信贷运作，而我们美国人放弃了对于信贷的社会控制。这种经济力量在一种并非隐喻的意义上是产业的血液。但我们向某些私人和集团移交了这种力量，让他们利用它为自己致富。他们对于我们漫不经心地委托给他们的这一力量的运用，是有案可稽的。数十亿的财富化作被挖苦地叫作证券的纸张，由涉及企业、并购、股票发行的所有司法或法外机构控制；数十亿被投入股票投机之中，令某些货物的价格急速膨胀起来，被嘲讽地称为爆掉的气球的价值。数十亿被贷给了——几乎是强迫地——欧洲和一些南美国家，于是银行家们可以捞到大笔回扣，因为他们以几乎如犯罪一般不负责任的方式把信贷凭证卖给顾客。这些贷款在国外被用于扩张商业，它们的收缩就成为我国产业与金融危机的开始。如果他们愿意，让专家们为我们经济崩溃原因的细节去争论吧。但是在大体上，有一个原因给自己打上了清晰的印记，任何人只要愿意去看就会明白。作为现代经济生活唯一不可或缺的强有力的推动因素，信用成为私人的玩物，又被用来为私人谋利。这一点之所以可能，是因为社会没有尝试控制货币与信贷。

我请求你们去看的另一个事实是：危机依赖于国家收入分配中的巨大不公平。当人口中的一部分、一个极小的部分占有的收入远远超过消费需求的任何可能的扩张，其中相当大的一部分剩余必定会被投资于工厂进一步增加生产，于是增加了有待于进一步消费的产品——如果存在着购买力去购买这些产品准备消费的话。然而与此同时，由于生产与交换资源的私人控制，大众得不到使他们得以购买工厂生产的产品的手段。最后，某种危机——与信用公平相联系——迫使这一分化暴露在光天化日之下。货物卖不出去，工厂倒闭，男人和女人们失业，于是只能买更少的东西；由于他们都没钱了，更多的工厂关门，商店关门，银行破产，以及诸如此类现在围绕着我们的恶性循环。社会并没有运用任何手段来控制与消费和购买力相联系的生产与分配的微妙的机制。这个国家并没有实现这种控制的宪法性手段。因此,我们的危机并不是偶然的,失业也不是来自天堂或地狱——除非是我们自己造出来的地狱——的惩罚。在现代成批巨量生产的条件下,不可能把生产与消费的平衡托付给这样一批人,他们私人总账上的月度损益表囊括了他们所有的利益。即使有做这类工作的名声,他们也并不具备智慧。由于需要保守秘密和承担风险,私人利润体制是必要的。一种意在追求利润的完全公开和消除了风险的体制,将是利润体制的终结。

由于当前崩溃的根源在我们的社会制度中隐藏得如此深刻,而且由于我们大家全都与创造和容忍这一制度脱不了干系,在这里我将不再花时间指责老的政党。在他们的无能、虚伪的托辞,他们可怜巴巴的躲闪和他们可笑的表演中,他们所做的不过是把实质变成了形式。缺乏对于当前困境根源的理解,缺乏应对这一根源的意愿,他们只能抓住禁酒问题和其他属于表面征兆一类的问题,因为那就是他们能够理解其政治意义的仅有的事情。如果我们在这里也以赢得总统职位为主要目的,则无疑应当以相同的方式行动。

我们被告诫说,民主已经失败。毫无疑问,民主向失业的人们走近了。有那样一些人,居然在克吕格①和英萨尔②的惨败之后还敢厚着脸皮说,非独裁的政府是如此缺乏效率和腐败,以至于对经济力量受人拥戴的社会控制根本不可能。我们所应当吸取的教训,以及我们想要告诉伙伴们的是:如果允许经济独裁发展,政治民主就不能不失败。我们容许商业和金融独裁到这样一种程度,以至于在政治上能与之并行不悖的就只有墨索里尼(Mussolini),如果没有一场革命产生一个列宁(Lenin)的话。形成一个新的政党的事业是这样一种事业,教育人民,直至他们当中那些最死板和党派性最强的人认识到了经济生活与政治之间的联系,这一事业才算完成。它应当使政治民主与产业民主间的联系,犹如正午时分的太阳一样清楚。

这一任务并非轻而易举。民主的长足发展不能在一日之内实现。为我们自

① 克吕格(Ivar Kreuger,1880—1932),瑞典金融家。1907 年在瑞典创办了一家火柴公司,曾试图垄断全世界的火柴生产,人称"火柴大王"。然而,随着世界性萧条的日益严重,其处境也日益窘迫,于1932 年开枪自杀。——译者

② 英萨尔(Samuel Insull,1859—1938),美国公用事业巨头,芝加哥爱迪生公司总经理,他庞大的持股公司企业在大萧条时期崩溃。——译者

己,为我们的孩子,我们必须响应生活的召唤。我们无意为一时的不满和实施华而不实的补救和东拼西凑的举措而建立一个政党。想要阻止不可避免的变革进程的人们,可以躲在大象的背后;想要进步的表象而不要进步的实质的人们,可以与那些把几个胡萝卜放在驴子鼻子上的人同坐一趟火车。联盟的任务是教育美国公众认识基本的经济现实和新的政治秩序的必要性,从而使民主的精神获得新生。我们矢志致力于此。

（薛　平译）

民主是激进的^{*①}

对于要达到的社会目标,左派群体之间很少有什么分歧。至于实现这些目标和能够实现这些目标的手段,大家就有很大的分歧了。这种关于手段的分歧,是当今世界中民主的不幸。苏维埃俄国的统治宣称,随着新宪法的采用,他们在历史上第一次创立了一种民主。几乎在同一时间,戈培尔(Goebbels)宣称,德国纳粹社会主义是将来民主唯一可能的形式。那些相信这样表达民主的人,可能会有些晕厥的欢欣。这是民主在经历了一个被指责被嘲笑的时期之后的事情,民主现在获得了欢呼。

在德国之外,没有一个人会把德国是一个民主国家这个宣言当真,更不用说它是民主臻于完美的形式了。但是,对于世界上所谓的民主国家仅仅达到了"资产阶级的"民主这个断言,我有些话要说。"资产阶级的"民主是指权力最终落到了金融资本家的手中,不论政府怎么宣称说它属于全体人民并为全体人民服务。从历史的观点看,很明显,民主政府是随着权力从农业利益集团转移到工业和商业利益集团而产生的。

没有斗争,这种转移就不可能发生。在这种斗争中,新生产力的代表声明他们的事业是自由的事业,是自由选择和个人独创的事业。在欧洲大陆,自由经济的政治宣言使用了自由主义的名义,英国也一样,只是程度小一点。所谓的自由党,是那些为个人主义经济行动的最大化和社会控制的最小化而奋斗的人。他们这么

---

* 此文选自《杜威全集·晚期著作》第 11 卷,第 229—231 页。
① 首次发表于《常识》,第 6 卷(1937 年 1 月),第 10—11 期。

做,是为了制造业和商业经营者的利益。如果这种宣言表达了自由主义的全部意义,那么,自由主义已经到期,试图复兴它是社会失策。

因为这个运动肯定不能实现自由和个性的目的,这些目的是它自己建立的目标,并且它以这些目标的名义宣称它正当地拥有政治上的至高权力。它代表的这个运动,给予少数人凌驾于多数人的生活和思想之上的权力。掌控大众获得生产工具以及劳动产品的条件,这种能力是压制自由的基本特征,是一切年龄的个性发展的障碍。随着主人的变更,群众也得到一些好处,否认这一点是愚蠢的。但是,美化这些好处,无视现行制度所伴随的残酷和不平等、宰制和压迫、公开和隐蔽的战争,是理智和道德上的伪善。当今金钱至上的竞争体制造成了人格扭曲和呆滞,这表明,在所有人都有个性和自由的意义上,声称现有社会体制是自由和个人主义体制,是一句谎言。

有人说,在历史上,民主是为了工商业阶级的利益而产生的;对于这个陈述,美国是一个突出的例外;不过,在联邦宪法的形成中,这个阶级的收获远远多于它应该得到的革命成果的公平份额。并且,由于这个群体掌握了经济权力,也越来越多地占有了政治权力。但是,即使在政治上,说这个国家仅仅是一个资本主义民主国家,这也显然是错的。目前,这个国家中的斗争不仅仅是一个新阶级对已建立的工业专制制度的抗议,不管这个阶级叫作无产阶级还是另有其名。这种斗争是这个国家持久的本土精神的表现,即反对与民主格格不入的毁灭性的武力侵占。

这个国家从来都没有过欧洲那种"自由"政党,尽管在近期竞选活动中,共和党借用了后者的大部分口号。但是,这个党派的领导人攻击自由主义是一种红色危险。这表明,在美国,自由主义有另一种起源、安排和目标。从根本上说,它力图实现充分的、广泛的民主生活方式。试图挽救"自由的"这个词语,没有什么特别的意义。我们有充分的理由,不允许民主的方法和目标因自由主义受到的谴责而变得模糊。这种遮蔽的危险不是一个理论问题,而是一个紧迫的实践问题。

因为民主不仅仅意指一些目的,如个人保障及其人格发展的机会,现在甚至连独裁政权都宣称这些目的是他们的目的。它还意味着首要的重点是实现这些目标的手段。它决意采取的手段,是反抗压制的个人自愿活动;它们一致反对暴力;它们是明智组织的力量,反对由上面和外面施加的组织力量。民主的基本原则是:所有人的自由和个性的目的,只有通过与这些目的相应的手段才能实现。不管自由主义在欧洲变成了什么样子,在我们国家,高举自由主义旗帜的价值在于它坚持信仰自由、求知自由、讨论自由、集会自由、教育自由；坚持用公共智力的方法来反对压制，即使这种压制宣称它的实施是为了所有个人的最终自由。有人主张，至少有必要暂时实行一个阶级的专政；有人断言，现行经济体制是每个人都拥有独创和机会自由的体制。这些信条和立场都存在着理智上的虚伪和道德上的矛盾。

自由民主方法与激进的社会目的相结合，并不存在矛盾。不仅没有矛盾，而且历史和人类本性都没为如下假设提供任何理由：激进的社会目的可以通过自由民主方法以外的手段去获得。那些拥有权力的人不会交出权力，除非有更强的物理力量迫使他们这么做。这种观点也适用于独裁政治，它宣称为被压迫的大众服务，实际上却使用权力反对大众。民主的目的是一个激进的目的，因为它是一个任何时候在任何国家都还没有充分实现的目的。它是激进的，因为它要求现行的社会制度，经济的、法律的、文化的制度，发生巨大的变化。一种民主自由主义如果没有在思想和行动上认识到这些事情，就不知道民主自由主义的意义，也就不知道这种意义要求什么。

而且，最激进的主张就是把民主方法看作实现激进的社会变化的手段，没有什么比这更激进的了。依赖更强大的物质力量的做法是反动派的立场，这种说法不仅仅是一种语言上的说法，因为它是这个世界过去依赖的方法，并且这个世界为了永久存在，现在正武装起来了。很容易理解，为什么近距离接触当今体制产生的不平等和不幸的那些人，以及意识到我们现在有资源开创一个所有人都有机会和保障的社会体制的那些人，迫不及待地想要通过任何方法推翻现行体制。但是，民主的方法和民主的手段是一体的、不可分离的。民主信念作为一种欣欣向荣的、摧枯拉朽的、富有战斗激情的信念，它的复苏是我们虔诚地期望的结果。但是，改革运动顶多能赢得部分的胜利，除非它来源于我们对人类共同本性的信心，以及我们对以公共集体智慧为基础的自愿行动的力量的信心。

（熊文娴 译）

创造性的民主——我们面对的任务 *①

在目前的环境下,我不想隐瞒这样的事实:我已经活到了 80 岁。提到这个,也许你会注意到一个更为重要的事实:对这个国家的命运至关重要的事件发生在过去的 80 年间,超过一半以上的现有国家生活形式出现在这个时期。我不准备概括这些事件,即使是那些更重要的事件,原因是明显的。提到它们,是因为它们与这个国家在成立之初承诺的事情有关——创造民主。这件事在今天和在 150 年前一样紧迫;当时,这个国家最富经验、最具智慧的人们汇聚在一起考察现状,以创建一个自治社会的政治结构。

这些年发生的重要变化是:生活方式和制度过去是在幸运的条件下的自然产物或必然产物,现在却是有意识的坚定努力的结果。80 年前不是整个国家都在先驱拓荒运动之中,但它仍然非常接近美国生活的先驱拓荒阶段;除了几个大城市之外,先驱拓荒的传统在出生于其中的人的思想和信仰的形成上起了积极的作用。至少在想象中,国家的疆域仍然是开放的,谁都可以开发利用。这是一个充满机会和吸引力的国家。尽管如此,这个新国家的成立远远不是因为集合了许多优越的物质条件,而是因为还有一群拥有卓越政治创造力的人,能够调整旧的制度和观念,使其重新适应新情况。

---

* 此文选自《杜威全集·晚期著作》第 14 卷,第 163—167 页。

① 首次发表于《约翰·杜威与美国的承诺》(*John Dewey and the Promise of America*),《进步教育小册子》(*Progressive Education Booklet*),第 14 期,美国教育出版社,1939 年,第 12—17 页。原文是杜威于 1939 年 10 月 20 日在纽约市纪念杜威 80 岁生日晚宴上的致辞,由霍拉斯·M·卡伦(Horace M. Kallen)代为宣读。

现在,边界具有道德意味,而非物理意味。土地似乎无边无际,谁开垦谁拥有;然而,这样的时代一去不复返了。未开发的资源现在是人而不是物质。成年人找不到工作,年轻人失去了曾经有的机会,这是资源的浪费。现在我们同样面临150年前促使社会政治创新的危机,只不过它对人的创造性要求更高。

无论如何,这就是我的意思:当时我说,现在我们必须有准备有决心重新创造民主,而150年前的民主雏形在很大程度上是人和环境结合的幸运产物。很长时间以来,我们一直依靠这种在早期人和环境幸运的结合而带来的遗产。现在的世界局势不仅是一个提醒:我们必须更加努力地证明这些遗产的价值;而且是一个挑战:我们如何回应今天复杂棘手的局面,如同前辈们回应相对单纯的局面一样。

如果我强调这个任务只能通过创新性努力和创造性活动来完成,部分原因在于,目前的严重危机在相当程度上归结于下述事实:很长一段时间,我们这样行动,仿佛我们的民主自动永存,仿佛祖先成功地建造了一台一劳永逸地解决所有政治问题的机器,仿佛民主发生在华盛顿、奥尔巴尼或其他州府城市,由每年一次民主投票推动。不客气地说,我们已经习惯于把民主看作一种政治机械。只要市民忠实、理性地履行政治义务,它就能正常地运转。

近年来,我们越来越听到人们说:这样理解民主不全面,民主还是一种生活方式。这种说法可谓触及要害。但是,我不能确定旧观念的外在性会不会也渗入这种新的更好的认识中。我们只有在思想和行为上都意识到民主是独立主体的个人生活方式,它意味着拥有并持续运用某些态度,形成个人性格,确定生活各个方面的期望和目的;只有意识到这些,我们才能脱离旧的外在的思维方式。与其认为我们的性格和习惯适应某些制度,不如把后者看作个人习惯性态度的表达、投射和延伸。

民主作为个人生活方式并无新鲜的内容,它不过赋予旧观念一种新的现实意义。它意味着,只有通过每个个体的创造活动,才能成功地应对目前民主的劲敌。它还意味着,我们必须克服这样的习惯性思维,即认为民主与构成个体性格的稳固的个体态度相分离,维护民主只能通过军事或市政这样的外在手段。

民主是一种生活方式,这种生活方式由对人性可能性的生动信仰所支配。相信普通人,这是民主信条中为人所熟知的内容。它所理解的人性体现在每一个人身上,与种族、肤色、性别、出身、物质或精神财富无关。这种信念也可以明文规定,但除非在日常生活所有的事件和关系中,人们彼此的交往态度体现了这种信念,否则,这些规定就是一纸空文。如果在与他人的日常交往中,触动我们的是种族、肤色或其他阶级偏见，而不是对人性潜能的真诚信仰——它使我们感到必须为这些潜能的实现提供条件，那么，嘴上抨击纳粹的狭隘、残忍、制造仇恨，无异于助长虚伪。民主的平等信念认为，每一个人，不管天赋如何，都拥有与所有其他人同样的发展天赋的机会。民主对领导原则的信念是真诚的、普遍的。它相信，如果具备适当的条件，每一个人都有能力过自己的生活，不受他人的干涉或强制。

除了相信人性，还相信人们在适当条件下有能力理性地判断和行为，这些信念共同决定着作为一种个人生活方式的民主。我不止一次被对手批评过于相信理性以及与理性相关的教育，甚至被认为是空想。但这种信念并非是我的发明，而是我现在的环境和那些曾受民主精神鼓舞的环境赋予我这种信念。最终形成公众意见的咨询、研讨、说服、讨论，其作用从长期来看，就是自我修正。在这个过程中，除了相信普通人的理性能力，相信他们能够合理地回应自由发生和表达的事实和观念——自由探究、集会和交流有效地保证了这一点，民主还能相信什么？就让那些集权政府的左派和右派鼓吹者认为，相信人的理性能力是一种空想好了。这种信念如此深植于民主固有的方法，如果一位自诩的民主人士竟然否认这种信念，那他便是背叛了自己的事业。

想到许多国家人们的生活境况——间谍的身影无处不在，私人聚会交谈时时面临危险，我愿意相信民主的核心和最终保证在于：人们能在街道附近随意聚集，畅谈不受管制的报纸新闻；朋友能自由地走动，聚会的话题天马行空，无拘无束。人们因为不同的宗教、政治或商业见解，不同的种族、肤色、财富或文化程度而产生的偏见和伤害、谩骂，是对民主生活方式的背叛。阻止自由充分地交流，其实是把人们隔离起来，变成互相敌对的双方，这会损害民主生活方式的基础。如果在日常生活中，观念、事实和经验的自由交流被互相怀疑、偏见、恐惧和仇恨堵塞，那么仅在法律上明确信仰、表达和集会的自由权利没什么用。这些东西比起公开的强制更能破坏民主生活方式的基本条件，后者只有在成功地给人们灌输仇恨、怀疑、不宽容之后才有效。集权国家的例子证明了这一点。

最后，除了上面说到的两点，民主的决定因素还包括相信人们之间的日常合作。它相信，尽管每个个体的需要和目的不同，但友好合作——包括竞争（如在体育、较量和竞争中）——的习惯是丰富生活的无价之宝。把起源于（一定是源于）力量和暴力气氛中的冲突尽可能地转变成讨论和理性活动的手段，这就如同把那些和我们有（深刻）分歧的人看作我们可以学习的朋友一样。民主的信仰相信，分歧、争论和冲突能够变成这样一种合作：对立双方可以给予对方表达自己的机会，并从中受益。不是一方依靠强力压制另一方，比如使用一些嘲弄、侮辱、胁迫等心理手段，虽然不是公然的囚禁和集中营，但毫无疑问也是一种暴力。给对手展示自己的机会，因为表达不同见解不仅是别人的权利，而且是丰富自己生活经历的手段。通过这种方式合作，是民主生活方式的题中之义。

如果上面所说被人批评是一套道德上的老生常谈，我的回答是：这恰恰是我这么说的意义。因为去除从制度和外在角度理解民主的思维方式，形成把民主看作一种个人生活方式的习惯，这就意识到，民主是一个道德理想；如果它变成事实，也是一个道德事实。人们应该意识到，民主只有成为生活常识，才意味着民主成为现实。

因为我长期研究哲学，请允许我从哲学角度简要地概括民主信仰。可以这样来表达：民主相信人类经验能够生发目标和方法，凭借它们未来的经验得以丰富发展。而其他社会道德信仰的基础是：认为经验在某些时候受制于某种外在控制，受制于据说外在于经验过程的某个"权威"。民主相信经验的过程比任何特定的结果更重要，只有当这些结果可以丰富和处理正在进行的经验时，它才具有最终价值。既然经验过程具有教育意义，相信民主，也就是相信经验和教育。任何脱离经验过程的目的和价值，都是呆板停滞的。它们试图固化所获的结果，而不是利用它们开启新经验的大门，指出通向更好经验的路径。

如果有人问这里经验的意思，我的答案是：个体与周围环境尤其是人文环境的自由互动，通过增加人们对客观事物的认识，促进和满足人们的需要和愿望。对环境的客观认识，是人们之间交流分享的唯一的坚实基础，其他交流则意味着某些人受制于其他人的个人看法、需要和愿望（目的和方向从中产生）。它们超出现存的事物，超出知识，也超出科学，不断地开启通往未知明天的方向。

与其他生活方式相比，只有民主全心全意地相信经验过程既是手段也是目的，相信经验过程能产生科学，而科学是唯一可信赖的指明未来经验方向的权威，科学释放了人们呼唤新事物的情感、需要和愿望。而没有民主的生活方式限制了经验的接触、交流、沟通和互动，没有这些，经验无法稳定，也不能扩张和丰富。这种释放和丰富的任务是每天都要做的。既然这项工作没有终点，除非经验自身走到终点，那么，民主的任务就是不断地创造更加自由、更为人性的经验——这个经验人人分享，人人贡献。

（马　荣　王今一　译）

民主的基本价值和忠诚*①

价值和忠诚须臾不离。如果想知道一个人的价值观,不用问他。无论一个人的理解力多强,也难以一眼看到指导某人行为的价值。而长期观察一个人的行为便足以看出他行为的倾向,知道他的忠诚所在。然后,你才能知道激励和指导他行为的目的,也就是说,实际上的价值,而不仅仅是名义上的。如果说一开始我就强调长期观察行为的方向很重要,不要仅凭语言判断,那是因为,历史上没有哪个时期像今天这样,语言的意涵如此之少。

集权主义造成的最大危害之一,是彻底摧毁了语言的诚实。人们常说:"不容易找到分界线区分什么是教育、什么是宣传。"这话有一定的道理。但是,苏联、意大利、德国和日本的宣传很容易辨认,因为在每个重要关口,他们的说辞只能反着读。这些词语在被挑选权衡时,只考虑它们对别人的影响。但是,评判是否偏离事实的标准掌握在每一个理性的成年人手中,因为经验使他们能够判断可能性。不过,完全颠倒真理却会产生可怕的混乱,肇事者会趁着混乱局面持续、黑暗仍在蔓延时实现自己的意愿。

总之,当前要传达的是对民主的一种首要的忠诚(可能就是这一种首要的忠诚)。不容否认,美国的民主在言论、出版、集会自由上说得多,做得少。但不管怎样,因为公开性已经是一个稳固的习惯,所以民主精神仍然是鲜活积极的。这使许多愚蠢错误的事情有表达的机会。但是,经验巩固了这样的信念:愚蠢的事情多种

---

* 此文选自《杜威全集·晚期著作》第 14 卷,第 200—202 页。
① 首次发表于《美国教师》(*American Teacher*),第 25 期(1941 年 5 月),第 8—9 页。

多样,一段时期之后,它们互相抵消;经验验证了错误,就像水和肥皂洗去脏污。

自由是民主的精髓,自由首先是发展理性的自由。理性包括判断哪些事实和行为相关、如何相关,以及相应地寻求这些事实的机敏。我们相信理性,相信它与自由沟通(通过会议、磋商、讨论等形式,众多经验汇集、净化)的内在联系。集权主义的威胁,使我们更加忠诚于这些信念,这将最终决定我们的民主程度。有人说,"说话"是廉价的。但是,数千万人被迫害、被残杀、在集中营里腐烂了,这证明"说话"也是代价高昂的。民主必须把自由地说话奉为至宝。

美国的民主人士看到同胞口口声声地说民主,却支持苏联国内压制言论、出版和宗教自由,民主信念如此淡薄,不禁深感失望。他们可能以为,在这种时刻,任何一个美国人的骨子里都洋溢着充沛的民主精神,光是压制本身就能让他们对这个国家的政策作出判断,无论它在其他方面如何为自己辩解。这一点警示我们:我们必须比过去付出更多的精力和毅力来培育对民主的忠诚——从家庭和学校开始。

既然在这儿不可能面面俱到,我只讨论在当代集权主义衬比下显得更突出的、用来定义民主生活方式的那些价值。理论上,民主宣称相信每一个人的潜能,强调为实现这些潜能提供条件。如果我们没有看到、没有强烈地感到这个信念现在必须扩展和深化,那么便错过了当前世界局势给我们上的第二堂极其重要的课。当这个信念没有在日常生活中系统地付诸实践之时,它变得令人伤感。宗教有神圣人格的说法。但是,流利地诵读字面的教义,并不能消除势利、偏狭和对他人的利用。黑人奴隶制所带来的反民主的遗产,使我们习惯于狭隘地对待有色人种,这与我们宣称的民主信仰不符。宗教教义被用于鼓动反犹太主义。仍然有许多人,太多的人,毫无顾忌地种植和表达种族偏见,仿佛这是他们的权利;却意识不到这种狭隘的态度污染了民主所拥有的基本仁爱之心(basic humanities),离开它,民主只是一个空洞的说法。在德国,这种污染就是致命的。

面临危险的是人性和人文精神,而不是有时候所说的"个人",因为后者是指潜在人性的价值,不是某种分离的原子式的存在。试图把民主等同于经济个人主义,把这个看作自由行动的本质,已经损害了现实民主,并且还将造成更大的伤害。

最后,我想说,忠诚于民主的第三点,表现为愿意变消极的宽容为积极的合作。法国革命提出的第三个民主信条"博爱",从来没有大范围实现过。民族主义,在我国表现为"美国第一",这是导致集权主义的有利因素之一。有人只是说了说要消除民族主义,就已经引发一些被误导的人开始同情纳粹。博爱是愿意一起工作,它是合作的本质。它从来没有广泛实现过,这是造成当今世界局势的重要原因。让我们期待博爱,而不是集权压迫所带来的平等变成"未来的浪潮"。

(马　荣　王今一　译)

什么是民主？*①

这个世界在过去没有哪个时代曾面临像今天这个时代这么多、这么严重的问题。因为没有哪个过去的时代，人们生活其中的世界在其相互联系方面曾像今天这般的广大和复杂。不过，讲这句话并不是为了就事论事，而是将其作为一个介绍，引入今天将要讨论的这个世界所存在的问题。最近的历史场景，在不超过半个世纪之前被视为是不可能的。因为在那个时候，民主（既是作为一种政治哲学的观念，又是作为一个政治事实的民主）的进步看来是相当确定的。近年来，其特有的存在已经受到如此挑战，以至于它的命运看起来悬而未决；即便是现在，它的未来也还远未稳定下来。对它构成的第一重打击是显而易见的。日本、意大利和德国及其随从们的军事袭击，伴随着那种一再被重复的指责，并得到后者的支持。这种指责就是：民主的理想已经失去了它的有效性，新的和不同的秩序正被迫切需求。

制造了军事打击的国家遭受了压倒性的失败。目前的世界形势证明（无需更多争论），社会、经济和政治原则的根本基础还远未被击碎。在过去被理解并付诸实施的民主信念之间的斗争，现在比在军事冲突之前或其过程中更为明显和激烈了。"什么是民主？"这个问题，现在的存在状态并不是把世界的事务当作一个学术问题。目前，它也不是这样一个问题，即保卫民主的原则与政策，去抵御来自那些公开、公然对之表示完全蔑视的人的攻击。现在的冲突是两个根本不同、完全相反

---

* 本文选自《杜威全集·晚期著作》第 17 卷，第 390—393 页。

① 打字稿，约 1946(?)年，收藏于卡本代尔：南伊利诺伊大学，莫里斯图书馆，特别收藏，3 号文件夹，第 55 盒，杜威文集。

的体系之间的冲突，而每一方都声称忠实于民主的初衷。

一种冲突，如果它对几亿人民有直接、实际的重要性，世界范围的战争或和平的传播就有可能依赖于它，那么，它就不是一个理论上的问题，能靠政治科学家的辩论来解决。有一个民族国家，曾经是把民主说成它被传统地理解和实践的那样的一些国家的同盟，现在却参与到对它的攻击中来了。这攻击不仅是意识形态上的，还有外交上的；而且，人们普遍认为，它可能演变成武装力量的冲突。因为它指责西方欧美的传统民主人士背叛了民主的初衷，而坚持它自己在政策和原则上都代表对民主观念的履行，而这个民主观念现在被那些宣称信奉民主却不能在人类关系的一个非常重要部分中将其付诸实践的人们给歪曲和背叛了。

那个重要的部分当然就是受到经济秩序以及引导着工业和金融的那些条件影响的人类关系。然而，我不准备这样来讨论这个冲突，仿佛它的焦点和中心首要地是在经济政策的问题上一样。比如说，我的信念是：经济政策在过去一直就是传统的西方民主政体最薄弱的一个方面。我也不打算在这样一个基础上捍卫这些民主政体，就是说，它们中的每一个（不排除美利坚合众国，它也许是最隶属于一种"个人主义的"经济秩序的国家）都以其自己的名义积极地修改其传统的经济体系。"资本主义"还远不是一个坚固的体系，以至于事实上正处于一种几乎是流动的状态。这样一个事实对于有些被拿来反对这个（指美国）以及其他西方民主政体的指控来说是贴切的，但不是我在讨论的议题——也即什么才是民主观念与政策的核心和根本。

据我的判断，这个核心和基础通过如下事实就能得到清晰而令人印象深刻的解答，那就是：发起袭击的那个国家（指德国）现在已经接管和改进了一般的极权主义哲学和实践、一种几年前它还在积极与之斗争的哲学和实践；而事实上，它在历史上一直与这个国家过去政治中的反民主历史一起延续着。因为这种极权主义无比清晰地揭示了其核心问题是对理智自由（freedom of intelligence）的尊重和不尊重之间的对抗，而前者如此强大，以至于它即便只是消极地挡在政治-经济的极权主义政策之路上，其实还是对它的有效否定和压制。

说没有一个公然声称为民主国家的国家，在过去以各种自由的方式实施其对理智自由的忠诚（后者在前者中得到了公开证明）的过程中，不曾有过一点瑕疵，这自然是正确的。在我自己的国家，举例来说，由于我们的第一位伟大而典型的民主人士托马斯·杰斐逊的努力，确定了《权利法案》（Bill of Rights）。这个法案是对言论、写作、出版及集会讨论的一种保证，伴随着对所有公共出版物的尊重。此外，联邦最高法院实际上还承担着这样一个能力，即对由联邦的政治机构通过，但却侵犯到这一在运行中理应被保证的理智自由的工作效力的所有法律，都宣告无效。诚如我所说的，我们在面临麻烦和压力的时候，并非一直做到不辜负这一保证。但是，没错，这个观念如此具体——不仅在国家的法律宪章中，而且在人民的心中——以至于每一个反动的时期都唤起了一个成功抗议和复归的时期。

这最后一点言论的目的不是为了辩护什么，更不是什么自夸。它是为了表明，这个尊重理智自由之实行的原则走得如此之深，延伸得如此之远，以至于当情况有变时，它不得不被重申和重振士气。它还远未能自行生效，以至于在每一个危机时期都不得不积极地为保卫它而战。不过所幸的是，迄今还未**诉诸**武力。当前的袭击是由这样一个国家造成的，它对可以通过武力（还有意识形态上的反对）镇压——对任何背离官方建立的极权主义教条的新闻、文学、公共集会，甚至私人社交，以及物理学和生物学研究的行为——的极权主义方法而得到实施的政策感兴趣。这一袭击表明，维护理智自由的公共运行是各种理智问题中的主要问题。

另一个伟大的美国民主人士亚伯拉罕·林肯留下了一句话作为他的遗产，那就是：民主的政府就是属于人民，为了人民，来自人民的政府（democracy is Government of，for，and *by* the people）。我用斜体字来表示介词"来自"（*by*），因为政府不可能来自人民，除非是在那样一个时候和地方，理智的自由在其中得到公开和积极的支持。它是否能够在一个较长的时期内为了人民，而不是为了一个统治圈子或官僚机构，这也是值得讨论的；除非是在一个公开讨论和批判的权利被保持未受侵犯的地方。革命时期——从一个世界范围的观点来看，当前就是这样一个时期——趋向于权力的集中。这个集中为了其自身而声称它最大的兴趣在于一般的人民。起初，也许这还属实。但是，没有什么比这更确定的了，即除非它在其运动中一丝不苟、小心谨慎地遵守对理智自由原则的实施，否则很快就会退化为一个片面的规则，由武力的运用来维持而集中于自己的特殊兴趣。正是由于这个原因，当前时期特别重要，乃至于是唯一重要的事情：不要把注意力转移到考虑任何其他问题上（无论它多么重要），从而取代把依赖于演讲、每日和每周刊物的出版、书籍、公共集会和科学研究这些手段的、理智自由的公共交流作为民主的核心和焦点来考虑。最后，没什么比在这一点上投降和妥协更致命的了。现在，我们比以往更紧迫地需要坚定观念，保护好这颗心脏让民主的血液不断从中涌出。

在结束之前，我还要明确地提醒一个事实，即正是 18 世纪法国那些提倡思想和言论自由的先锋们，不顾以道德权威和社会稳定名义公开宣讲的人的各种干涉，使那个世纪成为启蒙时期，从而产生了民主精神中最好和最真的东西；这些东西起初存在于西方的文明之中，而今在于对整个世界的承诺（如果还未实施的话）之中。始终保留、支持着至高的、稳定的现存传统的人们，如果现在尊重在各种交流渠道中实行的理智自由，不辜负他们的遗产，那么，他们和我们都将从目前的危机中流传下去——在对民主的生命之血的净化之中。在克服目前危机的残酷的过程中，我们已经打开了通往人类精神更高尚（因为更自由）地表现的道路。

（徐志宏　译）

六、自由主义

自由主义者想要什么？*①

保守派和反动派之间存在着天然的联系纽带。他们之所以能够走到一起，与其说是因为共同的观念，倒不如说是出于习惯、传统，对未知的恐惧以及紧紧抓牢他们已经拥有的一切的愿望。而他们的"拥有"，除了财产以外，还包括信念。有句老话说得很对，保守党是愚蠢的。我认为，它的意思并非是说保守党的每一位成员个人比他的对手要愚蠢，而是说作为一个政党，他们对思想没有特别的需求，他们只需要政策，而这些政策则根据维持现状的需要来制定。

自由主义者却相反，他们不好组织是出了名的。他们必须依靠思想，而不是约定俗成的信奉习惯。而人们一旦开始思考社会问题，就会产生分化，因为思想在本质上就是千变万化的。说得夸张点，他们是爱踢人的马，而踢人是无法产生和谐统一的。在这个国家，始终存在着一个感情丰富的群体，可以称其为进步主义者；而且，我们对我们经济社会中的弱势群体也充满了无限的社会同情心，这种情感和同情一直是不定期发生的政治运动的基础。但是，感情只能为团结提供临时性的纽带，在至少三十年的时间里，这个国家的自由主义政治运动不过是短暂的热忱，继而是持续的衰退。如果自由主义者"疲倦"了，那么，这主要是因为他们没有齐心协力地参加过统一的共同运动，因此未能从中获得支持和鼓舞。自身内部阶层的差异给他们带来的阻碍，决不亚于他们努力反对的那些确定的利益集团。

然而即便在今天，也存在着一种普遍的认识，即我们目前的政治形势异乎寻常

* 本文选自《杜威全集·晚期著作》第 5 卷，第 271—273 页。
① 首次发表于《瞭望与独立》（*Outlook and Independent*），第 153 期（1929 年 10 月 16 日），第 261 页。

地虚假。一个人,他的政治交往越广泛,就越会意识到人们普遍认为现存的政党联盟不具有任何真实性。有一个机智的故事很可能激起几乎同样的反应,一个英国人询问一个美国人关于两大主要政党的情况,他被告知它们是两个大小形状相似的瓶子,贴着不同的标签——但都空空如也。与此同时,只能称其为进步主义的伤感情绪并没有消亡,甚至也没有休眠,但恰恰是它在目前条件下的分散性使它变得软弱无力,它是没有组织性的。

让我们把这两个事实放在一起。一方面,对于现在的政党联盟存在着非常普遍的不满情绪,感到许多人在经济上享受不到公平交易,机会平等在很大程度上只是个神话;对于富裕,人们的感受也一样,其真相是财政、信贷和工业的财富及控制权掌握在社会少数人手中。另一方面,政治组织以往制定真正自由的政策的尝试遭到了彻底的失败。至于该何去何从,这些事实给了我们什么启示?

我认为,答案只有一个。过去的运动之所以遭到失败,是因为它们只宣泄了暂时的情感,它们在很大程度上缺乏团结起来的纽带。过去,对现状一直存在许多不满,但却少有建设性的思想和政策供足够的人学习,以形成深入共享的共同信念。因此,未来的希望在于两点。首先,最为重要的是组织一场持续稳定的运动,以促进目前分散在我国,但大部分尚未表明自由主义者身份的自由主义人士和团体之间的联系和团结。其次,要制定一个适应当前情况的统一的原则和政策体系,将目前欠缺的真实之感带入现在的政治当中,部分地作为这场有组织的联系和交往的手段,并更多地作为它的成果。

9月9日的新闻刊登了一则独立政治行动联盟(League for Independent Political Action)成立的公告。该声明的措辞给人的印象是正在着手开创一个新的政党,更准确的表述应该是人们希望鼓励和帮助一个新政党的最终形成。该运动是在尝试着实践刚才所说的情况。联盟打算找到全国的自由主义团体和个人,并与他们合作,让他们有意识地相互交流,促进他们之间的团结统一——这种情感是进一步采取有效的政治行动的条件。作为自由主义情感和思想的交流中心的同时,它还将从事研究和教育工作,以建立积极的、具有建设性的、政治上的政策体系,这个体系本身就可以为进步的政党运动带来团结和持久。

为了将如今分散而又分裂的元素集中到一起,需要有一个原则体系,而这些原则已经得到了初步的制定。显而易见,为了结合现状,它们主要是为了解决被现在的主要政党严重忽视的经济状况。虽然成立新政党可能为时尚早,但对于那些不满经济政治现状的人而言，集合起来协商他们需要什么，进而发展出积极的思想体系并提出积极的议案，作为下一次进步的美国政治运动必要的基础，时机已经再成熟不过了。联盟主动请缨作为联合的中心，并且已经作好了准备；只要条件允许，便会以最快的速度投入行动。

（孙有中　战晓峰 译）

自由主义的历史 *

长期以来,自由主义习惯了社会变化反对者的攻击;长期以来,它一直被那些想维持现状的人当作敌人。但是今天,有些人希望社会瞬间发生急剧变化。他们相信,暴力推翻现存制度是产生所需变化的正确办法,与来自这些人的指责相比,先前那些攻击已经是很温和的了。从当前的这些攻击中,我选出两个作为典型:"自由主义者对无产阶级的悲苦给予口头支持,却在关键时刻总是为庇护资产阶级统治者效力。"此外,自由主义者被定义为"私底下认可激进观点却从不付诸行动的人,他们害怕失去权力和地位"。这些言辞数不胜数。它们表明,在很多人的心目中,自由主义脚踏两只船,所以那些在社会冲突中不愿意采取确定立场的人常常把它当作避难所。它的言辞拐弯抹角,被当成不痛不痒的学说,等等。

民心,特别在这个国家,是服从时尚的快速变化的。不久以前,"自由主义"还是一个褒义词;做一个自由主义者,就是追求进步、高瞻远瞩、不带偏见,以所有令人赞赏的性质为特征。然而,我认为,我们不能把这种特殊的变化仅仅当成思想潮流的波动而不予以考虑。欧洲三个大国迅速镇压了勇敢地为自由主义奋斗的公民自由运动。几乎在欧洲大陆所有的国家中,公民自由运动都奄奄一息了。这些国家没有一个是长期为自由主义理想奋斗的。但是,那些承认自己关心社会变化、不愿意保留旧制度的人又引发了新的攻击。众所周知,在战争时期,任何自由主义代表的东西都处于险境之中。在世界危机中,自由主义的理想和方法一样被质疑;人们普遍相信,自由主义仅仅在公平的社会氛围中才能繁荣发展。

---

* 本文选自《杜威全集·晚期著作》第11卷,第4—16页。

我们几乎不可能不问自由主义到底是什么,以及它包含哪些具有永恒价值的要素(如果有的话),这些价值在世界现在面临的状况中又是如何得到维护和发展的。我提出这些问题,是出于我自己的考虑。我想弄清楚:一个人诚实地、理智地继续做一个自由主义者是否可能? 如果答案是肯定的,那么,今天哪种自由主义的信仰是应该被坚持的。由于我并不认为我是唯一如此自问的人,所以我正准备阐明我对这个问题作出考察后得到的结论。如果一方面有懦弱和逃避的危险,那么,另一方面就有失去历史意识的危险,以及贸然进入短命的现代潮流的危险,仓促地放弃藏在杂草中持久的、无价的东西。

我们所从事的研究,其自然的开端就是考察自由主义的起源和过去的发展。本章就是讨论这个话题。通过简要的历史考察得出如下结论:自由主义历经盛衰起伏,并且其意义在实践中如此不同,以至于相互对立。如果对自由主义的历史不作详细的考察,就很容易导致该结论。但是,找准并描述与自由主义的发展紧密相连的多义性,将有助于确定它对现在和将来的意义。

“自由”和“自由主义”这两个词语被用来指称一种特殊的社会哲学,它们在19世纪初才出现。但是,这两个词语所指的东西出现得要早些。它可以追溯到希腊思想;它的某些观点,特别是关于理智的自由运用的重要性的观点,在佩里克利斯(Pericles)的悼词中可以见到显著的表达。但是,为了当下的目的,我们不必回溯到1688年“光荣革命”的哲学家约翰·洛克。洛克自由主义的突出观点是:政府的建立是为了保护个人的权利,这些权利是在社会关系的政治组织之前个人拥有的权利。一个世纪以后,美国《独立宣言》对这些权利做了概括:生存的权利、自由和追求幸福的权利。在“自然”权利中,洛克特别强调财产权。根据他的看法,财产权起源于如下事实:个人通过自身的劳动,把自身和某些迄今未被占有的自然对象“混合”在一起。这种观点的矛头,指向统治者未经人民代表的认可就对财产征收的税费。这种理论在辩护革命的权利中达到顶峰。由于政府的建立是保护个人的自然权利,当它们侵犯并破坏这些权利而不是保护这些权利时,就再也不该服从。这个学说在我们的祖辈们反抗英国统治的革命中富有成效,它在1789年的法国革命中也有扩大的应用。

这种早期自由主义的影响,很明显是政治方面的。然而,洛克最大的兴趣是:在偏执流行、持异端信仰的人被迫害的年代、在国内战争和国际战争都带有宗教色彩的年代坚持宽容。为了满足英国的紧急需求——从而是另一些国家的紧急需求，即需要用代议制政府来代替任意政府——它遗留给后来的社会思想的一种学说，即关于个人与生俱来的、独立于社会组织的自然权利的学说。对于自然法则高于成文法这一较早的半神学半形而上学的观点，它直接输入了实践意义；对于自然法则是理性的同伴、由人类天赋的自然之光来揭示这个旧观念，它赋予了一种新的形式。

这种哲学的整体气质是个人主义的，其中个人主义是与有组织的社会行动相对立的。它坚持个人不仅在时间上而且在道德权威上优先于国家。它用思想和行动的自由来定义个人，这种自由是个人以某种神秘的方式事先拥有的，是由国家的唯一职责来保障的。理性被当作个人天生的禀赋，在人与他人的道德关系中表现出来，但并不由这些关系来维持和发展。因此，个人自由最大的敌人被认为是政府，因为政府试图侵犯个人天生的自由。后来的自由主义继承了这种统治者和被统治者之间自然对抗的观点，把它解释为个人和有组织的社会之间的自然对立。一些人的心里仍然浮动着这样的想法：有两种不同的行动和正当权益的"领域"，它们分别属于政治社会和个人，为了后者的利益，前者必须尽可能地简约。直到 19世纪下半叶，政府可能并且应该是保障和扩展个人权利的工具这种观点才产生。我们的宪法的一些条款授予议会以权力来提供"公共福利"和保障公共安全，这也许是自由主义的这个新方面的一个前兆。①

上述内容表明，在洛克看来，自然权利包含经济因素，也就是财产，这是有政治意图的。然而，洛克有时甚至用财产来指称"生命、自由和产业"包含的一切事物；个人拥有对他自身、他的生命和活动的产权；这种广义的财产是政治社会应该保护的。在政治领域对财产权利予以的这种重视，毫无疑问，对后期自由主义明确的经济学表述产生了影响。但是，洛克对业已拥有的财产感兴趣。一个世纪以后，大不列颠的工业和商业有如此充分的进展，以至于人们的兴趣集中于财富的生产而非占有。劳动观念作为财产权利的源头，与其说是被用来保护财产免受统治者的没收（在英国，这种权利实际上是有保障的），倒不如说是促进和辩护资本使用和投资的自由，以及劳动者离职并寻找新工作的权利——从半封建社会沿袭下来的成文

① 也许，在法规的制定者的头脑里，这个条款并没有被更多地思考，而只是被用来允许议会为公路、河流和港口拨款。在随后的实践中，这种权力并没有被过多地使用，它没有因为某些经济上的弊病而超出规定的有限的社会服务。

法是否定这些权利的。可以很公正地说,早期的经济观念是静态的,它关注财产和房地产。这种新经济观念是动态的。它关注的是从一堆具有法律威力的累赘的限定中将生产力和交换解放出来。敌人不再是统治者的任意特殊行动。它是成文法和司法实践的整个体系,因为这个体系不利于劳动、投资和交换的自由。

由于这种新兴趣,早期自由主义发生的转变如此巨大,以至于我们应该详尽地描述它的过程。对自由和个人的关注,是洛克式自由主义的基础,它被保留下来了;否则的话,新理论就不会被称作自由主义了。但是,自由被赋予一种完全不同的实践意义。最终结果是使政治服从于经济活动;自然法则与生产和交换的法则联系起来了,并且给早期的理性概念以全新的意义。亚当·斯密(Adam Smith)这个名字与这场变革的发端有着不可分割的联系。尽管他还远远不是自由放任观念的无条件的拥护者,但他认为,尽可能多地摆脱政治限制的个人活动,是社会福利的主要资源和社会进步的最终动力。他认为,每一个个人中存在一个"自然的"或者天生的倾向,这种倾向是通过努力(劳动)来满足自己的自然需求,从而改善自身的生活状态。社会福利向前推进,是因为大量个人努力无设计、无计划的趋同结果增加了可由人们集体支配或由社会支配的商品和服务。这种产品和服务的增加,产生了新的需求,导致生产力新方式的产生。这里不仅是交换、"交易"的天生冲动,而且个人通过交换的过程从劳动的必要性中解放出来,从而满足个人所有的自身需求;通过分工,生产率极大地提高了。自由经济过程从而引起日益增长的交换无止境地盘旋上升,通过"看不见的手"(这与18世纪的人钟爱的前定和谐学说是对等的)的引导,个人为个人进步和个人收益作出的努力增进了社会利益,并创造了利益间相互依赖的日益紧密的关系。

新政治经济观念和理想与工业活动的增加是一致的,英国工业活动甚至在蒸汽机发明以前就很显著。它们快速地蔓延,首先在纺织业,然后在其他行业。机器代替了人力,英国工业和商业的大扩张接踵而来,它们助长了工业活动的力量。在工业革命的影响下,反对把政治行动看作社会力量的陈旧论点呈现出一种新的形式。政治行动不仅仅是对个体自由的侵犯,而且实质上是一种阴谋,用以反对带来社会进步的事业。洛克关于自然法则的观点,获得了一种更具体、更直接的实践意义。自然法则仍然被当作某种比人为法更基础的东西,与自然法则相比,人为法是非自然的。但是,自然法则失去了从前的道德意义,它们被确定为自由工业生产和自由商品交换的法则。然而,这种思想并不是由亚当·斯密创立的。他从法国重农学派那里接受了这种观点,法国重农学派如其名字所表明的那样,相信社会关系由自然法则支配,并把自然法则等同于经济法则。

法国是一个农业国家,重农学派的经济学是为了农业和矿业的利益而被构想和表述的。根据他们的观点,土地是所有财富的源泉,所有真正的生产力最终来自土地。工业与农业不同,它只是改造自然所提供的东西而已。这个运动本质上是抗议政府措施使农业赤贫、使闲散的寄生虫富有。但是,它潜藏的哲学是:经济法则是真正的自然法则,其他法则都是人为的,因而应该尽可能限制它们的范围。在理想社会中,政治组织将照搬自然设定的经济模式。法律源自自然。

洛克说过,劳动,而非土地,是财富的资源。英国当时正从一个农业社会过渡到工业社会。法国的学说以它自身的形式并不适合英国的国情。但是,把自然法则与经济法则相等同的潜在理念翻译为适合工业社会需求的形式,并不存在多大的困难。从经济哲学角度看,从土地到劳动的转变(为了满足需求所付出的代价),只要求把注意力集中到人类的自然本性上,而非物理自然上。心理学法则建立在人类本性的基础上,与任何建立在土地和物理自然基础上的法则一样,是真正的自然法则。土地本身仅仅在为了满足人类本能需求的劳动的影响下,才是生产力(productive)。亚当·斯密本人对于阐明法则如何用人类本性来表述并没有特别的兴趣。但是,他明确地依靠人类本性的一个倾向——同情心——来寻找道德需求的基础,他用另一个自然的冲动——改善生存条件和交换的本能——来给经济学理论奠定基础。这些本性倾向运行的法则摆脱了人为限制后,就成为支配着人们相互关系的自然法则。就个人来说,按照理性的要求(按斯密的概念,就是站在无偏的旁观者立场)所施予的同情心是美德行动的标准。但是,政府不能诉求于同情心。它可以采用的唯一措施是去影响利己动机。当它在个人追求自然的自我利益的行动中保护个人的时候,这种措施变得最为有效。这些隐含在斯密思想中的观点,被他的后继者们清楚地表达出来:部分由经济学经典学派清楚地表达,部分由边沁和密尔(Mill)父子清楚地表达。在相当长的一个时期里,这两个派别携手并进。

经济学家发展了个人的自由经济活动的原则;政府行动被当作对自然自由的一种干涉。由于这种自由等于没有政府行动的干预,结果就形成了自由放任的自由主义。在通过立法改革习惯法和司法程序热火朝天的运动中,边沁引入了相同的概念,尽管是从一个不同的角度。密尔父子发展了经济学家和边沁的理论中隐含的心理基础和逻辑基础。

我从边沁开始。原有的法律体系通过选区议员定额体系（rotten borough system）与一种政治体系紧密地结合在一起，这种政治体系建立在大土地所有者占支配地位的基础上。不论在生产还是交换领域，新工业力量的运行几乎在每一点上都受大量习俗的抑制和扭曲，这些习俗正是习惯法的核心。边沁不是从个人自由的观点，而是基于这些限制对个人享有幸福的影响来探讨这种情形。因此，每一个对自由的限制都是痛苦的源泉，并且是对反之即能享有的快乐的限制。因此，就政府行动的正当范围而言，这两个学说的效果都是一样的。边沁直接地，而不是像经济学家的理论那样间接地，对准已存法律和司法程序中的一切东西；它们造成了不必要的痛苦，并限制了个体对快乐的获取。此外，他的心理学将改善个人条件的冲动（这是亚当·斯密学说的基础）转变为如下教条：渴望快乐，憎恶痛苦，是支配人类行动的唯一动力。由获利的欲望控制的生产交换所隐含的这种心理学理论，在政治和法律方面建立起来。此外，制造业和贸易的不断扩张，使一个强大阶级的利益成为这种新式自由主义的动力。这句话不是说睿智的新自由主义的引路人自身也受到获取物质利益期望的驱使。相反，他们组成了一个群体，焕发出惊人的无私精神，这与他们宣称的理论相反。他们超脱直接市场利益的行动，使他们摆脱了商人阶级特有的狭隘和目光短浅——谈到商人阶级，约翰·斯图亚特·密尔（John Stuart Mill）甚至比亚当·斯密更尖刻。这种解放使他们能够发觉并清楚地论述当时兴起的运动——这种能力是一切时代知识阶级的真正品性。但是，假如他们的说教未能契合一个在声望和力量上不断上升的阶级的利益，那么，他们发出的声音可能只是旷野中的呐喊。

根据边沁的观点，衡量所有法律和每一行政措施的标准是它对最大多数人的幸福总和的影响。为了计算这个总和，每个个人都被当作并且仅仅被当作一个人。仅仅把这个学说表达出来，也是对法律认可的每一种地位不平等的抨击。其实，在它起作用的每一个领域，它使个人幸福成为政治行动的规范。实际上，尽管边沁没有马上意识到，它却把我们的注意力从个人已拥有的幸福转移到在社会制度发生彻底改变的情况下，个人可能拥有的幸福。因为已存的制度使少数个体享有他们的幸福，却以多数人的痛苦为代价。边沁本人设想的法律和政治制度将要进行的改变主要是反面的，例如消除滥权、腐败和不平等。然而（我们在后面将看到），他的基本学说一点也不阻碍人们使用政府权力来正面地创立新制度，只要这样做看起来更有效地促进个人的幸福。

边沁最有名的著作为《道德和立法原则》(Principles of Morals and Legislation)。他实际上把"道德和立法"当成一个单词。他致力于研究立法的道德,一般地说,是政治行动的道德。他提出了一个简单的标准,即政治行动对最大多数人的最大幸福的影响。他不断地致力于揭露现存法律体系的弊端,还有它在民事和刑事司法程序以及行政管理的应用中存在的弊端。他在他的各种著述中详尽地逐一抨击这些弊端。但是,他的抨击实际上是累积式的,因为他在详细的批评中只用了一个原则。我们可以说,他是在司法领域第一个搜集并揭发丑闻的人。但是,他不仅仅如此。他不管在什么地方发现一个缺陷,都会提出一种补救的办法。他是司法和行政管理领域的一个发明者,犹如当时机器生产的发明者一样。他提到自己时说,他的抱负是"把实验的推理方法从物理学领域扩展到道德领域"。他所说的道德的,意指人文的——这是18世纪英国思想的一个共同点。他还把自己的工作与物理学家和化学家所做的工作,即在各自领域发明增加人类财富的产品和技术相比较。也就是说,他并不把他的方法局限于推理;推理仅仅是为了在实践中实现变革才会出现。历史表明,在发明司法和管理策略方面,没有谁的头脑比他更活跃。格雷厄姆·沃拉斯(Graham Wallas)谈论他和他的学派时说道:"1832年英国贵族权力的垮台并没有导致国内的社会革命或者行政混乱,也没有导致国外新大英帝国的粉碎,这一事实在很大程度上是由于一系列政治措施——地方政府改革、公职的公开竞争、科学的卫生和治安管理、殖民地自治政府、印度行政改革——这些内容有的是边沁的信徒们在他的著述中发现的,有的是在他死后用他的方法发展的。"①

尽管边沁关于人类本性的深层理论中存在一些基本的缺陷,但他的著述证明,自由主义并非只能做点小改革而对大事无能为力。边沁的影响证明,自由主义也可以成为引起彻底的社会变革的力量——只要它把大胆的、广泛的社会发明的能力与具体事情的详细研究结合起来,并有行动的勇气。19世纪上半叶,英国法律和行政变革的历史主要是边沁和他的学派的历史。边沁学派中并没有很多政治家、立法者或者公职人员,我认为,我们会从这个事实中发现一些对现在和将来的自由主义很重要的东西。根据美国式原则"让别人去干吧",美国的自由主义者习惯于假设和期望某届政府某一天上台后将带领人们陈述和实施自由政策。我不知

① 《社会科学百科全书》中关于边沁的词条,第 II 卷,第519页。

道历史上有什么证据表明这种信念和期望是有根据的。首先必须建立自由主义的纲领，它极具特色，处在政府行动的直接范围之外。只有迫使公众给予关注，彻底自由主义的直接政治行动才会到来。这是我们从19世纪早期自由主义那里学来的。如果没有见多识广的政治智慧作背景，为了达到口头上的自由主义目的而采取的直接行动也许会导致政治上的不负责任。

边沁的理论导致他持有如下的观点：一切有组织的行动都应从它影响个人生活的后果来判断。他的心理学是相当根本的。这种心理学使他把后果设想为原子式的快乐和痛苦的单元，可以做代数相加。他的学说主要是由于这个方面遭受到后来的学者，特别是道德家们的批评。但是，如果我们从历史的观点看，他的学说的这个特殊方面是一个偶然的附加物。他长期的观点是：习俗、制度、法律和社会安排应该根据它们的后果来评定，因为只有这些后果才落实到组成社会的个人上。由于对后果的强调，他迅速地干掉了在他之前统领英国思想的两个学派的教条。他几乎是蔑视地将保守学派置之不顾，保守学派把习俗和过去的先例当作社会智慧的源泉。这个学派在今天的经验主义者那里得到了回应，这些经验主义者抨击每一个新的、具有开创精神的措施和政策，理由是它没有得到经验的认可；然而，他们所说的"经验"，实际上是指在过去形成的、现在已经不复存在的思想模式。

按照大卫·休谟（David Hume）提供的一条线索，早期自由主义建立在天生自然权利的概念上。对于这个方面的内容，边沁的批评也是充满火药味儿的。自然权利和自然自由仅仅在虚构的社会动物学领域中才存在。人们遵守法律，并不是因为认为这些法律与自然权利的图式相一致，而是因为相信遵守法律的后果在整体上比不遵守法律好，不论这种信念正确与否。如果现存规则的后果变得让人难以忍受，他们就会起来反抗。一种开明的自我利益观念使统治者不会过度逼迫臣民的忍耐力。这种开明的公民自我利益将引导他们尽可能用和平的手段促成变革，这些变革将影响政治权利和公利的分配，导致政治当权者为人民的利益服务而不是反对人民的利益——边沁认为，这种情形是通过建立在普选制度之上的代议制政府来实现的。但是，无论如何，政策和评判的尺度和标准是它们在个人生活中引起的后果，而不是自然权利。

由于经济学家和边沁主义者的自由主义与英国现代的状况相适应，洛克学派的自由主义的影响日渐式微。到1820年，洛克学派的自由主义在实践上已经灭亡了，而它在美国的影响则要长久得多。我们没有边沁式的人物，即使有，他是否有很大的影响力也值得怀疑。除了法律制订上的一些变动,很难发现有什么迹象表明边沁对我们国家有所影响。正如前面说到的,洛克的哲学与美国反抗殖民统治的斗争之间的关系,非常近似于它与一个世纪前英国革命的关系。这就是说,直到美国内战时期,美国是以农业为主导的国家。随着美国开始工业化,个人自由的哲学,尤其是契约自由所表现的个人自由,为控制经济体系的人提供了所需的学说。法院自由地运用这种学说,宣布某些立法是限制这种自由和违反宪法的。《独立宣言》体现的洛克思想适合于我们先辈的处境,它给予个人开拓自己事业的机会。生活在这种开国条件下的人,很少考虑政治行动。政治事业主要是一种附属的东西,附属于个体开创本人事业的行动。人们高度自发地实践自助和私人创业的信条,以至于不需要专门的理智支持。最后一点,由于不存在封建主义背景,边沁式的司法和行政改革体系得不到特有的支撑。

美国在推动社会立法方面,比英国落后了一代人之多。大法官霍姆斯(Holmes)觉得必须提醒他的同僚们注意,赫尔伯特·斯宾塞(Herbert Spencer)的《社会静力学》(Social Statics)终究没有纳入美国宪法。英国在边沁的影响下,建立起一个独立于政党控制的、有序的公职体系。在我们这里,政治报酬就像经济上的金钱回报一样,落入最善于经营的竞争者手里;战利品属于获胜者。而最大多数的最大利益这个原则,导致英国建立了国家利益高于局部利益的原则。美国的政治史则主要是地方利益优先的记录。我们热衷于制定法律,这也许可与边沁的立法机关"万能"原理联系起来。但是,我们从来没有认真地对待我们制定的法律,而历史上,我们几乎没有什么可与英国功利主义学派赋予行政的重要性相比。

我谈到了英国自由主义的两个学派——经济学家的自由主义和功利主义的自由主义。起初,它们志同道合。英国自由主义的后期历史主要是一个分歧加深的过程,最终导致公开的分裂。然而,边沁本人是站在古典经济学一边的,他用后果作判断的原则却通向了适得其反的应用。边沁本人呼吁扩大公立教育和促进公共卫生的行动。就理论而言,在驳斥个人不可剥夺的自然权利这一教条时,他为国家采取正面行动扫清了障碍——只要人们能够看到这种行动增进了总福利。戴西(Dicey)在《英国的法律和舆论》(Law and Opinion in England)一文中指出,60年代后,集体主义立法政策至少为一代人增添了力量。这自然是受了改革法案的激发,而改革法案极大地拓宽了选举的基础。科学方法的使用即使当时还有些零散、薄弱,却鼓励了实际后果的研究并促进了一些立法政策的形成,以图改善现存制度带来的后果。与边沁派的影响相联系，它在一切方面都极大地削弱了如下观点：理性是遥远的、高高在上的、揭示最终真理的能力。它使理性成为研究具体情况并设计措施来改善具体情况的能力。

然而，我不会让你们得到这样的印象：从个体自由主义到集体自由主义的转向是功利主义的直接后果。相反，社会立法主要是由英国托利党人促成的，传统托利党人对产业阶级毫无感情可言。边沁派自由主义并不是一系列法律的来源，如工厂法、儿童和妇女保护法、禁止她们在矿业工作的法令、工人赔偿法、雇主责任法、减少工作时间、失业救济以及劳动法。所有这些措施都与自由放任自由主义倡导的契约自由观念相反。人道主义与福音派教会的虔诚、与浪漫主义联合起来，为这些措施提供了主要支持，而托利党则是它们的主要政治机构。人道主义是创建新工业规章的一种力量，对人道主义兴起的论述如果没有把那些英国国教和其他教派的宗教领袖的名字列进来，都是不恰当的。我们想到的名字有威尔伯福斯（Wilberforce）、克拉克森（Larkson）、圣扎迦利·麦考利（Zachary Macaulay）、伊丽莎白·弗赖（Elizabeth Fry）、汉娜·莫尔（Hannah More），以及沙夫茨伯里（Shaftesbury）勋爵。工会的力量在增长，以罗伯特·欧文为代表的一场活跃的社会主义运动也开展了。但是，尽管有这些运动，或者说随着这些运动的开展，我们必须记住，与自由主义联系在一起的是宽广的胸怀、信念和行动的自由。逐渐地，自由主义的精神和意义发生了一种变化。这种变化虽然是逐渐的，却是确实的。它脱离了自由放任的信条，而与之相联系的是用政府行动来帮助那些处于不利经济地位的人并改善他们的条件。在这个国家，除了一小群早期自由主义的信徒，这种普遍的观念和政策实际上成为自由主义信仰的定义。美国自由主义的例证是本世纪早期的社会进步主义，它与上个世纪上半叶英国自由主义之间的共同点如此之少，以至于彼此对立。

柯尔律治（Coleridge）、沃兹华思（Wordsworth）、卡莱尔（Carlyle）以及罗斯金（Ruskin）以不同的方式阐明了浪漫主义，其影响是值得特别注意的。一般说来，这些人在政治上是支持托利党的，即使并不积极，也至少有一些共鸣。这些浪漫主义者都是英格兰工业化结果的积极反对者，他们攻击的矛头直指经济学家和边沁派，他们认为经济学家和边沁派对这些后果负有主要责任。由于不赞成对非协同的个人活动的依赖，柯尔律治强调持久制度的重要性。根据他的观点，持久制度是人们团结在一起、达到思想和目的协调一致的手段，是唯一真实的社会纽带。它们是一种力量,借助这种力量,人类关系得以保持,而不是瓦解成离散的、相冲突的原子的堆积。他和他的追随者们的工作是对边沁学派的反历史性质的一种有力抵制。19世纪科学的主要兴趣是历史,包括历史视野内的进化。柯尔律治不是一个历史学家,他对历史事实不感兴趣;但是,他对伟大历史制度的使命有着非常深刻的见解。沃兹华思宣扬回归自然的福音,自然是指河流、峡谷、山脉以及简朴乡民的灵魂所表现出来的自然。他有时候是隐晦的,但常常是明确地把工业化当作自然最大的内部和外部敌人。卡莱尔对功利主义和现存的社会经济秩序进行了不懈的斗争,他用"无政府状态加警察"这个词组来概括这两者。他号召用社会权威体制来加强社会联系。罗斯金宣扬艺术的社会重要性,并相应地谴责经济的完全统治地位。威廉·莫里斯学派的美学社会主义者使他的教导深入人心。

浪漫主义运动深刻地影响了在最狭窄的自由放任的自由主义圈子里成长的那一批人。约翰·斯图亚特·密尔几乎从摇篮里就继承了他父亲的学说,同时又感到,与浪漫主义者描写的诗歌、持久的历史制度以及内在生活的价值相比,这个学说空洞无趣。他为调和两者而斗争,即使不成功,也非常勇敢。他敏锐地感觉到身边的人们生活的粗俗和知识水平的低下,他看到了这两种特征之间的关系。有一次,他甚至说,他期待一个时代的到来,那时候,"劳动生产的分工……将按照公认的正义原则来进行"。他认为,现存制度只是临时的,支配着财富分配的"法则"不是社会的,而是人制定的,也是人可以改变的。这些话语体现的哲学与他早期的主张——"人类因为一个唯一的目的而有权以个人或集体的方式干涉他人的行动自由,这就是自我保护"——之间有很大的距离。浪漫学派是产生这种变化的主要影响因素。

还有另一种思想力量导致早期自由主义的改变,这种思想公开地承认自由的目标而同时又攻击早期自由主义。在专业哲学圈以外,托马斯·希尔·格林(Thomas Hill Green)这个名字并不广为人知。但是,他是以一贯的论述风格把有机唯心论引入英国的引路人。有机唯心论起源于德国——主要是为了反对个人自由主义和个体主义的经验主义的基本哲学。约翰·密尔本人对联想主义心理学说产生的后果感到非常苦恼。信念和目的的心理联系是外在联想的产物,它们很容易因环境的变化而破裂。道德的和社会的后果对信念和社会关系的所有稳定基础产生了破坏性的威胁。格林及其追随者揭露,在早期自由主义学派所说的经验主义旗号下发展起来的原子论哲学,在各个方面都存在这种缺点。他们几乎一条一条地批评从洛克学说中生长出来的心灵理论、知识理论以及社会理论。他们主张，关系构成了自然实在、心灵实在和社会实在。但是，与浪漫主义学派不同，格林及其追随者依然忠于自由主义的理想：公共利益是政治组织和政策的衡量标准；自由是最宝贵的品质，也是个性的标志；每一个个人都有权全面发展自身的能力。他们设法用事物本身的结构为这些道德断言提供不可动摇的客观基础，而不是把它们建立在孤立个人的感觉这个散乱的稀松基础之上。因为根据他们的观点，组成事物本质的关系是客观理性和客观精神的表现，而客观理性和客观精神维系着自然和人类心灵。

唯心论哲学说，人们是通过某种关系结成一体的，而这种关系来自并显现终极宇宙精神。因而，社会和国家的基础是共同的智慧和目标，而不是暴力，也不是自我利益。国家是一个道德机体，政府是其中的一个器官。只有通过参与共同的理智活动和共享同一个目标，使它为公共利益服务，个人才能实现自身的真实个性，才能变得完全自由。国家只是精神和意志的许多器官中的一个，精神和意志把事物结成一体，使人类互为肢体。国家并不产生如下道德要求：个人作为客观思想和目的的承载者，应该全面实现其潜能。此外，国家直接诉求的动机并不处于最高层次。但是，保护所有人类联系形式，并推进所有人类联系模式，是国家的职责；而人类的联系体现着社会成员的道德要求，并成为个人自愿的自我实现的手段。国家的职责，从反面说，是为个人的自我意识（意识到自己是谁）清除障碍；从正面说，是推进公共教育事业。只有履行这个职责，国家才是国家。这些哲学自由主义者们指出，经济和政治的限制使很多个人，也许是大多数个人，不能从事自愿的理智活动；而只有通过自愿的理智活动，他们才可能成为他们能够成为的人。这种新自由主义学派的教导影响了许多人的思想和行动，他们不去费力地理解它的哲学基础。这些教导帮助人们打破自由是个体已经拥有的东西这一观点，并灌输自由是个人要去获得的东西这种想法，而获得个人自由的可能性受制于个人在其中生活的制度媒介。这些新自由主义者认为，国家有责任建立一些制度，使个人有效地实现自身的潜能。

因此，由于各方面的原因和各种影响，自由主义内部产生了分裂。这种分裂是产生自由主义歧义性的原因之一，而自由主义的歧义性也说明了自由主义为什么越来越无所作为。还有一些人也自称是自由主义者，他们用一种古老的对立来定义自由主义，对立的一边是有组织的社会行动的领域，另一边是纯粹的个人创造和努力的领域。打着自由主义的招牌，他们嫉恨政府活动的每一个扩展。他们可能勉强承认，在巨大的社会压力下，我们需要国家采取的特殊保护措施和缓解措施；但是，在采取长久的政治政策措施方面，他们是社会立法（即使是禁止童工的法令）公认的敌人。他们仍然有意或无意地为现存经济体制作系统的理论辩护，他们奇怪地坚持现存经济体制是一切个人自由的体制。这看起来是有点讽刺意味的。

但是，今天大多数自称为自由主义者的人都承认如下原则：有组织的社会必须行使它的权力来建立一些条件，使大多数个人拥有实际的自由，而不仅仅是法定的自由。他们对他们的自由主义作了具体的定义，那就是为达到这个目的而采取的一系列措施。假设国家活动限于维持人与人之间的秩序，当一个人侵犯了现有法律赋予的另一个人的自由时，应确保受害者能够获得赔偿。他们相信，这样的国家概念实际上只是对现存秩序的残忍和不公平的一种辩护。由于自由主义内部这种划分，自由主义的后期历史变得摇摆不定和混乱不堪。许多自由主义者相信要大量使用有组织社会的权力来改变那些把人们连结起来的事项。继承过去导致这些自由主义者抛弃单纯的保护和缓解措施——这个事实部分地说明了为什么另一个学派总是轻蔑地谈论"改革"。下一节的内容是描述自由主义的危机，以及它现在几乎自己也能发觉的困境。通过批评早期自由主义的缺点而指示一条出路，自由主义由此可以化解危机，并作为一种坚实勇敢的力量出现。

（熊文娴 译）

自由主义的危机[*]

早期自由主义者努力把个人从世袭的社会组织施加的限制中解放出来,他们的斗争产生的净效应就是提出了一个问题,即新社会组织问题。在 19 世纪初的 30 多年里,自由主义者建立的观念在批评和分析方面是强有力的。它们使长期以来受抑制的力量得以释放。但是,分析并不是建构,力量的释放本身并没有给获得自由的力量指明方向。维多利亚时代的乐观主义,在一段时间内隐藏了自由主义的危机。但是,作为 19 世纪后期特征的民族、阶级和种族之间的冲突——这些冲突近年来愈演愈烈——将乐观主义淹没了,危机再也掩盖不住了。早期自由主义的信念和方法面对社会组织和整合问题时,变得无能为力。它们的不足在很大程度上导致当下流行的信念:自由主义是一种过时的学说。同时,信念和目的的不稳定性和不确定性是产生一些武断信仰的重要因素,这些信仰深深地敌视自由主义以任何可能的表达方式所提倡的一切东西。

如果篇幅更长一些,这种危机可用约翰·斯图亚特·密尔的生涯来描述;在那个时期,这种危机的全部效力还没有清楚地显现出来。他在他的《自传》(Autobiography)中写道,早在 1826 年,他就问自己一个问题:"假设你所有的人生目标都实现了,你期待的所有制度和观点的改变都能在一瞬间完全实现,那么,这会给你带来极大的快乐和幸福吗?"他的回答是否定的。为解放而斗争给予他积极战斗的满足感。但是,达到目标的前景在他面前呈现出一幅情景,其中缺乏某种东西,那是好的生活无条件必需的。在他想象中出现的图景里,他发现,有些东西相

---

[*] 本文选自《杜威全集·晚期著作》第 11 卷,第 17—29 页。

当空洞。假若他雄心勃勃的目标得到了实现,人生是否值得过下去? 对此,他的疑惑与日俱增。这种疑惑无疑有生理上的原因,敏感的年轻人常常经历这种危机。但是,他也感觉到他父亲和边沁的哲学中有些东西太肤浅了。这种哲学在他看来,只触及了生活的外层,而没有触及个人生存和成长的内在源泉。我想,我们说他发现摆在自己面前的只是一些理智的抽象,是很恰当的说法。各种批评使我们对经济人这个抽象颇为熟悉。功利主义者还增加了两种抽象:法人和政治人。但是,它们还是没能触及人本身。密尔首先在市民高雅艺术中得到了慰藉,艺术,特别是诗歌,是情感培育的媒质。于是,他反对边沁主义,认为边沁主义完全是唯理智论的,把人等同于算账的机器。后来,在柯尔律治及其信徒们的影响下,他懂得了制度和传统是养育人类生活中最深刻、最宝贵的东西必不可少的养分。他了解到孔德建立在科学组织上的未来社会的哲学,于是就有了新的奋斗目标——建立某种社会组织制度,在那里应该存在某个核心精神权威。

为了把这些观点与深深地烙印在他身上的边沁主义调和起来,密尔终身作了努力。这里我们所关心的是:密尔的思想历程是自由主义自身产生的信念和行动的持续危机的一个征兆,这种危机产生于人们需要把早期关于自由的观点与社会组织的迫切需求统一起来的时候,亦即当人们需要把思想领域与社会制度领域建设性地综合起来的时候。获得自由的问题,极大地拓展和深化了。它现在并不表现为信仰和经济行动等事务上政府与个人自由的冲突,现在的问题是建立整个社会秩序,拥有一种精神权威来滋养和引导个人内部和外部的生活。科学已不仅仅是技术应用以增加物质生产力,它还要把通情达理的精神灌输到个人的头脑中。这种精神是由社会组织培育的,又对社会组织的发展作出贡献。人们看到,建立普选制度和代议制政府并没有解决民主问题,而只是触及皮毛。正如哈夫洛克·埃利斯(Havelock Ellis)所说:"我们现在看到,选票和投票箱并没有使选举人哪怕从外部压力中解放出来;并且,它们并不必然使他从自己的奴性本能中解放出来,这一点具有更严重的后果。"民主问题成为社会组织形式问题,延伸至所有的领域和生活方式。个体的能力不应该仅仅摆脱机械的外部限制而释放出来,而应该得到培养、维护和引导。这种组织所需要的教育远远多于普通的学校教育。要是不更新目的和愿望的源头,普通的学校教育将成为一种新式的机械化和形式化教育,与政府限制一样,是自由的敌人。社会组织对科学的要求远远不只是外在的技术应用——单纯的外在的技术应用也会导致生活的机械化和新型的奴役。它要求求知的方法、辨别的方法、通过可证实的后果进行检验的方法在所有需要判断的事情上被自然化，不论在总体上还是在细节上。

我们需要一种社会组织形式，它应该包括经济活动并把经济活动转变成为个人高级能力发展服务的手段，早期自由主义没有满足这个需要。如果我们除去早期自由主义信条中的偶然因素，它还存在着一些有持久价值的东西。这些有价值的东西是个人自由和通过自由才可能实现的个人内在能力的发展，以及自由理智在求知、讨论和表达中的核心作用。但是，那些外在于这些价值的偶然因素给这些理想涂上了一层颜色，使它们在社会组织的新问题产生时变得软弱无力或者不近情理。

在考虑这三个价值之前，我们最好注意一个偶然的观点，它后来在很大程度上使自由主义变得无能为力。早期自由主义者缺乏历史意识，并对历史不感兴趣。这种缺乏一度具有一些直接的实用价值。它给予自由主义者一件对抗反动派的有力武器，因为它削弱了他们对起源、先例和过去历史的诉求；而社会变革的反对者正是通过这种诉求，赋予现存的不平等和滥用权力一种神圣不可侵犯的性质。但是，不考虑历史也带来了恶果。它使自由主义者对如下事实视而不见：他们对自由、个性和理智的特殊解释受制于他们所处的历史环境，仅仅与他们所处的时代有关。他们把自己提出的观点看作在任何时间和任何地点都有效的不变真理；他们没有历史相对性观念，不论是一般而言，还是用在他们自己身上。

当他们构想自己的观念和计划的时候，他们打击的是既定制度和习俗规定的既得利益。自由主义者试图引进的新力量还处于萌芽的阶段，正严阵以待地阻挡这些力量的释放。直到 19 世纪中期，当时的情景才彻底改变。他们为之奋斗的那种经济和政治的变革在如此大的程度上得以实现，以至于这些变革转而成了既得利益；它们的学说，特别是自由放任的自由主义，为当时的现状提供了理论辩护。现在，这种信条在我们这个国家仍然极为强大。早期的"自然权利"学说高于立法行动，法庭赋予它明确的经济意义，法官用它来摧毁为实现真正的而非纯形式的契约自由而通过的社会立法。打着"直率的个人主义"的旗号，它痛斥一切新的社会政策。既定经济政体的受益人在自由联盟的旗帜下团结在一起，以图永久地维持对千百万同胞的严酷统治。我不是说，由于早期自由主义学说的缘故，对变革的抵制才出现。但是，如果早期自由主义者认识到他们对自由的意义解释具有历史相对性，后来的抵制当然也就失去了其主要的理论和道德支撑。悲剧在于，尽管这些自由主义者们是政治绝对主义的死敌,他们对于自己表达的社会信条而言,又是绝对主义者。

当然,这一陈述并不意味着他们反对社会变迁,事实显然相反。但是,它的确意味着,他们认为,有益的社会变革只能以一种方式出现,这就是私人经济企业。它无需社会的引导,而是建立在私有财产神圣不可侵犯之上并导致这种结果——这就是说,不受社会控制的自由。所以,今天,那些承认早期自由主义的人把所有已发生的社会改善,例如生产力的增加和生活标准的提高,归功于这个因素。自由主义者并不试图阻止变革的发生,但他们试图把这个过程限制在单一的轨道上,并试图把这个轨道固定下来。

如果早期自由主义者把他们提出的特殊的自由解释看作具有历史相对性的观点,就不会使它僵化成任何时期和任何社会环境下都可以应用的学说。特别是,他们会认识到,有效的自由都是一定时期的社会条件的产物。如果他们这样做了,他们就会知道,随着经济关系变成确立人类关系形式的主导控制力量,为了广大个人的利益,必须实现他们宣称的自由,这就要求对经济力量施加社会控制。由于自由主义者没有把纯形式自由或立法自由与有效的思想和行动自由区分开来,所以过去一百年的历史是他们的预言没有实现的历史。他们预言说,一个经济自由的政体将带来民族之间的相互依赖,从而带来和平。实际情景是不断扩大的战争和破坏。甚至卡尔·马克思也有同样的看法:新经济力量将破坏经济民族主义,并迎来一个国际主义时代。民族主义加剧是当前世界的一个特点,这一现象足以说明问题。争夺落后国家的原材料和市场,与那些国家的国内工业发展的外资控制相结合,伴随着千方百计地阻止其他发达国家进入本国市场。

早期经济自由主义者的基本观点是:一个经济自由的政体,几乎自动地引导生产通过竞争进入他们预想的渠道,尽可能有效地提供社会需要的商品和服务。获取个人利益的欲望早就使人们认识到,通过令人窒息的竞争并取代非竞争资本的大结合,可以使那种欲望得到更大的满足。自由主义者们以为,个人追求自我利益的动机将大大地解放生产能量,以至于产生越来越大的富足。他们忽视了如下事实:在很多情况下,通过维持人为的匮乏,通过凡勃伦(Veblen)所说的系统地破坏生产,个人的利润能够更多。最重要的是:自由主义有多种模式,而自由主义者把自由的外延完全等同于他们那种特殊招牌的经济自由的外延;他们完全没有预料到,生产手段和分配的私人控制会极大地影响大众在工业以及文化领域的有效自由。少数人拥有权力的时代，取代了 19 世纪早期自由主义者们设想的全人类自由时代。

这些陈述并不是隐晦地说，这些自由主义者们应该或者能够预见新生产力的冲击将引起的变化。问题是：他们没有掌握他们提出的自由解释的历史地位，这导致社会体制的僵化，从而阻碍他们宣扬的目的的实现。这个失败一方面值得特别提起。没有人比边沁主义者更清楚地看到，统治者的政治自我利益如果不受社会检查和控制，将导致破坏人民大众自由的行动。他们对这个事实的认识是他们提倡代议制政府的主要依据，因为他们认为，这个措施可以迫使统治者的自我利益顺从臣民的利益。但是，他们没有看到如下事实：新生产力影响每一个人的生活，新生产力的私人控制与未经检查的政治权力的私人控制一样，将以同样的方式运转。他们把新法律制度和改变政治条件的需要看作达到政治自由的手段。但是，他们没有看到，如果要实现经济平等和自由，经济力量的社会控制是同样必要的。

边沁的确相信，经济平等的加强是可取的。对此，他辩护的根据是更多人的更大幸福，即简单地说，一千个人各拥有一万美元，比一个人拥有一千万美元产生的幸福总和更大。但是，他相信，经济自由体制本身将向着更大平等的方向发展。同时，他认为"时间是唯一的中介"，他反对使用有组织的社会力量来促进平等，因为这样的行动将扰乱"安全"，而"安全"是比平等更大的幸福条件。

自由放任自由主义的实际后果是不平等而不是平等，当这一情况变得明显的时候，这种自由主义的辩护者们建立了一个双重的辩护体系。一方面，他们依据个人心理和道德品格的自然不平等，断言运气和经济地位的不平等是这些天生差异自由运行"自然的"、有根据的后果。赫伯特·斯宾塞甚至把这个观念树立为一个宇宙正义原则，其根据是原因和结果间的比例关系的观念。我想，在今天，即使承认自然不平等的原则，也几乎没有人如此冷酷地断言财富和收入的不平等与个人天生禀赋的不平等之间有任何相应的比率。如果我们假设事实上有这么一个比率，结果将是不堪忍受的，由此得出的实践推理是：有组织的社会努力应该进行干预，以阻止这个所谓的自然规律完全生效。

另一条辩护路线是不停地赞美创业、独立、选择和责任等，从个人出发、以个人为中心的品德。我相信，我们需要更多的"直率的个人"，而不是更少。我正是以直率的个人主义的名义来挑战这个论证的。现在存在的不是独立，而是大范围的寄生式的依赖性——这证明我们现在需要大规模公共的和私人的慈善事业。当前反对公共救济论证的依据是：公共救济使它的接受者成为乞丐，贬低了他们的道德。如果说这些话的人对于那些迫使我们不得不动用千百万公共经费解救贫困的条件无动于衷，听起来真是有点讽刺的味道。奴役和管制是少数人控制多数人的生产劳动手段的结果。对这个论证一个更严重的批评是：它完全根据那些最不重要的表现来设想创造性、活力、独立等概念，这些概念被限定在经济领域。而与文明的文化资源（如与友谊、科学和艺术等）等相联系来运用它们有什么意义，则完全被忽略了。特别最后这一点，最为清楚地显示出自由主义的危机，以及根据真正的个人自由来重新考虑自由主义的需要。当下盛行的物质经济学和物质主义经济学的极大张扬牺牲了文化价值，这并不是早期自由主义本身的产物。但是，正如密尔所经历的个人危机所表明的，早期信条的僵化在思想和道德上是偏向于这种张扬的。

这个事实导致从自由概念到个人概念的自然过渡。早期自由主义的深层哲学和心理学导致人们把个体性看成某种既成的、业已拥有的东西，我们仅仅需要完全消除某些法律限制就行了。人们并不把个体性看作变化的东西，看作只有通过不断成长才能获得的东西。由于这种失败，个人对社会条件实际上的依赖不受重视。某些早期自由主义者，例如约翰·斯图亚特·密尔，的确很重视"环境"在个人差异中产生的作用。但是，"环境"这个单词和观念的使用很重要。这句话是说——上下文证实了这种解释——社会安排和社会制度被看成在外部起作用，但不以任何显著的方式进入个人的内部构成和成长。社会安排不被看作积极力量，而是被看成外部限制。密尔在谈社会科学的逻辑时，有些话是切合这种解释的。"社会状态下的人仍然是人，他们的行动和热情服从个人的人性的法则。当人们联结在一起的时候，他们并不像氢和氧不同于水那样转变成一种不同的物质……社会中的人所具有的性质都是从个人法则得出的并且可以分解为这些性质，此外没有其他性质。"他又说："人们在社会状态下的行动和感情是完全受心理学法则支配的。"①

这些话里有一条含义是自由主义者最不愿意否定的。这条含义直接响应了密尔对他在受教育时学到的信条所持的反对态度。这些陈述警告人们不要过于重视单纯的外部制度变革，这些变革并不进入欲望、目的和信念等个人构成因素。就这个方面来说，这些陈述表达了自由主义因其本性而会认定的一个观念。但是，密尔的意思既比这少又比这多。虽然他可能否认他持有自然状态的观点（自然状态是

---

① 引自密尔的《逻辑》(*Logic*)，第 6 册，第 7、9 章。

个人在进入社会状态之前的存在状态），但事实上，他为这个学说提供了一个心理学版本。它的含义是：个人有充分发展的心理道德本性，有他自己的既定法则，独立于他与其他个人之间的联系。社会法则正是来自、也可以分解为这些心理学的孤立人性的法则。他自己举例说，水与单独的氢和氧不同，假如不同是由于一个先入为主的教条的影响，这个事例倒可能给他更好的启迪。婴儿在与家庭其他成员接触的过程中，不断地修改自己的心灵和性格；并且，当他接触的人更广泛时，这种修改持续贯穿他的一生，这与氢因同氧结合而被改变一样为真。如果我们把这个事实的意义普遍化，显然，由于天生的有机结构或生物结构相当稳定，人性的实际"法则"是个人处于联系中的法则，而不是处于虚构的、脱离相互联系的条件下的存在物的法则。换句话说，如果自由主义真诚地承认个体性的重要性，它必须深入思考人与人相联系的结构。因为后者不论从正面还是反面来说，都会影响个人的发展。由于个人与社会对立这个完全没有根据的观点流行起来，并且由于个人自由主义的深层哲学进一步促进它的流行，很多人对个体性观念采取了轻视的态度，而事实上，他们正为社会变革而努力，以便直率的个人能够成为现实；另外一些人以个人主义的名义支持一些制度，这些制度却有力地阻碍着拥有真正个体性的人的出现和成长。

现在我们来谈谈自由主义信条中的第三个持续价值——理智。我们应该感激早期自由主义者，因为他们为了思想、信仰、表达和交流的自由而展开勇敢的斗争。我们享有的公民自由在很大程度上是他们努力的成果，也是参与了同样的斗争的法国自由主义者们努力的结果，尽管这种自由现在已是岌岌可危。然而，他们关于理智本质的基本理论不能提供一个坚实的基础，以使他们拥护的事业取得持久的胜利。他们把心灵分解为原子元素之间外在联系的复合体，正如他们把社会分解为自身拥有独立固定本性的个人之间外在联系的简单复合那样。他们的心理学实际上不是公正地探索人性的产物。它更像是一种政治武器，被设计出来用以打破一些失去适用性的僵化的教条和制度。密尔自己的论点是：他建立的那些心理学法则先于人们一起生活和交流、彼此间采取行动和作出反应的法则。这个论点本身就是一种政治工具，是为了批判那些他相信应该被取代的信念和制度而制造的。这个学说在揭露弊端方面是强有力的；但是，对于一些建设性的目的，它又是软弱无力的。边沁断言他把实验的方法引进社会科学，就仿照牛顿模型把对象分解为外在地相互作用的原子而言，这样的断言是恰当的。然而，它并没有认识到，综合性的社会观念作为指导行动的操作假说，在实验中有何地位。

实践后果也是逻辑后果。由于现在的条件发生了变化，并且当前的问题是如何由摆脱了旧社会连接的个体单元来建构社会组织，于是，自由主义走向危急时期。把理智看作从孤立元素——感觉和情感——的联结中产生的某种东西，这种理智概念并没有为建构新社会秩序的长远实验留有余地。它很明确地对每一个诸如集体社会计划的东西充满敌意。自由放任的教条应用于理智，也应用于经济行动，尽管在科学中实验方法的观念要求由综合性的观念来控制，这些观念考虑到由行动来实现的各种可能性。科学方法在理智方面反对随心所欲，它同样也反对依赖思想习惯，而思想习惯是由过去的"经验"形成的。早期自由主义者所持的心灵理论超越了对过去的依赖，但它并没有达到实验性和建设性的理智观念。

自由主义学派的原子式个人主义正在消解，并且以反作用的方式引发了有机客观心灵的理论。但是，这个体现为唯心主义形而上学的理论结果也敌视有意图的社会计划。人们相信，由制度体现的心灵的历史历程说明了社会的变化——一切都与它自己的时代合拍。19 世纪后期的一个特征是对历史和进化的兴趣，这强化了一个类似的观念。斯宾塞的唯物论哲学和黑格尔的唯心论学说联手，把社会引导的重担交给某些权力，它们处于审慎的社会远见和规划之外。马克思用经济的历史辩证法替代了黑格尔的唯心辩证法，正如欧洲社会民主党解释的那样，经济的历史辩证法指向一个同样不可避免的、朝向某个预定目标的运动。此外，唯心主义的客观精神理论为正在兴起的民族主义提供了理论辩护。绝对精神的具体显现，据说要由民族国家来提供。今天，这种哲学已经转变为对极权国家的支持。

自由主义的危机是与自由主义未能阐述和把握一种合适的理智概念相关的。合适的理智概念应该与社会运动和指引运动方向的因素相结合。我们不能因为早期自由主义者没有达到这样一种理智概念而严厉地指责他们。人类学研究的第一个科学学会成立的时间，正是达尔文的《物种起源》（*Origin of Species*）问世的那一年。我引用这个特殊的事实，是用来代表一个更大的事实；这个更大的事实是：社会科学，即对关系中的人进行有控制的研究，是 19 世纪后期的产物。此外，这些学科不仅出现得太晚，不能影响自由主义社会理论的论述，而且深受更先进的自然科学的影响，以至于其研究结果被认为只有理论上的重要性。我这句话是说，尽管社会学科的结论是关于人的，但是人们认为它们与研究遥远星系的自然科学的结论有同样的性质。社会探索和历史探索事实上是社会进程的一部分，而非外在于社会进程的某种东西。没有意识到这个事实带来的后果，是社会科学的结论过去没有成为社会行动计划的一个组成部分（现在也不多）。如果关于人的探索的结论被置于社会行动计划之外，社会政策必然没有关于人的知识的引导；然而，如果社会行动的向导不是社会的先前条件和社会习俗，或者个体心灵的快乐直觉，那么，就必须提供这种引导。关于理智的本质和作用的社会观念仍然是不成熟的；因此，它只是初步、偶尔地被当作社会行动的向导。早期自由主义的悲剧是：当社会组织的问题最为迫切的时候，自由主义者仅仅说理智是个人拥有的东西，这对问题的解决没有任何帮助。

今天，物理知识及其技术应用已经远远超过我们关于人的知识及其在社会发明和建设中的应用，这几乎是老生常谈了。我刚才所说的东西，表明这个问题有很深的根源。毕竟，我们累积了关于人的大量知识，即由人类学、历史、社会学、心理学提供的知识，尽管它与我们的物理知识相比显得比较少。但是，它们仍然被看作仅仅是专家积累的理论知识，至多不过是由他们以图书和论文的形式向大众传播。我们已习惯性地认为，物理知识中的每一个发现迟早都会指示生产过程中的一个变化；无数人的工作就是通过发明，使这些发现用于改进实践操作。关于人和人事的知识，几乎完全是另一回事。尽管人们承认后者是关于人的知识，但是，与距离人的知识更遥远的自然科学相比，它们产生了更小的实践效果。

社会知识的初期状态在两个领域中有所反映，它们分别是教育和社会政策立法。理智在这两个领域最为敏感，也最为持久活跃。科学在我们学校里被传授。但是在很大程度上，它在学校里基本上是另一门课程，学会它的方法与"学习"课程体系安排的其他老式课程的方法相同。如果它受到恰如其分的对待，如果理智的方法本身在起作用，那么，科学的方法将体现在每一门课程和每一个学习环节上。思想就会与行动的可能性联系起来，审查每一种行动模式的方式，就是看它与习惯和观念（它产生于观念）有什么联系。如果不以这种方式对待科学教育，那么，学校引进所谓科学课程意味着又一次将学习的材料和方法机械化。如果不把"学习"当作意义理解力和判断力的提高，而当作信息的获取，那么，合作实验的理智方法就只能偶然地、通过曲折的途径进入个人的工作结构。

关于通过立法和行政形成的、由社会组织起来的智慧在公共事物活动中有什么地位、如何使用这个问题，我将在下一章里讨论。在这里，我希望读者能够把它在政治中施加的作用力与个体和党派欲获取并保持官职和权力而施加的作用力相比较,与公共机构的宣传和有组织的压力群体施加的作用力相比较。

从人性的角度说,自由主义的危机是一些特殊历史事件的产物。一旦自由主义教条被当作永恒的真理表达出来,它就成为既得利益者用以反对社会进一步变化的工具,否则就会被崛起的新势力粉碎。然而,自由、个体性以及自由理智的观念有一种持久的价值,一种从未比现在更需要的价值。自由主义的任务是在理论和实践上,以适应当前需要和力量的方式来陈述这些价值。如果我们采用历史相对性的概念,那么,再清楚不过的是:自由观念总是相对于一些力量,它们在一定时间和地点让人感到越来越压迫人。具体的自由是指摆脱具体的压迫力,摆脱人们曾经当作人类生活的正常部分而现在觉得变成了枷锁的东西。在某个时期,自由是指从奴隶制中获得解放;在另一个时期,是指一个阶级摆脱农奴身份。在 17 世纪晚期和 18 世纪早期,自由是指从专制王朝统治中获得解放。一个世纪以后,它是指工业主义者摆脱那些束缚新生产力的因循守旧的法律习俗。今天,它是指摆脱物质保障缺乏的状态,摆脱强制和压迫,这些强制和压迫阻碍大众分享身边丰富的文化资源。自由总是对某个阶级和群体有着直接的影响,它们以特定的方式遭受现代社会中存在的权力分配施加的限定。假若一个无阶级的社会产生出来,形式的自由概念就会失去意义,因为它所代表的事实成为已经建立起来的人与人相互关系的组成部分。

在这样一个时期到来之前,自由主义必须继续履行一种必要的社会职责。自由主义的任务就是成为社会转变的桥梁。在某些人看来,这样说实际上承认了自由主义是一种没有颜色的"中道"学说。尽管自由主义有时在实践上采取这种形式,但是实际并非如此。我们总是依赖过去积累的经验,但是总有新的力量形成、新的需求产生,如果新力量要释放,新需求要满足,那么,这就要求我们对过去的经验模式进行重构。旧经验和新经验总是需要相互融合的,于是,旧经验的价值就成为新欲望和目标的奴仆和工具。我们总是受习惯和习俗的支配,这个事实表明,某些力量业已过气却仍然是我们存在的一部分,我们总是受它们的惯性和动量的影响。人类生活总是处于制度的道德模式之下。但是,变化总是伴随着我们,并要求我们不断地重整旧习惯、旧思维方式、旧欲求方式以及旧行动方式。旧的、稳定的因素和新的、干扰的因素之间的有效比率,在不同的时期非常不一样。有时候,整个共同体看起来是被习俗支配的,只有外来的突袭和入侵产生一些变化。有时候,比如说现在,变化是如此的剧烈和迅速,以至于习俗似乎正在我们眼前消失。但不论比率是大还是小，总是需要作出一些调整，并且只要意识到需要调整，自由主义就有作用和意义。不是自由主义创造了这种需要，而是调整的必要性定义了自由主义的职能。

通过理智方法实现的调整是唯一无需再次作出的调整，即使遭遇比首次调整时更不利的环境。广义地说，理智就是通过结合新因素来重构旧因素。它是将过去的经验转变为知识，将知识注入观念和目的之中，预期将来发生什么，指明如何实现我们想要的东西。每一个出现的问题，不论是个人的还是集体的，简单的还是复杂的，只有通过在过去经验积累的知识库中挑选材料，并使已经形成的习惯起作用，才能得以解决。但是，为了适应出现的新条件，知识和习惯必须被修正。就集体问题来说，相关的习惯就是传统和制度。长存的危险要么是隐性地依靠它们去行动，没有被重构以满足新条件；要么是在某个死板坚守的教条的指引下，急躁而盲目地往前冲。在个人或者群体面临的每一个问题上，理智的职能是在旧习惯、习俗、制度、信念与新条件之间建立有效的联系。我所说的自由主义的桥梁职能，与理智的职能全然相同。自由主义之所以强调自由理智的作用就是成为引导社会行动的方法，其根源就在这里，不论它是否有意识地认识到这一点。

对自由主义的批评忽略了如下事实：如果不依赖于理智，我们就只有随心所欲地即兴而为，或者使用由非理智情感和盲目的教条主义引发的强制力——后者是它的基本纲领所不能容忍的。说理智方法已经试验过并且失败了，这样的批评完全是无的放矢，因为当前形势的关键是理智方法根本就没有在现有条件下试验过。我们根本没有使用我们现在掌握的全部科学材料和实验方法的资源来试验它。还有一种说法，即理智是冰冷的，而只有情感才驱使人们走向新的行动方式，正如习惯使他们固守旧方式一样。当然，理智唯有由感情激起，才会产生行动。但是，情感和理智之间存在固有对立的概念，是科学实验方法产生之前形成的心灵概念残留的痕迹。因为后一种方法意味着观念和行动的紧密结合；而行动产生并支持情感。观念为引导行动而被构想出来并付诸使用，它们充满了情感的力量；而情感的力量是与行动的目标相依随的，伴随着这些观念的，还有为目标而奋斗的过程中出现的兴奋和鼓舞。由于自由主义的目标是自由和保障个人全面实现潜力的机会，所有从属于这些目标的情感强度在观念和目标周围积聚起来，那些观念和行动是实现目标所必须的。

还有一种说法，即普通的市民不具备足够的理智，因而不能把理智当作一种方法。这种反对意见援引所谓关于遗传的科学发现和普通人智商的令人印象深刻的统计数据,但却完全依赖一个旧观念;这个旧观念说,理智是个人业已拥有的东西。寡头政治和反社会的孤立政策的最后一个立足点,就是这种纯个体主义理智概念的长期存在。自由主义依赖的不是天生的、不受社会关系影响的禀赋,而是如下事实:个人生活在一定社会条件下,并在其中活动和形成自身,天生的能力足以使普通人对这些社会条件所体现的知识和技术作出反应和予以应用。少数个人的天生能力达到了一定的高度,从而可以发明蒸汽机、机车、发电机或电话。但是,没有人低劣到不能明智地运用这些理智成果,只要它们是有组织地相互联系在一起的生活手段。

对个人理智的指责事实上是对某种社会秩序的指责,这种社会秩序不允许普通人获得人类在知识、观念和目的等方面积累的丰富储备。现在甚至不存在一种社会组织允许普通人分享潜在可用的社会理智,更谈不上存在这样一种社会秩序,其主要目的是建立一定的条件,促进大量的个人能占有并使用手边的东西。少数人占有社会物质资源,其背后隐藏的是少数人为了自身的利益占有文化资源、精神资源,这些资源不是由占有它们的那些个人创造的,而是全人类共同创造的。谈论民主的失败是没用的,除非我们掌握了它失败的根源,并采取一定的措施建立一种社会组织,以鼓励理智的社会化扩展。

正如我一开始所说的,自由主义的危机源于如下事实:在早期自由主义完成了它的使命以后,社会面临着一个新问题,即关于社会组织的问题。早期自由主义的工作是使一群代表着新科学、新生产力的人摆脱那些压迫新社会行动模式的习惯、思维方式和制度,不论它们在过去某个时期是多么有用。早期自由主义使用的分析、批评和瓦解的工具,对于解放而言,是极有成效的。但是,面对新力量和个人的组织问题,即把个人生活方式彻底地转变为融洽的社会组织,并拥有理智和道德的引导能力,自由主义几乎是无能为力的。民族国家出现了,它们伪称自己代表着抵抗社会解体的秩序、纪律和精神权威。这是一条悲剧性的评论,表明老自由主义的成功引发了新问题却对新问题的解决毫无准备。

但是,理智解放、自由、每个个人都应该有机会实现自身拥有的潜能,这些价值太珍贵了。我们不能为了一个专制体制而牺牲了这些价值;如果这种体制在很大程度上仅仅是经济上的优势阶级的代理机构,而这个阶级力图维护和扩大它已经积累的利益,却牺牲真正的社会秩序、统一和发展,那么,上述价值尤其不能牺牲。

自由主义必须凝聚起来,根据与当前形势相适应的手段,制定它为之奋斗的目标。现在,只有一种持久的社会组织形式是可能的,在那里,为了组成社会的个人实现有效的自由和文化发展,新生产力以合作的方式受到控制和使用。如果每一个单独的个人屈从于私人利益,其行动仅仅是毫无计划的、外在的聚合,那么,上述社会秩序是不可能建立起来的。早期自由主义的要害就在于此。有一种观点认为,自由主义不能在维护其目标的同时把它设想达到这些目标的手段颠倒过来。这种观点是愚蠢的。现在,只有颠覆早期自由主义采取的手段,这些目标才能实现。实施有组织的社会计划,是自由主义实现其目标的唯一社会行动方法。社会计划付诸实施,以创建一种秩序,在其中,工业和金融合乎制度地受社会引导,为文化自由和个人成长提供物质基础。这种计划进而要求关于自由理智的新观念和新逻辑,使之成为新的社会力量。我将在下一章论述复兴的自由主义的这些方面。

(熊文娴 译)

自由主义的未来*①

我将把自由主义社会哲学的一般原则应用到现存问题上，从而使它更具体一些。第一个应用是自由不断变化的内容问题。例如，我阅读了沃尔特·李普曼(Walter Lippmann)的《自由的方法》(*The Method of Freedom*)，希望对现在这个主题有所启发。但是，我发现有两样东西反映出它的传统局限。首先，它讨论的那种自由仅限于政府干预问题。其次，甚至这种讨论仅限于个人商业行为的自由。基于第一点得出的特殊结论，涉及拒绝自由放任的个人主义。到此为止，对传统自由主义的一种形式有修改。但是，它所提出的政策，即通过政府干预来纠正企业家的商业自由引起的不平衡，根本谈不上自由范围的扩展和自由意义的扩大。它所提倡的行动，想来只是以更大的社会保障的名义对自由进行限制。它没有涉及现在广大劳工受到的宰制和自由的缺失。它没有说到，自由更主要的方面关系到多数人参与某种文化，这种文化现在为社会所拥有却未被分配。可能有人会说，后面一点在他讨论的特定范围之外。但是，前面一点是不在范围之外的；对任何局限于经济方面的自由进行讨论，都离不开它。而且，当人们以抵制的态度考虑经济的社会规划时，它就出现了。但是，就对工人的关切来说，唯一需要处理的事情就是保障；它不是自由的先决条件，而是社会稳定的必要条件。如果自由主义只能走这么远，那么，我担心自由主义会破产和毁灭。

具体的现代运动希望建立起来的另一接触点，是强调智力不仅在思想上而且

---

* 本文选自《杜威全集·晚期著作》第 11 卷，第 200—201 页。
① 首次发表于《人民会堂公报》，第 4 卷(1935 年 2 月)，第 1—2 期。

在行动上成为社会变革的方法。现在,鉴于依赖大规模武力的使用来造成社会变化的风气,自由主义者必然强调,实现变革的手段和方法至关重要。每一种绝对教条主义,不管以卡尔·马克思还是墨索里尼的名义来辩解,都把手段与目的分离开来。问题不在于作出这种分离是否明智,或者是否合乎道德,而在于不可能做到。所使用的手段的性质,决定了实际达到的后果的性质——目的唯一的意义是:它不是指抽象的东西。在这个关键时刻,也许社会自由主义理论能做的最有意义的事情就是坚持这一点。你可以建立一些目标,它们从本质上来说是你想要的,但是你实际获得的东西将依赖于你为了获得它们而使用的手段。关于为达到目的而使用的手段,最重要的事情是智力与武力之间的比例,武力代表着手段。纯粹的暴力,意味着使用武力时智力的成分极小。

宣扬在使用武力时采取智力行动,就是要最少地使用野蛮武力。与此不同,宣扬使用暴力的做法意味着无力使用智力,并吞下由此产生的苦果。在当前的条件下,如果智力和武力被当作对立的方法,那么,反动势力不垄断智力就很可能垄断武力。无论如何,对大规模武力的单纯依赖将达到这样的结果:最初预想的目的还是必须使用智力去一点一点地重新获得。

纯粹的武力或暴力总是很恐怖的,应该尽可能地避免它成为事实,而不是把它当作必要的手段和方法来培养和促进。自由主义并不与政策和行动上的智力激进主义相对立。与之相对立的是非智力的激进主义,非理智的激进主义将自杀式地产生纯粹的武力和战争,而武力和战争又是产生革命性社会变化的主要因素。如果有人认为智力方法轻而易举,以至于它象征着积极信念的软弱和勇气的缺乏,那么,我的回答是:让他试着去用用吧,依靠暴力寻找出路的做法才是渴望捷径和简单方法的表现。行动智力的敌人比纯粹武力的敌人更为强大,每一次诉诸武力的行为都使社会变化的敌人得到加强。不论从内部还是从外部都加强了:那些不愿意发生社会变化的人,以及那些倾心(不是心灵就是心脏)于社会变化的人。

(熊文娴 译)

一个自由主义者谈自由主义 *①

    自由主义作为一种自觉的、进取的运动,兴起于英国。它是由两股潮流汇合而成的。其中一股潮流是人道主义和博爱之情,在 18 世纪晚期非常活跃。它有很多形式,现在仍然是一股强大的潮流。人道主义的表达是这样的:人是他的兄弟的守护者。世界之所以充满痛苦和邪恶,正是由于没有认识到这个事实。由于没有这种认识,政治制度和社会制度对广大儿童严酷和残忍的影响是令人发指的。

    这种人道主义运动本身就表现为很多不同潮流的汇合。例如,其中有卢梭产生的巨大影响,卢梭是被遗忘的人和被遗忘的群众学说的真正作者。他对文学的影响,和他对政治的影响一样大。它促进了 18 世纪英国平民小说的产生,这种文学影响在 19 世纪狄更斯的小说中有生动的体现。

    大多数 18 世纪的思想强调理性的重要性,反对理性重要性的观点独立于卢梭,却由于卢梭的影响而得到加强。即使没有论证也可以感觉到,理性专属于特选的少数人,群众则受感觉和本能的影响。世界的希望在于使同情本能自由地发挥,而不是逻辑和理性。

    这种新态度表现为崇尚"多愁善感的人",这曾经是某个时期英国思想的突出特征。同一态度的另一表现是对"高贵的野蛮人"的兴趣。人们以完全虚幻的方式设想这种人是独立的,摆脱了常规和习俗的羁绊;除此以外,他还被理想化为本能的、情感的生物。

---

* 本文选自《杜威全集·晚期著作》第 11 卷,第 218—223 页。
① 首次发表于《纽约时报杂志》(*New York Times Magzine*),1936 年 2 月 23 日,第 3—24 页。

最终加入进来形成人道主义思潮的另一个影响是宗教。在英国,激发这种思潮的是卫斯理公会派运动,这个教派特别关心"低等的"、被忽视的阶级。但是,它也影响了既定的教会。热情积极的传教士热衷于解救人们的灵魂,特别是那些低贱、贫穷的人们的灵魂。这种激情很快变成通过废除粗暴残忍的不平等来改善穷人处境的努力。

这场被宗教煽动起来的运动不断攻击奴隶制,攻击监狱虐待,攻击野蛮和机械地经营慈善事业的方法,并通过工厂法律攻击矿井和工厂中女工和童工的不人道处境。在所有这些运动中,新教福音派的激情是前进的动力。

加入自由主义形成的另一大思潮源于蒸汽在工业中的应用对制造业和贸易的刺激。这场运动的伟大精神领袖是亚当·斯密。他的理论在制造商和贸易商那里得到了加强,他们努力摆脱法律和习俗的束缚;那些法律和习俗限制了劳工的流动自由,使市场价格服从于法律规定的价格,妨碍了交换自由,特别是与外国市场交换的自由。

这一大堆的限制趋于把新工业扼杀在萌芽状态,它们沿袭农业封建制度并由于土地占有者的影响而保持着威力。由于束缚、压迫条件表现为法律,并由于法律是政府发出的控制人类行动的声音,于是政府被当作自由的大敌;人类工业服务于人类需要的满足,而对于人类工业的干预就成为主要的原因,这导致进步受到阻碍,利益和谐与和平不能成为主流。

有人主张,生产自由将成为激发人类进取最大的刺激,并自动地把人类能力引入这样的渠道;这些渠道由于给个人带来了最大的报酬,因而也对社会最为有利。交换自由将造成一种相互依赖,这种相互依赖自动造成利益的和谐。这个学说的否定方面是反对生产和交易中的政府行动,这个方面在自由放任原则中达到鼎盛:政府方面完全放手,生产者和交易者方面在增进自己的利益时有最大的活动自由。

这个历史概述不仅仅是历史。任何把自由主义看作一种社会政治运动的理解,都不能缺少这样的历史概述。因为尽管两股潮流汇合了,但它们从未融合过。

尽管人道主义运动在个人自愿奋斗上最活跃地表现出来,但它决不反对利用政府机构来完成它的改革。事实上,多数改革没有政府的干涉就不能实现,如废除奴隶买卖、监狱改革、消除使用女工和童工的恶习。

喊着社会公正的口号、向着所谓社会立法前进的整个运动就是从这个源头发端的,并且越来越多地求助于政府行动。因此,从一开始,自由主义就有一个内部的分裂。任何企图用两条源流之一来定义自由主义的做法，都受到另一源流支持者的坚决否定。

从历史上看，这种分裂在边沁那里有具体的体现，他是19世纪自由主义的主要代表之一。不论他知道与否，他的主导原则即最大多数人的最大幸福，来自博爱的、人道主义的运动。但是涉及如何实现这个目标，他站到了自由放任的自由主义队伍里，尽管有一些例外，比如公共医疗和公共教育。

他坚决支持采取政治行动来革除司法程序、法律制定、法律制定者选用办法等方面存在的弊端，但他认为，有待改正的弊端正是由于政府过去未能把自己限制在恰当范围内才产生的。他相信，一旦消除了政府的出格行为，个人独创和奋斗精神的自由发挥将提供可靠的进步道路，并产生最大多数人的最大幸福。

我已经指出，自由主义的内部裂口从未愈合过。在欧洲大陆，所谓的自由党几乎全是大工业、银行业和商业的政治代表。在英国，自由主义忠于传统精神并在英国事务上高度妥协，成了两种源流的混杂，一会儿朝这边倾斜，一会儿向那边倾斜。

在美国，人们把自由主义主要等同于这样的观念，即用政府机构去补救不幸的阶级所遭受的痛苦。在进步运动中，它是"向前看"；至少在名义上，它是公道政治（Square Deals）和新政背后的东西。它支持雇主责任法、规定劳动时间和劳动条件的法律、反血汗工厂的立法、公共救济和公共工程对私人慈善的补充、公共学校的大量拨款、对高收入和遗产征收高额分级税。总之，只要劳工和雇主发生冲突，它总是站在劳工一边。

它的哲学很少是清晰的。但是，就算它有一种哲学，这种哲学即：政府应该经常进行干涉，以利于富人和穷人、特权过多与特权过少的人达到处境平等。由于这个原因，另一派或自由放任派的自由主义者们经常攻击它，说它是浅红色的社会主义，是伪装的激进主义；现在最受青睐的指责是，它受了莫斯科的蛊惑，影响到世界每一个地方。

事实上，直到现在，自由主义在这个国家从来没有试图改变经济制度的基本状况；或者说，除了改善人民大众的生存状态以外，它没有多做什么。由于这个原因，激进分子比保守分子更强烈地攻击自由主义。在激进分子的嘴里，自由主义是一个应该受到蔑视和指责的词语。

尽管存在这种极端的冲突，自由主义的两派都声称它们致力于同一个最终的理想和目标。这两派的口号都是最大可能的个人自由。它们的区别在于：自由和个性在哪些领域最为重要,以什么方式来实现自由和个性。

只需读一读自由放任的自由主义的拥护者们的公开言论,你就可以看到,他们珍视的是经营商业的企业家的自由,并且他们几乎把这种自由当作所有自由的核心。

对于自由联盟的发言人,对于坚持直率的个人主义学说的前总统胡佛,任何干涉这种特殊自由的政府行动都是对自由本身的侵犯。他们重视的,主要是个人的强壮、独立、首创精神及活力;拥有这些品质的,是在现行金融资本主义经济体制下达到顶点的个人。这些人面临的指责是:他们把自由和直率的个人主义的意义等同于维护使他们兴旺发达的体制。

这一指责因下面的事实而更加有力:他们多半支持保护关税体制,而最初地道的自由放任自由主义者一些最强烈的攻击就是针对这种体制的。当工业处于困境时,"直率的个人主义"一词的作者利用政府通过复兴金融公司(Reconstruction Finance Corporation)来援助工业,就我所知,反对政府干涉的人对这个臭名昭著的政府干涉私人企业自由经营的案例没有提出抗议。

最卖力地鼓吹这种特殊自由的发言人,从来不抨击土地垄断。如果他们对亨利·乔治有丝毫的想法,那就是把他看成一个最具颠覆性、最危险的激进分子。正是他们自己建立了如此集中的金融和工业体系,以至于达到半垄断或彻底垄断的境地。

另一派自由主义者的矛头直指刚才提到的那些事情,他们断言,不顾社会后果、追求私人利润的工业体系,事实上对民众个人的真正自由产生了最不利的影响。

关于我所说的自由和个性的范围,他们的理解与那些自称自由捍卫者的人相比,更为宽广,更为丰富。他们认为,自由影响着人类生活的各个方面,是思想、表达、文化机会的自由。他们还认为,即使在经济领域,没有一定的保障就没有自由,而现行经济体制拒绝给予千千万万人这样的保障。

他们指出,工业、银行业、商业已经达到了一个阶段,其中没有任何东西是纯属私人的创造和进取。因为私人企业活动的结果以如此深入和持久的方式影响了如此多的人,以至于整个工商业浸染着公众利益。由于工商业有社会后果,社会自身必须通过逐渐增强的有组织的控制来寻求产生这些结果的工业和金融方面的原因。

因而,我本人并不怀疑,自由放任的自由主义的衰弱在很大程度上是它自身政策的结果。任何不能为大众提供基本保障的体系，都没有资格宣称它是为了个人自由和发展而组织起来的。任何人和任何运动，只要真正有志于这些目的，而不是为追求私人利益和权力打幌子，就必定在思想和行动上把重点放在达到这些目的的手段上。

目前，这些手段便是努力加强社会控制的集体主义。人道的自由主义若想拯救自己，就不应仅仅对付表面的症状，如不平等和压迫现象等，而更应该深入探究其背后的原因。自由主义若要在当前条件下延续，就必须变得激进，这就是说，不是使用社会力量去减缓现行体制的罪恶后果，而是使用社会力量改变这个体制。

然而，在很多人，包括声称拥护激进主义的人和仇视它的敌人看来，激进主义等同于改变现行体制的一种特殊方法。在他们看来，它意味着用暴力手段来改变现行体制。这种激进主义反对自由主义，自由主义也反对它。因为不论从历史上说，还是从本性上说，自由主义旨在用民主方法实现社会变革。

强迫人们自由的观念是一个老观念，但它在本质上与自由对立。自由不是从外面赠送的礼物，不管送礼者是老式的王朝仁政，还是新式的无产阶级专政或法西斯主义独裁。个人只有投身于赢得自由的事业，才能够拥有自由。这个事实，而不是某种特殊的政治机制，才是民主自由主义的本质。

有人反对用民主的方法取得社会控制，这部分原因是由于大家完全没有耐心并渴望走捷径，殊不知，如果走捷径，其目标就会落空；还有部分原因是由于俄国革命，他们完全忘记了一个事实：整个俄国历史上从来没有任何民主传统，它的人民习惯于独裁统治，而独裁统治与西方国家的精神是格格不入的；另有部分原因是由于优势的经济权力，简称为富豪或"利益集团"，它们夺取了民主立法和行政的机器。

对在特殊利益集团剥削条件下的民主的实施表示不满，是有道理的。但是，认为救治的办法是暴力和阶级之间的内战，那是自暴自弃。

如果采用暴力和内战的办法，那么，结果要么是法西斯主义，公开的、赤裸裸的法西斯主义；要么是相互斗争的两派同归于尽。民主的社会变革方法是缓慢的；不民主的东西冒充民主，给民主带来了许多严重的疾患，在这种情况下，民主是艰难的。但是，民主是自由主义的方法，它相信自由既是手段又是目的。只有通过个人自愿的合作，个性的发展才是安稳和持久的。

（熊文娴 译）

自由主义的将来^{*①}

　　早期自由主义对个性和自由的强调，决定了今天对自由主义哲学讨论的焦点。早期自由主义产生于 18 世纪晚期和 19 世纪，本身是早期反抗寡头政府的自然结果，在 1688 年的"光荣革命"中达到了顶点。后者从根本上说，是纳税人要求摆脱政府的任意行动，与之相联系的是宗教中新教教会要求有信仰自由。在新自由主义这个明确的名称之下，个人行动自由的要求主要来自日益崛起的工业贸易阶级，矛头指向政府在法律、习惯法及司法行动（还有和政治国家相联系的其他制度）中对经济经营自由施加的限制。这两种自由主义都把政府行动和人们追求的自由置于彼此对立的位置上。这种看待自由的方式一直持续着；在这个国家里，殖民地的反抗和开拓者的处境加强了这种看法。

　　早期辉格党运动持有自然权利的观念，19 世纪哲学的自由主义又添加了自然法则的概念，这或多或少是由于它的主导经济利益。它认为，社会事务和物理事务一样，其中也存在着自然法则，这些自然法则在特性上是经济的法则。另一方面，政治法则是人为的，从而在此意义上是虚假的。因此，人们认为，政府对工业和交易上的干涉不仅是对固有的个人自由的违背，而且是对自然法则的违背——供求关系就是自然法则的一个例子。政府行动的恰当范围，不过是阻止和补救个人在

＊　本文选自《杜威全集·晚期著作》第 11 卷，第 224—228 页。

①　首次发表于《学校与社会》，第 41 期（1935 年 1 月 19 日），第 73—77 页。1934 年 12 月 28 日，杜威在纽约大学召开的美国哲学协会东部分会第 24 届年会上的发言。

　　本文与本书第 418—419 页的文章题目相同，只是本文题目在 Future 前加了一个定冠词。凡带有定冠词的题目皆译为"自由主义的将来"，以示区别。——译者

行使自己的自由时,对他人类似的同等行动自由的侵犯。

然而,自由创立和经营工商业的要求并不是早期自由主义的全部内容。在它的主要传播者的心里,也包含了同等强烈的精神自由的要求——思想自由以及思想表达的自由,如言论、写作、出版、集会的自由。早期对信仰自由的追求不仅扩大了,而且拓展了,因而也加深了。这种要求是18世纪理性启蒙的产物,是科学日益重要的产物。拿破仑被打败以后开始的反抗大潮,对秩序和纪律的要求,为鼓动思想及其表达的自由提供了大量的根据和机会。

早期自由主义哲学建立了英勇的功业。特别是在其发源地英国,它最终成功地清除了无数的暴行和限制。19世纪社会改革的历史,几乎是自由主义社会思想的历史。因此,在强调它的缺点时,我并不是忘恩负义,因为认识这些缺点是必要的。只有这样,才能为现在和不久以后的将来明智地陈述自由主义哲学的要素。一个根本的缺点是它缺少历史相对性的知觉。这个缺点在它的个人观念中表现出来,它把个人看作某种既定的、自身完备的东西,它把自由看作个人拥有的现成东西,只需除去外部的限制就可以显示出来。早期自由主义的个人是一个牛顿式的原子,与其他个人之间只有外在的时空关系,只不过每一社会的原子都具备内在的自由。如果这些观点仅仅是实际运动的一个战斗口号,就不会有特别的危害。但是,它们形成了一种哲学的一部分,这种哲学断定关于个性和自由的特定观念是绝对的、永恒的真理,适合一切时间和一切地点。

这种绝对主义,这种忽视和否认时间相对性的看法,是早期自由主义如此轻易地堕落为伪自由主义的一大原因。为了节省时间,我将指明我说的这种伪自由主义是指什么,它是"自由联盟"和前总统胡佛代表的那种社会观念。我称之为伪自由主义,因为它使博大的观念和理想变得僵化和狭隘。即使说法相同,但奋力反抗压迫的少数人说出来是一个意思,而另一个团体说出来则是另一个意思。他们获得了权力,并进而利用那些曾经是解放武器的观念,把它们当作维护既得权力和财富的工具。一些观念曾经是产生社会变化的手段,如果用作阻止社会变化的工具,意义就不一样了。这个事实本身是历史相对性的一个例证,也是一个证据,表明早期自由主义关于他们的观念具有永恒不变的特性的断言是有害的。由于后一事实,一帮堕落的自由主义者主张自由放任学说,把它看作自然秩序本身的表达。结果是个性观念的退化,最后到了这样的地步:在那些为个性更广泛更全面的发展而奋斗的人看来,自由主义成了一个该受蔑视和指责的词语;而很多人不知道如何清除在工商业中使用没有社会限制的自由产生的罪恶,只有通过暴力产生变化。以为整个自由问题就是个人和政府两边对立的问题,这种历史倾向结出了苦涩的果实。它是专制政府的产儿,在政府成为民众政府并在理论上成为人民的仆人以后,继续影响着思维和行动。

我现在开始讨论,假设自由主义哲学继承的绝对论消除了,它将会是什么样子的。首先,这样一种自由主义知道,个人不是一个固定的、现成既有的东西。它是某种要去获得的东西,不是孤立地获得的,而是需要环境的帮助和支持,包括文化环境和物理环境——文化环境包括经济、法律、政治制度,还包括科学和艺术。自由主义知道,社会条件可能限制、歪曲、甚至阻止个性的发展。因此,它积极地关注社会制度的作用,因为社会制度对个人的成长有着正面或负面的影响,其目的在于使个人不仅在抽象理论上而且在事实上形成强健的人格。它不仅关心消除暴行和公然的压迫,而且关心积极改造那些有利的法律的、政治的、经济的制度。

其次,自由主义持有历史相对性的观点。它知道,个人和自由的内容随着时间而变化;它相信,无论对于个人从婴儿到成人的发展,还是对于社会的变化,都是如此。与绝对主义学说相对立的哲学是实验主义。历史相对性和实验主义之间的联系是本质的。时间意味着变化。相对于社会政策而言,个性的意义随着个人生活条件的变化而改变。早期自由主义是绝对化的,也是非历史的。它的背后潜藏着一种历史哲学,它认定历史与牛顿理论框架中的时间一样,仅仅意味着外部关系的变化,即只有量的变化而没有质的变化和内在变化。这一点也适用于任何主张社会历史变化不可避免——即受非历史的规律的支配——的理论。事实上,19世纪的历史主义和进化论是不彻底的学说。这些学说认定,历史的和发展的过程所服从的规律或公式是超越时间过程的。

自由主义对实验方法的认可包含这样的观点:个性和自由的观念是不断重构的,它与社会关系的变化有密切的关系。对此,我们只需要说一说早期自由主义得到论述以来生产和分配的变化,以及这些归因于科学和技术的转变对人们联系在一起的纽带产生的影响。实验方法是对这种观念和政策的历史变化的认识,因此,观念和政策可以与事实相协调,而不是相对立。其他观点都坚持一种严格的观念主义,都假定事实应该与概念相一致,而概念是独立于时间变化或历史变化形成的。

于是,彻底的社会自由主义有两个本质的东西,第一是对现行社会条件的运动作现实研究;第二是为处理这些条件而提出的、以政策形式出现的主导观念,有利于发展个性和自由。第一个要求是很明显的,我无须详细描述。第二个要求需要展开。实验方法不是瞎忙活,也不是这里做一点点、那里做一点点,以期望事情有所改善。就像在自然科学中那样,它意味着有一个融洽的观念体系,有一个理论来指导我们的所作所为。与一切绝对主义相反,它意味着,用作行动方法的观点和理论要由它们在实际社会条件下产生的结果来检验和不断修改。由于它们在本质上是操作性的,所以它们改变社会条件;而第一个要求,即政策建立在社会条件的现实研究的基础上,导致它们不断地被重建。

最终得出的结论是:作为一种社会哲学的自由主义,和行动上的激进主义并没有原则上的对立;这里,激进主义意指采取的政策所产生的社会变化是激烈的,而非片段的。这里的问题完全在于,对变化条件的理智研究揭示了什么方法。是的,这些变化在上个世纪、在过去的四十年中是巨大的,在我看来,似乎激进的方法现在是必要的。但是,这里的论证所要求的只不过是认识到一个事实:自由主义本质上决不是一个牛奶加水般淡而无味的学说、一个信守妥协和小步"改革"的学说。值得注意的是,早期自由主义者在当时被看作颠覆性的激进分子。

我说的这些话应该清楚地表明,政策形成和执行的方法问题是自由主义的核心。我们指出的方法是最大限度地依赖智力方法。这个事实决定了它与某些激进主义相对立,那些激进主义所依赖的达到想要的社会变化的方法主要是用暴力来推翻现行制度。真正的自由主义者强调的关键点是:所用的方法和随后产生的结果完全相同。有一个原则使他认识到,伪自由主义使用的手段仅仅使现状的罪恶继续存在并成倍增加;同一个原则也使他认识到,对大众力量的单纯性依赖,把它当作社会变化的手段,决定了实际产生的结果。有一些学说主张,由于某些结果是想要的,所以用武力来获得它们将产生这些结果,而不是别的。这些学说只不过是用绝对理论给智力施加限制的另一个例子。在多大程度上诉诸纯粹武力,实际后果就在多大程度上受损害,最初的设想目标事实上必须在后来由实验智力的方法来制定。

我不希望我说的这些话,被理解为激进分子可以垄断武力使用。情况恰恰相反,反动分子拥有武力,包括军队和警察,还有新闻和学校,但他们并不宣扬武力使用,唯一的理由是他们已经拥有了它,所以他们的策略是用理想主义的用语来掩盖它的存在——他们现在对个人独创和自由观念的使用就是一个显著的例子。

这些事实表明,纯粹依赖武力本质上是罪恶的。作用和反作用在物理上是力量相等、方向相反的,并且凡武力总是具有物理性质。① 一方对它的依赖,迟早总会引起另一方也动用武力。如何明智地使用武力,整个问题太大,这里无法细说。我只能说,如果掌握在手中的武力如此地盲目和顽强,以至于用武力来抵制人们自由使用智力从而实现社会变化,那么,这种武力不仅鼓励那些看到需要社会变化的人依赖武力方法,而且为此作了最大限度的辩护。自由主义强调求知、交流和组织的自由,但并不认可无条件的和平主义,而是认可不懈地使用条件允许的一切理智方法来追求一切可能的东西。

最后,我想强调前面讨论中隐含的一个观点。自由的实践意义问题比政府与个人的关系问题更广泛,在所有的条件下认可政府行动与个人自由都各自处在独立领域这个怪异的学说就不用说了。虽然政府是一个因素,并且是一个很重要的因素,但是它的出现总是涉及其他事务。而其他事务就是经济和文化事务。至于第一点,把自由理解为工商业经营者的自由,而忽视智力和体力劳动者所遭受的巨大宰制则是荒谬的。至于第二点,只有当人们有实际的机会去共享文明的文化资源时,才可能达到人类精神和个性的完全自由。任何经济事务都不是单纯经济的,它对文化自由的存在或缺失有深刻的影响。任何自由主义,如果没有把完全的文化自由当作最重要的,没有把它与真正的工业自由之间的关系看作一种生活方式,就是一种堕落的、虚妄的自由主义。

(熊文娴 译)

---

① 在英语中,物理上的力和政治上的武力是同一个词,即 force。——译者

自由主义的意义 *①

英语词汇史上有一个有趣的事实，"自由"这个词居然先用于教育，后来才用来表示慷慨大度。自由教育就是自由人的教育。自由学科是适合自由人钻研的学科，相对照的是用于训练工匠的学科。这意味着，实际上，文科（liberal arts）和自由教育限于那些拥有较高社会地位的人。它们属于那些区别于"下层社会"的绅士们。追溯这些观念对学校教育的影响，是一件有趣的事情。这些观念甚至影响了这个国家的学校教育。在这个国家，那些因为完全自由而骄傲的人自然接管了他们的主要学科，尤其在中等教育和高等教育中；而旧大陆认为，这些学科就是为绅士过上等人的生活做准备的。

然而，我现在的论点与此无关。在我们这里，自由②与公立学校的观念赖以形成的基础是：男女都真正自由的国家要求学校对一切人开放，并因而用公共税收支持学校。总体上说，国家在每个人都能接受学校教育这方面已经取得了可观的进步。不过，上述理论上提供的机会由于经济状况不佳而受到严重的限制。但是，我这里所关注的是自由主义的意义本身。

自从一百多年前"自由主义"这个词流行起来，它的意义经历了很多变化。这个词后来用于表示一种随着民主的兴起而生长和传播的新精神。它蕴涵着对普通人（the common man）的新关注和一种新的意识：普通人，人类广大群众的代表，具

---

* 本文选自《杜威全集·晚期著作》第 11 卷，第 285—287 页。
① 首次发表于《社会前沿》，第 2 卷（1935 年 12 月），第 74—75 页，"约翰·杜威专栏"。
② free，也指免费的。——译者

有一些潜能,由于体制和政治条件的原因,这些潜能被压制,不允许发展。在这个词的两种含义上,这种新精神都是自由的。它标志着一种宽宏的态度,对劣势的一方、对那些没有得到机会的人的同情。它是广泛兴起的人道主义博爱的一部分。它在另一个意义上也是自由的,即它的目标是扩大一些人的自由行动的范围,这些人长久以来不能参与公共事务,也没有机会因参与公共事务而获得好处。

然而,18 世纪晚期和整个 19 世纪存在的条件,致使自由主义不久就有了一种有限制的、专门性质的意义。从事制造业和商业的人构成的阶级最清楚地意识到他们所受到的限制,最积极地致力于消除限制和最有序地组织起来去进行反对限制的战斗。一方面,蒸汽在生产上的应用带来了商品生产和分配的革命,为人类的能量和抱负开辟了新的途径,它能比任何手工生产都更有效率地供应商品。另一方面,存在着在很大程度上形成于封建时代的大量的规章和习俗,它们妨碍和阻止了这些新能量的表达。而且,政治权力主要掌握在地主手里,他们代表着旧式农业社会的思想和行动习惯。

于是,工业阶级的自由主义采取政治和法律斗争的形式,以消除新经济活动的自由表现所受到的限制。那些限制和压迫力量体现在制度上,而制度不难与政府和国家等同起来。所以,有组织的自由主义的口号是:"请政府不要插手工业和商业。在这些领域,政府行动阻碍着具有最大社会价值的活动的发展。这些新工业活动以更低的价格、更大的数量提供人们所需要的产品,这是旧体系不曾做到,也不能做到的。这些新工业活动鼓励发明、激发进步。它们为一切创造、工艺和劳动提供报偿,从而提高活力和积极性。自由的商品交换将人民、国家以共同利益为纽带联系在一起,全人类充满和谐与和平的时代即将到来。"这就是他们的宣言。

由于这些断言是在特定时间和地点作出的,所以它们有自己的理由。能量的大爆发伴随着工业革命的开始,工业生产以外的许多创新行动也是如此。但是,随着这个新社会群体赢得权力,他们的学说僵化成一个教条:工业经营者有不受任何有组织的社会控制的自由。因为法律和政府在历史的转折时期曾经是人类能量解放的敌人,于是就宣告它们是人类自由的永远的敌人。放手不管的观念在特定情况下有着实践上的便利,却僵化为自由放任的"个人主义"的教条。这个新经济利益群体比以往的农业阶级更好地组织起来,极为有力地控制了社会力量。

因为占统治地位的经济阶级的利益具有一些反社会的后果,于是,经济与政治的完全分离(无政府的工商业)、孤立的个人主义、有组织社会导向的否定,便以永恒的真理面目出现了。同时,慷慨的同情精神这个早期自由主义的标志分裂了,它仅限于慈善活动;当它影响到立法和行政的时候,仅限于针对明显的社会弱势群体的补救性措施,丝毫没有触及产生这种症状的体制。在这个国家,甚至这些补救性措施也受到统治阶级的强烈反对。然而,弱势阶级其实是统治阶级最后的剩余财产,因为这些措施将使民众能够长久地忍受这个沿袭下来的体制。

一开始,运动的方向是人类能量表达的更大自由,提出自由主义是要给予每个人新的机会和权力,结果却变成了对大多数个人的社会压制。人们几乎是将个人的权力和自由等同于取得经济成功的能力——简单地说,等同于赚钱的能力。它没有成为加强和谐与人民相互依存的手段,它产生的结果证明它反而造成分裂:帝国主义和战争就是证据。

更多地给个人自由、释放个人潜能的观念和理想是自由精神的永久核心,它像以往一样合理。但是,工商业上升到统治地位,便在事实上给予少数人反社会的自由;把直率的个人主义等同于不受控制的商业活动,僵化了大众的思想和行动。同时,生产和分配能力极大地提高了,有可能进行大规模工厂生产和通过交通设施进行大规模分配,而这些事情的原因却被少数人牢牢地抓在手里用以谋取自己的利益。生产力释放的原因,是实验科学的兴起及其技术应用。机器制造和专业技术能力已达到这样一种程度,即大家都知道一个人人物质富足和物质保障的时代可能来临,这为人类文化之花盛开奠定了物质基础。

一些人掌握着由社会创造的权力,却为少数人的利益服务。因此,只有把生产和分配方式的控制权从他们手中夺过来,自由主义一直宣称的目标才能达到。这些目标仍然是有效的,但达到这些目标的手段要求彻底改造经济制度,以及依赖于那些经济制度的政治安排。由社会创造的力量和机构必须由社会来控制,从而增进一切个人的自由,联合起来进行一项伟大的事业,即建立能够表达和促进自由的生活。为此,这些变革是必要的。

（李　楠译）

自由主义与平等 *①

有一派社会思想总是主张自由与平等是不相容的，因此自由主义不是可能的社会哲学。它的论证如下：一方面，如果自由是主导性的社会和政治目标，那么自然的多样性和自然资质的不平等必然会产生社会的不平等。因为如果你充分发挥自然才能，就不能不产生文化、经济和政治地位的明显不平等，这是必然结果。另一方面，它进一步论证：如果以平等为目标，就必须对自由的实施进行重大的限制。据称，自由与平等的不相容是导致自由主义必将沉没的礁石。所以，这一派社会思想认为，将自由等同于自由放任的自由主义派自称是"唯一可能的自由主义学说"，并且会容忍任何程度的实际的社会不平等，只要这是自然力量自由运行的结果。

最初的民主观念和理想将平等和自由看作并列的理想，在法国大革命的口号中，还加上"博爱"作为第三个并列的理想。因此，不论在历史上还是在当下，实现民主理想的可能性取决于在社会实践和社会制度上实现平等与自由结合的可能性。名义上的民主国家（那些没有公开走向独裁统治的国家）的民主现状证明，这是一个实践问题。明智的观察者不会否认，现在民主制度衰落的根源是那种以最大个人经济自由的名义来争取和维持自由的风气。

早期民主的政治自由主义原则是人生来自由平等。肤浅的批评家认为，人类在力量、能力或自然资质上生来不平等这一事实，不容置疑地否决了这个原则。然而，这个原则从未假定自然资质平等。它的含义如同一个熟悉的说法：在坟墓里，

---

* 本文选自《杜威全集·晚期著作》第 11 卷，第 288—290 页。
① 首次发表于《社会前沿》，第 2 卷（1936 年 1 月），第 105—106 页，"约翰·杜威专栏"。

穷人与富翁、君主与农奴都是平等的。这是说,政治不平等是社会制度的产物;一个社会种姓、阶级或地位与另一个社会种姓、阶级或地位之间没有什么"自然"内在的差别;差别是法律和社会习俗的产物。同样的原则也适用于经济上的差异;如果一个人生来拥有财产而另一个人没有,这种差异是支配着财产继承和财产拥有的社会法律所导致的。从实践指导来理解,这个原则的意思是:天然禀赋的不平等会在法律和制度之下起作用,而法律和制度不应给那些较少天赋的人设置永久的障碍;在社会中出现的权力、成就和商品分配的不平等,应该与天然的不平等严格相称。在目前的社会安排中,个人的机会取决于个人的社会和家庭地位;人类关系的制度给某些阶级提供了机会,却损害了另一些阶级的利益。进步和自由的民主所面临的挑战可以用熟悉的战斗口号来表达:制度和法律应该使所有人获得平等和维护平等。

这个原则表达了对自动限制广大个人机会的现行制度的反抗。这种反抗体现的志向是民主自由主义的本质,在早期政治的和人道主义的宣言中表现出来。但是,由金融资本主义控制的机器工业的兴起,是一种没有考虑到的力量。它将行动自由给了具有特殊的天赋和适应新经济图景的个人。首先,工业革命充分发扬了获取财富的能力和在进一步牟利过程中使用财富的能力。对这些特殊的获利能力的运用,导致权力被少数人垄断,控制着广大群众的机会并限制其实现自然能力的自由行动。

简言之,平等和自由互不相容的常见断言,乃是基于一个高度形式化和有限的自由概念。它完全无视《社会前沿》十月号中强调的事实。它忽视和排除了这样的事实:一个人的实际自由依赖于当时的制度安排授予他人的行动权力。它以完全抽象的方式理解自由。另一方面,民主理想把平等与自由统一起来,认识到实际的、具体的机会和行动自由依赖于政治和经济条件的平等。只有在这些条件下,个人才有事实上的自由,而不是某种抽象的形而上学的自由。民主的悲剧性崩溃的原因,是将自由等同于在经济领域、在资本金融制度下无节制的个人主义行动的最大化,这对于平等的实现是致命的,对于所有人自由的实现也是致命的。正是因为它破坏真正的机会平等,所以也破坏了大多数人的自由。

许多人认为,托马斯·杰弗逊(Thomas Jefferson)的社会哲学过时了,因为它看起来是基于当时的农业条件并设定了农业体制的长久存在。于是有人论证,工业上升到高于农业的地位,摧毁了杰弗逊式民主的基础。这是一个非常肤浅的观点。杰弗逊曾预言,如果农民在实际上无主土地的条件下所具有的独立和自由的特征没有保留下来,由工业主宰的经济和政治的兴起将会产生什么后果。他的预言实现了。他真正代表的并不是农耕主义本身,而是存在着开放的疆域时农业体制促成的那种自由和平等。例如,早期的杰弗逊主义者认为,国家信贷是国家财产,应由国家控制。他们强烈反对私有银行机构控制国家信贷。他们甚至反对通过私人债券获得战争经费,而主张战争期间应通过征收富人所得税来支付战争的费用。

我提到这个具体例子,仅仅是为便于讲解,并说明所谓的杰弗逊式民主已经远远地漂离最初的民主观念和政策。所谓直率的个人主义,是用现行经济-法律制度养成的不平等来定义个人自由。在直率的个人主义的影响下,名义上的民主漂离了真正的民主生活的观念。这种做法几乎是单一地强调那些能够取得金钱和物质收获的个人自然能力。因为以牺牲多数人的全面自由为代价,夸大少数人的经济自由,必然产生我们现存的物质主义及其给个人文化发展带来的损害。我重申,由制度建立和支持的金融资本主义产生并且必定产生不平等,而不平等不可避免地导致对真正自由的限制。

（李　楠译）

自由主义与公民自由 *①

以前,政治独裁使臣民服从于政府权威的武断意志,随着自由主义理想取代政治独裁,公民自由的观念逐步发展起来。对于说英语的人而言,传统观点而非历史事实是:公民自由的起源是与《英国大宪章》(*Magna Carta*)相联系的。人们认为,公民自由明确形成于 1689 年英国议会通过的"权利法案",这是在斯图亚特王室被流放、这个国家推翻了最后一个王朝政府之后发生的。在美国殖民地反抗英国时期,许多州的宪法都包含了与"权利法案"十分相似的条款。在对抗更激进的革命思想的时期,联邦宪法没有将这种条款包括在内,汉密尔顿②尤其反对采纳这些条款。但是为了保证获取几个州的认可,1789 年在前十个修正条款中加入了公民权的宪法保障。然而,它们的内容几乎仅限于在大不列颠已经变得普通的公民权。我们的宪法条款唯一的创新之处在于否定政府设立国教的权力,更加强调个人在选择宗教信仰的形式方面有完全的自由。宪法保障个人公民权的要点是:出版的自由、和平集会和讨论的自由以及请愿的自由。

我对历史稍加回顾,是因为历史非常有助于说明现在公民权混乱的状况。从来没有一个一致的社会哲学用这个名字来讨论几种不同的权利。总的说来,主流哲学来自对政府和有组织控制的恐惧,其理由是它们在本质上与个人自由对立。因此,信仰自由、崇拜方式的自由、言论自由(实际上意味着集会自由)和出版自由

＊ 本文选自《杜威全集·晚期著作》第 11 卷,第 291—293 页。

① 首次发表于《社会前沿》,第 2 卷(1936 年 2 月),第 137—138 页,"约翰·杜威专栏"。

② 亚历山大·汉密尔顿(Alexander Hamilton, 1757—1804),美国的开国元勋之一,也是宪法的起草人之一。他是财经专家、美国第一任财政部长。——译者

的一个理论基础就是自然权利理论,认为自然权利由个人所固有,它先于政治组织,且独立于政治权威。从这种观点看来,它们像是《独立宣言》中我们所熟悉的"生命、自由和追求幸福"的权利。它们代表了对于政治行动的固定的外在限制。

这个意思最明显地出现在权利法案修正案的最后两个条款中,这些条款明确地保留了几个州或普通人民的所有权力,宪法没有把这些权力授予联邦政府。农业调整法决议的大多数意见援引了宪法中的这些条款,并宣告农业调整法是违背宪法的。表面上看来,农业管理与言论自由权利之间没有什么密切的联系。但是,这样一个理论将两者联系在一起;该理论认为,在政治权力与个人自由之间有内在的冲突。

公民自由理论的内部冲突表现在两类用语之间的对照,一方面是"公民"这个词,另一方面是"自然的"、"政治的"这两个词。"公民"这个词是与公民身份观念直接相关的。据此,公民自由是以公民身份拥有的自由,既区别于人们认为个人在自然状态下拥有的权利,又区别于政治权利,比如选举权和担任公职的权利。据此,各种公民自由的依据是他们对于社会福利的贡献。

我说过,即使在我们这样名义上的民主国家,现在的公民自由也处于混乱和危险的状态,这是由关于公民自由的基础和目标两种对立观点的相互冲突引起的。随着社会关系变得更加复杂,维护社会秩序变得更加困难。实际上不可避免的是:无论理论上用什么名义,单纯的个人的主张被迫在实际上让位于社会的主张。个人主义和自由放任主义的公民自由概念(比如自由探讨和自由讨论)得到有力的支持,这在很大程度上说明宪法名义上保障的公民自由很容易在事实上受到侵犯,并由法庭轻松地搪塞过去。众所周知,当国家陷入战争时,公民自由就被抛到九霄云外去了。这个重要例证只不过指明了一个事实:当单纯的个人主张显得(或可以使其显得)与整体社会福利相冲突的时候,这些主张就受到轻视。

再者,公民自由决不是绝对的,或者说,在具体情形下,它的确切本质从来不是自明的。只有哲学无政府主义者才会认为,比如说,言论自由包含怂恿他人从事谋杀、纵火或抢劫的权利。所以,在具体事情上,法庭做什么解释,公民自由的意思就是什么。人人皆知,在一切具有普遍的政治或社会意义的事务上,法庭都受到社会压力和社会势力的影响;这些压力和势力既来自外部,也来自法官所属的教育和政治机构。这些事实使建立在纯个人主义基础上的公民自由的主张受到冷遇,因为法官们认为,行使这样的自由会威胁到他们所重视的社会目标。霍姆斯和布兰德斯①之所以出名，不仅是因为他们坚定地维护公民自由，更多是因为事实上，他们进行辩护的根据是自由探讨和自由辩论对于公共福利的正常发展具有不可或缺的价值，而不是针对任何实际个人固有的福利。

自由放任派的自由主义在行为上有明显的矛盾。对此，任何公正地审视这种情形的人都不会感到惊讶。他们不断抗议政府对工商业自由的"干预"，但是对公然破坏公民自由的事例却几乎全体沉默——尽管他们满嘴的自由观念，信誓旦旦地拥护宪法。矛盾的原因是明显的。工商业利益群体过去是、现在仍然是占统治地位的社会政治势力。这些"自由主义者"代表着经济事务上的自由放任的自由主义，他们是顺应潮流的。另一方面，只有那些反对既定秩序的人在使用自由探讨和公开辩论的权利时才会遇到麻烦。在这种情况下，这些"自由主义者"对看上去像是经济管制的东西都激烈反对；却乐于容忍知识和道德的管制，理由是这对于维护"法律和秩序"是必要的。

真正相信人人享有平等的自由这个民主理想的人，都不会认为有必要从总体上为最大可能的知识自由作论证。他知道，进行探究和传播探究结论的思想自由是民主制度的中枢神经。因此，我没有沉湎于泛泛地赞颂公民自由，而是试图表明：公民自由现在处在不确定和危险的状态中，解救公民自由的第一步是坚持它们的社会基础和社会依据。

自第一次世界大战以来，尽管有所谓的宪法保障，但对公民自由的侵犯几乎在各个方向出现。这个事实为这个系列的前一篇文章确立的原则提供了例证。自由主义的唯一希望是在理论和实践上放弃这样的主张，即以为自由是独立于社会体制和安排以外的个人所具有的一些发展完备和现成的东西；并认识到，只有实行社会控制，特别是经济力量的社会控制，才能保障个人自由，包括公民自由。

（李　楠　译）

---

① 路易斯·德莫比茨·布兰德斯（Louis Dembits Brandeis，1856—1941），美国法官，曾任美国最高法院大法官（1916—1939 年）。——译者

"自由主义"的含义^{*①}

用于道德态度和热情的词汇一般意思宽泛,试图定义这类词汇通常面临两种相反的危险。一种危险是约束,这样一来,词语的意思不仅变得狭隘机械,而且必定中规中矩,或排斥异己。为避免这样的错误,人们又可能陷入另一种危险,即完全的模糊之中:词语不具有特别的适用性。人们只是说出一个词所唤起他的以及他希望也能唤起别人的那种情感。

名词"自由主义"尤其面临这样的尴尬。一方面,它是某个政党、某个经济理论和实践流派的战斗口号。如果一个人想根据这个词特有的历史用法来精确地定义它,那么,他会相信这个意思是唯一合法的。然后,他会以自己对某个政治经济运动的态度为基础,赞成或谴责自由主义。另一方面,如果忽略历史用法,一个人只能说说他自己理解的自由主义是什么意思;这样,他会发现,自己只是根据个人的偏向在定义"自由主义"。

不过,历史本身提供了某些指导。在美国,这个词从未和自由放任的(*laissez-faire*)经济和放手不管的政府联系在一起,像它在英国和欧洲大陆那样。它的使用,一直与一种叫作向前看的进步态度联系在一起,而与那种往后看的保守甚至反动的态度是相反的。

"自由的"在专业领域里的最初意思与学校和学习相关,指教育应适应自由人的性格和需要,不同于那种强制、刻板、使人驯服机械的训练。自由主义和自由的

---

* 本文选自《杜威全集·晚期著作》第 14 卷,第 182—183 页。

① 首次发表于《民主前沿》(*Frontiers of Democracy*),第 6 卷(1940 年 2 月 15 日),第 135 页。

联系,仍然是取之不尽的宝藏。除此之外,这个词的历史意涵也和大度、慷慨——尤其在心灵和性格方面——相关。它指向一个开放的心灵,不固步自封,不囿于偏见。

我之所以提到上面这些熟悉的用法,这是因为,尽管它们使我相信这个词的定义必须包含一种道德态度和理想,但我不希望下面表达的仅仅是一种个人的选择。每一个道德问题都必然包含选择,但这里的选择,只是挑选并强调过去的用法中的一个,它不是专断的、私人的。

那么,自由主义指向的道德态度是什么呢?从一个即使范围很小的政治运动的方面来看,我们在自由主义对权利法案和公民自由的强调中发现了一个线索。它关注思想和信仰的自由,以及与之相连的表达和交流的权利,这些自由和权利只受到对反社会的犯罪后果所要承担的责任的限制。这些最为基本的自由权利,因为教会和国家这些强势组织的存在而获得具体内容。教会否认信仰自由,而国家迫使所有政治和社会见识化为铁板一块。

这个意思具有广泛甚至普遍的效力,因为反对自由探究、自由交流和自由信仰的势力顽固存在。这些敌对势力来自国内和国外。像我们这样的国家——拥有民主制度的衡量标准,内部敌人比外部敌人更危险,因为只有当一个反自由的心灵存在时,外部的敌人才有长期的危险。

为了达到自由主义的历史目的,人们极有可能以一种反自由主义的精神积极行事。如今,这种背叛自由主义的做法十分普遍,也非常有害。树立某种政治经济目标,然后以一种最教条、最不自由的方式为之努力。如此一来,真正的自由主义不仅受到极端保守主义者的攻击,还有来自这帮人的攻击。

自由主义的意思包含对真理从容而耐心的追求,愿意向各方面学习。自由主义是谦恭和执着的,也是强健和积极的。它相信,自由心灵的交流总是带来愈来愈明的真理。

(马　荣　王今一　译)

如何确立自由主义 *①

交流(communication)工具的退化，有时甚至完全误用，是我们今天的显著特征。这一现象从外部看包括无线电通信、出版和其他机械通讯媒介的使用，但更严重的是指语词(words)的使用，这是人类交流的特殊方式。极权主义者用"民主政治"一词命名这样一种政体，这种政体公开蔑视每个人的言论自由、集会自由、结社自由和讨论自由，而这些自由一直赋予民主政治以实质意义。这足以说明上述观点。自命的"语义学者"以表面上的语言操作处理根植于我们今天社会政治动乱带来的麻烦，这种微不足道的努力或许近于以拖把阻止海潮。

困难并非出自为了声望或其他特殊阶级或集团的利益而进行的故意歪曲，而是出自下述事实：社会急剧变革，使得人类理智能力无法跟上变革。语词遭遇新老之间的混杂，与人类其他方面遭遇的情况一样。除了在经济学方面被滥用为自由放任外，"自由主义"一词的误用或许更多地是由于上述原因，而不是某个党派集团有意识地误导公众舆论。

参照教育领域，可能有助于说明这一情况的历史。若干世纪以来，"自由技艺"一词通常被专门用来命名文学艺术，以区别于实用的、实践的"机械技艺"(mechanical arts)，后者在当时包括所有实业职业。该词的这种特定用法是历史上这样一个时期的标志，这时雅典人的生活建立在奴隶制制度上，把一切工匠和手工劳动者排除在自由公民身份之外。中世纪封建主义在随后的几个世纪中将"自由

---

* 本文选自《杜威全集·晚期著作》第 15 卷，第 192—194 页。
① 首次发表于《劳工与国家》(*Labor and Nation*)，第 4 期(1948 年 11—12 月)，第 14—15 页。

的"教育(即人文教育——译者)和"职业的"(vocational)教育的明确区分固定化了,当然也将固有的高贵桂冠赋予了前者。

我相信,在"自由的"和"自由主义"一词被广泛使用的情况下,上述回顾是必要的。传统习惯比我们意识到的要强大。除非有意将"自由主义"一词限制在欧洲早期的政策方面——当时这个词确实意味着解放,它旨在反对来自封建主义的不公正和压迫;而工业、政治和其他文化方面的迅速变革剥夺了这个词原有的人们一致认同的含义。

我提醒大家注意这些事实的唯一目的,是尽我所能强化《劳工与国家》中的呼吁,即为达成重要原则而共同努力,除非自由一词被完全放弃。当我提到原则时,我所特指的,不是具体政纲或条款,而是基本的设想,这些设想要经得起特定的检验,并要成为判断特殊措施和政策的标准。我并不是反对政纲和计划的发展。它们是有效组织的先决条件。但是,我们作为自由主义者忍受着的是没有原则(这个词的确切意思即首要)来判别提出来的计划条款和政纲之苦。我或许过分受我个人专业训练的影响,偏好和倾向都由此而来。但我相信,自由主义者之间的任何持久结合都首先依赖于严肃的理智的工作。

这样一个工作最初至少必须有一个初步的原则。我认为,如果真正要实现自由而不是仅仅用它来包装各种各样的方案,那么我们就需要彻底考察在现代条件下自由要求什么。即便提出了具有善的道德信仰——像历史上社会主义者的计划那样——的特殊方案,也是不够的。设计特殊的工具和媒介,运用这些手段进行有组织的计划和干预,如此将促进自由——这是个深刻而重要的问题;事情远非如下述论断那样,即声称有组织的社会干预和计划就是回归农奴境遇。我们不得不忽略过去的许多口号去做这项工作,在那些口号中我们谈论"个人"是没有意义的,因为没有根基——这种谈论通常直接为这样的人所利用,这些人利用当前人类的混乱和混沌状态,(或许在自由和"个人"的名义下)欺骗人们说,只有某种外在的权威是获得秩序和安全的唯一手段。(根据我的判断)最迫切需要的,是少谈论个人,多研究特殊的社会条件,以发现在这样的社会条件下,什么样的组织将带来更广泛因而更公正的、我们当今技术手段下可行的利益分配。并不是说许多马克思主义者一个世纪前提出的建议现在过时了,仿佛它们是三百年前提出的。有组织的知识分子的注意力现在必须聚焦于具体的社会组织形式的问题上,这样才能解决那些理论化的个人概念指望解决的事。在个人一词前面加上

"道德的"，或更糟糕地加上"精神的"，都毫无意义。所需要的是确切发现，在我们今天急剧变革的社会中，这些形容词具体代表什么。我重复一遍，这首先是理智的工作。

（余灵灵 译）

对自由主义思想的挑战 ^{*①}

要知道活生生的而非古董的哲学是关于什么的,可能最好的方法就是问我们自己,我们要用什么样的标准、什么样的目标和理想来调控我们的教育政策和教育事业。如果把这一问题系统地展开,将使在道德上和理智上指导人类事务的基本原则明确起来。它将揭示目前社会中的基本分歧和冲突。它将赋予与人类需要和人类斗争相脱离的哲学体系所提出的晦涩抽象的问题和原理以具体明确的意义。因此,对教育中属于现代的新事物的攻击,恰好受到那些相信现代教育的趋势完全是反动的人的欢迎。我们必须直面这种攻击,直面这种攻击将使长期以来处于黑暗中的信念明确起来。因为的确,在教育和其他方面,最糟糕的是将相反和对立的东西混合在一起。厘清目前的问题不仅有助于澄清我们教育中的混乱,而且能够为僵化的哲学注入生命力。

我们被告知,科学学科一直在蚕食文学学科,而后者才是真正人文主义的。我们被告知,对于实用主义和功利主义的热情导致了自由的通识教育为单纯的职业教育所取代,这种教育限制了完整的人的发展,使其生存仅仅与谋生相关。我们被告知,整个发展趋势偏离了人道主义而趋于唯物主义,偏离了永恒的理性而趋于权宜之计,等等。现在最奇怪的,恰恰是我们中的一些从根本上不同意对我们现在的制度进行批判,同样也从根本上不同意对现在的制度进行修正的人,也认为现在的

---

* 本文选自《杜威全集·晚期著作》第 15 卷,第 202—212 页。

① 首次发表于《财富》,第 30 期(1944 年 8 月),第 155—157、180、182、184、186、188、190 页。亚历山大·米克尔约翰的回应,杜威的反驳,及其他信件见《杜威全集·晚期著作》第 15 卷。

制度(如果可以称作制度)缺乏目标、材料和方法的统一,仅仅是一种拼凑起来的东西。我们同意,超负荷的课程需要精简。我们承认,我们不能确定我们在朝哪里走、我们想要走到哪里、我们为什么要这样做。

我们对教育现状的批评在很多细节上并非完全不同于这样的批评家,但他们的基本前提和目标与我们是尖锐对立的。无论如何,进行批评的立场和推进改革的导向全然不同。问题正在逐渐明确。我们承认缺乏统一性。我们完全不同意下述信念,即我们制度中的错误与缺点源于过度关注在人类文明中属于现代的东西,即科学、技术和当代社会问题。而我们自己对现代教育状况的批评是由下述信念支持的,即活跃于当今社会的因素,正在构成着当代文明;它们或者由于对过去的过度关注而在混乱中遭到扼杀,或者由于这些因素没有被赋予中心地位,故而成了技术性的、相对不自由的因素。

因而我从这一事实入手:我们正在被告知,真正自由的教育需要回归大约两千五百年前希腊人设计的模式和标准,需要恢复和实践六七个世纪以前封建中世纪的模式和标准。的确,将使用"自由"一词的教育理论应用于与"实用"无关的教育,这一理论是在希腊系统地形成的。我们从希腊继承了这一传统,即将"自由的"教育与"机械的"教育完全对立起来;需要注意的是,这一传统把与工业和实用的商品、服务相关的一切都看作是机械的。

这种哲学是忠实于产生它的社会生活的。它把雅典生活中繁荣和发展起来的制度、习俗和道德态度转化为理智的术语。自由的教育在雅典共同体是对自由人的教育,这在当时是适当的。但与之紧密相关的一个事实从现代民主共同体的立场看是完全不恰当的,即自由公民在希腊只是少数,他们的自由以一个庞大的奴隶阶级为基础。享有自由和自由教育的特权阶级正是基于那样的观念,而现代自由则一直致力于消除这观念。由出身、性别和经济条件决定人的身份,在民主社会被看作是反自由的。在希腊哲学家看来,这些区别是必然的,它们是由"天性"决定的。这种区别建立在社会制度基础上,即便在当时最贤明的人看来,其他观点也是毫无道理的。

这一事实或许使我们怀疑现在的、根据真正自由的对立面来定义自由教育的教育哲学。职业的实用教育在古希腊是非自由的,因为它是对于奴隶阶级的培训。古希腊的自由教育之所以自由,是因为它是一小部分人享受的生活方式,这些人可以自由地投身于更高层次的事情。他们可以自由地做这些事,是因为他们依赖于奴隶阶级的劳动成果。而手工业是靠双亲传授给孩子的学徒方式得以延续的。

即便手工业者遵循的模式获得了高度的审美发展，我们也不能忽略上述事实。因为它与现代工业形成了鲜明对比。工作方法的发展是不断运用科学的结果。发明本身是运用科学的结果，发明使先前常规的生产方式不断得到改变。古希腊人区别了表现为理性认识或科学的活动与表现为无理性的、按惯例行事的活动，在当时的条件下，有理由为古希腊人辩护。但现代没有理由为这样一个观点辩护。与我们的政治和社会事务中堪称科学的因素相比，目前我们的工业行为中包含更多的科学性。

以前进取代后退，由此成为令我们的技术和职业教育获得解放的问题。普通工人很少或根本没有意识到其工作中的科学程序。他所做的对他来说通常是常规的机械工作。在这个意义上批评家们对于当今职业教育的诊断在很多地方是正确的。但他们反动的矫正措施意味着只是将当今制度中不好的方面固定下来。他们不是寻求找到一种教育方式，使得所有上学的人都能认识到工业流程中的科学基础，而是试图更明确地在那些接受不自由的职业培训的人与少数享受自由教育——它模仿的是古希腊文学模式——的人之间划出界限。真正自由的、解放的教育，在今天应该拒绝把各种水平的职业培训与在社会、道德和科学等方面的继续教育分割开来——只有在后者构成的环境中，职业培训才能得到良好的管理和运作。

不把从事这一任务的教育内容和方法放在当代不断成熟、日益重要的理智选择和安排的基础上，有意忽略服务于这个时代的种种要素，必将使我们生活于其中的世界处于长久的混乱和冲突中。运用理智的勇气使得教育改观，将会带来信心和印证这一信心的智慧。

在我们转向古希腊自由教育理论在中世纪的翻版时，情况几乎一样。农奴和领主之间的划分在中世纪社会是非常确定的，当时就连最具有自由思想的哲学家都未曾注意。它被当作一个当然的事实，或者被当作"自然的"。此外，中世纪社会没有公民（civic）意义上的政治公民身份，也没有共同体生活，而这在雅典城邦是至高无上的。虽然从古希腊哲学中借用的自由技艺与自由教育者两个词广泛使用，但它们的意义与雅典人生活中完全不一样。最重要的机构是教会，而不是城邦。因此，在中世纪思想中，僧侣与其他人之间的区别取代了古希腊哲学著作中自由人和工匠之间的区别。正如公民一词是雅典人生活的中心内容一样，僧侣一词是中世纪文化的中心内容。

只要关注一下教育哲学,就可以看到为什么当代反动运动最接近于中世纪模式而不是古希腊模式。自由的雅典公民的行为直接与城邦共同体的事务和问题有关,在城邦共同体中,神权政治的影响和宗教习俗是世俗共同体生活的常规而次要的部分。此外,亚里士多德教导说,甚至自由的政治生活也不能完全摆脱实践的侵染。唯一完全自由的生活是致力于探索科学与哲学的生活。自然而非超自然是古希腊哲学的中心。

在古希腊科学哲学家看来,不是通过感官就是通过"心灵"对自然的直接感知,是真理的来源。过去遗留下来的著述通常暗示着,它们给可供选择的可能性提供了材料。它们从来没有被当作最终的权威。唯一被禁止的,是在视觉影像和自然事实之间加入其他意见。但在由语言工具一代代口述、书写和传播的中世纪文化中,它们成为了最终的权威。引证众所周知的《圣经》的作用就足以证明这一点。我并不是说,中世纪没有展示出敏锐的理智与智慧。但它被引向从字面意义上对先前的知识进行研究、阐释、改写和组织。对这些著述的研究基本上取代了古希腊哲学和科学对自然本身的研究。它们构成了被研究的世界。

然而在那时欧洲的条件下,把文字作为与过去的知识进行交流的媒介是必须的。自由是所有人都得到解放,实现人类能力的解放。不能领会这一解放是我们的新经院哲学家的错误之源,他们认为,自由教育的主题固结于其自身。过去的语言艺术和书面材料在中世纪起到的解放作用是其他事物不能起到的。因为整个北欧只是刚刚脱离野蛮状态。历史地说,除了去亲近若干世纪以前在地中海发展起来的更高级的文明产物外,实际上没法看到这一解放运动还能有什么样的有效指导。语言文字是与那些文明产物相联系的唯一媒介。僧侣是掌握语言工具并具有道德权威的唯一的阶级,于是他们成为教育的中心。

中世纪以来的社会和文化环境经历了巨大的革命性变革。在精神方面,相对于中世纪文化,我们更接近于古代文化。在社会关系方面,从以奴役为基础到以自由为基础的变革是如此巨大,我们却可以相当准确地说,这一变革与雅典确立的原则相一致。由于社会制度习惯的压力,这些原则的全部意义并没有被其制定者所察觉。对历史的无知是这样一些批评家的显著缺点,他们主张回归古希腊-中世纪的观念,仿佛这两个时代的观念是相同的,因为中世纪的哲学家使用了一些古希腊哲学家提出的言辞。

语言在教育方面仍然具有基本的重要性。交流是明确区分人与其他生灵的特征，是文化赖以存在的条件。但认为语言、文字的使用与学习，在当代条件下可以如同在古希腊、亚历山大时期或中世纪一样，为了相同的目的而使用相同的方法，这种观念是荒谬的，在实践中采取这种观念是有害的。试图重新将语言技能和语言材料作为教育的中心，并且披着"为自由而进行的教育"或"自由"教育的外衣这样做，是与民主国家所珍视的自由直接对立的。认为任何适当的教育都能依靠上百本各种各样的书来获得，这种想法从实际来看或多或少是可笑的。对于成年人来说，在一生的空闲时间阅读、重读并消化一书架的书，是一件事。而用四年时间规定固定的量来阅读，是非常不同的另一件事。就其理论的和基本的目标而言，它并不可笑。因为它标志着违背了古希腊将知识看作智力训练产物的健全观念。它标志着恢复了中世纪学者的看法，即依靠他人已经发现的——或假设他人已经发现的——最终权威，可是使得中世纪学者的看法得以成立的历史条件已经变了。

反动的运动是危险的（或者倘若它获得重大进展会是危险的），因为它忽视并实际上否认了实验探索和直接观察的原则，而这一原则是科学进步的活力源泉，这种进步简直不可思议，因为与它比起来，以前数千年在知识方面取得的进步几乎为零。很自然，反动的经院教育的主要鼓吹者应该是缺乏科学教育的文人，或坚持推行为超自然力量所建立并指导的体制的教会神学家——他们的正式说法被确定为终极真理，恰恰因为这些说法超出了人类研究和批评的范围。

哈钦斯先生写道：

> 我们知道有着自然的道德律，我们能够理解它是什么，因为我们知道人类具有一种天性，我们能够理解这种天性。人的天性是相同的，是朦胧的，但不会为不同文化的不同习俗所湮没。人类天性的这一特点是……人是有理性和精神的存在……①

由于这一固有的必然的本质，所有时代、所有地方、所有文化中的人都是一样的。发生在人身上的一切，或者人是其中一部分的物理世界、生物世界和社会中发生的一切，都不能改变人的天性。凌驾于人的行为及其道德信念之上的权威原则

---

① 《财富》，1943 年 6 月。

因此是永恒不变的。而且,这些原则为这样一种能力所感知,这种能力独立于并高于人类以实验观察为手段去发现自身、社会和物理世界的事实的方法。

这种观点并没有新奇之处。我们从儿童时期就熟悉这种观点。这是我们在家庭中或在星期日对儿童进行宗教教育的学校中就培养起来的常规观念的一部分。然而,它是狭隘的习俗观点的表达,是一种前科学——就"科学"在当代的含义而言——文化的表达。起码与那些断言人性和道德绝对同一的人具备同等智力的人(如亚里士多德自己),关于自然物体也说过同样的话。天文学和生物学一度牢固地建立在永恒的统一性基础上,如同道德科学和哲学现在被断言的那样。在天文学中,一度认为更高的天空以及其中的万物都一直具有并将永远具有恒定的圆周运动。而现代天文学学说似乎倾向于宣布宇宙是无序的。在生物学中,植物和动物物种完全不变和始终同一的观念一度被视为一切科学认识的合理而必要的基础。

简言之,现在被如此自信地提出的有关道德的观点一度在自然科学中盛行。二者的基础是,统一性和不变性在其完美性和真理性方面天然地高于任何具有变化的东西。从社会角度看,很容易理解这一观点的出现。它适合于由习俗统治的社会,这种社会害怕变化,把变化看作不稳定和无秩序的根源。当观察由于缺乏工具而受到限制时,这种看法也是自然的。不使用望远镜,"恒星"位置的变化就无法被注意到。植物和动物物种的变化只有当变异显现出来时才能观察得到。相信人类天性永恒不变的信念,是一度普遍认为的天体和生物永恒不变的信念的残余。科学方法和结论几乎影响不了主要受文学教育的人。否则,他们也不会在某个领域继续坚持科学已经抛弃的信念。

然而上述这一集团不会反对教授科学。非但不会,他们的主张是,自然科学学科只具有第二位的重要性,无论如何,它属于其价值体现在技术、功利和实践方面的学科。因此,他们认可并倾向于确认可靠的认识工具与具有道德、理想和"精神"的重要性的事物之间的分离。

很难明白有思想的人怎么能轻视这一分离。古希腊和中世纪"科学"中没有这种分离。在他们的科学中,所有关于自然界和自然对象的真理,像在道德目标和原则中一样,与永恒不变的事物有关。事实上,亚里士多德这位中世纪自然和世俗事务方面的权威,清楚地指出天文学和生物学具有更高的地位,是由于它们与永恒相关联,而小是和道德方面的知识相关联。因为他观察到一个确定的事实,即道德实践和目标是依据时间和地点变化的。

实际上,现在诉诸古希腊哲学的人和诉诸中世纪哲学的人的联盟更多地是战术的而不是根本的。他们结盟是因为有同样的厌恶,同样居住在亚杜兰(Adullam)洞穴中。他们有同样的厌恶而没有同样的忠诚和目标。古希腊科学的确从现代自然科学来看是以超自然的特点为标志的。但无论如何,根据古希腊科学,科学的主题是与自然有关的,具有内在合理性。而根据中世纪神学哲学,所有终极道德原则的基础都是超自然的;不仅高于自然和理性,而且远远超出了自然和理性的范围,因此必定是超自然地显现并保持不变的。

哈钦斯先生的一些神学同路人清楚地阐述了这一观点。因为他们特别明确地区分了政治的、公民的及社会的道德与个人的道德。前者是"自然的",其美德直接导向"文明的善"。后者必须考虑人的"超世俗的命运"。只有关于"自然的道德"的说教会受"所谓政治生活和社会文明的美德"的影响。它倾向于忽视或贬损个人的道德,后者"是所有道德之根",而人们如果记得的话,这样一种道德在起源和目的方面都是超自然的。

这一学派的自由主义作者发现他们陷入了进退两难的局面,这进退两难可以用下述事实说明,即他们为"完整的人道主义"、为避免分裂制造了一种托辞。他们先是为他们自己设立了一系列完全的分裂:人与超自然的神之间的分裂,世俗之物与永恒之物之间的分裂,人性与神性之间的分裂,内在与外在之间的分裂,最后是公民和社会(或人世间事物)与所谓的超世俗的命运之间的分裂。于是当然需要一个特殊的超自然的一贯正确的教会去沟通。

从一种观点看,这些作者只是阐明了现代文明的分裂和冲突的特征。但他们却把系统地坚持这种分裂拿来医治分裂带来的不幸。从两派共同具有的观点看,由神学哲学家表述的观点似乎优越于世俗的合作者提出的观点。因为他们声称他们代表庄严地建立起来的教会,它是永远受上天的指导的。因此,当会犯错误的人类理性的意见变化时,当不同民族的公民道德相互冲突时,它能够权威地指明那个真理。

因此,教育哲学中出现的问题是有意义的,因为它标志着哲学每一个阶段和方面表现出的分裂。它表达了下述两种观点的不同:一种观点向过去寻求指导;另一种观点认为,如果哲学想要有助于当前的状况,就必须高度关注现代的运动、需求、问题和资源。这后一种观点经常被反对者漫画化。据说它无理性地偏好新奇和变化,致力于现代性只是因为现代性在时间顺序中出现得较晚。而实际状况是,在当代生活中确实有一些要素在起作用,这些要素即便尚未表现出成功,也表现出极高的价值。这些要素是认识领域的实验科学和实验方法。这一领域包含确定的道德与伦理,正如它包含确定的关于人与世界的结论一样。现代性的第二个要素是人类关系中的民主精神。第三个要素是技术为了人类的目标而控制自然。这三个因素是密切相关的。自然科学方面的革命是发明工具和方法之母,这些发明为现代工业技术提供了坚实的基础。这一事实非常明显,是无法否认的,尽管有一些人肤浅地不把工业中的伟大进步归因于现代科学方法与结论,而归因于对金钱的追求。或许不太明显的是,存在于古代和中世纪的纯粹理智的"精神性的"、"更高级"的事物与"实用的"、"物质的"、"较低级"的东西之间的围墙已经倒塌,正因为这个自然科学才发生了惊人的进步。

对于所有不愿闭目塞听的人来说,显然下述情况是一个历史事实,即科学方面从相对贫乏和停滞向硕果累累并不断进步转变,始于探索者利用在社会上被轻视的工业手段和方法作为媒介以认识自然。日用品生产和服务方面的变化对于破除封建制度是一个重要的要素。便利的交流取代了民族之间、群体之间和阶级之间的隔离,这成为实现民主运动的动力。

我回到下述事实,即我们过着既相互融合又相互隔离的生活。我们被推向彼此对立的方向。我们至今还没有一种现代哲学,这种现代哲学不是在时间顺序意义上说的。我们至今还没有这样一种教育机构或其他社会机构,它们不是对立的要素的混合物。自然科学的方法和结论的分离及盛行于道德和宗教中的方法与结论的分离,是一个严重的问题,无论从什么角度都应看作严重的问题。它意味着一个社会在其最重要的方面是不统一的。

我不理解那些力主在道德和社会制度方面回到古代的人为什么希望在自然科学方面也回到先前的状况;我也不主张废除作为科学实验的延伸成果的所有现代发明的使用。这一构架在逻辑上和实践上的重要性只是固定这种分离,而这种分离对我们有害。前科学的精神与方法正盛行于"更高级的"领域,而科学和技术则被归入生活中天生较低的、与前者分离的领域。传道或外在制度习惯的权威,被用来维持后者的地位。

于是,首要的问题是我们朝什么方向前进。我们是否不得不在自然科学中使用一种方法,而在道德问题上使用根本不同的另一种方法?科学方法现在找到了进入心理学领域的道路，并已经在人类学研究中被熟悉起来。当这些研究中得出的结论找到了被普遍接受之路时，科学信念与道德信念之间的冲突是否会取代过去科学与宗教之间的冲突？这个问题更为中肯，因为宗教也反映了前科学文化发展的一个阶段。

正如在教育领域表现出的一样，这一问题以生动鲜明的方式使方向问题成为哲学问题。我并不是说，哲学问题与我们在教育、工业和政治实践中的方向问题一样重要。但这两者密切相关。旧的形而上学和神学哲学反映了它们形成的社会环境。这些环境条件被转化为理性术语从而得到支持。传统哲学为社会运动的方向提供了指导。它们今天仍在发挥这些指导作用，然而是"带来混乱和冲突的作用"。

我希望我已经清楚地表明，我并不同情作为上述我所考察过的观点之基础的哲学。但哲学在当下的积极行动应该受到欢迎。哲学需要摆脱这样一些人的支配，他们把哲学等同于不产生结果的理智的训练，等同于纯粹的语词分析。或许使哲学回归到人，会剧烈地动摇目前朝向相反方向的运动。如果哲学在当代危机中想要有所表现的话，这里讨论的教育哲学唤起了所有现在需要关注的哲学问题。

变与不变的问题包括下述问题，即是否在一个领域创造了奇迹的研究和检验方法应该被用来拓展我们关于道德和社会方面的知识。在科学与道德之间有没有不可逾越的鸿沟？或者，道德原则和道德方面的普遍真理是否与科学原则和科学方面的普遍真理相同——即这样的工作假定：一方面精炼以前的经验和研究所得出的结论，另一方面指导进一步卓有成效的研究，并将其结论反过来用于检验和发展这进一步的运用？假设从理论上说道德原则像一些人认为的那样是永恒不变的，假设这是真的。是否有人以哪怕最粗略的方式说明过，这些道德原则是如何被运用的？实际上，问题在于是诉诸教条（这种教条非常严格，因此最终必须诉诸强力），还是诉诸我们所拥有的最高智慧指导下的理智观察，这是科学方法的核心。

让我来举例说明科学思想如何运用于以前被认为绝对不可改变的事物。这个例子取自这样一个人，和其他任何人相比，他在见解和观点方面都更足以被称为美国哲学之父，他就是查尔斯·皮尔士。这个例子具有至关重要的道德意义，它是真理的意义问题。传统的真理观把真理看作由我们所拥有的永恒不变的原则所构成的不变的体系，一切事物都应该服从于这个体系。与传统的真理观相反，皮尔士认为，真理"是抽象陈述与理想界限的一致，无止境的研究会趋于将科学信念引向这种一致"。假使承认这种一致有其"不准确性和片面性"——这样的"承认是真理的基本要素"——这种一致甚至在当下就能为科学信念所拥有。简言之,我们这里在相信不变还是相信变化这一关键问题上作出了区分性的陈述。变化与不变也有明确的含义,即变化意味着不断增长、发展、解放与合作,而不变意味着历史上总是表现为偏狭的、对不同意见者和探索者进行残酷迫害的教条主义。相信无止境的探索,相信对目前所拥有的东西的非教条的友好态度(这能刺激我们不断地努力),被那些没有接受科学精神教育的人等同于道德败坏、冷漠与不负责任。

政治民主的核心是以讨论和交流来解决社会纷争。这一方法初步接近于根据实验研究和检验而实现变革的方法,即科学方法。民主程序的基础依赖于社会变革的实验结果,这一实验是由在实践活动中检验并发展的工作原理指导的。然而,民主的运作为哲学的持久影响所损害——因为我们被怂恿去求助于那种哲学。

欧洲大陆现在是世界上被搅得最乱的地方,也是扰乱其他地方的根源;它恰好也是这样一个地方,这里一直最彻底地坚持我们现在被强烈要求回归的教育哲学——这可不是一个意外事件。美国必须被看作要么是欧洲在文化上的分支,要么是非地理意义上的新大陆。持后一种观点既不是激进爱国的国家主义,也不是激进的孤立主义。它是对要做的事情的确认。欧洲至少在不久以前还在科学上引领世界,美国要在造型艺术和文学方面达到旧大陆的水平,还需要很长的时间。但欧洲大陆特别是德国,一直是建立在科学与道德严格分离这一基础上的实践和哲学的故乡,科学被看作技术的和永恒变化的,而道德则被看作是依据固定不变的原则的。把"新大陆"之名用于美国,是因为我们要承担起这样的任务,即把哲学和教育在过去分离的事物结合为一体;而我们现在被强烈要求回归的恰恰是这种哲学和教育。

简言之,延缓和阻止赋予民主运动以统一性和坚定性的自觉的,恰恰就是教条主义的僵化的哲学。因此,自称哲学家的人的主要机会和责任,应该是弄清民主与导致科学革命的方法之间的内在血缘关系。只有这样,我们才能摆脱标准、目标和方法上的二元论——即我们目前深受其害的绝对割裂。技术工业是科学的创造物,也是实际上决定社会环境的、影响最广泛最深刻的因素。我们这个时代人类最紧迫的问题是,将新技术赋予我们的无限资源转化为人类的积极的手段。反动哲学的贡献是,力主技术和科学在本质上具有低等的、非自由的性质!

当代社会哲学中存在的主要争论是所谓的"个人主义"和所谓的"社会主义"之间的抽象争论,但问题是具体的。这项或那项工厂或田间的操作如何能够对人的能力的释放和增长作出贡献？它们如何能够生产出大量便宜的物质产品？前面这个问题和后面的问题一样，都得靠不断运用实验观察和检验的科学方法才能解决。感到对科学和道德之间、"自然"事实和人类价值之间的关系需要加以说明的人，将从这里找到例证。

加深着"物质"与"精神"之间、永恒原则与急剧变化的社会环境之间的鸿沟的哲学，妨碍着这一重要问题的有效解决。问题的解决当然不会在哲学领域。但哲学的机遇在于帮助摆脱目前妨碍问题解决的理智习惯。

学校教育是必需的实用工具的一部分，而教育理论或教育哲学的任务和机会则在于帮助摧毁支持外部权威反对自由合作的哲学。必须对下述观念提出争辩，即道德是完全同科学与科学方法分离，并高于科学与科学方法的。它必须帮助消除下述观念，即人的日常工作与文学追求相比是可以忽略的，人类当下命运与某种超自然的命运相比是微不足道的。为实现现代民主理想，不仅仅在技术上，而且在生活中，我们都必须完整地接受科学方法。

（余灵灵 译）